中华人民共和国
新法规汇编

2020
第 5 辑

司 法 部 编

中国法制出版社

编辑说明

一、《中华人民共和国新法规汇编》是国家出版的法律、行政法规汇编正式版本，是刊登报国务院备案并予以登记的部门规章的指定出版物。

二、本汇编收集的内容包括：上一个月内由全国人民代表大会及其常务委员会通过的法律和有关法律问题的决定，国务院公布的行政法规和国务院文件，报国务院备案并予以登记的部门规章，最高人民法院和最高人民检察院公布的司法解释。另外，还收入了上一个月内报国务院备案并予以登记的地方性法规和地方政府规章目录。

三、本汇编所收的内容，按下列分类顺序编排：法律，行政法规，国务院文件，国务院部门规章，司法解释。每类中按公布的时间顺序排列。报国务院备案并予以登记的地方性法规和地方政府规章目录按1987年国务院批准的行政区划顺序排列；同一行政区域报备两件以上者，按公布时间顺序排列。

四、本汇编每年出版12辑，每月出版1辑。本辑为2020年度第5辑，收入2020年4月份内公布的法律1件、有关法律问题的决定1件、报国务院备案并经审查予以登记编号的部门规章17件、司法解释4件，补收2019年11月份内公布的司法解释1件，共计24件。

五、本汇编在编辑出版过程中，得到了国务院有关部门和有关方面以及广大读者的大力支持和协助，在此谨致谢意。

司法部

2020年5月

目　录

编辑说明 ………………………………………………………………………… (*1*)

法　律

中华人民共和国固体废物污染环境防治法 ………………………………… (1)

有关法律问题的决定

全国人民代表大会常务委员会关于授权国务院在中国（海南）自由贸易试验区暂时调整适用有关法律规定的决定 ……………………… (23)

国务院部门规章

药品注册管理办法 …………………………………………………………… (26)
药品生产监督管理办法 ……………………………………………………… (48)
证券期货规章制定程序规定 ………………………………………………… (63)
中央定价目录 ………………………………………………………………… (70)
交通运输部关于修改《中华人民共和国船舶安全监督规则》的决定 ……………………………………………………………………………… (73)
　中华人民共和国船舶安全监督规则 ……………………………………… (74)
保险资产管理产品管理暂行办法 …………………………………………… (82)
教育系统内部审计工作规定 ………………………………………………… (91)
关于修改部分证券期货规章的决定 ………………………………………… (97)
　上市公司收购管理办法 …………………………………………………… (111)
　上市公司重大资产重组管理办法 ………………………………………… (133)
　证券交易所管理办法 ……………………………………………………… (149)
　非上市公众公司收购管理办法 …………………………………………… (163)
　非上市公众公司重大资产重组管理办法 ………………………………… (171)
　证券公司风险控制指标管理办法 ………………………………………… (179)

证券公司和证券投资基金管理公司合规管理办法 …………………… (185)
外商投资证券公司管理办法 ……………………………………………… (193)
证券投资基金管理公司管理办法 ………………………………………… (197)
公开募集证券投资基金信息披露管理办法 ……………………………… (210)
证券投资基金托管业务管理办法 ………………………………………… (218)
中国证券监督管理委员会冻结、查封实施办法 ………………………… (226)
证券期货市场诚信监督管理办法 ………………………………………… (230)
中国人民银行行政许可实施办法 …………………………………………… (239)
自然资源部关于第二批废止和修改的部门规章的决定 …………………… (249)
自然资源听证规定 ………………………………………………………… (251)
自然资源行政处罚办法 …………………………………………………… (257)
自然资源执法监督规定 …………………………………………………… (263)
中国银保监会非银行金融机构行政许可事项实施办法 …………………… (268)
中国气象局关于修改《气象信息服务管理办法》等四部部门规章的决定 ………………………………………………………………… (318)
气象信息服务管理办法 …………………………………………………… (319)
气象专用技术装备使用许可管理办法 …………………………………… (321)
新建扩建改建建设工程避免危害气象探测环境行政许可管理办法 ……………………………………………………………………… (325)
气象台站迁建行政许可管理办法 ………………………………………… (327)
中国民用航空监察员管理规定 ……………………………………………… (331)
国家国际发展合作署行政处罚实施办法 …………………………………… (339)
国家国际发展合作署行政复议实施办法 …………………………………… (341)
建设工程消防设计审查验收管理暂行规定 ………………………………… (344)
广播电视行业统计管理规定 ………………………………………………… (351)

司法解释

最高人民法院 中国人民银行 中国银行保险监督管理委员会印发《关于全面推进金融纠纷多元化解机制建设的意见》的通知 ……… (356)
最高人民法院关于全面加强知识产权司法保护的意见 …………………… (361)
最高人民法院印发《关于推进破产案件依法高效审理的意见》的通知 ……………………………………………………………………… (366)

最高人民法院关于印发《民事诉讼程序繁简分流改革试点问答口径（一）》的通知 ……………………………………………………（370）
最高人民法院印发《关于依法妥善审理涉新冠肺炎疫情民事案件若干问题的指导意见（一）》的通知 ………………………………（381）

附：
2020年4月份报国务院备案并予以登记的地方性法规、自治条例、单行条例和地方政府规章目录 ……………………………………（384）

法　　律

中华人民共和国
固体废物污染环境防治法

（1995年10月30日第八届全国人民代表大会常务委员会第十六次会议通过　2004年12月29日第十届全国人民代表大会常务委员会第十三次会议第一次修订　根据2013年6月29日第十二届全国人民代表大会常务委员会第三次会议《关于修改〈中华人民共和国文物保护法〉等十二部法律的决定》第一次修正　根据2015年4月24日第十二届全国人民代表大会常务委员会第十四次会议《关于修改〈中华人民共和国港口法〉等七部法律的决定》第二次修正　根据2016年11月7日第十二届全国人民代表大会常务委员会第二十四次会议《关于修改〈中华人民共和国对外贸易法〉等十二部法律的决定》第三次修正　2020年4月29日第十三届全国人民代表大会常务委员会第十七次会议第二次修订　2020年4月29日中华人民共和国主席令第43号公布　自2020年9月1日起施行）

目　　录

第一章　总　　则
第二章　监督管理
第三章　工业固体废物
第四章　生活垃圾
第五章　建筑垃圾、农业固体废物等
第六章　危险废物
第七章　保障措施
第八章　法律责任
第九章　附　　则

第一章　总　　则

第一条　为了保护和改善生态环境，防治固体废物污染环境，保障公众健康，维护生态安全，推进生态文明建设，促进经济社会可持续发展，制定本法。

第二条　固体废物污染环境的防治适用本法。

固体废物污染海洋环境的防治和放射性固体废物污染环境的防治不适用本法。

第三条　国家推行绿色发展方式，促进清洁生产和循环经济发展。

国家倡导简约适度、绿色低碳的生活方式，引导公众积极参与固体废物污染环境防治。

第四条　固体废物污染环境防治坚持减量化、资源化和无害化的原则。

任何单位和个人都应当采取措施，减少固体废物的产生量，促进固体废物的综合利用，降低固体废物的危害性。

第五条　固体废物污染环境防治坚持污染担责的原则。

产生、收集、贮存、运输、利用、处置固体废物的单位和个人，应当采取措施，防止或者减少固体废物对环境的污染，对所造成的环境污染依法承担责任。

第六条　国家推行生活垃圾分类制度。

生活垃圾分类坚持政府推动、全民参与、城乡统筹、因地制宜、简便易行的原则。

第七条　地方各级人民政府对本行政区域固体废物污染环境防治负责。

国家实行固体废物污染环境防治目标责任制和考核评价制度，将固体废物污染环境防治目标完成情况纳入考核评价的内容。

第八条　各级人民政府应当加强对固体废物污染环境防治工作的领导，组织、协调、督促有关部门依法履行固体废物污染环境防治监督管理职责。

省、自治区、直辖市之间可以协商建立跨行政区域固体废物污染环境的联防联控机制，统筹规划制定、设施建设、固体废物转移等工作。

第九条　国务院生态环境主管部门对全国固体废物污染环境防治工作实施统一监督管理。国务院发展改革、工业和信息化、自然资源、住房城乡建设、交通运输、农业农村、商务、卫生健康、海关等主管部门在各自职责范围内负责固体废物污染环境防治的监督管理工作。

地方人民政府生态环境主管部门对本行政区域固体废物污染环境防治工作实施统一监督管理。地方人民政府发展改革、工业和信息化、自然资源、住房城乡建设、交通运输、农业农村、商务、卫生健康等主管部门在各自职责范围内负责固体废物污染环境防治的监督管理工作。

第十条 国家鼓励、支持固体废物污染环境防治的科学研究、技术开发、先进技术推广和科学普及，加强固体废物污染环境防治科技支撑。

第十一条 国家机关、社会团体、企业事业单位、基层群众性自治组织和新闻媒体应当加强固体废物污染环境防治宣传教育和科学普及，增强公众固体废物污染环境防治意识。

学校应当开展生活垃圾分类以及其他固体废物污染环境防治知识普及和教育。

第十二条 各级人民政府对在固体废物污染环境防治工作以及相关的综合利用活动中做出显著成绩的单位和个人，按照国家有关规定给予表彰、奖励。

第二章 监督管理

第十三条 县级以上人民政府应当将固体废物污染环境防治工作纳入国民经济和社会发展规划、生态环境保护规划，并采取有效措施减少固体废物的产生量、促进固体废物的综合利用、降低固体废物的危害性，最大限度降低固体废物填埋量。

第十四条 国务院生态环境主管部门应当会同国务院有关部门根据国家环境质量标准和国家经济、技术条件，制定固体废物鉴别标准、鉴别程序和国家固体废物污染环境防治技术标准。

第十五条 国务院标准化主管部门应当会同国务院发展改革、工业和信息化、生态环境、农业农村等主管部门，制定固体废物综合利用标准。

综合利用固体废物应当遵守生态环境法律法规，符合固体废物污染环境防治技术标准。使用固体废物综合利用产物应当符合国家规定的用途、标准。

第十六条 国务院生态环境主管部门应当会同国务院有关部门建立全国危险废物等固体废物污染环境防治信息平台，推进固体废物收集、转移、处置等全过程监控和信息化追溯。

第十七条 建设产生、贮存、利用、处置固体废物的项目，应当依法进行环境影响评价，并遵守国家有关建设项目环境保护管理的规定。

第十八条 建设项目的环境影响评价文件确定需要配套建设的固体废物污染环境防治设施，应当与主体工程同时设计、同时施工、同时投入使用。建设项目的初步设计，应当按照环境保护设计规范的要求，将固体废物污染环境防治内容纳入环境影响评价文件，落实防治固体废物污染环境和破坏生态的措施以及固体废物污染环境防治设施投资概算。

建设单位应当依照有关法律法规的规定，对配套建设的固体废物污染环境防治设施进行验收，编制验收报告，并向社会公开。

第十九条 收集、贮存、运输、利用、处置固体废物的单位和其他生产经营者，应当加强对相关设施、设备和场所的管理和维护，保证其正常运行和使用。

第二十条 产生、收集、贮存、运输、利用、处置固体废物的单位和其他生产经营者，应当采取防扬散、防流失、防渗漏或者其他防止污染环境的措施，不得擅自倾倒、堆放、丢弃、遗撒固体废物。

禁止任何单位或者个人向江河、湖泊、运河、渠道、水库及其最高水位线以下的滩地和岸坡以及法律法规规定的其他地点倾倒、堆放、贮存固体废物。

第二十一条 在生态保护红线区域、永久基本农田集中区域和其他需要特别保护的区域内，禁止建设工业固体废物、危险废物集中贮存、利用、处置的设施、场所和生活垃圾填埋场。

第二十二条 转移固体废物出省、自治区、直辖市行政区域贮存、处置的，应当向固体废物移出地的省、自治区、直辖市人民政府生态环境主管部门提出申请。移出地的省、自治区、直辖市人民政府生态环境主管部门应当及时商经接受地的省、自治区、直辖市人民政府生态环境主管部门同意后，在规定期限内批准转移该固体废物出省、自治区、直辖市行政区域。未经批准的，不得转移。

转移固体废物出省、自治区、直辖市行政区域利用的，应当报固体废物移出地的省、自治区、直辖市人民政府生态环境主管部门备案。移出地的省、自治区、直辖市人民政府生态环境主管部门应当将备案信息通报接受地的省、自治区、直辖市人民政府生态环境主管部门。

第二十三条 禁止中华人民共和国境外的固体废物进境倾倒、堆放、处置。

第二十四条 国家逐步实现固体废物零进口，由国务院生态环境主管部门会同国务院商务、发展改革、海关等主管部门组织实施。

第二十五条 海关发现进口货物疑似固体废物的，可以委托专业机构开展属性鉴别，并根据鉴别结论依法管理。

第二十六条 生态环境主管部门及其环境执法机构和其他负有固体废物污染环境防治监督管理职责的部门，在各自职责范围内有权对从事产生、收集、贮存、运输、利用、处置固体废物等活动的单位和其他生产经营者进行现场检查。被检查者应当如实反映情况，并提供必要的资料。

实施现场检查,可以采取现场监测、采集样品、查阅或者复制与固体废物污染环境防治相关的资料等措施。检查人员进行现场检查,应当出示证件。对现场检查中知悉的商业秘密应当保密。

第二十七条 有下列情形之一,生态环境主管部门和其他负有固体废物污染环境防治监督管理职责的部门,可以对违法收集、贮存、运输、利用、处置的固体废物及设施、设备、场所、工具、物品予以查封、扣押:

(一)可能造成证据灭失、被隐匿或者非法转移的;

(二)造成或者可能造成严重环境污染的。

第二十八条 生态环境主管部门应当会同有关部门建立产生、收集、贮存、运输、利用、处置固体废物的单位和其他生产经营者信用记录制度,将相关信用记录纳入全国信用信息共享平台。

第二十九条 设区的市级人民政府生态环境主管部门应当会同住房城乡建设、农业农村、卫生健康等主管部门,定期向社会发布固体废物的种类、产生量、处置能力、利用处置状况等信息。

产生、收集、贮存、运输、利用、处置固体废物的单位,应当依法及时公开固体废物污染环境防治信息,主动接受社会监督。

利用、处置固体废物的单位,应当依法向公众开放设施、场所,提高公众环境保护意识和参与程度。

第三十条 县级以上人民政府应当将工业固体废物、生活垃圾、危险废物等固体废物污染环境防治情况纳入环境状况和环境保护目标完成情况年度报告,向本级人民代表大会或者人民代表大会常务委员会报告。

第三十一条 任何单位和个人都有权对造成固体废物污染环境的单位和个人进行举报。

生态环境主管部门和其他负有固体废物污染环境防治监督管理职责的部门应当将固体废物污染环境防治举报方式向社会公布,方便公众举报。

接到举报的部门应当及时处理并对举报人的相关信息予以保密;对实名举报并查证属实的,给予奖励。

举报人举报所在单位的,该单位不得以解除、变更劳动合同或者其他方式对举报人进行打击报复。

第三章　工业固体废物

第三十二条 国务院生态环境主管部门应当会同国务院发展改革、工业和信息化等主管部门对工业固体废物对公众健康、生态环境的危害和影响程度等作出界定，制定防治工业固体废物污染环境的技术政策，组织推广先进的防治工业固体废物污染环境的生产工艺和设备。

第三十三条 国务院工业和信息化主管部门应当会同国务院有关部门组织研究开发、推广减少工业固体废物产生量和降低工业固体废物危害性的生产工艺和设备，公布限期淘汰产生严重污染环境的工业固体废物的落后生产工艺、设备的名录。

生产者、销售者、进口者、使用者应当在国务院工业和信息化主管部门会同国务院有关部门规定的期限内分别停止生产、销售、进口或者使用列入前款规定名录中的设备。生产工艺的采用者应当在国务院工业和信息化主管部门会同国务院有关部门规定的期限内停止采用列入前款规定名录中的工艺。

列入限期淘汰名录被淘汰的设备，不得转让给他人使用。

第三十四条 国务院工业和信息化主管部门应当会同国务院发展改革、生态环境等主管部门，定期发布工业固体废物综合利用技术、工艺、设备和产品导向目录，组织开展工业固体废物资源综合利用评价，推动工业固体废物综合利用。

第三十五条 县级以上地方人民政府应当制定工业固体废物污染环境防治工作规划，组织建设工业固体废物集中处置等设施，推动工业固体废物污染环境防治工作。

第三十六条 产生工业固体废物的单位应当建立健全工业固体废物产生、收集、贮存、运输、利用、处置全过程的污染环境防治责任制度，建立工业固体废物管理台账，如实记录产生工业固体废物的种类、数量、流向、贮存、利用、处置等信息，实现工业固体废物可追溯、可查询，并采取防治工业固体废物污染环境的措施。

禁止向生活垃圾收集设施中投放工业固体废物。

第三十七条 产生工业固体废物的单位委托他人运输、利用、处置工业固体废物的，应当对受托方的主体资格和技术能力进行核实，依法签订书面合同，在合同中约定污染防治要求。

受托方运输、利用、处置工业固体废物，应当依照有关法律法规的规定和合同约定履行污染防治要求，并将运输、利用、处置情况告知产生工业固体废物的单位。

产生工业固体废物的单位违反本条第一款规定的，除依照有关法律法规的规定予以处罚外，还应当与造成环境污染和生态破坏的受托方承担连带责任。

第三十八条 产生工业固体废物的单位应当依法实施清洁生产审核，合理选择和利用原材料、能源和其他资源，采用先进的生产工艺和设备，减少工业固体废物的产生量，降低工业固体废物的危害性。

第三十九条 产生工业固体废物的单位应当取得排污许可证。排污许可的具体办法和实施步骤由国务院规定。

产生工业固体废物的单位应当向所在地生态环境主管部门提供工业固体废物的种类、数量、流向、贮存、利用、处置等有关资料，以及减少工业固体废物产生、促进综合利用的具体措施，并执行排污许可管理制度的相关规定。

第四十条 产生工业固体废物的单位应当根据经济、技术条件对工业固体废物加以利用；对暂时不利用或者不能利用的，应当按照国务院生态环境等主管部门的规定建设贮存设施、场所，安全分类存放，或者采取无害化处置措施。贮存工业固体废物应当采取符合国家环境保护标准的防护措施。

建设工业固体废物贮存、处置的设施、场所，应当符合国家环境保护标准。

第四十一条 产生工业固体废物的单位终止的，应当在终止前对工业固体废物的贮存、处置的设施、场所采取污染防治措施，并对未处置的工业固体废物作出妥善处置，防止污染环境。

产生工业固体废物的单位发生变更的，变更后的单位应当按照国家有关环境保护的规定对未处置的工业固体废物及其贮存、处置的设施、场所进行安全处置或者采取有效措施保证该设施、场所安全运行。变更前当事人对工业固体废物及其贮存、处置的设施、场所的污染防治责任另有约定的，从其约定；但是，不得免除当事人的污染防治义务。

对 2005 年 4 月 1 日前已经终止的单位未处置的工业固体废物及其贮存、处置的设施、场所进行安全处置的费用，由有关人民政府承担；但是，该单位享有的土地使用权依法转让的，应当由土地使用权受让人承担处置费用。当事人另有约定的，从其约定；但是，不得免除当事人的污染防治义务。

第四十二条 矿山企业应当采取科学的开采方法和选矿工艺，减少尾矿、煤矸石、废石等矿业固体废物的产生量和贮存量。

国家鼓励采取先进工艺对尾矿、煤矸石、废石等矿业固体废物进行综合利用。

尾矿、煤矸石、废石等矿业固体废物贮存设施停止使用后，矿山企业应当按照国家有关环境保护等规定进行封场，防止造成环境污染和生态破坏。

第四章 生活垃圾

第四十三条 县级以上地方人民政府应当加快建立分类投放、分类收集、分类运输、分类处理的生活垃圾管理系统，实现生活垃圾分类制度有效覆盖。

县级以上地方人民政府应当建立生活垃圾分类工作协调机制，加强和统筹生活垃圾分类管理能力建设。

各级人民政府及其有关部门应当组织开展生活垃圾分类宣传，教育引导公众养成生活垃圾分类习惯，督促和指导生活垃圾分类工作。

第四十四条 县级以上地方人民政府应当有计划地改进燃料结构，发展清洁能源，减少燃料废渣等固体废物的产生量。

县级以上地方人民政府有关部门应当加强产品生产和流通过程管理，避免过度包装，组织净菜上市，减少生活垃圾的产生量。

第四十五条 县级以上人民政府应当统筹安排建设城乡生活垃圾收集、运输、处理设施，确定设施厂址，提高生活垃圾的综合利用和无害化处置水平，促进生活垃圾收集、处理的产业化发展，逐步建立和完善生活垃圾污染环境防治的社会服务体系。

县级以上地方人民政府有关部门应当统筹规划，合理安排回收、分拣、打包网点，促进生活垃圾的回收利用工作。

第四十六条 地方各级人民政府应当加强农村生活垃圾污染环境的防治，保护和改善农村人居环境。

国家鼓励农村生活垃圾源头减量。城乡结合部、人口密集的农村地区和其他有条件的地方，应当建立城乡一体的生活垃圾管理系统；其他农村地区应当积极探索生活垃圾管理模式，因地制宜，就近就地利用或者妥善处理生活垃圾。

第四十七条 设区的市级以上人民政府环境卫生主管部门应当制定生活垃圾清扫、收集、贮存、运输和处理设施、场所建设运行规范，发布生活垃圾分类指导目录，加强监督管理。

第四十八条 县级以上地方人民政府环境卫生等主管部门应当组织对城乡生活垃圾进行清扫、收集、运输和处理，可以通过招标等方式选择具备条件的单位从事生活垃圾的清扫、收集、运输和处理。

第四十九条 产生生活垃圾的单位、家庭和个人应当依法履行生活垃圾源头减量和分类投放义务，承担生活垃圾产生者责任。

任何单位和个人都应当依法在指定的地点分类投放生活垃圾。禁止随意倾倒、抛撒、堆放或者焚烧生活垃圾。

机关、事业单位等应当在生活垃圾分类工作中起示范带头作用。

已经分类投放的生活垃圾，应当按照规定分类收集、分类运输、分类处理。

第五十条 清扫、收集、运输、处理城乡生活垃圾，应当遵守国家有关环境保护和环境卫生管理的规定，防止污染环境。

从生活垃圾中分类并集中收集的有害垃圾，属于危险废物的，应当按照危险废物管理。

第五十一条 从事公共交通运输的经营单位，应当及时清扫、收集运输过程中产生的生活垃圾。

第五十二条 农贸市场、农产品批发市场等应当加强环境卫生管理，保持环境卫生清洁，对所产生的垃圾及时清扫、分类收集、妥善处理。

第五十三条 从事城市新区开发、旧区改建和住宅小区开发建设、村镇建设的单位，以及机场、码头、车站、公园、商场、体育场馆等公共设施、场所的经营管理单位，应当按照国家有关环境卫生的规定，配套建设生活垃圾收集设施。

县级以上地方人民政府应当统筹生活垃圾公共转运、处理设施与前款规定的收集设施的有效衔接，并加强生活垃圾分类收运体系和再生资源回收体系在规划、建设、运营等方面的融合。

第五十四条 从生活垃圾中回收的物质应当按照国家规定的用途、标准使用，不得用于生产可能危害人体健康的产品。

第五十五条 建设生活垃圾处理设施、场所，应当符合国务院生态环境主管部门和国务院住房城乡建设主管部门规定的环境保护和环境卫生标准。

鼓励相邻地区统筹生活垃圾处理设施建设，促进生活垃圾处理设施跨行政区域共建共享。

禁止擅自关闭、闲置或者拆除生活垃圾处理设施、场所；确有必要关闭、闲置或者拆除的，应当经所在地的市、县级人民政府环境卫生主管部门商所在地生态环境主管部门同意后核准，并采取防止污染环境的措施。

第五十六条 生活垃圾处理单位应当按照国家有关规定，安装使用监测设备，实时监测污染物的排放情况，将污染排放数据实时公开。监测设备应当与所在地生态环境主管部门的监控设备联网。

第五十七条 县级以上地方人民政府环境卫生主管部门负责组织开展厨余垃圾资源化、无害化处理工作。

产生、收集厨余垃圾的单位和其他生产经营者，应当将厨余垃圾交由具备相应资质条件的单位进行无害化处理。

禁止畜禽养殖场、养殖小区利用未经无害化处理的厨余垃圾饲喂畜禽。

第五十八条 县级以上地方人民政府应当按照产生者付费原则，建立生活垃圾处理收费制度。

县级以上地方人民政府制定生活垃圾处理收费标准，应当根据本地实际，结合生活垃圾分类情况，体现分类计价、计量收费等差别化管理，并充分征求公众意见。生活垃圾处理收费标准应当向社会公布。

生活垃圾处理费应当专项用于生活垃圾的收集、运输和处理等，不得挪作他用。

第五十九条 省、自治区、直辖市和设区的市、自治州可以结合实际，制定本地方生活垃圾具体管理办法。

第五章 建筑垃圾、农业固体废物等

第六十条 县级以上地方人民政府应当加强建筑垃圾污染环境的防治，建立建筑垃圾分类处理制度。

县级以上地方人民政府应当制定包括源头减量、分类处理、消纳设施和场所布局及建设等在内的建筑垃圾污染环境防治工作规划。

第六十一条 国家鼓励采用先进技术、工艺、设备和管理措施，推进建筑垃圾源头减量，建立建筑垃圾回收利用体系。

县级以上地方人民政府应当推动建筑垃圾综合利用产品应用。

第六十二条 县级以上地方人民政府环境卫生主管部门负责建筑垃圾污染环境防治工作，建立建筑垃圾全过程管理制度，规范建筑垃圾产生、收集、贮存、运输、利用、处置行为，推进综合利用，加强建筑垃圾处置设施、场所建设，保障处置安全，防止污染环境。

第六十三条 工程施工单位应当编制建筑垃圾处理方案，采取污染防治措施，并报县级以上地方人民政府环境卫生主管部门备案。

工程施工单位应当及时清运工程施工过程中产生的建筑垃圾等固体废物，并按照环境卫生主管部门的规定进行利用或者处置。

工程施工单位不得擅自倾倒、抛撒或者堆放工程施工过程中产生的建筑垃圾。

第六十四条 县级以上人民政府农业农村主管部门负责指导农业固体废物回收利用体系建设，鼓励和引导有关单位和其他生产经营者依法收集、贮存、运输、利用、处置农业固体废物，加强监督管理，防止污染环境。

第六十五条 产生秸秆、废弃农用薄膜、农药包装废弃物等农业固体废物的单位和其他生产经营者，应当采取回收利用和其他防止污染环境的措施。

从事畜禽规模养殖应当及时收集、贮存、利用或者处置养殖过程中产生的畜禽粪污等固体废物，避免造成环境污染。

禁止在人口集中地区、机场周围、交通干线附近以及当地人民政府划定的其他区域露天焚烧秸秆。

国家鼓励研究开发、生产、销售、使用在环境中可降解且无害的农用薄膜。

第六十六条 国家建立电器电子、铅蓄电池、车用动力电池等产品的生产者责任延伸制度。

电器电子、铅蓄电池、车用动力电池等产品的生产者应当按照规定以自建或者委托等方式建立与产品销售量相匹配的废旧产品回收体系，并向社会公开，实现有效回收和利用。

国家鼓励产品的生产者开展生态设计，促进资源回收利用。

第六十七条 国家对废弃电器电子产品等实行多渠道回收和集中处理制度。

禁止将废弃机动车船等交由不符合规定条件的企业或者个人回收、拆解。

拆解、利用、处置废弃电器电子产品、废弃机动车船等，应当遵守有关法律法规的规定，采取防止污染环境的措施。

第六十八条 产品和包装物的设计、制造，应当遵守国家有关清洁生产的规定。国务院标准化主管部门应当根据国家经济和技术条件、固体废物污染环境防治状况以及产品的技术要求，组织制定有关标准，防止过度包装造成环境污染。

生产经营者应当遵守限制商品过度包装的强制性标准，避免过度包装。县级以上地方人民政府市场监督管理部门和有关部门应当按照各自职责，加强对过度包装的监督管理。

生产、销售、进口依法被列入强制回收目录的产品和包装物的企业，应当按照国家有关规定对该产品和包装物进行回收。

电子商务、快递、外卖等行业应当优先采用可重复使用、易回收利用的包装物，优化物品包装，减少包装物的使用，并积极回收利用包装物。县级以上地方人民政府商务、邮政等主管部门应当加强监督管理。

国家鼓励和引导消费者使用绿色包装和减量包装。

第六十九条 国家依法禁止、限制生产、销售和使用不可降解塑料袋等一次性塑料制品。

商品零售场所开办单位、电子商务平台企业和快递企业、外卖企业应当按照国家有关规定向商务、邮政等主管部门报告塑料袋等一次性塑料制品的使用、回收情况。

国家鼓励和引导减少使用、积极回收塑料袋等一次性塑料制品，推广应用可循环、易回收、可降解的替代产品。

第七十条 旅游、住宿等行业应当按照国家有关规定推行不主动提供一次性用品。

机关、企业事业单位等的办公场所应当使用有利于保护环境的产品、设备和设施，减少使用一次性办公用品。

第七十一条 城镇污水处理设施维护运营单位或者污泥处理单位应当安全处理污泥，保证处理后的污泥符合国家有关标准，对污泥的流向、用途、用量等进行跟踪、记录，并报告城镇排水主管部门、生态环境主管部门。

县级以上人民政府城镇排水主管部门应当将污泥处理设施纳入城镇排水与污水处理规划，推动同步建设污泥处理设施与污水处理设施，鼓励协同处理，污水处理费征收标准和补偿范围应当覆盖污泥处理成本和污水处理设施正常运营成本。

第七十二条 禁止擅自倾倒、堆放、丢弃、遗撒城镇污水处理设施产生的污泥和处理后的污泥。

禁止重金属或者其他有毒有害物质含量超标的污泥进入农用地。

从事水体清淤疏浚应当按照国家有关规定处理清淤疏浚过程中产生的底泥，防止污染环境。

第七十三条 各级各类实验室及其设立单位应当加强对实验室产生的固体废物的管理，依法收集、贮存、运输、利用、处置实验室固体废物。实验室固体废物属于危险废物的，应当按照危险废物管理。

第六章 危险废物

第七十四条 危险废物污染环境的防治，适用本章规定；本章未作规定的，适用本法其他有关规定。

第七十五条 国务院生态环境主管部门应当会同国务院有关部门制定国家危险废物名录，规定统一的危险废物鉴别标准、鉴别方法、识别标志和鉴别单位管理要求。国家危险废物名录应当动态调整。

国务院生态环境主管部门根据危险废物的危害特性和产生数量，科学评估其环境风险，实施分级分类管理，建立信息化监管体系，并通过信息化手段管理、共享危险废物转移数据和信息。

第七十六条 省、自治区、直辖市人民政府应当组织有关部门编制危险废物集中处置设施、场所的建设规划，科学评估危险废物处置需求，合理布局危险废物集中处置设施、场所，确保本行政区域的危险废物得到妥善处置。

编制危险废物集中处置设施、场所的建设规划，应当征求有关行业协会、企业事业单位、专家和公众等方面的意见。

相邻省、自治区、直辖市之间可以开展区域合作，统筹建设区域性危险废物集中处置设施、场所。

第七十七条 对危险废物的容器和包装物以及收集、贮存、运输、利用、处置危险废物的设施、场所，应当按照规定设置危险废物识别标志。

第七十八条 产生危险废物的单位，应当按照国家有关规定制定危险废物管理计划；建立危险废物管理台账，如实记录有关信息，并通过国家危险废物信息管理系统向所在地生态环境主管部门申报危险废物的种类、产生量、流向、贮存、处置等有关资料。

前款所称危险废物管理计划应当包括减少危险废物产生量和降低危险废物危害性的措施以及危险废物贮存、利用、处置措施。危险废物管理计划应当报产生危险废物的单位所在地生态环境主管部门备案。

产生危险废物的单位已经取得排污许可证的，执行排污许可管理制度的规定。

第七十九条 产生危险废物的单位，应当按照国家有关规定和环境保护标准要求贮存、利用、处置危险废物，不得擅自倾倒、堆放。

第八十条 从事收集、贮存、利用、处置危险废物经营活动的单位，应当按照国家有关规定申请取得许可证。许可证的具体管理办法由国务院制定。

禁止无许可证或者未按照许可证规定从事危险废物收集、贮存、利用、处置的经营活动。

禁止将危险废物提供或者委托给无许可证的单位或者其他生产经营者从事收集、贮存、利用、处置活动。

第八十一条 收集、贮存危险废物，应当按照危险废物特性分类进行。禁止混合收集、贮存、运输、处置性质不相容而未经安全性处置的危险废物。

贮存危险废物应当采取符合国家环境保护标准的防护措施。禁止将危险废物混入非危险废物中贮存。

从事收集、贮存、利用、处置危险废物经营活动的单位，贮存危险废物不得超过一年；确需延长期限的，应当报经颁发许可证的生态环境主管部门批准；法律、行政法规另有规定的除外。

第八十二条 转移危险废物的，应当按照国家有关规定填写、运行危险废物电子或者纸质转移联单。

跨省、自治区、直辖市转移危险废物的，应当向危险废物移出地省、自治区、直辖市人民政府生态环境主管部门申请。移出地省、自治区、直辖市人民政府生态环境主管部门应当及时商经接受地省、自治区、直辖市人民政府生态环境主管部门同意后，在规定期限内批准转移该危险废物，并将批准信息通报相关省、自治区、直辖市人民政府生态环境主管部门和交通运输主管部门。未经批准的,不得转移。

危险废物转移管理应当全程管控、提高效率,具体办法由国务院生态环境主管部门会同国务院交通运输主管部门和公安部门制定。

第八十三条 运输危险废物,应当采取防止污染环境的措施,并遵守国家有关危险货物运输管理的规定。

禁止将危险废物与旅客在同一运输工具上载运。

第八十四条 收集、贮存、运输、利用、处置危险废物的场所、设施、设备和容器、包装物及其他物品转作他用时,应当按照国家有关规定经过消除污染处理,方可使用。

第八十五条 产生、收集、贮存、运输、利用、处置危险废物的单位,应当依法制定意外事故的防范措施和应急预案,并向所在地生态环境主管部门和其他负有固体废物污染环境防治监督管理职责的部门备案;生态环境主管部门和其他负有固体废物污染环境防治监督管理职责的部门应当进行检查。

第八十六条 因发生事故或者其他突发性事件,造成危险废物严重污染环境的单位,应当立即采取有效措施消除或者减轻对环境的污染危害,及时通报可能受到污染危害的单位和居民,并向所在地生态环境主管部门和有关部门报告,接受调查处理。

第八十七条 在发生或者有证据证明可能发生危险废物严重污染环境、威胁居民生命财产安全时,生态环境主管部门或者其他负有固体废物污染环境防治监督管理职责的部门应当立即向本级人民政府和上一级人民政府有关部门报告,由人民政府采取防止或者减轻危害的有效措施。有关人民政府可以根据需要责令停止导致或者可能导致环境污染事故的作业。

第八十八条 重点危险废物集中处置设施、场所退役前,运营单位应当按照国家有关规定对设施、场所采取污染防治措施。退役的费用应当预提,列入投资概算或者生产成本,专门用于重点危险废物集中处置设施、场所的退役。具体提取和管理办法,由国务院财政部门、价格主管部门会同国务院生态环境主管部门规定。

第八十九条 禁止经中华人民共和国过境转移危险废物。

第九十条 医疗废物按照国家危险废物名录管理。县级以上地方人民政府应当加强医疗废物集中处置能力建设。

县级以上人民政府卫生健康、生态环境等主管部门应当在各自职责范围内加强对医疗废物收集、贮存、运输、处置的监督管理,防止危害公众健康、污染环境。

医疗卫生机构应当依法分类收集本单位产生的医疗废物，交由医疗废物集中处置单位处置。医疗废物集中处置单位应当及时收集、运输和处置医疗废物。

医疗卫生机构和医疗废物集中处置单位，应当采取有效措施，防止医疗废物流失、泄漏、渗漏、扩散。

第九十一条 重大传染病疫情等突发事件发生时，县级以上人民政府应当统筹协调医疗废物等危险废物收集、贮存、运输、处置等工作，保障所需的车辆、场地、处置设施和防护物资。卫生健康、生态环境、环境卫生、交通运输等主管部门应当协同配合，依法履行应急处置职责。

第七章　保障措施

第九十二条 国务院有关部门、县级以上地方人民政府及其有关部门在编制国土空间规划和相关专项规划时，应当统筹生活垃圾、建筑垃圾、危险废物等固体废物转运、集中处置等设施建设需求，保障转运、集中处置等设施用地。

第九十三条 国家采取有利于固体废物污染环境防治的经济、技术政策和措施，鼓励、支持有关方面采取有利于固体废物污染环境防治的措施，加强对从事固体废物污染环境防治工作人员的培训和指导，促进固体废物污染环境防治产业专业化、规模化发展。

第九十四条 国家鼓励和支持科研单位、固体废物产生单位、固体废物利用单位、固体废物处置单位等联合攻关，研究开发固体废物综合利用、集中处置等的新技术，推动固体废物污染环境防治技术进步。

第九十五条 各级人民政府应当加强固体废物污染环境的防治，按照事权划分的原则安排必要的资金用于下列事项：

（一）固体废物污染环境防治的科学研究、技术开发；

（二）生活垃圾分类；

（三）固体废物集中处置设施建设；

（四）重大传染病疫情等突发事件产生的医疗废物等危险废物应急处置；

（五）涉及固体废物污染环境防治的其他事项。

使用资金应当加强绩效管理和审计监督，确保资金使用效益。

第九十六条 国家鼓励和支持社会力量参与固体废物污染环境防治工作，并按照国家有关规定给予政策扶持。

第九十七条 国家发展绿色金融，鼓励金融机构加大对固体废物污染环境防治项目的信贷投放。

第九十八条 从事固体废物综合利用等固体废物污染环境防治工作的，依照法律、行政法规的规定，享受税收优惠。

国家鼓励并提倡社会各界为防治固体废物污染环境捐赠财产，并依照法律、行政法规的规定，给予税收优惠。

第九十九条 收集、贮存、运输、利用、处置危险废物的单位，应当按照国家有关规定，投保环境污染责任保险。

第一百条 国家鼓励单位和个人购买、使用综合利用产品和可重复使用产品。

县级以上人民政府及其有关部门在政府采购过程中，应当优先采购综合利用产品和可重复使用产品。

第八章 法律责任

第一百零一条 生态环境主管部门或者其他负有固体废物污染环境防治监督管理职责的部门违反本法规定，有下列行为之一，由本级人民政府或者上级人民政府有关部门责令改正，对直接负责的主管人员和其他直接责任人员依法给予处分：

（一）未依法作出行政许可或者办理批准文件的；

（二）对违法行为进行包庇的；

（三）未依法查封、扣押的；

（四）发现违法行为或者接到对违法行为的举报后未予查处的；

（五）有其他滥用职权、玩忽职守、徇私舞弊等违法行为的。

依照本法规定应当作出行政处罚决定而未作出的，上级主管部门可以直接作出行政处罚决定。

第一百零二条 违反本法规定，有下列行为之一，由生态环境主管部门责令改正，处以罚款，没收违法所得；情节严重的，报经有批准权的人民政府批准，可以责令停业或者关闭：

（一）产生、收集、贮存、运输、利用、处置固体废物的单位未依法及时公开固体废物污染环境防治信息的；

（二）生活垃圾处理单位未按照国家有关规定安装使用监测设备、实时监测污染物的排放情况并公开污染排放数据的；

（三）将列入限期淘汰名录被淘汰的设备转让给他人使用的；

（四）在生态保护红线区域、永久基本农田集中区域和其他需要特别保护的区域内，建设工业固体废物、危险废物集中贮存、利用、处置的设施、场所和生活垃圾填埋场的；

（五）转移固体废物出省、自治区、直辖市行政区域贮存、处置未经批准的；

（六）转移固体废物出省、自治区、直辖市行政区域利用未报备案的；

（七）擅自倾倒、堆放、丢弃、遗撒工业固体废物，或者未采取相应防范措施，造成工业固体废物扬散、流失、渗漏或者其他环境污染的；

（八）产生工业固体废物的单位未建立固体废物管理台账并如实记录的；

（九）产生工业固体废物的单位违反本法规定委托他人运输、利用、处置工业固体废物的；

（十）贮存工业固体废物未采取符合国家环境保护标准的防护措施的；

（十一）单位和其他生产经营者违反固体废物管理其他要求，污染环境、破坏生态的。

有前款第一项、第八项行为之一，处五万元以上二十万元以下的罚款；有前款第二项、第三项、第四项、第五项、第六项、第九项、第十项、第十一项行为之一，处十万元以上一百万元以下的罚款；有前款第七项行为，处所需处置费用一倍以上三倍以下的罚款，所需处置费用不足十万元的，按十万元计算。对前款第十一项行为的处罚，有关法律、行政法规另有规定的，适用其规定。

第一百零三条　违反本法规定，以拖延、围堵、滞留执法人员等方式拒绝、阻挠监督检查，或者在接受监督检查时弄虚作假的，由生态环境主管部门或者其他负有固体废物污染环境防治监督管理职责的部门责令改正，处五万元以上二十万元以下的罚款；对直接负责的主管人员和其他直接责任人员，处二万元以上十万元以下的罚款。

第一百零四条　违反本法规定，未依法取得排污许可证产生工业固体废物的，由生态环境主管部门责令改正或者限制生产、停产整治，处十万元以上一百万元以下的罚款；情节严重的，报经有批准权的人民政府批准，责令停业或者关闭。

第一百零五条　违反本法规定，生产经营者未遵守限制商品过度包装的强制性标准的，由县级以上地方人民政府市场监督管理部门或者有关部门责令改正；拒不改正的，处二千元以上二万元以下的罚款；情节严重的，处二万元以上十万元以下的罚款。

第一百零六条　违反本法规定，未遵守国家有关禁止、限制使用不可降解塑料袋等一次性塑料制品的规定，或者未按照国家有关规定报告塑料袋等一次性塑料制品的使用情况的，由县级以上地方人民政府商务、邮政等主管部门责令改正，处一万元以上十万元以下的罚款。

第一百零七条 从事畜禽规模养殖未及时收集、贮存、利用或者处置养殖过程中产生的畜禽粪污等固体废物的，由生态环境主管部门责令改正，可以处十万元以下的罚款；情节严重的，报经有批准权的人民政府批准，责令停业或者关闭。

第一百零八条 违反本法规定，城镇污水处理设施维护运营单位或者污泥处理单位对污泥流向、用途、用量等未进行跟踪、记录，或者处理后的污泥不符合国家有关标准的，由城镇排水主管部门责令改正，给予警告；造成严重后果的，处十万元以上二十万元以下的罚款；拒不改正的，城镇排水主管部门可以指定有治理能力的单位代为治理，所需费用由违法者承担。

违反本法规定，擅自倾倒、堆放、丢弃、遗撒城镇污水处理设施产生的污泥和处理后的污泥的，由城镇排水主管部门责令改正，处二十万元以上二百万元以下的罚款，对直接负责的主管人员和其他直接责任人员处二万元以上十万元以下的罚款；造成严重后果的，处二百万元以上五百万元以下的罚款，对直接负责的主管人员和其他直接责任人员处五万元以上五十万元以下的罚款；拒不改正的，城镇排水主管部门可以指定有治理能力的单位代为治理，所需费用由违法者承担。

第一百零九条 违反本法规定，生产、销售、进口或者使用淘汰的设备，或者采用淘汰的生产工艺的，由县级以上地方人民政府指定的部门责令改正，处十万元以上一百万元以下的罚款，没收违法所得；情节严重的，由县级以上地方人民政府指定的部门提出意见，报经有批准权的人民政府批准，责令停业或者关闭。

第一百一十条 尾矿、煤矸石、废石等矿业固体废物贮存设施停止使用后，未按照国家有关环境保护规定进行封场的，由生态环境主管部门责令改正，处二十万元以上一百万元以下的罚款。

第一百一十一条 违反本法规定，有下列行为之一，由县级以上地方人民政府环境卫生主管部门责令改正，处以罚款，没收违法所得：

（一）随意倾倒、抛撒、堆放或者焚烧生活垃圾的；

（二）擅自关闭、闲置或者拆除生活垃圾处理设施、场所的；

（三）工程施工单位未编制建筑垃圾处理方案报备案，或者未及时清运施工过程中产生的固体废物的；

（四）工程施工单位擅自倾倒、抛撒或者堆放工程施工过程中产生的建筑垃圾，或者未按照规定对施工过程中产生的固体废物进行利用或者处置的；

（五）产生、收集厨余垃圾的单位和其他生产经营者未将厨余垃圾交由具备相应资质条件的单位进行无害化处理的；

（六）畜禽养殖场、养殖小区利用未经无害化处理的厨余垃圾饲喂畜禽的；

（七）在运输过程中沿途丢弃、遗撒生活垃圾的。

单位有前款第一项、第七项行为之一，处五万元以上五十万元以下的罚款；单位有前款第二项、第三项、第四项、第五项、第六项行为之一，处十万元以上一百万元以下的罚款；个人有前款第一项、第五项、第七项行为之一，处一百元以上五百元以下的罚款。

违反本法规定，未在指定的地点分类投放生活垃圾的，由县级以上地方人民政府环境卫生主管部门责令改正；情节严重的，对单位处五万元以上五十万元以下的罚款，对个人依法处以罚款。

第一百一十二条 违反本法规定，有下列行为之一，由生态环境主管部门责令改正，处以罚款，没收违法所得；情节严重的，报经有批准权的人民政府批准，可以责令停业或者关闭：

（一）未按照规定设置危险废物识别标志的；

（二）未按照国家有关规定制定危险废物管理计划或者申报危险废物有关资料的；

（三）擅自倾倒、堆放危险废物的；

（四）将危险废物提供或者委托给无许可证的单位或者其他生产经营者从事经营活动的；

（五）未按照国家有关规定填写、运行危险废物转移联单或者未经批准擅自转移危险废物的；

（六）未按照国家环境保护标准贮存、利用、处置危险废物或者将危险废物混入非危险废物中贮存的；

（七）未经安全性处置，混合收集、贮存、运输、处置具有不相容性质的危险废物的；

（八）将危险废物与旅客在同一运输工具上载运的；

（九）未经消除污染处理，将收集、贮存、运输、处置危险废物的场所、设施、设备和容器、包装物及其他物品转作他用的；

（十）未采取相应防范措施，造成危险废物扬散、流失、渗漏或者其他环境污染的；

（十一）在运输过程中沿途丢弃、遗撒危险废物的；

（十二）未制定危险废物意外事故防范措施和应急预案的；

（十三）未按照国家有关规定建立危险废物管理台账并如实记录的。

有前款第一项、第二项、第五项、第六项、第七项、第八项、第九项、第十二项、第十三项行为之一，处十万元以上一百万元以下的罚款；有前款第三项、第四项、第十项、第十一项行为之一，处所需处置费用三倍以上五倍以下的罚款，所需处置费用不足二十万元的，按二十万元计算。

第一百一十三条 违反本法规定，危险废物产生者未按照规定处置其产生的危险废物被责令改正后拒不改正的，由生态环境主管部门组织代为处置，处置费用由危险废物产生者承担；拒不承担代为处置费用的，处代为处置费用一倍以上三倍以下的罚款。

第一百一十四条 无许可证从事收集、贮存、利用、处置危险废物经营活动的，由生态环境主管部门责令改正，处一百万元以上五百万元以下的罚款，并报经有批准权的人民政府批准，责令停业或者关闭；对法定代表人、主要负责人、直接负责的主管人员和其他责任人员，处十万元以上一百万元以下的罚款。

未按照许可证规定从事收集、贮存、利用、处置危险废物经营活动的，由生态环境主管部门责令改正，限制生产、停产整治，处五十万元以上二百万元以下的罚款；对法定代表人、主要负责人、直接负责的主管人员和其他责任人员，处五万元以上五十万元以下的罚款；情节严重的，报经有批准权的人民政府批准，责令停业或者关闭，还可以由发证机关吊销许可证。

第一百一十五条 违反本法规定，将中华人民共和国境外的固体废物输入境内的，由海关责令退运该固体废物，处五十万元以上五百万元以下的罚款。

承运人对前款规定的固体废物的退运、处置，与进口者承担连带责任。

第一百一十六条 违反本法规定，经中华人民共和国过境转移危险废物的，由海关责令退运该危险废物，处五十万元以上五百万元以下的罚款。

第一百一十七条 对已经非法入境的固体废物，由省级以上人民政府生态环境主管部门依法向海关提出处理意见，海关应当依照本法第一百一十五条的规定作出处罚决定；已经造成环境污染的，由省级以上人民政府生态环境主管部门责令进口者消除污染。

第一百一十八条 违反本法规定，造成固体废物污染环境事故的，除依法承担赔偿责任外，由生态环境主管部门依照本条第二款的规定处以罚款，责令限期采取治理措施；造成重大或者特大固体废物污染环境事故的，还可以报经有批准权的人民政府批准，责令关闭。

造成一般或者较大固体废物污染环境事故的，按照事故造成的直接经济损失的一倍以上三倍以下计算罚款；造成重大或者特大固体废物污染环境事故的，按照事故造成的直接经济损失的三倍以上五倍以下计算罚款，并对法定代表人、主要负责人、直接负责的主管人员和其他责任人员处上一年度从本单位取得的收入百分之五十以下的罚款。

第一百一十九条 单位和其他生产经营者违反本法规定排放固体废物，受到罚款处罚，被责令改正的，依法作出处罚决定的行政机关应当组织复查，发现其继续实施该违法行为的，依照《中华人民共和国环境保护法》的规定按日连续处罚。

第一百二十条 违反本法规定，有下列行为之一，尚不构成犯罪的，由公安机关对法定代表人、主要负责人、直接负责的主管人员和其他责任人员处十日以上十五日以下的拘留；情节较轻的，处五日以上十日以下的拘留：

（一）擅自倾倒、堆放、丢弃、遗撒固体废物，造成严重后果的；

（二）在生态保护红线区域、永久基本农田集中区域和其他需要特别保护的区域内，建设工业固体废物、危险废物集中贮存、利用、处置的设施、场所和生活垃圾填埋场的；

（三）将危险废物提供或者委托给无许可证的单位或者其他生产经营者堆放、利用、处置的；

（四）无许可证或者未按照许可证规定从事收集、贮存、利用、处置危险废物经营活动的；

（五）未经批准擅自转移危险废物的；

（六）未采取防范措施，造成危险废物扬散、流失、渗漏或者其他严重后果的。

第一百二十一条 固体废物污染环境、破坏生态，损害国家利益、社会公共利益的，有关机关和组织可以依照《中华人民共和国环境保护法》、《中华人民共和国民事诉讼法》、《中华人民共和国行政诉讼法》等法律的规定向人民法院提起诉讼。

第一百二十二条 固体废物污染环境、破坏生态给国家造成重大损失的，由设区的市级以上地方人民政府或者其指定的部门、机构组织与造成环境污染和生态破坏的单位和其他生产经营者进行磋商，要求其承担损害赔偿责任；磋商未达成一致的，可以向人民法院提起诉讼。

对于执法过程中查获的无法确定责任人或者无法退运的固体废物，由所在地县级以上地方人民政府组织处理。

第一百二十三条 违反本法规定，构成违反治安管理行为的，由公安机关依法给予治安管理处罚；构成犯罪的，依法追究刑事责任；造成人身、财产损害的，依法承担民事责任。

第九章 附 则

第一百二十四条 本法下列用语的含义：

（一）固体废物，是指在生产、生活和其他活动中产生的丧失原有利用价值或者虽未丧失利用价值但被抛弃或者放弃的固态、半固态和置于容器中的气态的物品、物质以及法律、行政法规规定纳入固体废物管理的物品、物质。经无害化加工处理，并且符合强制性国家产品质量标准，不会危害公众健康和生态安全，或者根据固体废物鉴别标准和鉴别程序认定为不属于固体废物的除外。

（二）工业固体废物，是指在工业生产活动中产生的固体废物。

（三）生活垃圾，是指在日常生活中或者为日常生活提供服务的活动中产生的固体废物，以及法律、行政法规规定视为生活垃圾的固体废物。

（四）建筑垃圾，是指建设单位、施工单位新建、改建、扩建和拆除各类建筑物、构筑物、管网等，以及居民装饰装修房屋过程中产生的弃土、弃料和其他固体废物。

（五）农业固体废物，是指在农业生产活动中产生的固体废物。

（六）危险废物，是指列入国家危险废物名录或者根据国家规定的危险废物鉴别标准和鉴别方法认定的具有危险特性的固体废物。

（七）贮存，是指将固体废物临时置于特定设施或者场所中的活动。

（八）利用，是指从固体废物中提取物质作为原材料或者燃料的活动。

（九）处置，是指将固体废物焚烧和用其他改变固体废物的物理、化学、生物特性的方法，达到减少已产生的固体废物数量、缩小固体废物体积、减少或者消除其危险成分的活动，或者将固体废物最终置于符合环境保护规定要求的填埋场的活动。

第一百二十五条 液态废物的污染防治，适用本法；但是，排入水体的废水的污染防治适用有关法律，不适用本法。

第一百二十六条 本法自 2020 年 9 月 1 日起施行。

有关法律问题的决定

全国人民代表大会常务委员会关于授权国务院在中国(海南)自由贸易试验区暂时调整适用有关法律规定的决定

(2020年4月29日第十三届全国人民代表大会常务委员会第十七次会议通过)

为支持海南全面深化改革开放,推动中国(海南)自由贸易试验区试点政策落地,第十三届全国人民代表大会常务委员会第十七次会议决定:授权国务院在中国(海南)自由贸易试验区暂时调整适用《中华人民共和国土地管理法》《中华人民共和国种子法》《中华人民共和国海商法》的有关规定(目录附后),暂时调整适用的期限至2024年12月31日。暂时调整适用有关法律规定,必须建立健全事中事后监管制度,有效防控风险,国务院及其有关部门要加强指导、协调和监督,及时总结试点工作经验,并就暂时调整适用有关法律规定的情况向全国人民代表大会常务委员会作出中期报告。对实践证明可行的,修改完善有关法律;对实践证明不宜调整的,恢复施行有关法律规定。

本决定自2020年5月1日起施行。

授权国务院在中国(海南)自由贸易试验区暂时调整适用有关法律规定目录

序号	法律规定	调整内容
1	**《中华人民共和国土地管理法》** **第三十五条第一款**　永久基本农田经依法划定后,任何单位和个人不得擅自占用或者改变其用途。国家能源、交通、水利、军事设施等重点建设项目选址确实难以避让永久基本农田,涉及农用地转用或者土地征收的,必须经国务院批准。 **第四十六条第一款**　征收下列土地的,由国务院批准: (一)永久基本农田; (二)永久基本农田以外的耕地超过三十五公顷的; (三)其他土地超过七十公顷的。	暂时调整适用《中华人民共和国土地管理法》第三十五条第一款、第四十六条第一款的有关规定,对中国(海南)自由贸易试验区内由国务院批准的土地征收事项,由国务院授权海南省人民政府批准。在严格落实永久基本农田保护政策,确保中国(海南)自由贸易试验区耕地总量不减少、质量不降低,建设用地在现有基础上不增加的前提下,由海南省人民政府制定具体管理办法,完善落实事中事后监管措施,经国务院自然资源主管部门同意后实施。
2	**《中华人民共和国种子法》** **第三十一条第一款**　从事种子进出口业务的种子生产经营许可证,由省、自治区、直辖市人民政府农业、林业主管部门审核,国务院农业、林业主管部门核发。	暂时调整适用《中华人民共和国种子法》第三十一条第一款的有关规定,在中国(海南)自由贸易试验区从事种子进出口业务的,其种子生产经营许可证核发权限由国务院农业农村主管部门、林业主管部门下放至海南省农业农村主管部门、林业主管部门。在严格实施引进种质资源的隔离与监管,防止生物入侵,加强风险评估和检疫监管的前提下,由海南省人民政府制定具体管理办法,完善落实事中事后监管措施,经国务院农业农村主管部门、林业主管部门同意后实施。

续表

序号	法律规定	调整内容
3	**《中华人民共和国海商法》** **第四条第二款**　非经国务院交通主管部门批准，外国籍船舶不得经营中华人民共和国港口之间的海上运输和拖航。	暂时调整适用《中华人民共和国海商法》第四条第二款的有关规定，将中国（海南）自由贸易试验区港口开展中资方便旗邮轮海上游业务的邮轮企业（经营主体）及邮轮的市场准入许可、仅涉及中国（海南）自由贸易试验区港口的外籍邮轮多点挂靠航线许可权限由国务院交通运输主管部门下放至海南省交通运输主管部门。基于海南海域情况及海南国际邮轮发展状况，在五星红旗邮轮投入运营前，允许中资邮轮运输经营主体在海南三亚、海口邮轮港开展中资方便旗邮轮海上游业务。由海南省人民政府制定具体管理办法，组织相关部门及三亚、海口市人民政府依职责落实监管责任，加强对试点经营主体和邮轮运营的监管。

国务院部门规章

药品注册管理办法

（2020 年 1 月 22 日国家市场监督管理总局令第 27 号公布　自 2020 年 7 月 1 日起施行　国司备字[2020001743]）

第一章　总　　则

第一条　为规范药品注册行为，保证药品的安全、有效和质量可控，根据《中华人民共和国药品管理法》（以下简称《药品管理法》）、《中华人民共和国中医药法》、《中华人民共和国疫苗管理法》（以下简称《疫苗管理法》）、《中华人民共和国行政许可法》、《中华人民共和国药品管理法实施条例》等法律、行政法规，制定本办法。

第二条　在中华人民共和国境内以药品上市为目的，从事药品研制、注册及监督管理活动，适用本办法。

第三条　药品注册是指药品注册申请人（以下简称申请人）依照法定程序和相关要求提出药物临床试验、药品上市许可、再注册等申请以及补充申请，药品监督管理部门基于法律法规和现有科学认知进行安全性、有效性和质量可控性等审查，决定是否同意其申请的活动。

中请人取得药品注册证书后，为约品上市许可持有人（以下简称持有人）。

第四条　药品注册按照中药、化学药和生物制品等进行分类注册管理。

中药注册按照中药创新药、中药改良型新药、古代经典名方中药复方制剂、同名同方药等进行分类。

化学药注册按照化学药创新药、化学药改良型新药、仿制药等进行分类。

生物制品注册按照生物制品创新药、生物制品改良型新药、已上市生物制品（含生物类似药）等进行分类。

中药、化学药和生物制品等药品的细化分类和相应的申报资料要求，由国家药品监督管理局根据注册药品的产品特性、创新程度和审评管理需要组织制定，并向社会公布。

境外生产药品的注册申请，按照药品的细化分类和相应的申报资料要求执行。

第五条 国家药品监督管理局主管全国药品注册管理工作，负责建立药品注册管理工作体系和制度，制定药品注册管理规范，依法组织药品注册审评审批以及相关的监督管理工作。国家药品监督管理局药品审评中心（以下简称药品审评中心）负责药物临床试验申请、药品上市许可申请、补充申请和境外生产药品再注册申请等的审评。中国食品药品检定研究院（以下简称中检院）、国家药典委员会（以下简称药典委）、国家药品监督管理局食品药品审核查验中心（以下简称药品核查中心）、国家药品监督管理局药品评价中心（以下简称药品评价中心）、国家药品监督管理局行政事项受理服务和投诉举报中心、国家药品监督管理局信息中心（以下简称信息中心）等药品专业技术机构，承担依法实施药品注册管理所需的药品注册检验、通用名称核准、核查、监测与评价、制证送达以及相应的信息化建设与管理等相关工作。

第六条 省、自治区、直辖市药品监督管理部门负责本行政区域内以下药品注册相关管理工作：

（一）境内生产药品再注册申请的受理、审查和审批；

（二）药品上市后变更的备案、报告事项管理；

（三）组织对药物非临床安全性评价研究机构、药物临床试验机构的日常监管及违法行为的查处；

（四）参与国家药品监督管理局组织的药品注册核查、检验等工作；

（五）国家药品监督管理局委托实施的药品注册相关事项。

省、自治区、直辖市药品监督管理部门设置或者指定的药品专业技术机构，承担依法实施药品监督管理所需的审评、检验、核查、监测与评价等工作。

第七条 药品注册管理遵循公开、公平、公正原则，以临床价值为导向，鼓励研究和创制新药，积极推动仿制药发展。

国家药品监督管理局持续推进审评审批制度改革，优化审评审批程序，提高审评审批效率，建立以审评为主导，检验、核查、监测与评价等为支撑的药品注册管理体系。

第二章 基本制度和要求

第八条 从事药物研制和药品注册活动，应当遵守有关法律、法规、规章、标准和规范；参照相关技术指导原则，采用其他评价方法和技术的，应当证明其科学性、适用性；应当保证全过程信息真实、准确、完整和可追溯。

药品应当符合国家药品标准和经国家药品监督管理局核准的药品质量标准。经国家药品监督管理局核准的药品质量标准，为药品注册标准。药品注册标准应当符合《中华人民共和国药典》通用技术要求，不得低于《中华人民共和国药典》的规定。申报注册品种的检测项目或者指标不适用《中华人民共和国药典》的，申请人应当提供充分的支持性数据。

药品审评中心等专业技术机构，应当根据科学进展、行业发展实际和药品监督管理工作需要制定技术指导原则和程序，并向社会公布。

第九条 申请人应当为能够承担相应法律责任的企业或者药品研制机构等。境外申请人应当指定中国境内的企业法人办理相关药品注册事项。

第十条 申请人在申请药品上市注册前，应当完成药学、药理毒理学和药物临床试验等相关研究工作。药物非临床安全性评价研究应当在经过药物非临床研究质量管理规范认证的机构开展，并遵守药物非临床研究质量管理规范。药物临床试验应当经批准，其中生物等效性试验应当备案；药物临床试验应当在符合相关规定的药物临床试验机构开展，并遵守药物临床试验质量管理规范。

申请药品注册，应当提供真实、充分、可靠的数据、资料和样品，证明药品的安全性、有效性和质量可控性。

使用境外研究资料和数据支持药品注册的，其来源、研究机构或者实验室条件、质量体系要求及其他管理条件等应当符合国际人用药品注册技术要求协调会通行原则，并符合我国药品注册管理的相关要求。

第十一条 变更原药品注册批准证明文件及其附件所载明的事项或者内容的，申请人应当按照规定，参照相关技术指导原则，对药品变更进行充分研究和验证，充分评估变更可能对药品安全性、有效性和质量可控性的影响，按照变更程序提出补充申请、备案或者报告。

第十二条 药品注册证书有效期为五年，药品注册证书有效期内持有人应当持续保证上市药品的安全性、有效性和质量可控性，并在有效期届满前六个月申请药品再注册。

第十三条 国家药品监督管理局建立药品加快上市注册制度，支持以临床价值为导向的药物创新。对符合条件的药品注册申请，申请人可以申请适用突破性治疗药物、附条件批准、优先审评审批及特别审批程序。在药品研制和注册过程中，药品监督管理部门及其专业技术机构给予必要的技术指导、沟通交流、优先配置资源、缩短审评时限等政策和技术支持。

第十四条 国家药品监督管理局建立化学原料药、辅料及直接接触药品的包装材料和容器关联审评审批制度。在审批药品制剂时，对化学原料药一并审评审批，对相关辅料、直接接触药品的包装材料和容器一并审评。药品审评中心建立化学原料药、辅料及直接接触药品的包装材料和容器信息登记平台，对相关登记信息进行公示，供相关申请人或者持有人选择，并在相关药品制剂注册申请审评时关联审评。

第十五条 处方药和非处方药实行分类注册和转换管理。药品审评中心根据非处方药的特点，制定非处方药上市注册相关技术指导原则和程序，并向社会公布。药品评价中心制定处方药和非处方药上市后转换相关技术要求和程序，并向社会公布。

第十六条 申请人在药物临床试验申请前、药物临床试验过程中以及药品上市许可申请前等关键阶段，可以就重大问题与药品审评中心等专业技术机构进行沟通交流。药品注册过程中，药品审评中心等专业技术机构可以根据工作需要组织与申请人进行沟通交流。

沟通交流的程序、要求和时限，由药品审评中心等专业技术机构依照职能分别制定，并向社会公布。

第十七条 药品审评中心等专业技术机构根据工作需要建立专家咨询制度，成立专家咨询委员会，在审评、核查、检验、通用名称核准等过程中就重大问题听取专家意见，充分发挥专家的技术支撑作用。

第十八条 国家药品监督管理局建立收载新批准上市以及通过仿制药质量和疗效一致性评价的化学药品目录集，载明药品名称、活性成分、剂型、规格、是否为参比制剂、持有人等相关信息，及时更新并向社会公开。化学药品目录集收载程序和要求，由药品审评中心制定，并向社会公布。

第十九条 国家药品监督管理局支持中药传承和创新，建立和完善符合中药特点的注册管理制度和技术评价体系，鼓励运用现代科学技术和传统研究方法研制中药，加强中药质量控制，提高中药临床试验水平。

中药注册申请，申请人应当进行临床价值和资源评估，突出以临床价值为导向，促进资源可持续利用。

第三章 药品上市注册

第一节 药物临床试验

第二十条 本办法所称药物临床试验是指以药品上市注册为目的，为确定药物安全性与有效性在人体开展的药物研究。

第二十一条 药物临床试验分为Ⅰ期临床试验、Ⅱ期临床试验、Ⅲ期临床试验、Ⅳ期临床试验以及生物等效性试验。根据药物特点和研究目的,研究内容包括临床药理学研究、探索性临床试验、确证性临床试验和上市后研究。

第二十二条 药物临床试验应当在具备相应条件并按规定备案的药物临床试验机构开展。其中,疫苗临床试验应当由符合国家药品监督管理局和国家卫生健康委员会规定条件的三级医疗机构或者省级以上疾病预防控制机构实施或者组织实施。

第二十三条 申请人完成支持药物临床试验的药学、药理毒理学等研究后,提出药物临床试验申请的,应当按照申报资料要求提交相关研究资料。经形式审查,申报资料符合要求的,予以受理。药品审评中心应当组织药学、医学和其他技术人员对已受理的药物临床试验申请进行审评。对药物临床试验申请应当自受理之日起六十日内决定是否同意开展,并通过药品审评中心网站通知申请人审批结果;逾期未通知的,视为同意,申请人可以按照提交的方案开展药物临床试验。

申请人获准开展药物临床试验的为药物临床试验申办者(以下简称申办者)。

第二十四条 申请人拟开展生物等效性试验的,应当按照要求在药品审评中心网站完成生物等效性试验备案后,按照备案的方案开展相关研究工作。

第二十五条 开展药物临床试验,应当经伦理委员会审查同意。

药物临床试验用药品的管理应当符合药物临床试验质量管理规范的有关要求。

第二十六条 获准开展药物临床试验的,申办者在开展后续分期药物临床试验前,应当制定相应的药物临床试验方案,经伦理委员会审查同意后开展,并在药品审评中心网站提交相应的药物临床试验方案和支持性资料。

第二十七条 获准开展药物临床试验的药物拟增加适应症(或者功能主治)以及增加与其他药物联合用药的,申请人应当提出新的药物临床试验申请,经批准后方可开展新的药物临床试验。

获准上市的药品增加适应症(或者功能主治)需要开展药物临床试验的,应当提出新的药物临床试验申请。

第二十八条 申办者应当定期在药品审评中心网站提交研发期间安全性更新报告。研发期间安全性更新报告应当每年提交一次,于药物临床试验获准后每满一年后的两个月内提交。药品审评中心可以根据审查情况,要求申办者调整报告周期。

对于药物临床试验期间出现的可疑且非预期严重不良反应和其他潜在的严重安全性风险信息,申办者应当按照相关要求及时向药品审评中心报告。

根据安全性风险严重程度，可以要求申办者采取调整药物临床试验方案、知情同意书、研究者手册等加强风险控制的措施，必要时可以要求申办者暂停或者终止药物临床试验。

研发期间安全性更新报告的具体要求由药品审评中心制定公布。

第二十九条 药物临床试验期间，发生药物临床试验方案变更、非临床或者药学的变化或者有新发现的，申办者应当按照规定，参照相关技术指导原则，充分评估对受试者安全的影响。

申办者评估认为不影响受试者安全的，可以直接实施并在研发期间安全性更新报告中报告。可能增加受试者安全性风险的，应当提出补充申请。对补充申请应当自受理之日起六十日内决定是否同意，并通过药品审评中心网站通知申请人审批结果；逾期未通知的，视为同意。

申办者发生变更的，由变更后的申办者承担药物临床试验的相关责任和义务。

第三十条 药物临床试验期间，发现存在安全性问题或者其他风险的，申办者应当及时调整临床试验方案、暂停或者终止临床试验，并向药品审评中心报告。

有下列情形之一的，可以要求申办者调整药物临床试验方案、暂停或者终止药物临床试验：

（一）伦理委员会未履行职责的；

（二）不能有效保证受试者安全的；

（三）申办者未按照要求提交研发期间安全性更新报告的；

（四）申办者未及时处置并报告可疑且非预期严重不良反应的；

（五）有证据证明研究药物无效的；

（六）临床试验用药品出现质量问题的；

（七）药物临床试验过程中弄虚作假的；

（八）其他违反药物临床试验质量管理规范的情形。

药物临床试验中出现大范围、非预期的严重不良反应，或者有证据证明临床试验用药品存在严重质量问题时，申办者和药物临床试验机构应当立即停止药物临床试验。药品监督管理部门依职责可以责令调整临床试验方案、暂停或者终止药物临床试验。

第三十一条 药物临床试验被责令暂停后，申办者拟继续开展药物临床试验的，应当在完成整改后提出恢复药物临床试验的补充申请，经审查同意后方可继续开展药物临床试验。药物临床试验暂停时间满三年且未申请并获准恢复药物临床试验的，该药物临床试验许可自行失效。

药物临床试验终止后，拟继续开展药物临床试验的，应当重新提出药物临床试验申请。

第三十二条 药物临床试验应当在批准后三年内实施。药物临床试验申请自获准之日起，三年内未有受试者签署知情同意书的，该药物临床试验许可自行失效。仍需实施药物临床试验的，应当重新申请。

第三十三条 申办者应当在开展药物临床试验前在药物临床试验登记与信息公示平台登记药物临床试验方案等信息。药物临床试验期间，申办者应当持续更新登记信息，并在药物临床试验结束后登记药物临床试验结果等信息。登记信息在平台进行公示，申办者对药物临床试验登记信息的真实性负责。

药物临床试验登记和信息公示的具体要求，由药品审评中心制定公布。

第二节 药品上市许可

第三十四条 申请人在完成支持药品上市注册的药学、药理毒理学和药物临床试验等研究，确定质量标准，完成商业规模生产工艺验证，并做好接受药品注册核查检验的准备后，提出药品上市许可申请，按照申报资料要求提交相关研究资料。经对申报资料进行形式审查，符合要求的，予以受理。

第三十五条 仿制药、按照药品管理的体外诊断试剂以及其他符合条件的情形，经申请人评估，认为无需或者不能开展药物临床试验，符合豁免药物临床试验条件的，申请人可以直接提出药品上市许可申请。豁免药物临床试验的技术指导原则和有关具体要求，由药品审评中心制定公布。

仿制药应当与参比制剂质量和疗效一致。申请人应当参照相关技术指导原则选择合理的参比制剂。

第三十六条 符合以下情形之一的，可以直接提出非处方药上市许可申请：

（一）境内已有相同活性成分、适应症（或者功能主治）、剂型、规格的非处方药上市的药品；

（二）经国家药品监督管理局确定的非处方药改变剂型或者规格，但不改变适应症（或者功能主治）、给药剂量以及给药途径的药品；

（三）使用国家药品监督管理局确定的非处方药的活性成份组成的新的复方制剂；

（四）其他直接申报非处方药上市许可的情形。

第三十七条 申报药品拟使用的药品通用名称，未列入国家药品标准或者药品注册标准的，申请人应当在提出药品上市许可申请时同时提出通用名称核准申请。药品上市许可申请受理后，通用名称核准相关资料转药典委，药典委核准后反馈药品审评中心。

申报药品拟使用的药品通用名称，已列入国家药品标准或者药品注册标准，药品审评中心在审评过程中认为需要核准药品通用名称的，应当通知药典委核准通用名称并提供相关资料，药典委核准后反馈药品审评中心。

药典委在核准药品通用名称时，应当与申请人做好沟通交流，并将核准结果告知申请人。

第三十八条 药品审评中心应当组织药学、医学和其他技术人员，按要求对已受理的药品上市许可申请进行审评。

审评过程中基于风险启动药品注册核查、检验，相关技术机构应当在规定时限内完成核查、检验工作。

药品审评中心根据药品注册申报资料、核查结果、检验结果等，对药品的安全性、有效性和质量可控性等进行综合审评，非处方药还应当转药品评价中心进行非处方药适宜性审查。

第三十九条 综合审评结论通过的，批准药品上市，发给药品注册证书。综合审评结论不通过的，作出不予批准决定。药品注册证书载明药品批准文号、持有人、生产企业等信息。非处方药的药品注册证书还应当注明非处方药类别。

经核准的药品生产工艺、质量标准、说明书和标签作为药品注册证书的附件一并发给申请人，必要时还应当附药品上市后研究要求。上述信息纳入药品品种档案，并根据上市后变更情况及时更新。

药品批准上市后，持有人应当按照国家药品监督管理局核准的生产工艺和质量标准生产药品，并按照药品生产质量管理规范要求进行细化和实施。

第四十条 药品上市许可申请审评期间，发生可能影响药品安全性、有效性和质量可控性的重大变更的，申请人应当撤回原注册申请，补充研究后重新申报。

申请人名称变更、注册地址名称变更等不涉及技术审评内容的，应当及时书面告知药品审评中心并提交相关证明性资料。

第三节 关联审评审批

第四十一条 药品审评中心在审评药品制剂注册申请时，对药品制剂选用的化学原料药、辅料及直接接触药品的包装材料和容器进行关联审评。

化学原料药、辅料及直接接触药品的包装材料和容器生产企业应当按照关联审评审批制度要求，在化学原料药、辅料及直接接触药品的包装材料和容器登记平台登记产品信息和研究资料。药品审评中心向社会公示登记号、产品名称、企业名称、生产地址等基本信息，供药品制剂注册申请人选择。

第四十二条 药品制剂申请人提出药品注册申请，可以直接选用已登记的化学原料药、辅料及直接接触药品的包装材料和容器；选用未登记的化学原料药、辅料及直接接触药品的包装材料和容器的，相关研究资料应当随药品制剂注册申请一并申报。

第四十三条 药品审评中心在审评药品制剂注册申请时，对药品制剂选用的化学原料药、辅料及直接接触药品的包装材料和容器进行关联审评，需补充资料的，按照补充资料程序要求药品制剂申请人或者化学原料药、辅料及直接接触药品的包装材料和容器登记企业补充资料，可以基于风险提出对化学原料药、辅料及直接接触药品的包装材料和容器企业进行延伸检查。

仿制境内已上市药品所用的化学原料药的，可以申请单独审评审批。

第四十四条 化学原料药、辅料及直接接触药品的包装材料和容器关联审评通过的或者单独审评审批通过的，药品审评中心在化学原料药、辅料及直接接触药品的包装材料和容器登记平台更新登记状态标识，向社会公示相关信息。其中，化学原料药同时发给化学原料药批准通知书及核准后的生产工艺、质量标准和标签，化学原料药批准通知书中载明登记号；不予批准的，发给化学原料药不予批准通知书。

未通过关联审评审批的，化学原料药、辅料及直接接触药品的包装材料和容器产品的登记状态维持不变，相关药品制剂申请不予批准。

第四节 药品注册核查

第四十五条 药品注册核查，是指为核实申报资料的真实性、一致性以及药品上市商业化生产条件，检查药品研制的合规性、数据可靠性等，对研制现场和生产现场开展的核查活动，以及必要时对药品注册申请所涉及的化学原料药、辅料及直接接触药品的包装材料和容器生产企业、供应商或者其他受托机构开展的延伸检查活动。

药品注册核查启动的原则、程序、时限和要求，由药品审评中心制定公布；药品注册核查实施的原则、程序、时限和要求，由药品核查中心制定公布。

第四十六条 药品审评中心根据药物创新程度、药物研究机构既往接受核查情况等，基于风险决定是否开展药品注册研制现场核查。

药品审评中心决定启动药品注册研制现场核查的，通知药品核查中心在审评期间组织实施核查，同时告知申请人。药品核查中心应当在规定时限内完成现场核查，并将核查情况、核查结论等相关材料反馈药品审评中心进行综合审评。

第四十七条 药品审评中心根据申报注册的品种、工艺、设施、既往接受核查情况等因素，基于风险决定是否启动药品注册生产现场核查。

对于创新药、改良型新药以及生物制品等，应当进行药品注册生产现场核查和上市前药品生产质量管理规范检查。

对于仿制药等，根据是否已获得相应生产范围药品生产许可证且已有同剂型品种上市等情况，基于风险进行药品注册生产现场核查、上市前药品生产质量管理规范检查。

第四十八条 药品注册申请受理后，药品审评中心应当在受理后四十日内进行初步审查，需要药品注册生产现场核查的，通知药品核查中心组织核查，提供核查所需的相关材料，同时告知申请人以及申请人或者生产企业所在地省、自治区、直辖市药品监督管理部门。药品核查中心原则上应当在审评时限届满四十日前完成核查工作，并将核查情况、核查结果等相关材料反馈至药品审评中心。

需要上市前药品生产质量管理规范检查的，由药品核查中心协调相关省、自治区、直辖市药品监督管理部门与药品注册生产现场核查同步实施。上市前药品生产质量管理规范检查的管理要求，按照药品生产监督管理办法的有关规定执行。

申请人应当在规定时限内接受核查。

第四十九条 药品审评中心在审评过程中，发现申报资料真实性存疑或者有明确线索举报等，需要现场检查核实的，应当启动有因检查，必要时进行抽样检验。

第五十条 申请药品上市许可时，申请人和生产企业应当已取得相应的药品生产许可证。

第五节　药品注册检验

第五十一条 药品注册检验，包括标准复核和样品检验。标准复核，是指对申请人申报药品标准中设定项目的科学性、检验方法的可行性、质控指标的合理性等进行的实验室评估。样品检验，是指按照申请人申报或者药品审评中心核定的药品质量标准对样品进行的实验室检验。

药品注册检验启动的原则、程序、时限等要求，由药品审评中心组织制定公布。药品注册申请受理前提出药品注册检验的具体工作程序和要求以及药品注册检验技术要求和规范，由中检院制定公布。

第五十二条 与国家药品标准收载的同品种药品使用的检验项目和检验

方法一致的，可以不进行标准复核，只进行样品检验。其他情形应当进行标准复核和样品检验。

第五十三条 中检院或者经国家药品监督管理局指定的药品检验机构承担以下药品注册检验：

（一）创新药；

（二）改良型新药（中药除外）；

（三）生物制品、放射性药品和按照药品管理的体外诊断试剂；

（四）国家药品监督管理局规定的其他药品。

境外生产药品的药品注册检验由中检院组织口岸药品检验机构实施。

其他药品的注册检验，由申请人或者生产企业所在地省级药品检验机构承担。

第五十四条 申请人完成支持药品上市的药学相关研究，确定质量标准，并完成商业规模生产工艺验证后，可以在药品注册申请受理前向中检院或者省、自治区、直辖市药品监督管理部门提出药品注册检验；申请人未在药品注册申请受理前提出药品注册检验的，在药品注册申请受理后四十日内由药品审评中心启动药品注册检验。原则上申请人在药品注册申请受理前只能提出一次药品注册检验，不得同时向多个药品检验机构提出药品注册检验。

申请人提交的药品注册检验资料应当与药品注册申报资料的相应内容一致，不得在药品注册检验过程中变更药品检验机构、样品和资料等。

第五十五条 境内生产药品的注册申请，申请人在药品注册申请受理前提出药品注册检验的，向相关省、自治区、直辖市药品监督管理部门申请抽样，省、自治区、直辖市药品监督管理部门组织进行抽样并封签，由申请人将抽样单、样品、检验所需资料及标准物质等送至相应药品检验机构。

境外生产药品的注册申请，申请人在药品注册申请受理前提出药品注册检验的，申请人应当按规定要求抽取样品，并将样品、检验所需资料及标准物质等送至中检院。

第五十六条 境内生产药品的注册申请，药品注册申请受理后需要药品注册检验的，药品审评中心应当在受理后四十日内向药品检验机构和申请人发出药品注册检验通知。申请人向相关省、自治区、直辖市药品监督管理部门申请抽样，省、自治区、直辖市药品监督管理部门组织进行抽样并封签，申请人应当在规定时限内将抽样单、样品、检验所需资料及标准物质等送至相应药品检验机构。

境外生产药品的注册申请，药品注册申请受理后需要药品注册检验的，申请人应当按规定要求抽取样品，并将样品、检验所需资料及标准物质等送至中检院。

第五十七条 药品检验机构应当在五日内对申请人提交的检验用样品及资料等进行审核，作出是否接收的决定，同时告知药品审评中心。需要补正的，应当一次性告知申请人。

药品检验机构原则上应当在审评时限届满四十日前，将标准复核意见和检验报告反馈至药品审评中心。

第五十八条 在药品审评、核查过程中，发现申报资料真实性存疑或者有明确线索举报，或者认为有必要进行样品检验的，可抽取样品进行样品检验。

审评过程中，药品审评中心可以基于风险提出质量标准单项复核。

第四章 药品加快上市注册程序

第一节 突破性治疗药物程序

第五十九条 药物临床试验期间，用于防治严重危及生命或者严重影响生存质量的疾病，且尚无有效防治手段或者与现有治疗手段相比有足够证据表明具有明显临床优势的创新药或者改良型新药等，申请人可以申请适用突破性治疗药物程序。

第六十条 申请适用突破性治疗药物程序的，申请人应当向药品审评中心提出申请。符合条件的，药品审评中心按照程序公示后纳入突破性治疗药物程序。

第六十一条 对纳入突破性治疗药物程序的药物临床试验，给予以下政策支持：

（一）申请人可以在药物临床试验的关键阶段向药品审评中心提出沟通交流申请，药品审评中心安排审评人员进行沟通交流；

（二）申请人可以将阶段性研究资料提交药品审评中心，药品审评中心基于已有研究资料，对下一步研究方案提出意见或者建议，并反馈给申请人。

第六十二条 对纳入突破性治疗药物程序的药物临床试验，申请人发现不再符合纳入条件时，应当及时向药品审评中心提出终止突破性治疗药物程序。药品审评中心发现不再符合纳入条件的，应当及时终止该品种的突破性治疗药物程序，并告知申请人。

第二节 附条件批准程序

第六十三条 药物临床试验期间，符合以下情形的药品，可以申请附条件批准：

（一）治疗严重危及生命且尚无有效治疗手段的疾病的药品，药物临床试验已有数据证实疗效并能预测其临床价值的；

（二）公共卫生方面急需的药品，药物临床试验已有数据显示疗效并能预测其临床价值的；

（三）应对重大突发公共卫生事件急需的疫苗或者国家卫生健康委员会认定急需的其他疫苗，经评估获益大于风险的。

第六十四条 申请附条件批准的，申请人应当就附条件批准上市的条件和上市后继续完成的研究工作等与药品审评中心沟通交流，经沟通交流确认后提出药品上市许可申请。

经审评，符合附条件批准要求的，在药品注册证书中载明附条件批准药品注册证书的有效期、上市后需要继续完成的研究工作及完成时限等相关事项。

第六十五条 审评过程中，发现纳入附条件批准程序的药品注册申请不能满足附条件批准条件的，药品审评中心应当终止该品种附条件批准程序，并告知申请人按照正常程序研究申报。

第六十六条 对附条件批准的药品，持有人应当在药品上市后采取相应的风险管理措施，并在规定期限内按照要求完成药物临床试验等相关研究，以补充申请方式申报。

对批准疫苗注册申请时提出进一步研究要求的，疫苗持有人应当在规定期限内完成研究。

第六十七条 对附条件批准的药品，持有人逾期未按照要求完成研究或者不能证明其获益大于风险的，国家药品监督管理局应当依法处理，直至注销药品注册证书。

第三节 优先审评审批程序

第六十八条 药品上市许可申请时，以下具有明显临床价值的药品，可以申请适用优先审评审批程序：

（一）临床急需的短缺药品、防治重大传染病和罕见病等疾病的创新药和改良型新药；

（二）符合儿童生理特征的儿童用药品新品种、剂型和规格；

（三）疾病预防、控制急需的疫苗和创新疫苗；

（四）纳入突破性治疗药物程序的药品；

（五）符合附条件批准的药品；

（六）国家药品监督管理局规定其他优先审评审批的情形。

第六十九条 申请人在提出药品上市许可申请前,应当与药品审评中心沟通交流,经沟通交流确认后,在提出药品上市许可申请的同时,向药品审评中心提出优先审评审批申请。符合条件的,药品审评中心按照程序公示后纳入优先审评审批程序。

第七十条 对纳入优先审评审批程序的药品上市许可申请,给予以下政策支持:

(一)药品上市许可申请的审评时限为一百三十日;

(二)临床急需的境外已上市境内未上市的罕见病药品,审评时限为七十日;

(三)需要核查、检验和核准药品通用名称的,予以优先安排;

(四)经沟通交流确认后,可以补充提交技术资料。

第七十一条 审评过程中,发现纳入优先审评审批程序的药品注册申请不能满足优先审评审批条件的,药品审评中心应当终止该品种优先审评审批程序,按照正常审评程序审评,并告知申请人。

第四节 特别审批程序

第七十二条 在发生突发公共卫生事件的威胁时以及突发公共卫生事件发生后,国家药品监督管理局可以依法决定对突发公共卫生事件应急所需防治药品实行特别审批。

第七十三条 对实施特别审批的药品注册申请,国家药品监督管理局按照统一指挥、早期介入、快速高效、科学审批的原则,组织加快并同步开展药品注册受理、审评、核查、检验工作。特别审批的情形、程序、时限、要求等按照药品特别审批程序规定执行。

第七十四条 对纳入特别审批程序的药品,可以根据疾病防控的特定需要,限定其在一定期限和范围内使用。

第七十五条 对纳入特别审批程序的药品,发现其不再符合纳入条件的,应当终止该药品的特别审批程序,并告知申请人。

第五章 药品上市后变更和再注册

第一节 药品上市后研究和变更

第七十六条 持有人应当主动开展药品上市后研究,对药品的安全性、有效性和质量可控性进行进一步确证,加强对已上市药品的持续管理。

药品注册证书及附件要求持有人在药品上市后开展相关研究工作的，持有人应当在规定时限内完成并按照要求提出补充申请、备案或者报告。

药品批准上市后，持有人应当持续开展药品安全性和有效性研究，根据有关数据及时备案或者提出修订说明书的补充申请，不断更新完善说明书和标签。药品监督管理部门依职责可以根据药品不良反应监测和药品上市后评价结果等，要求持有人对说明书和标签进行修订。

第七十七条 药品上市后的变更，按照其对药品安全性、有效性和质量可控性的风险和产生影响的程度，实行分类管理，分为审批类变更、备案类变更和报告类变更。

持有人应当按照相关规定，参照相关技术指导原则，全面评估、验证变更事项对药品安全性、有效性和质量可控性的影响，进行相应的研究工作。

药品上市后变更研究的技术指导原则，由药品审评中心制定，并向社会公布。

第七十八条 以下变更，持有人应当以补充申请方式申报，经批准后实施：

（一）药品生产过程中的重大变更；

（二）药品说明书中涉及有效性内容以及增加安全性风险的其他内容的变更；

（三）持有人转让药品上市许可；

（四）国家药品监督管理局规定需要审批的其他变更。

第七十九条 以下变更，持有人应当在变更实施前，报所在地省、自治区、直辖市药品监督管理部门备案：

（一）药品生产过程中的中等变更；

（二）药品包装标签内容的变更；

（三）药品分包装；

（四）国家药品监督管理局规定需要备案的其他变更。

境外生产药品发生上述变更的，应当在变更实施前报药品审评中心备案。

药品分包装备案的程序和要求，由药品审评中心制定发布。

第八十条 以下变更，持有人应当在年度报告中报告：

（一）药品生产过程中的微小变更；

（二）国家药品监督管理局规定需要报告的其他变更。

第八十一条 药品上市后提出的补充申请，需要核查、检验的，参照本办法有关药品注册核查、检验程序进行。

第二节　药品再注册

第八十二条　持有人应当在药品注册证书有效期届满前六个月申请再注册。境内生产药品再注册申请由持有人向其所在地省、自治区、直辖市药品监督管理部门提出，境外生产药品再注册申请由持有人向药品审评中心提出。

第八十三条　药品再注册申请受理后，省、自治区、直辖市药品监督管理部门或者药品审评中心对持有人开展药品上市后评价和不良反应监测情况，按照药品批准证明文件和药品监督管理部门要求开展相关工作情况，以及药品批准证明文件载明信息变化情况等进行审查，符合规定的，予以再注册，发给药品再注册批准通知书。不符合规定的，不予再注册，并报请国家药品监督管理局注销药品注册证书。

第八十四条　有下列情形之一的，不予再注册：

（一）有效期届满未提出再注册申请的；

（二）药品注册证书有效期内持有人不能履行持续考察药品质量、疗效和不良反应责任的；

（三）未在规定时限内完成药品批准证明文件和药品监督管理部门要求的研究工作且无合理理由的；

（四）经上市后评价，属于疗效不确切、不良反应大或者因其他原因危害人体健康的；

（五）法律、行政法规规定的其他不予再注册情形。

对不予再注册的药品，药品注册证书有效期届满时予以注销。

第六章　受理、撤回申请、审批决定和争议解决

第八十五条　药品监督管理部门收到药品注册申请后进行形式审查，并根据下列情况分别作出是否受理的决定：

（一）申请事项依法不需要取得行政许可的，应当即时作出不予受理的决定，并说明理由。

（二）申请事项依法不属于本部门职权范围的，应当即时作出不予受理的决定，并告知申请人向有关行政机关申请。

（三）申报资料存在可以当场更正的错误的，应当允许申请人当场更正；更正后申请材料齐全、符合法定形式的，应当予以受理。

（四）申报资料不齐全或者不符合法定形式的，应当当场或者在五日内一次告知申请人需要补正的全部内容。按照规定需要在告知时一并退回申请材

料的，应当予以退回。申请人应当在三十日内完成补正资料。申请人无正当理由逾期不予补正的，视为放弃申请，无需作出不予受理的决定。逾期未告知申请人补正的，自收到申请材料之日起即为受理。

（五）申请事项属于本部门职权范围，申报资料齐全、符合法定形式，或者申请人按照要求提交全部补正资料的，应当受理药品注册申请。

药品注册申请受理后，需要申请人缴纳费用的，申请人应当按规定缴纳费用。申请人未在规定期限内缴纳费用的，终止药品注册审评审批。

第八十六条 药品注册申请受理后，有药品安全性新发现的，申请人应当及时报告并补充相关资料。

第八十七条 药品注册申请受理后，需要申请人在原申报资料基础上补充新的技术资料的，药品审评中心原则上提出一次补充资料要求，列明全部问题后，以书面方式通知申请人在八十日内补充提交资料。申请人应当一次性按要求提交全部补充资料，补充资料时间不计入药品审评时限。药品审评中心收到申请人全部补充资料后启动审评，审评时限延长三分之一；适用优先审评审批程序的，审评时限延长四分之一。

不需要申请人补充新的技术资料，仅需要申请人对原申报资料进行解释说明的，药品审评中心通知申请人在五日内按照要求提交相关解释说明。

药品审评中心认为存在实质性缺陷无法补正的，不再要求申请人补充资料。基于已有申报资料做出不予批准的决定。

第八十八条 药物临床试验申请、药物临床试验期间的补充申请，在审评期间，不得补充新的技术资料；如需要开展新的研究，申请人可以在撤回后重新提出申请。

第八十九条 药品注册申请受理后，申请人可以提出撤回申请。同意撤回申请的，药品审评中心或者省、自治区、直辖市药品监督管理部门终止其注册程序，并告知药品注册核查、检验等技术机构。审评、核查和检验过程中发现涉嫌存在隐瞒真实情况或者提供虚假信息等违法行为的，依法处理，申请人不得撤回药品注册申请。

第九十条 药品注册期间，对于审评结论为不通过的，药品审评中心应当告知申请人不通过的理由，申请人可以在十五日内向药品审评中心提出异议。药品审评中心结合申请人的异议意见进行综合评估并反馈申请人。

申请人对综合评估结果仍有异议的，药品审评中心应当按照规定，在五十日内组织专家咨询委员会论证，并综合专家论证结果形成最终的审评结论。

申请人异议和专家论证时间不计入审评时限。

第九十一条 药品注册期间，申请人认为工作人员在药品注册受理、审评、核查、检验、审批等工作中违反规定或者有不规范行为的,可以向其所在单位或者上级机关投诉举报。

第九十二条 药品注册申请符合法定要求的,予以批准。

药品注册申请有下列情形之一的,不予批准:

(一)药物临床试验申请的研究资料不足以支持开展药物临床试验或者不能保障受试者安全的;

(二)申报资料显示其申请药品安全性、有效性、质量可控性等存在较大缺陷的;

(三)申报资料不能证明药品安全性、有效性、质量可控性,或者经评估认为药品风险大于获益的;

(四)申请人未能在规定时限内补充资料的;

(五)申请人拒绝接受或者无正当理由未在规定时限内接受药品注册核查、检验的;

(六)药品注册过程中认为申报资料不真实,申请人不能证明其真实性的;

(七)药品注册现场核查或者样品检验结果不符合规定的;

(八)法律法规规定的不应当批准的其他情形。

第九十三条 药品注册申请审批结束后,申请人对行政许可决定有异议的,可以依法提起行政复议或者行政诉讼。

第七章 工作时限

第九十四条 本办法所规定的时限是药品注册的受理、审评、核查、检验、审批等工作的最长时间。优先审评审批程序相关工作时限,按优先审评审批相关规定执行。

药品审评中心等专业技术机构应当明确本单位工作程序和时限,并向社会公布。

第九十五条 药品监督管理部门收到药品注册申请后进行形式审查,应当在五日内作出受理、补正或者不予受理决定。

第九十六条 药品注册审评时限,按照以下规定执行:

(一)药物临床试验申请、药物临床试验期间补充申请的审评审批时限为六十日;

(二)药品上市许可申请审评时限为二百日,其中优先审评审批程序的审评时限为一百三十日,临床急需境外已上市罕见病用药优先审评审批程序的审评时限为七十日;

（三）单独申报仿制境内已上市化学原料药的审评时限为二百日；

（四）审批类变更的补充申请审评时限为六十日，补充申请合并申报事项的，审评时限为八十日，其中涉及临床试验研究数据审查、药品注册核查检验的审评时限为二百日；

（五）药品通用名称核准时限为三十日；

（六）非处方药适宜性审核时限为三十日。

关联审评时限与其关联药品制剂的审评时限一致。

第九十七条　药品注册核查时限，按照以下规定执行：

（一）药品审评中心应当在药品注册申请受理后四十日内通知药品核查中心启动核查，并同时通知申请人；

（二）药品核查中心原则上在审评时限届满四十日前完成药品注册生产现场核查，并将核查情况、核查结果等相关材料反馈至药品审评中心。

第九十八条　药品注册检验时限，按照以下规定执行：

（一）样品检验时限为六十日，样品检验和标准复核同时进行的时限为九十日；

（二）药品注册检验过程中补充资料时限为三十日；

（三）药品检验机构原则上在审评时限届满四十日前完成药品注册检验相关工作，并将药品标准复核意见和检验报告反馈至药品审评中心。

第九十九条　药品再注册审查审批时限为一百二十日。

第一百条　行政审批决定应当在二十日内作出。

第一百零一条　药品监督管理部门应当自作出药品注册审批决定之日起十日内颁发、送达有关行政许可证件。

第一百零二条　因品种特性及审评、核查、检验等工作遇到特殊情况确需延长时限的，延长的时限不得超过原时限的二分之一，经药品审评、核查、检验等相关技术机构负责人批准后，由延长时限的技术机构书面告知申请人，并通知其他相关技术机构。

第一百零三条　以下时间不计入相关工作时限：

（一）申请人补充资料、核查后整改以及按要求核对生产工艺、质量标准和说明书等所占用的时间；

（二）因申请人原因延迟核查、检验、召开专家咨询会等的时间；

（三）根据法律法规的规定中止审评审批程序的，中止审评审批程序期间所占用的时间；

（四）启动境外核查的，境外核查所占用的时间。

第八章 监督管理

第一百零四条 国家药品监督管理局负责对药品审评中心等相关专业技术机构及省、自治区、直辖市药品监督管理部门承担药品注册管理相关工作的监督管理、考核评价与指导。

第一百零五条 药品监督管理部门应当依照法律、法规的规定对药品研制活动进行监督检查，必要时可以对为药品研制提供产品或者服务的单位和个人进行延伸检查，有关单位和个人应当予以配合，不得拒绝和隐瞒。

第一百零六条 信息中心负责建立药品品种档案，对药品实行编码管理，汇集药品注册申报、临床试验期间安全性相关报告、审评、核查、检验、审批以及药品上市后变更的审批、备案、报告等信息，并持续更新。药品品种档案和编码管理的相关制度，由信息中心制定公布。

第一百零七条 省、自治区、直辖市药品监督管理部门应当组织对辖区内药物非临床安全性评价研究机构、药物临床试验机构等遵守药物非临床研究质量管理规范、药物临床试验质量管理规范等情况进行日常监督检查，监督其持续符合法定要求。国家药品监督管理局根据需要进行药物非临床安全性评价研究机构、药物临床试验机构等研究机构的监督检查。

第一百零八条 国家药品监督管理局建立药品安全信用管理制度，药品核查中心负责建立药物非临床安全性评价研究机构、药物临床试验机构药品安全信用档案，记录许可颁发、日常监督检查结果、违法行为查处等情况，依法向社会公布并及时更新。药品监督管理部门对有不良信用记录的，增加监督检查频次，并可以按照国家规定实施联合惩戒。药物非临床安全性评价研究机构、药物临床试验机构药品安全信用档案的相关制度，由药品核查中心制定公布。

第一百零九条 国家药品监督管理局依法向社会公布药品注册审批事项清单及法律依据、审批要求和办理时限，向申请人公开药品注册进度，向社会公开批准上市药品的审评结论和依据以及监督检查发现的违法违规行为，接受社会监督。

批准上市药品的说明书应当向社会公开并及时更新。其中，疫苗还应当公开标签内容并及时更新。

未经申请人同意，药品监督管理部门、专业技术机构及其工作人员、参与专家评审等的人员不得披露申请人提交的商业秘密、未披露信息或者保密商务信息，法律另有规定或者涉及国家安全、重大社会公共利益的除外。

第一百一十条 具有下列情形之一的,由国家药品监督管理局注销药品注册证书,并予以公布:

(一)持有人自行提出注销药品注册证书的;

(二)按照本办法规定不予再注册的;

(三)持有人药品注册证书、药品生产许可证等行政许可被依法吊销或者撤销的;

(四)按照《药品管理法》第八十三条的规定,疗效不确切、不良反应大或者因其他原因危害人体健康的;

(五)按照《疫苗管理法》第六十一条的规定,经上市后评价,预防接种异常反应严重或者其他原因危害人体健康的;

(六)按照《疫苗管理法》第六十二条的规定,经上市后评价发现该疫苗品种的产品设计、生产工艺、安全性、有效性或者质量可控性明显劣于预防、控制同种疾病的其他疫苗品种的;

(七)违反法律、行政法规规定,未按照药品批准证明文件要求或者药品监督管理部门要求在规定时限内完成相应研究工作且无合理理由的;

(八)其他依法应当注销药品注册证书的情形。

第九章 法律责任

第一百一十一条 在药品注册过程中,提供虚假的证明、数据、资料、样品或者采取其他手段骗取临床试验许可或者药品注册等许可的,按照《药品管理法》第一百二十三条处理。

第一百一十二条 申请疫苗临床试验、注册提供虚假数据、资料、样品或者有其他欺骗行为的,按照《疫苗管理法》第八十一条进行处理。

第一百一十三条 在药品注册过程中,药物非临床安全性评价研究机构、药物临床试验机构等,未按照规定遵守药物非临床研究质量管理规范、药物临床试验质量管理规范等的,按照《药品管理法》第一百二十六条处理。

第一百一十四条 未经批准开展药物临床试验的,按照《药品管理法》第一百二十五条处理;开展生物等效性试验未备案的,按照《药品管理法》第一百二十七条处理。

第一百一十五条 药物临床试验期间,发现存在安全性问题或者其他风险,临床试验申办者未及时调整临床试验方案、暂停或者终止临床试验,或者未向国家药品监督管理局报告的,按照《药品管理法》第一百二十七条处理。

第一百一十六条 违反本办法第二十八条、第三十三条规定,申办者有下列情形之一的，责令限期改正；逾期不改正的，处一万元以上三万元以下罚款：

（一）开展药物临床试验前未按规定在药物临床试验登记与信息公示平台进行登记；

（二）未按规定提交研发期间安全性更新报告；

（三）药物临床试验结束后未登记临床试验结果等信息。

第一百一十七条 药品检验机构在承担药品注册所需要的检验工作时，出具虚假检验报告的，按照《药品管理法》第一百三十八条处理。

第一百一十八条 对不符合条件而批准进行药物临床试验、不符合条件的药品颁发药品注册证书的，按照《药品管理法》第一百四十七条处理。

第一百一十九条 药品监督管理部门及其工作人员在药品注册管理过程中有违法违规行为的，按照相关法律法规处理。

第十章 附 则

第一百二十条 麻醉药品、精神药品、医疗用毒性药品、放射性药品、药品类易制毒化学品等有其他特殊管理规定药品的注册申请，除按照本办法的规定办理外，还应当符合国家的其他有关规定。

第一百二十一条 出口疫苗的标准应当符合进口国（地区）的标准或者合同要求。

第一百二十二条 拟申报注册的药械组合产品，已有同类产品经属性界定为药品的，按照药品进行申报；尚未经属性界定的，申请人应当在申报注册前向国家药品监督管理局申请产品属性界定。属性界定为药品为主的，按照本办法规定的程序进行注册，其中属于医疗器械部分的研究资料由国家药品监督管理局医疗器械技术审评中心作出审评结论后，转交药品审评中心进行综合审评。

第一百二十三条 境内生产药品批准文号格式为：国药准字 H（Z、S）+四位年号+四位顺序号。中国香港、澳门和台湾地区生产药品批准文号格式为：国药准字 H（Z、S）C+四位年号+四位顺序号。

境外生产药品批准文号格式为：国药准字 H（Z、S）J+四位年号+四位顺序号。

其中，H 代表化学药，Z 代表中药，S 代表生物制品。

药品批准文号，不因上市后的注册事项的变更而改变。

中药另有规定的从其规定。

第一百二十四条 药品监督管理部门制作的药品注册批准证明电子文件

及原料药批准文件电子文件与纸质文件具有同等法律效力。

第一百二十五条 本办法规定的期限以工作日计算。

第一百二十六条 本办法自2020年7月1日起施行。2007年7月10日原国家食品药品监督管理局令第28号公布的《药品注册管理办法》同时废止。

药品生产监督管理办法

(2020年1月22日国家市场监督管理总局令第28号公布 自2020年7月1日起施行 国司备字[2020001744])

第一章 总 则

第一条 为加强药品生产监督管理,规范药品生产活动,根据《中华人民共和国药品管理法》(以下简称《药品管理法》)、《中华人民共和国中医药法》、《中华人民共和国疫苗管理法》(以下简称《疫苗管理法》)、《中华人民共和国行政许可法》、《中华人民共和国药品管理法实施条例》等法律、行政法规,制定本办法。

第二条 在中华人民共和国境内上市药品的生产及监督管理活动,应当遵守本办法。

第三条 从事药品生产活动,应当遵守法律、法规、规章、标准和规范,保证全过程信息真实、准确、完整和可追溯。

从事药品生产活动,应当经所在地省、自治区、直辖市药品监督管理部门批准,依法取得药品生产许可证,严格遵守药品生产质量管理规范,确保生产过程持续符合法定要求。

药品上市许可持有人应当建立药品质量保证体系,履行药品上市放行责任,对其取得药品注册证书的药品质量负责。

中药饮片生产企业应当履行药品上市许可持有人的相关义务,确保中药饮片生产过程持续符合法定要求。

原料药生产企业应当按照核准的生产工艺组织生产,严格遵守药品生产质量管理规范,确保生产过程持续符合法定要求。

经关联审评的辅料、直接接触药品的包装材料和容器的生产企业以及其他从事与药品相关生产活动的单位和个人依法承担相应责任。

第四条 药品上市许可持有人、药品生产企业应当建立并实施药品追溯制度,按照规定赋予药品各级销售包装单元追溯标识,通过信息化手段实施药品追溯,及时准确记录、保存药品追溯数据,并向药品追溯协同服务平台提供追溯信息。

第五条 国家药品监督管理局主管全国药品生产监督管理工作,对省、自治区、直辖市药品监督管理部门的药品生产监督管理工作进行监督和指导。

省、自治区、直辖市药品监督管理部门负责本行政区域内的药品生产监督管理,承担药品生产环节的许可、检查和处罚等工作。

国家药品监督管理局食品药品审核查验中心(以下简称核查中心)组织制定药品检查技术规范和文件,承担境外检查以及组织疫苗巡查等,分析评估检查发现风险、作出检查结论并提出处置建议,负责各省、自治区、直辖市药品检查机构质量管理体系的指导和评估。

国家药品监督管理局信息中心负责药品追溯协同服务平台、药品安全信用档案建设和管理,对药品生产场地进行统一编码。

药品监督管理部门依法设置或者指定的药品审评、检验、核查、监测与评价等专业技术机构,依职责承担相关技术工作并出具技术结论,为药品生产监督管理提供技术支撑。

第二章 生产许可

第六条 从事药品生产,应当符合以下条件:

(一)有依法经过资格认定的药学技术人员、工程技术人员及相应的技术工人,法定代表人、企业负责人、生产管理负责人(以下称生产负责人)、质量管理负责人(以下称质量负责人)、质量受权人及其他相关人员符合《药品管理法》《疫苗管理法》规定的条件;

(二)有与药品生产相适应的厂房、设施、设备和卫生环境;

(三)有能对所生产药品进行质量管理和质量检验的机构、人员;

(四)有能对所生产药品进行质量管理和质量检验的必要的仪器设备;

(五)有保证药品质量的规章制度,并符合药品生产质量管理规范要求。

从事疫苗生产活动的,还应当具备下列条件:

(一)具备适度规模和足够的产能储备;

(二)具有保证生物安全的制度和设施、设备;

(三)符合疾病预防、控制需要。

第七条 从事制剂、原料药、中药饮片生产活动,申请人应当按照本办法和国家药品监督管理局规定的申报资料要求,向所在地省、自治区、直辖市药品监督管理部门提出申请。

委托他人生产制剂的药品上市许可持有人，应当具备本办法第六条第一款第一项、第三项、第五项规定的条件，并与符合条件的药品生产企业签订委托协议和质量协议，将相关协议和实际生产场地申请资料合并提交至药品上市许可持有人所在地省、自治区、直辖市药品监督管理部门，按照本办法规定申请办理药品生产许可证。

申请人应当对其申请材料全部内容的真实性负责。

第八条 省、自治区、直辖市药品监督管理部门收到申请后，应当根据下列情况分别作出处理：

（一）申请事项依法不属于本部门职权范围的，应当即时作出不予受理的决定，并告知申请人向有关行政机关申请；

（二）申请事项依法不需要取得行政许可的，应当即时告知申请人不受理；

（三）申请材料存在可以当场更正的错误的，应当允许申请人当场更正；

（四）申请材料不齐全或者不符合形式审查要求的，应当当场或者在五日内发给申请人补正材料通知书，一次性告知申请人需要补正的全部内容，逾期不告知的，自收到申请材料之日起即为受理；

（五）申请材料齐全、符合形式审查要求，或者申请人按照要求提交全部补正材料的，予以受理。

省、自治区、直辖市药品监督管理部门受理或者不予受理药品生产许可证申请的，应当出具加盖本部门专用印章和注明日期的受理通知书或者不予受理通知书。

第九条 省、自治区、直辖市药品监督管理部门应当自受理之日起三十日内，作出决定。

经审查符合规定的，予以批准，并自书面批准决定作出之日起十日内颁发药品生产许可证；不符合规定的，作出不予批准的书面决定，并说明理由。

省、自治区、直辖市药品监督管理部门按照药品生产质量管理规范等有关规定组织开展申报资料技术审查和评定、现场检查。

第十条 省、自治区、直辖市药品监督管理部门应当在行政机关的网站和办公场所公示申请药品生产许可证所需要的条件、程序、期限、需要提交的全部材料的目录和申请书示范文本等。

省、自治区、直辖市药品监督管理部门颁发药品生产许可证的有关信息，应当予以公开，公众有权查阅。

第十一条 省、自治区、直辖市药品监督管理部门对申请办理药品生产许可证进行审查时，应当公开审批结果，并提供条件便利申请人查询审批进程。

未经申请人同意，药品监督管理部门、专业技术机构及其工作人员不得披露申请人提交的商业秘密、未披露信息或者保密商务信息，法律另有规定或者涉及国家安全、重大社会公共利益的除外。

第十二条 申请办理药品生产许可证直接涉及申请人与他人之间重大利益关系的，申请人、利害关系人依照法律、法规规定享有申请听证的权利。

在对药品生产企业的申请进行审查时，省、自治区、直辖市药品监督管理部门认为涉及公共利益的，应当向社会公告，并举行听证。

第十三条 药品生产许可证有效期为五年，分为正本和副本。药品生产许可证样式由国家药品监督管理局统一制定。药品生产许可证电子证书与纸质证书具有同等法律效力。

第十四条 药品生产许可证应当载明许可证编号、分类码、企业名称、统一社会信用代码、住所（经营场所）、法定代表人、企业负责人、生产负责人、质量负责人、质量受权人、生产地址和生产范围、发证机关、发证日期、有效期限等项目。

企业名称、统一社会信用代码、住所（经营场所）、法定代表人等项目应当与市场监督管理部门核发的营业执照中载明的相关内容一致。

第十五条 药品生产许可证载明事项分为许可事项和登记事项。

许可事项是指生产地址和生产范围等。

登记事项是指企业名称、住所（经营场所）、法定代表人、企业负责人、生产负责人、质量负责人、质量受权人等。

第十六条 变更药品生产许可证许可事项的，向原发证机关提出药品生产许可证变更申请。未经批准，不得擅自变更许可事项。

原发证机关应当自收到企业变更申请之日起十五日内作出是否准予变更的决定。不予变更的，应当书面说明理由，并告知申请人享有依法申请行政复议或者提起行政诉讼的权利。

变更生产地址或者生产范围，药品生产企业应当按照本办法第六条的规定及相关变更技术要求，提交涉及变更内容的有关材料，并报经所在地省、自治区、直辖市药品监督管理部门审查决定。

原址或者异地新建、改建、扩建车间或者生产线的，应当符合相关规定和技术要求，提交涉及变更内容的有关材料，并报经所在地省、自治区、直辖市药品监督管理部门进行药品生产质量管理规范符合性检查，检查结果应当通知企业。检查结果符合规定，产品符合放行要求的可以上市销售。有关变更情况，应当在药品生产许可证副本中载明。

上述变更事项涉及药品注册证书及其附件载明内容的，由省、自治区、直辖市药品监督管理部门批准后，报国家药品监督管理局药品审评中心更新药品注册证书及其附件相关内容。

第十七条 变更药品生产许可证登记事项的,应当在市场监督管理部门核准变更或者企业完成变更后三十日内,向原发证机关申请药品生产许可证变更登记。原发证机关应当自收到企业变更申请之日起十日内办理变更手续。

第十八条 药品生产许可证变更后,原发证机关应当在药品生产许可证副本上记录变更的内容和时间,并按照变更后的内容重新核发药品生产许可证正本,收回原药品生产许可证正本,变更后的药品生产许可证终止期限不变。

第十九条 药品生产许可证有效期届满,需要继续生产药品的,应当在有效期届满前六个月,向原发证机关申请重新发放药品生产许可证。

原发证机关结合企业遵守药品管理法律法规、药品生产质量管理规范和质量体系运行情况,根据风险管理原则进行审查,在药品生产许可证有效期届满前作出是否准予其重新发证的决定。符合规定准予重新发证的,收回原证,重新发证;不符合规定的,作出不予重新发证的书面决定,并说明理由,同时告知申请人享有依法申请行政复议或者提起行政诉讼的权利;逾期未作出决定的,视为同意重新发证,并予补办相应手续。

第二十条 有下列情形之一的,药品生产许可证由原发证机关注销,并予以公告:

(一)主动申请注销药品生产许可证的;

(二)药品生产许可证有效期届满未重新发证的;

(三)营业执照依法被吊销或者注销的;

(四)药品生产许可证依法被吊销或者撤销的;

(五)法律、法规规定应当注销行政许可的其他情形。

第二十一条 药品生产许可证遗失的,药品上市许可持有人、药品生产企业应当向原发证机关申请补发,原发证机关按照原核准事项在十日内补发药品生产许可证。许可证编号、有效期等与原许可证一致。

第二十二条 任何单位或者个人不得伪造、变造、出租、出借、买卖药品生产许可证。

第二十三条 省、自治区、直辖市药品监督管理部门应当将药品生产许可证核发、重新发证、变更、补发、吊销、撤销、注销等办理情况,在办理工作完成后十日内在药品安全信用档案中更新。

第三章 生产管理

第二十四条 从事药品生产活动，应当遵守药品生产质量管理规范，按照国家药品标准、经药品监督管理部门核准的药品注册标准和生产工艺进行生产，按照规定提交并持续更新场地管理文件，对质量体系运行过程进行风险评估和持续改进，保证药品生产全过程持续符合法定要求。生产、检验等记录应当完整准确，不得编造和篡改。

第二十五条 疫苗上市许可持有人应当具备疫苗生产、检验必需的厂房设施设备，配备具有资质的管理人员，建立完善质量管理体系，具备生产出符合注册要求疫苗的能力，超出疫苗生产能力确需委托生产的，应当经国家药品监督管理局批准。

第二十六条 从事药品生产活动，应当遵守药品生产质量管理规范，建立健全药品生产质量管理体系，涵盖影响药品质量的所有因素，保证药品生产全过程持续符合法定要求。

第二十七条 药品上市许可持有人应当建立药品质量保证体系，配备专门人员独立负责药品质量管理，对受托药品生产企业、药品经营企业的质量管理体系进行定期审核，监督其持续具备质量保证和控制能力。

第二十八条 药品上市许可持有人的法定代表人、主要负责人应当对药品质量全面负责，履行以下职责：

（一）配备专门质量负责人独立负责药品质量管理；

（二）配备专门质量受权人独立履行药品上市放行责任；

（三）监督质量管理体系正常运行；

（四）对药品生产企业、供应商等相关方与药品生产相关的活动定期开展质量体系审核，保证持续合规；

（五）按照变更技术要求，履行变更管理责任；

（六）对委托经营企业进行质量评估，与使用单位等进行信息沟通；

（七）配合药品监督管理部门对药品上市许可持有人及相关方的延伸检查；

（八）发生与药品质量有关的重大安全事件，应当及时报告并按持有人制定的风险管理计划开展风险处置，确保风险得到及时控制；

（九）其他法律法规规定的责任。

第二十九条 药品生产企业的法定代表人、主要负责人应当对本企业的药品生产活动全面负责，履行以下职责：

（一）配备专门质量负责人独立负责药品质量管理，监督质量管理规范执行，确保适当的生产过程控制和质量控制，保证药品符合国家药品标准和药品注册标准；

（二）配备专门质量受权人履行药品出厂放行责任；

（三）监督质量管理体系正常运行，保证药品生产过程控制、质量控制以及记录和数据真实性；

（四）发生与药品质量有关的重大安全事件，应当及时报告并按企业制定的风险管理计划开展风险处置，确保风险得到及时控制；

（五）其他法律法规规定的责任。

第三十条 药品上市许可持有人、药品生产企业应当每年对直接接触药品的工作人员进行健康检查并建立健康档案，避免患有传染病或者其他可能污染药品疾病的人员从事直接接触药品的生产活动。

第三十一条 药品上市许可持有人、药品生产企业在药品生产中，应当开展风险评估、控制、验证、沟通、审核等质量管理活动，对已识别的风险及时采取有效的风险控制措施，以保证产品质量。

第三十二条 从事药品生产活动，应当对使用的原料药、辅料、直接接触药品的包装材料和容器等相关物料供应商或者生产企业进行审核，保证购进、使用符合法规要求。

生产药品所需的原料、辅料，应当符合药用要求以及相应的生产质量管理规范的有关要求。直接接触药品的包装材料和容器，应当符合药用要求，符合保障人体健康、安全的标准。

第三十三条 经批准或者通过关联审评审批的原料药、辅料、直接接触药品的包装材料和容器的生产企业，应当遵守国家药品监督管理局制定的质量管理规范以及关联审评审批有关要求，确保质量保证体系持续合规，接受药品上市许可持有人的质量审核，接受药品监督管理部门的监督检查或者延伸检查。

第三十四条 药品生产企业应当确定需进行的确认与验证，按照确认与验证计划实施。定期对设施、设备、生产工艺及清洁方法进行评估，确认其持续保持验证状态。

第三十五条 药品生产企业应当采取防止污染、交叉污染、混淆和差错的控制措施，定期检查评估控制措施的适用性和有效性，以确保药品达到规定的国家药品标准和药品注册标准，并符合药品生产质量管理规范要求。

药品上市许可持有人和药品生产企业不得在药品生产厂房生产对药品质量有不利影响的其他产品。

第三十六条 药品包装操作应当采取降低混淆和差错风险的措施，药品包装应当确保有效期内的药品储存运输过程中不受污染。

药品说明书和标签中的表述应当科学、规范、准确，文字应当清晰易辨，不得以粘贴、剪切、涂改等方式进行修改或者补充。

第三十七条 药品生产企业应当建立药品出厂放行规程，明确出厂放行的标准、条件，并对药品质量检验结果、关键生产记录和偏差控制情况进行审核，对药品进行质量检验。符合标准、条件的，经质量受权人签字后方可出厂放行。

药品上市许可持有人应当建立药品上市放行规程，对药品生产企业出厂放行的药品检验结果和放行文件进行审核，经质量受权人签字后方可上市放行。

中药饮片符合国家药品标准或者省、自治区、直辖市药品监督管理部门制定的炮制规范的，方可出厂、销售。

第三十八条 药品上市许可持有人、药品生产企业应当每年进行自检，监控药品生产质量管理规范的实施情况，评估企业是否符合相关法规要求，并提出必要的纠正和预防措施。

第三十九条 药品上市许可持有人应当建立年度报告制度，按照国家药品监督管理局规定每年向省、自治区、直辖市药品监督管理部门报告药品生产销售、上市后研究、风险管理等情况。

疫苗上市许可持有人应当按照规定向国家药品监督管理局进行年度报告。

第四十条 药品上市许可持有人应当持续开展药品风险获益评估和控制，制定上市后药品风险管理计划，主动开展上市后研究，对药品的安全性、有效性和质量可控性进行进一步确证，加强对已上市药品的持续管理。

第四十一条 药品上市许可持有人应当建立药物警戒体系，按照国家药品监督管理局制定的药物警戒质量管理规范开展药物警戒工作。

药品上市许可持有人、药品生产企业应当经常考察本单位的药品质量、疗效和不良反应。发现疑似不良反应的，应当及时按照要求报告。

第四十二条 药品上市许可持有人委托生产药品的，应当符合药品管理的有关规定。

药品上市许可持有人委托符合条件的药品生产企业生产药品的，应当对受托方的质量保证能力和风险管理能力进行评估，根据国家药品监督管理局制定的药品委托生产质量协议指南要求，与其签订质量协议以及委托协议，监督受托方履行有关协议约定的义务。

受托方不得将接受委托生产的药品再次委托第三方生产。

经批准或者通过关联审评审批的原料药应当自行生产，不得再行委托他人生产。

第四十三条 药品上市许可持有人应当按照药品生产质量管理规范的要求对生产工艺变更进行管理和控制，并根据核准的生产工艺制定工艺规程。生产工艺变更应当开展研究，并依法取得批准、备案或者进行报告，接受药品监督管理部门的监督检查。

第四十四条 药品上市许可持有人、药品生产企业应当每年对所生产的药品按照品种进行产品质量回顾分析、记录，以确认工艺稳定可靠，以及原料、辅料、成品现行质量标准的适用性。

第四十五条 药品上市许可持有人、药品生产企业的质量管理体系相关的组织机构、企业负责人、生产负责人、质量负责人、质量受权人发生变更的，应当自发生变更之日起三十日内，完成登记手续。

疫苗上市许可持有人应当自发生变更之日起十五日内，向所在地省、自治区、直辖市药品监督管理部门报告生产负责人、质量负责人、质量受权人等关键岗位人员的变更情况。

第四十六条 列入国家实施停产报告的短缺药品清单的药品，药品上市许可持有人停止生产的，应当在计划停产实施六个月前向所在地省、自治区、直辖市药品监督管理部门报告；发生非预期停产的，在三日内报告所在地省、自治区、直辖市药品监督管理部门。必要时，向国家药品监督管理局报告。

药品监督管理部门接到报告后，应当及时通报同级短缺药品供应保障工作会商联动机制牵头单位。

第四十七条 药品上市许可持有人为境外企业的，应当指定一家在中国境内的企业法人，履行《药品管理法》与本办法规定的药品上市许可持有人的义务，并负责协调配合境外检查工作。

第四十八条 药品上市许可持有人的生产场地在境外的，应当按照《药品管理法》与本办法规定组织生产，配合境外检查工作。

第四章 监督检查

第四十九条 省、自治区、直辖市药品监督管理部门负责对本行政区域内药品上市许可持有人，制剂、化学原料药、中药饮片生产企业的监督管理。

省、自治区、直辖市药品监督管理部门应当对原料、辅料、直接接触药品的包装材料和容器等供应商、生产企业开展日常监督检查，必要时开展延伸检查。

第五十条 药品上市许可持有人和受托生产企业不在同一省、自治区、直辖市的，由药品上市许可持有人所在地省、自治区、直辖市药品监督管理部门负责对药品上市许可持有人的监督管理，受托生产企业所在地省、自治区、直辖市药品监督管理部门负责对受托生产企业的监督管理。省、自治区、直辖市药品监督管理部门应当加强监督检查信息互相通报，及时将监督检查信息更新到药品安全信用档案中，可以根据通报情况和药品安全信用档案中监管信息更新情况开展调查，对药品上市许可持有人或者受托生产企业依法作出行政处理，必要时可以开展联合检查。

第五十一条 药品监督管理部门应当建立健全职业化、专业化检查员制度，明确检查员的资格标准、检查职责、分级管理、能力培训、行为规范、绩效评价和退出程序等规定，提升检查员的专业素质和工作水平。检查员应当熟悉药品法律法规，具备药品专业知识。

药品监督管理部门应当根据监管事权、药品产业规模及检查任务等，配备充足的检查员队伍，保障检查工作需要。有疫苗等高风险药品生产企业的地区，还应当配备相应数量的具有疫苗等高风险药品检查技能和经验的药品检查员。

第五十二条 省、自治区、直辖市药品监督管理部门根据监管需要，对持有药品生产许可证的药品上市许可申请人及其受托生产企业，按以下要求进行上市前的药品生产质量管理规范符合性检查：

（一）未通过与生产该药品的生产条件相适应的药品生产质量管理规范符合性检查的品种，应当进行上市前的药品生产质量管理规范符合性检查。其中，拟生产药品需要进行药品注册现场核查的，国家药品监督管理局药品审评中心通知核查中心，告知相关省、自治区、直辖市药品监督管理部门和申请人。核查中心协调相关省、自治区、直辖市药品监督管理部门，同步开展药品注册现场核查和上市前的药品生产质量管理规范符合性检查；

（二）拟生产药品不需要进行药品注册现场核查的，国家药品监督管理局药品审评中心告知生产场地所在地省、自治区、直辖市药品监督管理部门和申请人，相关省、自治区、直辖市药品监督管理部门自行开展上市前的药品生产质量管理规范符合性检查；

（三）已通过与生产该药品的生产条件相适应的药品生产质量管理规范符合性检查的品种，相关省、自治区、直辖市药品监督管理部门根据风险管理原则决定是否开展上市前的药品生产质量管理规范符合性检查。

开展上市前的药品生产质量管理规范符合性检查的，在检查结束后，应当将检查情况、检查结果等形成书面报告，作为对药品上市监管的重要依据。上市前的药品生产质量管理规范符合性检查涉及药品生产许可证事项变更的，由原发证的省、自治区、直辖市药品监督管理部门依变更程序作出决定。

通过相应上市前的药品生产质量管理规范符合性检查的商业规模批次，在取得药品注册证书后，符合产品放行要求的可以上市销售。药品上市许可持有人应当重点加强上述批次药品的生产销售、风险管理等措施。

第五十三条 药品生产监督检查的主要内容包括：

（一）药品上市许可持有人、药品生产企业执行有关法律、法规及实施药品生产质量管理规范、药物警戒质量管理规范以及有关技术规范等情况；

（二）药品生产活动是否与药品品种档案载明的相关内容一致；

（三）疫苗储存、运输管理规范执行情况；

（四）药品委托生产质量协议及委托协议；

（五）风险管理计划实施情况；

（六）变更管理情况。

监督检查包括许可检查、常规检查、有因检查和其他检查。

第五十四条 省、自治区、直辖市药品监督管理部门应当坚持风险管理、全程管控原则，根据风险研判情况，制定年度检查计划并开展监督检查。年度检查计划至少包括检查范围、内容、方式、重点、要求、时限、承担检查的机构等。

第五十五条 省、自治区、直辖市药品监督管理部门应当根据药品品种、剂型、管制类别等特点，结合国家药品安全总体情况、药品安全风险警示信息、重大药品安全事件及其调查处理信息等，以及既往检查、检验、不良反应监测、投诉举报等情况确定检查频次：

（一）对麻醉药品、第一类精神药品、药品类易制毒化学品生产企业每季度检查不少于一次；

（二）对疫苗、血液制品、放射性药品、医疗用毒性药品、无菌药品等高风险药品生产企业，每年不少于一次药品生产质量管理规范符合性检查；

（三）对上述产品之外的药品生产企业，每年抽取一定比例开展监督检查，但应当在三年内对本行政区域内企业全部进行检查；

（四）对原料、辅料、直接接触药品的包装材料和容器等供应商、生产企业每年抽取一定比例开展监督检查，五年内对本行政区域内企业全部进行检查。

省、自治区、直辖市药品监督管理部门可以结合本行政区域内药品生产监管工作实际情况，调整检查频次。

第五十六条 国家药品监督管理局和省、自治区、直辖市药品监督管理部门组织监督检查时，应当制定检查方案，明确检查标准，如实记录现场检查情况，需要抽样检验或者研究的，按照有关规定执行。检查结论应当清晰明确，检查发现的问题应当以书面形式告知被检查单位。需要整改的，应当提出整改内容及整改期限，必要时对整改后情况实施检查。

在进行监督检查时，药品监督管理部门应当指派两名以上检查人员实施监督检查，检查人员应当向被检查单位出示执法证件。药品监督管理部门工作人员对知悉的商业秘密应当保密。

第五十七条 监督检查时，药品上市许可持有人和药品生产企业应当根据检查需要说明情况、提供有关材料：

（一）药品生产场地管理文件以及变更材料；

（二）药品生产企业接受监督检查及整改落实情况；

（三）药品质量不合格的处理情况；

（四）药物警戒机构、人员、制度制定情况以及疑似药品不良反应监测、识别、评估、控制情况；

（五）实施附条件批准的品种，开展上市后研究的材料；

（六）需要审查的其他必要材料。

第五十八条 现场检查结束后，应当对现场检查情况进行分析汇总，并客观、公平、公正地对检查中发现的缺陷进行风险评定并作出现场检查结论。

派出单位负责对现场检查结论进行综合研判。

第五十九条 国家药品监督管理局和省、自治区、直辖市药品监督管理部门通过监督检查发现药品生产管理或者疫苗储存、运输管理存在缺陷，有证据证明可能存在安全隐患的，应当依法采取相应措施：

（一）基本符合药品生产质量管理规范要求，需要整改的，应当发出告诫信并依据风险相应采取告诫、约谈、限期整改等措施；

（二）药品存在质量问题或者其他安全隐患的，药品监督管理部门根据监督检查情况，应当发出告诫信，并依据风险相应采取暂停生产、销售、使用、进口等控制措施。

药品存在质量问题或者其他安全隐患的，药品上市许可持有人应当依法召回药品而未召回的，省、自治区、直辖市药品监督管理部门应当责令其召回。

风险消除后，采取控制措施的药品监督管理部门应当解除控制措施。

第六十条 开展药品生产监督检查过程中，发现存在药品质量安全风险的，应当及时向派出单位报告。药品监督管理部门经研判属于重大药品质量安全风险的，应当及时向上一级药品监督管理部门和同级地方人民政府报告。

第六十一条 开展药品生产监督检查过程中，发现存在涉嫌违反药品法律、法规、规章的行为，应当及时采取现场控制措施，按照规定做好证据收集工作。药品监督管理部门应当按照职责和权限依法查处，涉嫌犯罪的移送公安机关处理。

第六十二条 省、自治区、直辖市药品监督管理部门应当依法将本行政区域内药品上市许可持有人和药品生产企业的监管信息归入到药品安全信用档案管理，并保持相关数据的动态更新。监管信息包括药品生产许可、日常监督检查结果、违法行为查处、药品质量抽查检验、不良行为记录和投诉举报等内容。

第六十三条 国家药品监督管理局和省、自治区、直辖市药品监督管理部门在生产监督管理工作中，不得妨碍药品上市许可持有人、药品生产企业的正常生产活动，不得索取或者收受财物，不得谋取其他利益。

第六十四条 个人和组织发现药品上市许可持有人或者药品生产企业进行违法生产活动的，有权向药品监督管理部门举报，药品监督管理部门应当按照有关规定及时核实、处理。

第六十五条 发生与药品质量有关的重大安全事件，药品上市许可持有人应当立即对有关药品及其原料、辅料以及直接接触药品的包装材料和容器、相关生产线等采取封存等控制措施，并立即报告所在地省、自治区、直辖市药品监督管理部门和有关部门，省、自治区、直辖市药品监督管理部门应当在二十四小时内报告省级人民政府，同时报告国家药品监督管理局。

第六十六条 省、自治区、直辖市药品监督管理部门对有不良信用记录的药品上市许可持有人、药品生产企业，应当增加监督检查频次，并可以按照国家规定实施联合惩戒。

第六十七条 省、自治区、直辖市药品监督管理部门未及时发现生产环节药品安全系统性风险，未及时消除监督管理区域内药品安全隐患的，或者省级人民政府未履行药品安全职责，未及时消除区域性重大药品安全隐患的，国家药品监督管理局应当对其主要负责人进行约谈。

被约谈的省、自治区、直辖市药品监督管理部门和地方人民政府应当立即采取措施，对药品监督管理工作进行整改。

约谈情况和整改情况应当纳入省、自治区、直辖市药品监督管理部门和地方人民政府药品监督管理工作评议、考核记录。

第五章 法律责任

第六十八条 有下列情形之一的，按照《药品管理法》第一百一十五条给予处罚：

（一）药品上市许可持有人和药品生产企业变更生产地址、生产范围应当经批准而未经批准的；

（二）药品生产许可证超过有效期限仍进行生产的。

第六十九条 药品上市许可持有人和药品生产企业未按照药品生产质量管理规范的要求生产，有下列情形之一，属于《药品管理法》第一百二十六条规定的情节严重情形的，依法予以处罚：

（一）未配备专门质量负责人独立负责药品质量管理、监督质量管理规范执行；

（二）药品上市许可持有人未配备专门质量受权人履行药品上市放行责任；

（三）药品生产企业未配备专门质量受权人履行药品出厂放行责任；

（四）质量管理体系不能正常运行，药品生产过程控制、质量控制的记录和数据不真实；

（五）对已识别的风险未及时采取有效的风险控制措施，无法保证产品质量；

（六）其他严重违反药品生产质量管理规范的情形。

第七十条 辅料、直接接触药品的包装材料和容器的生产企业及供应商未遵守国家药品监督管理局制定的质量管理规范等相关要求，不能确保质量保证体系持续合规的，由所在地省、自治区、直辖市药品监督管理部门按照《药品管理法》第一百二十六条的规定给予处罚。

第七十一条 药品上市许可持有人和药品生产企业有下列情形之一的，由所在地省、自治区、直辖市药品监督管理部门处一万元以上三万元以下的罚款：

（一）企业名称、住所（经营场所）、法定代表人未按规定办理登记事项变更；

（二）未按照规定每年对直接接触药品的工作人员进行健康检查并建立健康档案；

（三）未按照规定对列入国家实施停产报告的短缺药品清单的药品进行停产报告。

第七十二条 药品监督管理部门有下列行为之一的，对直接负责的主管人员和其他直接责任人员按照《药品管理法》第一百四十九条的规定给予处罚：

（一）瞒报、谎报、缓报、漏报药品安全事件；

（二）对发现的药品安全违法行为未及时查处；

（三）未及时发现药品安全系统性风险，或者未及时消除监督管理区域内药品安全隐患，造成严重影响；

（四）其他不履行药品监督管理职责，造成严重不良影响或者重大损失。

第六章 附　　则

第七十三条 本办法规定的期限以工作日计算。药品生产许可中技术审查和评定、现场检查、企业整改等所需时间不计入期限。

第七十四条 场地管理文件，是指由药品生产企业编写的药品生产活动概述性文件，是药品生产企业质量管理文件体系的一部分。场地管理文件有关要求另行制定。

经批准或者关联审评审批的原料药、辅料和直接接触药品的包装材料和容器生产场地、境外生产场地一并赋予统一编码。

第七十五条 告诫信，是指药品监督管理部门在药品监督管理活动中，对有证据证明可能存在安全隐患的，依法发出的信函。告诫信应当载明存在缺陷、问题和整改要求。

第七十六条 药品生产许可证编号格式为“省份简称＋四位年号＋四位顺序号”。企业变更名称等许可证项目以及重新发证，原药品生产许可证编号不变。

企业分立，在保留原药品生产许可证编号的同时，增加新的编号。企业合并，原药品生产许可证编号保留一个。

第七十七条 分类码是对许可证内生产范围进行统计归类的英文字母串。大写字母用于归类药品上市许可持有人和产品类型，包括：A 代表自行生产的药品上市许可持有人、B 代表委托生产的药品上市许可持有人、C 代表接受委托的药品生产企业、D 代表原料药生产企业；小写字母用于区分制剂属性，h 代表化学药、z 代表中成药、s 代表生物制品、d 代表按药品管理的体外诊断试剂、y 代表中药饮片、q 代表医用气体、t 代表特殊药品、x 代表其他。

第七十八条 药品生产许可证的生产范围应当按照《中华人民共和国药典》制剂通则及其他的国家药品标准等要求填写。

第七十九条 国家有关法律、法规对生产疫苗、血液制品、麻醉药品、精神药品、医疗用毒性药品、放射性药品、药品类易制毒化学品等另有规定的，依照其规定。

第八十条 出口的疫苗应当符合进口国（地区）的标准或者合同要求。

第八十一条 本办法自2020年7月1日起施行。2004年8月5日原国家食品药品监督管理局令第14号公布的《药品生产监督管理办法》同时废止。

证券期货规章制定程序规定

(2020年3月13日中国证券监督管理委员会令第165号公布 自2020年4月13日起施行 国司备字[2020001736])

第一章 总 则

第一条 为了规范证券期货规章制定程序,提高规章质量和立法工作效率,根据《中华人民共和国立法法》(以下简称立法法)、《规章制定程序条例》《行政法规制定程序条例》《法规规章备案条例》和《法规汇编编辑出版管理规定》,制定本规定。

第二条 本规定所称证券期货规章(以下简称规章)是指中国证券监督管理委员会(以下简称中国证监会)为履行其证券期货市场监管职责,根据法律、行政法规和国务院授权制定并以中国证监会令的形式公布的规定、办法等。

第三条 规章的立项、起草、审查、决定、公布、备案、解释、修改、废止、汇编和翻译,适用木规定。

第四条 制定规章,应当贯彻落实党的路线方针政策和决策部署,体现全面深化改革精神,遵循立法法确定的立法原则,符合宪法、法律、行政法规和其他上位法的规定。

制定规章,应当注重调查研究,立足我国证券期货市场的发展实际,增强规章的规范化程度和前瞻性、可操作性。

第五条 制定规章,应当经中国证监会委务会议(以下简称委务会)审议通过。

中国证监会制定涉外规章,应当按照有关规定向国务院报告。

第六条 中国证监会法制机构(以下简称法制机构)负责组织规章的制定工作,履行下列职责:

(一)研究、拟订、公布年度规章制定工作计划,组织、督促计划的执行;

(二)起草或者组织起草规章草案;

(三)审查、修改规章草案送审稿(以下简称规章送审稿);

(四)提请委务会审议规章草案;

(五)办理规章公布与备案事宜;

（六）起草或者组织起草规章解释、修改、废止的草案或者意见；
（七）组织开展立法后评估；
（八）编辑证券期货法规汇编。

第二章　立　　项

第七条　中国证监会每年年初制定年度规章制定工作计划。

第八条　中国证监会各部门认为需要制定规章的，应当向法制机构报送制定规章的立项申请。

法制机构可以向社会公开征集规章制定项目建议。

第九条　法制机构应当对立项申请和公开征集的规章制定项目建议进行评估论证，按照突出重点、统筹兼顾、切实可行、保证质量的原则，拟订中国证监会年度规章制定工作计划。

年度规章制定工作计划经批准后向社会公布。

第十条　在年度规章制定工作计划执行过程中，中国证监会各部门可以根据实际工作需要提出调整建议，对拟增加的规章项目应当进行补充论证，并向法制机构报送立项申请。法制机构应当对立项申请进行审核，报中国证监会主要负责人批准后纳入年度规章制定工作计划。

第三章　起　　草

第十一条　中国证监会各部门负责其职责范围内的规章起草工作；规章涉及两个或者两个以上部门职责的，由中国证监会负责人指定主要起草部门；重要的或者综合性的规章，可以由法制机构起草或者组织成立专门的工作小组负责起草。

第十二条　起草部门应当按照年度规章制定工作计划完成起草任务，需要延期的，应当经中国证监会负责人批准。法制机构应当督促起草部门执行年度规章制定工作计划。

第十三条　起草部门可以邀请中国证监会派出机构（以下简称派出机构）和证券期货交易场所、证券期货市场行业协会、证券登记结算机构等全国性证券期货市场行业组织（以下简称证券期货市场行业组织）的公职律师等法制工作人员，以及有关专家、单位参与起草工作。

起草部门拟委托有关专家、单位起草规章草案的，应当商法制机构后报中国证监会负责人批准。未经批准，不得将起草工作委托给其他单位或者个人。

起草部门、参与或者接受委托起草规章的有关人员、单位应当遵守保密等制度。

第十四条 起草部门应当深入调查研究,总结实践经验,广泛听取有关机关、组织和公民的意见。听取意见可以采取书面征求意见、座谈会、论证会、听证会等多种形式。

起草部门应当收集国内外的相关立法资料;开展立法调研的,应当制作调研报告;采取各种形式听取意见的,应当制作相应的听取意见情况报告。

第十五条 规章内容涉及国务院其他部门的职责或者与其关系紧密的,应当征求国务院其他部门的意见。

规章内容不能取得一致意见的,起草部门应当在报送规章送审稿时说明情况和理由。

第十六条 除依法需要保密的外,起草部门应当将规章草案及其说明等向社会公布,征求意见。向社会公开征求意见的期限一般不少于30日。

向社会公开征求意见,应当经中国证监会主要负责人批准,并将征求意见稿及其起草说明在中国政府法制信息网、中国证监会网站以及相关媒体等刊登。

起草规章,涉及《规章制定程序条例》第十六条规定的情形,起草部门应当进行论证咨询,需要听证的,起草部门应当举行听证会。起草部门举行听证会,应当经中国证监会负责人批准。

第十七条 起草规章,应当注意与现行规章的衔接。新起草的规章拟取代现行规章的,应当在草案中写明拟废止的规章的名称、文号;新起草的规章对现行规章的部分内容予以修改的,应当在草案中写明所修改的规章的名称、文号、条款或者内容。

第十八条 规章内容涉及市场主体经济活动的,起草部门应当按照有关规定开展公平竞争审查。

第十九条 起草完毕后,起草部门应当制作下列材料并移送审查:

(一)规章送审稿;

(二)规章送审稿的说明,包括制定规章的必要性、规定的主要制度、有关方面的意见及其协调处理情况等;

(三)其他有关材料,包括所规范领域的实际情况和相关数据、实践中存在的主要问题、汇总的意见、调研报告、公开征求意见报告、座谈会报告、论证会报告、听证会报告、国内外有关立法资料等。

移送审查的规章送审稿,应当由起草部门主要负责人签署;几个起草部门共同起草的规章送审稿,应当由该几个起草部门主要负责人共同签署。

第四章 审 查

第二十条 规章送审稿由法制机构负责统一审查。法制机构除依照《规章制定程序条例》第十九条的有关规定对规章送审稿进行审查外,还要重点审查以下内容:

(一)是否与上位法抵触;

(二)是否与金融监管政策一致;

(三)是否与现行证券期货法制体系协调、衔接;

(四)是否符合立法程序要求;

(五)是否符合立法技术规范;

(六)需要审查的其他内容。

第二十一条 规章送审稿有下列情形之一的,法制机构可以缓办或者退回起草部门:

(一)制定规章的基本条件尚不成熟或者发生重大变化的;

(二)未按照规定立项的;

(三)未按照规定公开征求意见的;

(四)中国证监会其他部门对规章送审稿规定的主要制度存在较大争议,起草部门未与其充分协商的;

(五)规章涉及国务院其他部门职责或者与其关系紧密,起草部门未充分征求国务院有关部门意见的;

(六)规章送审稿等材料不符合本规定第十九条规定的。

第二十二条 法制机构应当就规章送审稿或者规章送审稿涉及的主要问题进行调查研究,听取有关方面意见。

法制机构可以将规章送审稿或者修改稿及其说明等向社会公布,征求意见。向社会公开征求意见的期限一般不少于30日。

第二十三条 规章送审稿涉及《规章制定程序条例》第二十三条规定的情形,法制机构应当进行论证咨询,起草部门在起草过程中未举行听证会的,法制机构经中国证监会负责人批准,可以举行听证会。

第二十四条 有关机构或者部门对规章送审稿涉及的主要措施、管理体制、权限分工等问题有不同意见的,法制机构应当组织进行论证研究。对有较大争议的重要立法事项,法制机构可以委托有关专家、教学科研单位、社会组织进行评估。

第二十五条 法制机构应当认真研究各方面的意见,与起草部门协商后对规章送审稿进行修改,形成规章草案及其说明,提请委务会审议。

第五章 决定、公布和备案

第二十六条 委务会审议决定规章的发布和实施。

委务会审议规章草案时,由法制机构作审查意见说明;起草部门就起草情况等进行汇报。

法制机构应当根据委务会的审议意见对规章草案进行修改,形成规章草案修改稿。规章草案修改稿会签起草部门后,报请中国证监会主席签署,以中国证监会令的形式公布。

第二十七条 需要与国务院其他部门联合制定规章的,规章草案应经相关部门依法履行决策程序;规章草案经中国证监会主席签署后,送国务院其他部门签署,以中国证监会令的形式公布。

国务院其他部门需要与中国证监会联合制定规章的,法制机构或者归口业务部门参照本规定第三章、第四章、第五章的规定,办理起草、审查、提请审议、公布等事宜。

第二十八条 规章签署公布后,应当在中国政府法制信息网、中国证监会网站以及相关媒体上公开规章内容及立法说明等。

第二十九条 规章应当明确规定实施日期。规章应当自公布之日起30日后施行。但是,可能严重影响证券期货市场稳定或者公布后不立即施行将有碍规章施行的,经委务会审议通过,可以自公布之日起施行。

法制机构根据上述规定以及主席签署命令的时间,会商起草部门,确定规章实施日期。

第三十条 规章备案事宜,由法制机构负责,依照立法法和《法规规章备案条例》的规定办理。

第六章 解释、修改与废止

第三十一条 规章的解释权属于中国证监会。

规章有下列情形之一的,由中国证监会解释:

(一)规章的规定需要进一步明确具体含义的;

(二)规章制定后出现新的情况,需要明确适用规章依据的。

规章的解释同规章具有同等效力。

第三十二条 中国证监会各部门对其职责范围内的规章可以向法制机构

提出解释的建议。法制机构可以根据有关部门的建议,起草规章解释草案,按程序报请批准后,以证券期货法律适用意见形式公布。

中国证监会各部门可以起草规章解释草案,法制机构参照规章送审稿审查程序提出意见,按程序报请批准后,以证券期货法律适用意见形式公布。

第三十三条 现行规章存在下列情形之一的,应当予以修改:

(一)部分内容不适应全面深化改革和经济社会发展要求;

(二)因上位法的修改需要作相应修改;

(三)因国家政策发生变化,有必要进行相应修改;

(四)两件以上的规章对同一事项的规定相互抵触;

(五)其他情形。

规章的修改程序适用本规定的有关规定。中国证监会各部门对其职责范围内的规章可以向法制机构提出修改的建议。法制机构可以根据有关部门的建议,起草修正案草案,提请委务会审议通过后,以中国证监会令的形式公布。

第三十四条 现行规章存在下列情形之一的,应当予以废止:

(一)不适应全面深化改革和经济社会发展要求;

(二)因上位法的废止或者修改而失去立法依据;

(三)所规范的事项已由新的法律、行政法规予以规范;

(四)所规范的事项已由新的规章予以规范;

(五)所规范的事项已不存在或者已执行完毕,规章无继续存在的必要;

(六)其他情形。

中国证监会各部门对其职责范围内的规章可以向法制机构提出废止的建议。法制机构可以根据有关部门的建议,提出废止的请示,提请委务会审议通过后,以公告形式公布。

第三十五条 中国证监会建立立法信息及时反馈制度。中国证监会各部门以及派出机构、证券期货市场行业组织,在适用现行证券期货法律、行政法规、规章时,发现需要修改、解释的,可以及时向法制机构报告。

中国证监会可以对有关规章或者规章中的有关规定进行立法后评估,并把评估结果作为修改、废止有关规章的重要参考。

第三十六条 中国证监会在每年第一季度对上一年度中国证监会公布的规章和规章以外的其他规范性文件(以下简称规范性文件)进行清理,并及时公布清理结果。

第七章 汇编和翻译

第三十七条 法制机构依照《法规汇编编辑出版管理规定》的规定,负责

编辑证券期货法规汇编。证券期货法规汇编的内容包括:

(一)全国人民代表大会及其常务委员会审议通过的涉及中国证监会职责的法律、决议、决定和命令等;

(二)国务院公布的涉及中国证监会职责的行政法规、决定和命令等;

(三)中国证监会公布的规章和规范性文件;

(四)司法部门公布的涉及中国证监会职责的司法解释等;

(五)国务院有关部门公布的涉及中国证监会职责的规章和规范性文件;

(六)其他文件。

证券期货法规汇编编辑完成后,交有关专业出版社出版。

第三十八条 规章需要翻译正式英文译本的,由起草部门或者法制机构向委务会提出建议,由委务会作出决定。

委务会作出翻译规章决定的,由法制机构组织翻译、审定,起草部门和中国证监会国际合作部门予以协助。在翻译和审定工作中,法制机构可以聘请相关专业组织或者人员予以协助。

第八章 附 则

第三十九条 中国证监会向国务院提出有关法律、行政法规的立法建议,报送法律、行政法规的立法规划、计划项目建议,由法制机构负责办理。

第四十条 证券期货市场行业组织制定或者修改章程、业务规则等文件,应当依照《中华人民共和国证券法》《中华人民共和国证券投资基金法》《期货交易管理条例》和中国证监会的规定,报中国证监会批准、备案。

第四十一条 本规定自2020年4月13日起施行。2008年10月21日发布的《证券期货规章制定程序规定》(证监会令第59号)同时废止。

中央定价目录

（2020 年 3 月 13 日国家发展和改革委员会令第 31 号公布　自 2020 年 5 月 1 日起施行　国司备字[2020001745]）

中央定价目录

序号	项目	定价内容		定价部门	备注
1	输配电	省及省以上电网输配电价		国务院价格主管部门	
2	油气管道运输	跨省（自治区、直辖市）管道运输价格		国务院价格主管部门	企业内部自用管道除外
3	基础交通运输	铁路运输服务	中央管理企业全资及控股铁路普通旅客列车硬座、硬卧票价率	国务院价格主管部门	定价范围不包括动车组列车、社会资本投资控股新建铁路客运专线
			中央管理企业全资及控股铁路大宗货物、行李运价率	国务院价格主管部门	定价范围为整车运输的煤、石油、粮食、化肥等货物和行李运价率。社会资本投资控股新建铁路货物运输除外
		港口服务	沿海、长江干线主要港口及其他所有对外开放港口的垄断服务收费	国务院交通运输主管部门会同国务院价格主管部门	定价范围为船舶进出港、靠离泊和港口安保等服务

续表

序号	项目	定价内容		定价部门	备注
3	基础交通运输	民航运输服务	不具备竞争条件的民航国内航线及国际航线国内段旅客票价率	国务院民用航空主管部门会同国务院价格主管部门	头等舱、公务舱除外
			民航保障服务垄断环节收费	国务院民用航空主管部门	定价范围为民用机场、军民合用机场垄断环节服务收费，民航飞行校验服务收费，民航空管服务收费
4	重大水利工程供水	中央直属及跨省（自治区、直辖市）水利工程供水价格		国务院价格主管部门	供需双方自愿协商定价的除外
5	重要邮政服务	信函寄递资费		国务院价格主管部门会同国务院财政部门、国务院邮政管理部门	
		邮政汇兑资费			
		机要通信资费			
		国家规定报刊发行资费			
		单件重量不超过 10 千克的包裹寄递资费		国务院价格主管部门会同国务院财政部门、国务院邮政管理部门	竞争性领域（含计泡包裹）除外
6	重要专业服务	商业银行基础服务收费、银行卡刷卡手续费		国务院价格主管部门会同中国人民银行、国务院银行业监管机构（具体根据职责分工确定）	定价范围为转账汇款、现金汇款、票据等商业银行基础服务，银行卡刷卡服务（收单服务费等竞争性环节除外）
7	特殊药品及血液	特殊药品	麻醉药品和第一类精神药品价格	国务院医疗保障部门	
		血液	公民临床用血的血站供应价格	国务院卫生健康部门会同国务院价格主管部门	

注：

1. 法律、行政法规明确规定实行政府定价、政府指导价的项目，自动进入本目录；法律、行政法规明确规定实行市场调节价的项目，自动退出本目录。根据价格领域简政放权、放管结合、优化服务等改革进展，定期修订本目录。

2. 本目录不包括地方定价项目，地方定价权限和适用范围由地方定价目录确定。列入本目录的定价内容，包括具体价格、收费标准、基准价及其浮动幅度，以及相关的定价机制、办法、规则等。对涉及民生的价格和收费，充分考虑社会承受能力，进行合理监管，保障困难群众生活。

3. 通过市场交易的电量价格，由市场形成。燃煤发电电价机制以及核电等尚未通过市场交易形成价格的上网电价，暂由国务院价格主管部门制定，视电力市场化改革进程适时放开由市场形成。尚未通过市场交易形成价格的销售电价暂按现行办法管理，视电力市场化改革进程适时放开由市场形成。居民、农业等优先购电电量的销售电价，由国务院价格主管部门制定定价原则和总体水平，省级价格主管部门制定具体价格水平。

4. 海上气、页岩气、煤层气、煤制气、液化天然气、直供用户用气、储气设施购销气、交易平台公开交易气，2015 年以后投产的进口管道天然气，以及具备竞争条件省份天然气的门站价格，由市场形成；其他国产陆上管道天然气和 2014 年底前投产的进口管道天然气门站价格，暂按现行价格机制管理，视天然气市场化改革进程适时放开由市场形成。成品油价格暂按现行价格形成机制，根据国际市场油价变化适时调整，将视体制改革进程全面放开由市场形成。电信网、互联网网间结算价格按《工业和信息化部关于调整固定本地电话网营业区间结算标准的通知》（工信部电管函〔2009〕243 号）等文件执行。

5. 征信服务（金融信用信息基础数据库运行机构提供的信用报告查询服务和应收账款质押登记服务）收费暂按现行办法管理，待相关事业单位分类改革、职能调整到位后，及时调整收费管理方式。国防运输价格按《中华人民共和国国防交通法》有关规定执行。

6. 社会资本投资控股新建铁路按《国家发展改革委关于放开部分铁路价格的通知》（发改价格〔2014〕2928 号）有关规定执行。

7. 行政事业性收费项目和标准的审批属于政府内部审批事项，继续按现行办法管理。

交通运输部关于修改《中华人民共和国船舶安全监督规则》的决定

（2020年3月16日交通运输部令2020年第6号公布　自2020年6月1日起施行　国司备字[2020001712]）

交通运输部决定对《中华人民共和国船舶安全监督规则》（交通运输部令2017年第14号）作如下修改：

一、增加一条，作为第四十七条："拟交付船舶国际运输的载货集装箱，其托运人应当在交付船舶运输前，采取整体称重法或者累加计算法对集装箱的重量进行验证，确保集装箱的验证重量不超过其标称的最大营运总质量，与实际重量的误差不超过5%且最大误差不超过1吨，并在运输单据上注明验证重量、验证方法和验证声明等验证信息，提供给承运人、港口经营人。

采取累加计算法的托运人，应当制定符合交通运输部规定的重量验证程序，并按照程序进行载货集装箱重量验证。

未取得验证信息或者验证重量超过最大营运总质量的集装箱，承运人不得装船。"

二、增加一条，作为第四十八条："海事管理机构应当加强对船舶国际运输集装箱托运人、承运人的监督检查，发现存在违反本规则情形的，应当责令改正。"

三、第五十条改为第五十二条，删去其中的"并可扣留船员适任证书6个月至12个月"、第一项、第五项。

四、增加一条，作为第五十六条："违反本规则，在船舶国际集装箱货物运输经营活动中，有下列情形之一的，由海事管理机构处1000元以上3万元以下罚款：

（一）托运人提供的验证重量与实际重量的误差超过5%或者1吨的；

（二）承运人载运未取得验证信息或者验证重量超过最大营运总质量的集装箱的。"

五、第五十六条改为第五十九条，增加一款，作为第四款："本规则所称最大营运总质量，是指在营运中允许的包括所载货物等在内的集装箱整体最大总质量，并在集装箱安全合格牌照上标注。"

条文序号作相应调整。

本决定自2020年6月1日起施行。

《中华人民共和国船舶安全监督规则》根据本决定作相应修改，重新发布。

中华人民共和国船舶安全监督规则

（2017年5月23日交通运输部令2017年第14号公布　根据2020年3月16日《交通运输部关于修改〈中华人民共和国船舶安全监督规则〉的决定》修订）

第一章　总　　则

第一条　为了保障水上人命、财产安全，防止船舶造成水域污染，规范船舶安全监督工作，根据《中华人民共和国海上交通安全法》《中华人民共和国海洋环境保护法》《中华人民共和国港口法》《中华人民共和国内河交通安全管理条例》《中华人民共和国船员条例》等法律法规和我国缔结或者加入的有关国际公约的规定，制定本规则。

第二条　本规则适用于对中国籍船舶和水上设施以及航行、停泊、作业于我国管辖水域的外国籍船舶实施的安全监督工作。

本规则不适用于军事船舶、渔业船舶和体育运动船艇。

第三条　船舶安全监督管理遵循依法、公正、诚信、便民的原则。

第四条　交通运输部主管全国船舶安全监督工作。

国家海事管理机构统一负责全国船舶安全监督工作。

各级海事管理机构按照职责和授权开展船舶安全监督工作。

第五条　本规则所称船舶安全监督，是指海事管理机构依法对船舶及其从事的相关活动是否符合法律、法规、规章以及有关国际公约和港口国监督区域性合作组织的规定而实施的安全监督管理活动。船舶安全监督分为船舶现场监督和船舶安全检查。

船舶现场监督，是指海事管理机构对船舶实施的日常安全监督抽查活动。

船舶安全检查，是指海事管理机构按照一定的时间间隔对船舶的安全和防污染技术状况、船员配备及适任状况、海事劳工条件实施的安全监督检查活动，包括船旗国监督检查和港口国监督检查。

第六条　海事管理机构应当配备必要的人员、装备、资料等，以满足船舶安全监督管理工作的需要。

第七条　船舶现场监督应当由具备相应职责的海事行政执法人员实施。

第八条　从事船舶安全检查的海事行政执法人员应当取得相应等级的资格证书，并不断更新知识。

第九条　海事管理机构应当建立对船舶安全状况的社会监督机制，公布举报、投诉渠道，完善举报和投诉处理机制。

海事管理机构应当为举报人、投诉人保守秘密。

第二章　船舶进出港报告

第十条　中国籍船舶在我国管辖水域内航行应当按照规定实施船舶进出港报告。

第十一条　船舶应当在预计离港或者抵港 4 小时前向将要离泊或者抵达港口的海事管理机构报告进出港信息。航程不足 4 小时的，在驶离上一港口时报告。

船舶在固定航线航行且单次航程不超过 2 小时的，可以每天至少报告一次进出港信息。

船舶应当对报告的完整性和真实性负责。

第十二条　船舶报告的进出港信息应当包括航次动态、在船人员信息、客货载运信息、拟抵离时间和地点等。

第十三条　船舶可以通过互联网、传真、短信等方式报告船舶进出港信息，并在船舶航海或者航行日志内作相应的记载。

第十四条　海事管理机构与水路运输管理部门应当建立信息平台，共享船舶进出港信息。

第三章　船舶综合质量管理

第十五条　海事管理机构应当建立统一的船舶综合质量管理信息平台，收集、处理船舶相关信息，建立船舶综合质量档案。

第十六条　船舶综合质量管理信息平台应当包括下列信息：

（一）船舶基本信息；

（二）船舶安全与防污染管理相关规定落实情况；

（三）水上交通事故情况和污染事故情况；

（四）水上交通安全违法行为被海事管理机构行政处罚情况；

（五）船舶接受安全监督的情况；

（六）航运公司和船舶的安全诚信情况；

（七）船舶进出港报告或者办理进出港手续情况；

（八）按照相关规定缴纳相关费税情况；

（九）船舶检验技术状况。

第十七条　海事管理机构应当按照第十六条所述信息开展船舶综合质量评定，综合质量评定结果应当向社会公开。

第四章　船舶安全监督

第一节　安全监督目标船舶的选择

第十八条　海事管理机构对船舶实施安全监督，应当减少对船舶正常生产作业造成的不必要影响。

第十九条　国家海事管理机构应当制定安全监督目标船舶选择标准。

海事管理机构应当结合辖区实际情况，按照全面覆盖、重点突出、公开便利的原则，依据我国加入的港口国监督区域性合作组织和国家海事管理机构规定的目标船舶选择标准，综合考虑船舶类型、船龄、以往接受船舶安全监督的缺陷、航运公司安全管理情况等，按照规定的时间间隔，选择船舶实施船舶安全监督。

第二十条　按照目标船舶选择标准未列入选船目标的船舶，海事管理机构原则上不登轮实施船舶安全监督，但按照第二十一条规定开展专项检查的除外。

第二十一条　国家重要节假日、重大活动期间，或者针对特定水域、特定安全事项、特定船舶需要进行检查的，海事管理机构可以综合运用船舶安全检查和船舶现场监督等形式，开展专项检查。

第二节　船舶安全监督

第二十二条　船舶现场监督的内容包括：

（一）中国籍船舶自查情况；

（二）法定证书文书配备及记录情况；

（三）船员配备情况；

（四）客货载运及货物系固绑扎情况；

（五）船舶防污染措施落实情况；

（六）船舶航行、停泊、作业情况；

（七）船舶进出港报告或者办理进出港手续情况；

（八）按照相关规定缴纳相关费税情况。

第二十三条　船舶安全检查的内容包括：

（一）船舶配员情况；

（二）船舶、船员配备和持有有关法定证书文书及相关资料情况；

（三）船舶结构、设施和设备情况；

（四）客货载运及货物系固绑扎情况；

（五）船舶保安相关情况；

（六）船员履行其岗位职责的情况，包括对其岗位职责相关的设施、设备的维护保养和实际操作能力等；

（七）海事劳工条件；

（八）船舶安全管理体系运行情况；

（九）法律、法规、规章以及我国缔结、加入的有关国际公约要求的其他检查内容。

第二十四条 海事管理机构应当按照船舶安全监督的内容，制定相应的工作程序，规范船舶安全监督活动。

第二十五条 海事管理机构完成船舶安全监督后应当签发相应的《船舶现场监督报告》《船旗国监督检查报告》或者《港口国监督检查报告》，由船长或者履行船长职责的船员签名。

《船舶现场监督报告》《船旗国监督检查报告》《港口国监督检查报告》一式两份，一份由海事管理机构存档，一份留船备查。

第二十六条 船舶现场监督中发现船舶存在危及航行安全、船员健康、水域环境的缺陷或者水上交通安全违法行为的，应当按照规定进行处置。

发现存在需要进一步进行安全检查的船舶安全缺陷的，应当启动船舶安全检查程序。

第三节 船舶安全缺陷处理

第二十七条 海事行政执法人员在船舶安全监督过程中发现船舶存在缺陷的，应当按照相关法律、法规、规章和公约的规定，提出下列处理意见：

（一）警示教育；

（二）开航前纠正缺陷；

（三）在开航后限定的期限内纠正缺陷；

（四）滞留；

（五）禁止船舶进港；

（六）限制船舶操作；

（七）责令船舶驶向指定区域；

（八）责令船舶离港。

第二十八条 安全检查发现的船舶缺陷不能在检查港纠正时，海事管理机构可以允许该船驶往最近的可以修理的港口，并及时通知修理港口的海事管理机构。

修理港口超出本港海事管理机构管辖范围的，本港海事管理机构应当通知修理港口海事管理机构进行跟踪检查。

修理港口海事管理机构在收到跟踪检查通知后，应当对船舶缺陷的纠正情况进行验证，并及时将验证结果反馈至发出通知的海事管理机构。

第二十九条　海事管理机构采取本规则第二十七条第(四)(五)(八)项措施的,应当将采取措施的情况及时通知中国籍船舶的船籍港海事管理机构,或者外国籍船舶的船旗国政府。

第三十条　由于存在缺陷,被采取本规则第二十七条第(四)(五)(六)(八)项措施的船舶,应当在相应的缺陷纠正后向海事管理机构申请复查。被采取其他措施的船舶,可以在相应缺陷纠正后向海事管理机构申请复查,不申请复查的,在下次船舶安全检查时由海事管理机构进行复查。海事管理机构收到复查申请后,决定不予本港复查的,应当及时通知申请人在下次船舶安全检查时接受复查。

复查合格的,海事管理机构应当及时解除相应的处理措施。

第三十一条　船舶有权对海事行政执法人员提出的缺陷和处理意见进行陈述和申辩。船舶对于缺陷和处理意见有异议的,海事行政执法人员应当告知船舶申诉的途径和程序。

第三十二条　海事管理机构在实施船舶安全监督中,发现航运公司安全管理存在问题的,应当要求航运公司改正,并将相关情况通报航运公司注册地海事管理机构。

第三十三条　海事管理机构应当将影响安全的重大船舶缺陷以及导致船舶被滞留的缺陷,通知航运公司、相关船舶检验机构或者组织。

船舶存在缺陷或者隐患,以及船舶安全管理存在较为严重问题,可能影响其运输资质条件的,海事管理机构应当将有关情况通知相关水路运输管理部门,水路运输管理部门应当将处理情况反馈相应的海事管理机构。

水路运输管理部门在市场监管中,发现可能影响到船舶安全的问题,应当将有关情况通知相应海事管理机构,海事管理机构应当将处理情况反馈相应水路运输管理部门。

第三十四条　船舶以及相关人员,应当按照海事管理机构签发的《船舶现场监督报告》《船旗国监督检查报告》《港口国监督检查报告》等的要求,对存在的缺陷进行纠正。

航运公司应当督促船舶按时纠正缺陷,并将纠正情况及时反馈实施检查的海事管理机构。

船舶检验机构应当核实有关缺陷纠正情况,需要进行临时检验的,应当将检验报告及时反馈实施检查的海事管理机构。

第三十五条　中国籍船舶的船长应当对缺陷纠正情况进行检查,并在航行或者航海日志中进行记录。

第三十六条　船舶应当妥善保管《船舶现场监督报告》《船旗国监督检查报告》《港口国监督检查报告》,在船上保存至少2年。

第三十七条　除海事管理机构外,任何单位和个人不得扣留、收缴《船舶现场监督报告》《船旗国监督检查报告》《港口国监督检查报告》，或者在上述报告中进行签注。

第三十八条 任何单位和个人，不得擅自涂改、故意损毁、伪造、变造、租借、骗取和冒用《船舶现场监督报告》《船旗国监督检查报告》《港口国监督检查报告》。

第三十九条 《船舶现场监督报告》《船旗国监督检查报告》《港口国监督检查报告》的格式由国家海事管理机构统一制定。

第四十条 中国籍船舶在境外发生水上交通事故，或者被滞留、禁止进港、禁止入境、驱逐出港（境）的，航运公司应当及时将相关情况向船籍港海事管理机构报告，海事管理机构应当做好相应的沟通协调和给予必要的协助。

第五章 船舶安全责任

第四十一条 航运公司应当履行安全管理与防止污染的主体责任，建立、健全船舶安全与防污染制度，对船舶及其设备进行有效维护和保养，确保船舶处于良好状态，保障船舶安全，防止船舶污染环境，为船舶配备满足最低安全配员要求的适任船员。

第四十二条 中国籍船舶应当建立开航前自查制度。船舶在离泊前应当对船舶安全技术状况和货物装载情况进行自查，按照国家海事管理机构规定的格式填写《船舶开航前安全自查清单》，并在开航前由船长签字确认。

船舶在固定航线航行且单次航程不超过 2 小时的，无须每次开航前均进行自查，但一天内应当至少自查一次。

《船舶开航前安全自查清单》应当在船上保存至少 2 年。

第四十三条 船长应当妥善安排船舶值班，遵守船舶航行、停泊、作业的安全规定。

第四十四条 船舶应当遵守港口所在地有关管理机构关于恶劣天气限制开航的规定。

航行于内河水域的船舶应当遵守海事管理机构发布的关于枯水季节通航限制的通告。

第四十五条 船舶检验机构应当确保检验的全面性、客观性、准确性和有效性，保证检验合格的船舶具备安全航行、安全作业的技术条件，并对出具的检验证书负责。

第四十六条 配备自动识别系统等通信、导助航设备的船舶应当始终保持相关设备处于正常工作状态，准确完整显示本船信息，并及时更新抵、离港名称和时间等相关信息。相关设备发生故障的，应当及时向抵达港海事管理机构报告。

第四十七条 拟交付船舶国际运输的载货集装箱,其托运人应当在交付船舶运输前,采取整体称重法或者累加计算法对集装箱的重量进行验证,确保集装箱的验证重量不超过其标称的最大营运总质量,与实际重量的误差不超过5%且最大误差不超过1吨,并在运输单据上注明验证重量、验证方法和验证声明等验证信息,提供给承运人、港口经营人。

采取累加计算法的托运人,应当制定符合交通运输部规定的重量验证程序,并按照程序进行载货集装箱重量验证。

未取得验证信息或者验证重量超过最大营运总质量的集装箱,承运人不得装船。

第四十八条 海事管理机构应当加强对船舶国际运输集装箱托运人、承运人的监督检查,发现存在违反本规则情形的,应当责令改正。

第四十九条 任何单位和个人不得阻挠、妨碍海事行政执法人员对船舶进行船舶安全监督。

第五十条 海事行政执法人员在开展船舶安全监督时,船长应当指派人员配合。指派的配合人员应当如实回答询问,并按照要求测试和操纵船舶设施、设备。

第五十一条 海事管理机构通过抽查实施船舶安全监督,不能代替或者免除航运公司、船舶、船员、船舶检验机构及其他相关单位和个人在船舶安全、防污染、海事劳工条件和保安等方面应当履行的法律责任和义务。

第六章 法律责任

第五十二条 违反本规则,有下列行为之一的,由海事管理机构对违法船舶所有人或者船舶经营人处1000元以上1万元以下罚款;情节严重的,处1万元以上3万元以下罚款。对船长或者其他责任人员处100元以上1000元以下罚款;情节严重的,处1000元以上3000元以下罚款:

(一)弄虚作假欺骗海事行政执法人员的;

(二)未按照《船舶现场监督报告》《船旗国监督检查报告》《港口国监督检查报告》的处理意见纠正缺陷或者采取措施的;

(三)按照第三十条第一款规定应当申请复查而未申请的。

第五十三条 船舶未按照规定开展自查或者未随船保存船舶自查记录的,对船舶所有人或者船舶经营人处1000元以上1万元以下罚款。

第五十四条 船舶未按照规定随船携带或者保存《船舶现场监督报告》《船旗国监督检查报告》《港口国监督检查报告》的,海事管理机构应当责令其改正,并对违法船舶所有人或者船舶经营人处1000元以上1万元以下罚款。

第五十五条 船舶进出内河港口,未按照规定向海事管理机构报告船舶进出港信息的，对船舶所有人或者船舶经营人处5000元以上5万元以下罚款。

船舶进出沿海港口，未按照规定向海事管理机构报告船舶进出港信息的，对船舶所有人或者船舶经营人处5000元以上3万元以下罚款。

第五十六条 违反本规则，在船舶国际集装箱货物运输经营活动中，有下列情形之一的，由海事管理机构处1000元以上3万元以下罚款：

（一）托运人提供的验证重量与实际重量的误差超过5%或者1吨的；

（二）承运人载运未取得验证信息或者验证重量超过最大营运总质量的集装箱的。

第五十七条 实施船舶安全检查中发现船舶存在的缺陷与船舶检验机构有关的，海事管理机构应当按照相关规定进行处罚。

因船舶检验机构人员滥用职权、徇私舞弊、玩忽职守、严重失职，造成已签发检验证书的船舶存在严重缺陷或者发生重大事故的，海事管理机构应当撤销其检验资格。

第五十八条 海事管理机构工作人员不依法履行职责进行监督检查，有滥用职权、徇私舞弊、玩忽职守等行为的，由其所在机构或者上级机构依法给予行政处分；构成犯罪的，由司法机关依法追究刑事责任。

第七章　附　　则

第五十九条 本规则所称船舶和相关设施的含义，与《中华人民共和国海上交通安全法》《中华人民共和国内河交通安全管理条例》中的船舶、水上设施含义相同。

本规则所称法定证书文书，是指船舶国籍证书、船舶配员证书、船舶检验证书、船舶营运证件、航海或者航行日志以及其他按照法律法规、技术规范及公约要求必须配备的证书文书。

本规则所称航运公司，是指船舶的所有人、经营人和管理人。

本规则所称最大营运总质量，是指在营运中允许的包括所载货物等在内的集装箱整体最大总质量，并在集装箱安全合格牌照上标注。

第六十条 本规则自2017年7月1日起施行。2009年11月30日以交通运输部令2009年第15号公布的《中华人民共和国船舶安全检查规则》同时废止。

保险资产管理产品管理暂行办法

（2020 年 3 月 18 日中国银行保险监督管理委员会令 2020 年第 5 号公布　自 2020 年 5 月 1 日起施行　国司备字［2020001747］）

第一章　总　　则

第一条　为了规范保险资产管理机构开展保险资产管理产品（以下简称保险资管产品或者产品）业务，保护投资者和相关当事人合法权益，根据《中华人民共和国保险法》《中华人民共和国银行业监督管理法》《关于规范金融机构资产管理业务的指导意见》（以下简称《指导意见》）及相关法律法规，制定本办法。

第二条　在中华人民共和国境内设立的保险资产管理机构开展保险资管产品业务，适用本办法。法律、行政法规以及中国银行保险监督管理委员会（以下简称银保监会）另有规定的除外。

第三条　本办法所称保险资管产品业务，是指保险资产管理机构接受投资者委托，设立保险资管产品并担任管理人，依照法律法规和有关合同约定，对受托的投资者财产进行投资和管理的金融服务。

保险资管产品包括债权投资计划、股权投资计划、组合类产品和银保监会规定的其他产品。

第四条　保险资管产品应当面向合格投资者通过非公开方式发行。

第五条　保险资产管理机构开展保险资管产品业务，应当发挥保险资金长期、稳定的优势，服务保险保障，服务经济社会发展。

第六条　保险资产管理机构开展保险资管产品业务，应当遵守法律、行政法规以及银保监会的规定，遵循公平、公正原则，维护投资者合法权益，诚实守信、勤勉尽责，防范利益冲突。

第七条　保险资产管理机构开展保险资管产品业务，应当加强投资者适当性管理，向投资者充分披露信息和揭示风险，不得承诺保本保收益。

投资者投资保险资管产品，应当根据自身能力审慎决策，独立承担投资风险。

第八条　保险资管产品财产独立于保险资产管理机构、托管人和其他为产品管理提供服务的自然人、法人或者组织的固有财产和其管理的其他财产。因产品财产的管理、运用、处分或者其他情形取得的财产和收益，应当归入产品财产。保险资产管理机构、托管人等机构因依法解散、被依法撤销或者被依法宣告破产等原因进行清算的,产品财产不属于其清算财产。

第九条 中国保险资产管理业协会、上海保险交易所股份有限公司、中保保险资产登记交易系统有限公司依照法律、行政法规以及银保监会的规定,对保险资产管理机构开展保险资管产品业务实施自律管理。

第十条 保险资产管理机构开展保险资管产品业务,应当在上海保险交易所股份有限公司、中保保险资产登记交易系统有限公司等银保监会认可的资产登记交易平台(以下简称登记交易平台)进行发行、登记、托管、交易、结算、信息披露等。

第十一条 银保监会依法对保险资管产品业务进行监督管理。

银保监会对保险资管产品业务实行穿透式监管,向上识别产品的最终投资者,向下识别产品的底层资产,并对产品运作管理实行全面动态监管。

第二章 产品当事人

第十二条 本办法所称合格投资者是指具备相应风险识别能力和风险承担能力,投资于单只产品不低于一定金额且符合下列条件的自然人、法人或者其他组织:

(一)具有两年以上投资经历,且满足以下条件之一的自然人:家庭金融净资产不低于300万元人民币,家庭金融资产不低于500万元人民币,或者近三年本人年均收入不低于40万元人民币;

(二)最近一年末净资产不低于1000万元人民币的法人单位;

(三)接受金融监督管理部门监管的机构及其发行的资产管理产品;

(四)基本养老金、社会保障基金、企业年金等养老基金;

(五)银保监会视为合格投资者的其他情形。

第十三条 保险资产管理机构开展保险资管产品业务,应当符合下列条件:

(一)公司治理完善,市场信誉良好,符合银保监会有关投资管理能力要求;

(二)具有健全的操作流程、内控机制、风险管理和稽核制度,建立公平交易和风险隔离机制;

(三)设置产品开发、投资研究、投资管理、风险控制、绩效评估等专业岗位;

(四)具有稳定的投资管理团队,拥有不低于规定数量的相关专业人员;

(五)最近三年无重大违法违规行为,设立未满三年的,自其成立之日起无重大违法违规行为;

(六)银保监会规定的其他审慎性条件。

第十四条 保险资产管理机构开展保险资管产品业务,应当履行下列职责:

(一)依法办理产品的注册或者登记手续以及份额销售、托管等事宜;

(二)对所管理的不同产品受托财产分别管理、分别记账,按照合同约定管理产品财产;

(三)按照产品合同约定确定收益分配方案,及时向投资者分配收益;

(四)进行产品会计核算并编制产品财务会计报告;

(五)依法计算并披露产品净值或者投资收益情况;

(六)办理与受托财产管理业务活动有关的信息披露事项;

(七)保存受托财产管理业务活动的记录、账册、报表和其他相关资料;

(八)以管理人名义,代表投资者利益行使诉讼权利或者实施其他法律行为;

(九)银保监会规定的其他职责。

第十五条 保险资产管理机构开展保险资管产品业务,应当聘请符合银保监会规定且已具备保险资产托管业务条件的商业银行或者其他金融机构担任托管人。

第十六条 托管人应当履行下列职责:

(一)忠实履行托管职责,妥善保管产品财产;

(二)根据不同产品,分别设置专门账户,保证产品财产独立和安全完整;

(三)根据保险资产管理机构指令,及时办理资金划转和清算交割;

(四)复核、审查保险资产管理机构计算的产品财产价值;

(五)了解并获取产品管理运营的有关信息,办理出具托管报告等与托管业务活动有关的信息披露事项;

(六)监督保险资产管理机构的投资运作,对托管产品财产的投资范围、投资品种等进行监督,发现保险资产管理机构的投资或者清算指令违反法律、行政法规、银保监会规定或者产品合同约定的,应当拒绝执行,并及时向银保监会报告;

(七)保存产品托管业务活动的记录、账册、报表和其他相关资料;

(八)主动接受投资者和银保监会的监督,对产品投资信息和相关资料承担保密责任,除法律、行政法规、规章规定或者审计要求、合同约定外,不得向任何机构或者个人提供相关信息和资料;

(九)法律、行政法规、银保监会规定以及产品合同约定的其他职责。

第十七条 保险资产管理机构开展保险资管产品业务,可以依照有关法律、行政法规以及银保监会规定,聘请专业服务机构,为产品提供独立监督、信用评估、投资顾问、法律服务、财务审计或者资产评估等专业服务。

保险资产管理机构应当向投资者披露专业服务机构的资质、收费等情况,以及更换、解聘的条件和程序，充分揭示聘请专业服务机构可能产生的风险。

第十八条 专业服务机构应当诚实守信、勤勉尽责，并符合下列条件：

（一）具有经国家有关部门认可的业务资质；

（二）具有完善的管理制度、业务流程和内控机制；

（三）熟悉产品相关法律法规、政策规定、业务流程和交易结构，具有相关服务经验和能力，商业信誉良好；

（四）银保监会规定的其他审慎性条件。

保险资产管理机构聘请的投资顾问，除满足上述条件外，还应当符合下列条件：

（一）具有专业资质并受金融监督管理部门监管；

（二）主要人员具备专业知识和技能，从事相关业务三年以上；

（三）最近三年无涉及投资顾问业务的违法违规行为；

（四）银保监会规定的其他条件。

保险资产管理机构与任一投资顾问进行首次合作的，应当提前十个工作日将合作情况报告银保监会。投资顾问不得承担投资决策职责，不得直接执行投资指令，不得以任何方式承诺保本保收益。保险资产管理机构不得向未提供实质服务的投资顾问支付费用或者支付与其提供的服务不相匹配的费用。

第三章　产品发行、存续与终止

第十九条 保险资管产品按照投资性质的不同，分为固定收益类产品、权益类产品、商品及金融衍生品类产品和混合类产品。

固定收益类产品投资于债权类资产的比例不低于80%，权益类产品投资于权益类资产的比例不低于80%，商品及金融衍生品类产品投资于商品及金融衍生品的比例不低于80%，混合类产品投资于债权类资产、权益类资产、商品及金融衍生品类资产且任一资产的投资比例未达到前三类产品标准。

非因保险资产管理机构主观因素导致突破前述比例限制的，保险资产管理机构应当在流动性受限资产可出售、可转让或者恢复交易的十五个交易日内调整至符合要求。

第二十条 合格投资者投资于单只固定收益类产品的金额不低于30万元人民币，投资于单只混合类产品的金额不低于40万元人民币，投资于单只权益类产品、单只商品及金融衍生品类产品的金额不低于100万元人民币。保险资管产品投资于非标准化债权类资产的，接受单个合格投资者委托资金的金额不低于100万元人民币。

第二十一条 保险资产管理机构发行的保险资管产品，应当在银保监会认可的机构履行注册或者登记等规定程序。

保险资产管理机构应当按照规定报送产品材料。产品材料应当真实、完备、规范。银保监会认可的机构仅对产品材料的完备性和合规性进行审查,不对产品的投资价值和风险作实质性判断。

第二十二条 在保险资管产品存续期,保险资产管理机构应当按照有关规定以及登记交易平台的业务规则,持续登记产品基本要素、募集情况、收益分配、投资者所持份额等信息。

第二十三条 投资者持有保险资管产品的份额信息以登记交易平台的登记结果为准。相关产品的受益凭证由登记交易平台出具并集中托管。

投资者对登记结果有异议的,登记交易平台应当及时复查并予以答复;因登记交易平台工作失误造成数据差错并给投资者造成损失的,登记交易平台应当承担相应责任。

第二十四条 登记交易平台和注册机构应当建立产品信息共享机制,实现系统互联互通,推进行业基础设施系统与监管信息系统的有效衔接,及时有效履行信息报送责任。

第二十五条 保险资产管理机构、托管人、投资者和有关专业服务机构应当按照登记交易平台和注册机构发布的数据标准和技术接口规范,报送产品材料和数据信息。

第二十六条 保险资产管理机构可以自行销售保险资管产品,也可以委托符合条件的金融机构以及银保监会认可的其他机构代理销售保险资管产品。

保险资产管理机构和代理销售机构应当诚实守信、勤勉尽责,防范利益冲突,履行说明义务、反洗钱义务等相关义务,承担投资者适当性审查、产品推介和合格投资者确认等相关责任。

保险资产管理机构和代理销售机构应当对自然人投资者的风险承受能力进行评估,确定投资者风险承受能力等级,向投资者销售与其风险识别能力和风险承担能力相适应的产品。产品销售的具体规则由银保监会依法另行制定。

第二十七条 保险资产管理机构应当按照产品的性质、规模,制定专项制度,建立健全机制,设置与产品发行相独立的岗位和专业人员,开展产品存续期管理工作。存续期管理应当涵盖风险预警、风险事件处置、数据报送、信息披露和报告等。

在产品存续期,注册机构和登记交易平台依法开展信息统计和风险监测等工作。

第二十八条 有下列情形之一的,保险资管产品终止:

(一)保险资管产品期限届满;

（二）保险资管产品目的已经实现或者不能实现；

（三）保险资管产品相关当事人协商同意；

（四）出现保险资管产品合同约定的应当终止的情形；

（五）法律、行政法规以及银保监会规定的其他情形。

第二十九条 保险资管产品终止的，保险资产管理机构应当按照银保监会要求和产品合同约定，组织开展清算工作，并及时履行报告义务。

第四章 产品投资与管理

第三十条 保险资管产品可以投资于国债、地方政府债券、中央银行票据、政府机构债券、金融债券、银行存款、大额存单、同业存单、公司信用类债券，在银行间债券市场或者证券交易所市场等经国务院同意设立的交易市场发行的证券化产品，公募证券投资基金、其他债权类资产、权益类资产和银保监会认可的其他资产。

保险资金投资的保险资管产品，其投资范围应当符合保险资金运用的有关监管规定。

第三十一条 保险资管产品的分级安排、负债比例上限、非标准化债权类资产投资限额管理和期限匹配要求应当符合金融管理部门的有关规定。

同一保险资产管理机构管理的全部组合类产品投资于非标准化债权类资产的余额，在任何时点不得超过其管理的全部组合类产品净资产的35%。

保险资管产品不得直接投资于商业银行信贷资产，依据金融管理部门颁布规则开展的资产证券化业务除外。

保险资管产品不得直接或者间接投资法律法规和国家政策禁止进行债权或者股权投资的行业和领域。

鼓励保险资产管理机构在依法合规、商业可持续的前提下，通过发行保险资管产品募集资金投向符合国家战略和产业政策要求、符合国家供给侧结构性改革政策要求的领域。鼓励保险资产管理机构通过发行保险资管产品募集资金支持经济结构转型，支持市场化、法治化债转股，降低企业杠杆率。

第三十二条 单只保险资管产品的投资者人数应当符合法律、行政法规以及银保监会的规定。保险资管产品接受其他资产管理产品投资的，不合并计算其他资产管理产品的投资者人数，但应当有效识别保险资管产品的实际投资者与最终资金来源。

保险资产管理机构不得违反相关规定，通过为单一融资项目设立多只产品的方式，变相突破投资者人数限制或者其他监管要求。

第三十三条 保险资产管理机构应当切实履行主动管理责任，不得让渡管理职责，不得为其他金融机构的资产管理产品提供规避投资范围、杠杆约束等监管要求的通道服务。

第三十四条 保险资管产品投资其他资产管理产品的,应当明确约定所投资的资产管理产品不得再投资公募证券投资基金以外的资产管理产品,法律、行政法规以及金融管理部门另有规定的除外。

保险资产管理机构在履行产品注册或者登记等程序时,应当充分披露资金投向、投资范围和交易结构等信息。

第三十五条 保险资产管理机构不得以受托管理的保险资管产品份额进行质押融资。保险集团(控股)公司、保险公司作为投资者,以其持有的保险资管产品份额进行质押融资的,应当在登记交易平台依法开展。

第三十六条 保险资管产品应当按照《企业会计准则》和《指导意见》等关于金融工具核算与估值的相关规定,确认和计量产品净值。

第三十七条 保险资产管理机构应当根据产品规模、投资范围、风险特征等因素,按照市场化原则,在产品合同中约定管理费的计提标准。

第三十八条 保险资产管理机构应当合理确定保险资管产品所投资资产的期限,加强对期限错配的流动性风险管理。

第三十九条 保险资产管理机构应当做到每只产品所投资资产构成清晰,风险可识别。

保险资产管理机构应当做到每只产品的资金单独管理、单独建账、单独核算,不得开展或者参与具有滚动发行、集合运作、分离定价特征的资金池业务。

第五章 信息披露与报告

第四十条 保险资产管理机构应当按照银保监会有关规定,向投资者主动、真实、准确、完整、及时披露产品募集情况、资金投向、收益分配、托管安排、投资账户信息和主要投资风险等内容。

保险资产管理机构应当至少每季度向投资者披露产品净值和其他重要信息。

第四十一条 投资者可以按照合同约定向保险资产管理机构或者登记交易平台查询与产品财产相关的信息。保险资产管理机构和登记交易平台应当在不损害其他投资者合法权益的前提下,真实、准确、完整、及时地提供相关信息,不得拒绝、推诿。

第四十二条 托管人和其他专业服务机构应当按照相关合同约定,向保险资产管理机构和银保监会履行信息披露和报告义务。

第四十三条 保险资产管理机构应当按照中国人民银行和银保监会要求,及时向中国人民银行和银保监会及其指定机构报送产品基本信息和起始募集信息、存续期募集信息等,并于产品终止后报送终止信息。

第四十四条 除本办法规定外，发生可能对投资者决策或者利益产生实质性影响的重大事项，保险资产管理机构应当及时向投资者披露，并向银保监会及其指定机构报告。

第四十五条 注册机构和登记交易平台应当按照银保监会的要求，定期或者不定期向银保监会报告产品专项统计、分析等信息。遇有重大突发事件的，双方应当加强信息和资源共享，及时向银保监会报告。

第六章 风险管理

第四十六条 保险资产管理机构应当建立全面覆盖、全程监控、全员参与的风险管理组织体系和运行机制，通过管理系统和稽核审计等手段，分类、识别、量化和评估保险资管产品的流动性风险、市场风险和信用风险等，有效管控和应对风险。保险资产管理机构董事会负责定期审查和评价业务管理情况。

第四十七条 保险资产管理机构开展保险资管产品业务，应当建立风险责任人制度，明确相应的风险责任人。

第四十八条 保险资产管理机构应当将保险资管产品业务纳入公司内部稽核和资金运用内部控制年度审计工作，并依法向银保监会报告。

第四十九条 保险资产管理机构应当建立产品风险处置机制，制定应急预案，有效控制和化解风险隐患，并及时向银保监会报告。

第五十条 保险资产管理机构应当确保风险管控相关岗位和人员具有履行职责所需知情权和查询权，有权查阅、询问与保险资管产品相关的数据、资料和细节，并列席相关会议。

第五十一条 保险资产管理机构应当建立相应的风险准备金机制，确保满足抵御业务不可预期损失的需要。风险准备金计提比例为产品管理费收入的10%，主要用于赔偿因保险资产管理机构违法违规、违反产品协议、操作错误或者技术故障等给产品财产或者投资者造成的损失。风险准备金余额达到产品余额的1%时可以不再提取。

第五十二条 保险资产管理机构应当建立健全保险资管产品业务人员的准入、培训、考核评价和问责制度，确保业务人员具备必要的专业知识、行业经验和业务能力，充分了解相关法律法规、监管规定以及产品的法律关系、交易结构、主要风险及风险管控方法，遵守行为准则和职业道德标准。

保险资产管理机构应当完善长效激励约束机制，不得以人员挂靠、业务包干等方式开展保险资管产品业务。

第五十三条 保险资产管理机构的董事、监事、高级管理人员和相关业务人员不得有下列行为：

（一）不公平地对待所管理的不同产品财产；

（二）利用产品财产或者职务便利为投资者以外的第三方谋取不正当利益；

（三）侵占、挪用产品财产；

（四）泄露因职务便利获取的未公开信息，利用该信息从事或者明示、暗示他人从事相关的交易活动；

（五）玩忽职守，不按照规定履行职责；

（六）法律、行政法规以及银保监会规定禁止的其他行为。

第五十四条 保险资产管理机构应当建立健全关联交易规则，对关联交易认定标准、定价方法和决策程序等进行规范，不得以保险资管产品的资金与关联方进行不正当交易、利益输送、内幕交易和操纵市场等违法违规行为。

第七章 监督管理

第五十五条 银保监会依法对保险资管产品业务有关当事人的经营活动进行监督管理。各方当事人应当积极配合，不得发生以下行为：

（一）拒绝、阻挠监管人员的监督检查；

（二）拒绝、拖延提供与检查事项有关的资料；

（三）隐匿、伪造、变造、毁弃会计账簿、会计报表以及其他有关资料；

（四）银保监会规定禁止的其他行为。

第五十六条 银保监会依法对保险资产管理机构董事、监事、高级管理人员和相关业务人员进行检查。对违反有关法律、行政法规以及本办法规定的相关责任人员进行质询和监管谈话，并依法予以警告、罚款、撤销任职资格、禁止进入保险业等行政处罚。

保险资产管理机构相关责任人员离任后，发现其在该机构工作期间违反有关法律、行政法规以及本办法规定的，应当依法追究责任。

第五十七条 保险资产管理机构、托管人、投资顾问等银行保险机构违反有关法律、行政法规以及本办法规定的，由银保监会依法予以行政处罚。

第五十八条 保险资管产品业务的其他当事人违反有关法律、行政法规以及本办法规定的，银保监会应当记录其不良行为，并将有关情况通报其主管部门；情节严重的，银保监会可以要求保险资产管理机构、保险集团（控股）公司和保险公司三年内不得与其从事相关业务，并建议有关监管部门依法予以行政处罚。

第五十九条 为保险资管产品业务提供服务的专业服务机构及其有关人员，应当遵守执业规范和职业道德，客观公正、勤勉尽责，独立发表专业意见。相关专业服务机构或者人员未尽责履职，或者其出具的报告存在虚假记载、误导性陈述或者重大遗漏的,应当承担相应法律责任。

第六十条 注册机构应当按照银保监会有关规定,建立健全机制,制定专项制度,完善注册业务系统,设置专门岗位,配备必要的专职人员,审慎、透明、高效开展注册业务。

第六十一条 登记交易平台应当按照银保监会有关规定,建立健全机制,制定专项制度,设置专门岗位,配备必要的专职人员,切实维护登记交易平台相关系统的稳定运行,为保险资管产品业务发展提供良好服务。

第八章 附 则

第六十二条 符合条件的养老保险公司开展保险资管产品业务,参照本办法执行。

第六十三条 保险资产管理机构开展跨境保险资管产品业务参照本办法执行,并应当符合跨境人民币和外汇管理有关规定。

第六十四条 按照"新老划断"原则设置过渡期,确保平稳过渡。过渡期自本办法施行之日起至2020年12月31日止。

过渡期内,保险资产管理机构新发行的产品应当符合本办法规定;保险资产管理机构可以发行老产品对接存量产品所投资的未到期资产,但应当严格控制在存量产品整体规模内,并有序压缩递减。保险资产管理机构应当制定过渡期内产品业务整改计划,明确时间进度安排,报送银保监会认可后实施,同时报备中国人民银行。

过渡期结束后,保险资产管理机构应当按照本办法对产品进行全面规范,不得再发行或者存续违反本办法规定的保险资管产品。

第六十五条 本办法由银保监会负责解释和修订。

第六十六条 本办法自2020年5月1日起施行。

教育系统内部审计工作规定

(2020年3月20日教育部令第47号公布 自2020年5月1日起施行 国司备字[2020001721])

第一章 总 则

第一条 为加强教育系统内部审计工作,提升内部审计工作质量,充分发挥内部审计作用,推动教育事业科学发展,根据《中华人民共和国教育法》《中华人民共和国审计法》《中华人民共和国审计法实施条例》《审计署关于内部审计工作的规定》及其他有关法律法规，制定本规定。

第二条 依法属于审计机关审计监督对象的各级教育行政部门、学校和其他教育事业单位、企业等（以下简称单位）内部审计工作适用本规定。

第三条 本规定所称内部审计，是指对本单位及所属单位财政财务收支、经济活动、内部控制、风险管理等实施独立、客观的监督、评价和建议，以促进单位完善治理、实现目标的活动。

第四条 单位应当依照有关法律法规、本规定和内部审计职业规范，结合本单位实际情况，建立健全内部审计制度，明确内部审计工作的领导体制、职责权限、工作机构、人员配备、经费保障、审计结果运用和责任追究等。

单位应当加强本单位党组织对内部审计工作的领导，健全党领导相关工作的体制机制。

第五条 教育系统内部审计工作应当接受国家审计机关的业务指导和监督。

第二章 内部审计机构和人员

第六条 单位应当根据国家编制管理相关规定和管理需要，设置独立的机构或明确相关内设机构作为内部审计机构，履行内部审计职责。

第七条 内部审计机构应当在本单位主要负责人的直接领导下开展内部审计工作，向其负责并报告工作。

第八条 单位可以根据工作需要成立审计委员会，加强党对审计工作的领导，负责部署内部审计工作，审议年度审计工作报告，研究制定内部审计改革方案、重大政策和发展战略，审议决策内部审计重大事项等。

第九条 单位可以根据工作需要建立总审计师制度。总审计师协助主要负责人管理内部审计工作。

第十条 单位应当保证内部审计工作所需人员编制，严格内部审计人员录用标准，合理配备具有审计、财务、经济、法律、管理、工程、信息技术等专业知识的内部审计人员。总审计师、内部审计机构负责人应当具备审计、财务、经济、法律、管理等专业背景或工作经历。

第十一条 单位应当根据内部审计工作特点，完善内部审计人员考核评价制度和专业技术岗位评聘制度，保障内部审计人员享有相应的晋升、交流、任职、薪酬及相关待遇。

第十二条 单位应当支持和保障内部审计人员通过参加业务培训、考取职业资格、以审代训等多种途径接受继续教育，提高专业胜任能力。

第十三条 内部审计机构的变动和总审计师、内部审计机构负责人的任免或调动，应当向上一级内部审计机构备案。

第十四条 内部审计机构和内部审计人员依法独立履行职责，任何单位和个人不得干涉和打击报复。

第十五条 内部审计机构履行内部审计职责所需经费，应当列入本单位预算。

第十六条 内部审计人员应当严格遵守有关法律法规和内部审计职业规范，独立、客观、公正地履行职责，保守工作秘密。

第十七条 内部审计机构和内部审计人员不得参与可能影响独立、客观履行审计职责的工作，不得参与被审计单位业务活动的决策和执行。

第十八条 在不违反国家保密规定的情况下，内部审计机构可以根据工作需要向社会中介机构购买审计服务。内部审计机构应当对中介机构开展的受托业务进行指导、监督、检查和评价，并对采用的审计结果负责。

第十九条 单位应当对认真履职、成绩显著的内部审计人员予以表彰。

第三章 内部审计职责权限

第二十条 内部审计机构应当按照国家有关规定和本单位的要求，对本单位及所属单位以下事项进行审计：

（一）贯彻落实国家重大政策措施情况；

（二）发展规划、战略决策、重大措施和年度业务计划执行情况；

（三）财政财务收支和预算管理情况；

（四）固定资产投资项目情况；

（五）内部控制及风险管理情况；

（六）资金、资产、资源的管理和效益情况；

（七）办学、科研、后勤保障等主要业务活动的管理和效益情况；

（八）本单位管理的领导人员履行经济责任情况；

（九）自然资源资产管理和生态环境保护责任的履行情况；

（十）境外机构、境外资产和境外经济活动情况；

（十一）国家有关规定和本单位要求办理的其他事项。

第二十一条 内部审计机构应当协助本单位主要负责人督促落实审计发现问题的整改工作。

第二十二条 教育部负责指导和监督全国教育系统内部审计工作。地方各级教育行政部门负责指导和监督本行政区域内教育系统内部审计工作。

教育行政部门指导和监督内部审计工作的主要职责是：

（一）制定内部审计规章制度；

（二）督促建立健全内部审计制度；

（三）指导开展内部审计工作，突出审计重点；

（四）监督内部审计职责履行情况，检查内部审计业务质量；

（五）开展业务培训、组织内部审计工作交流研讨；

（六）指导教育系统内部审计自律组织开展工作；

（七）维护内部审计机构和内部审计人员的合法权益；

（八）法律、法规规定的其他职责。

第二十三条 内部审计机构应当对所属单位内部审计工作进行管理、指导和监督。

第二十四条 内部审计机构具有下列权限：

（一）要求被审计单位按时报送审计所需的有关资料、相关电子数据，以及必要的计算机技术文档；

（二）参加或列席有关会议，召开与审计事项有关的会议；

（三）参与研究有关规章制度，提出制定内部审计规章制度的建议；

（四）检查有关财政财务收支、经济活动、内部控制、风险管理的资料、文件和现场勘察实物；

（五）检查有关计算机系统及其电子数据和资料；

（六）就审计事项中的有关问题，向有关单位和个人开展调查和询问，取得相关证明材料；

（七）对正在进行的严重违法违规、严重损失浪费行为及时向单位主要负责人报告，经同意作出临时制止决定；

（八）对可能被转移、隐匿、篡改、毁弃的会计凭证、会计账簿、会计报表以及与经济活动有关的资料，经本单位主要负责人批准，有权予以暂时封存；

（九）提出纠正、处理违法违规行为的意见和改进管理、提高绩效的建议；

（十）对违法违规和造成损失浪费的被审计单位和人员，给予通报批评或者提出追究责任的建议；

（十一）对严格遵守财经法规、管理规范有效、贡献突出的被审计单位和个人，可以向单位党组织、主要负责人提出表彰建议。

第四章 内部审计管理

第二十五条 单位主要负责人应当定期听取内部审计工作汇报，加强对内部审计发展战略、年度审计计划、审计质量控制、审计发现问题整改和审计队伍建设等重要事项的管理。总审计师、内部审计机构负责人应当及时向本单位主要负责人报告内部审计结果和重大事项。

第二十六条 内部审计机构应当依照审计法律法规、行业准则和实务指南等建立健全内部审计工作规范，并按规范实施审计。

第二十七条　内部审计机构应当根据单位发展目标、治理结构、管理体制、风险状况等，科学合理地确定内部审计发展战略、制定内部审计计划。

第二十八条　内部审计机构应当运用现代审计理念和方法，坚持风险和问题导向，优化审计业务组织方式，加强审计信息化建设，全面提高审计效率。

第二十九条　内部审计机构应当着眼于促进问题解决，立足于促进机制建设，对审计发现问题做到事实清楚、定性准确，并在分析根本原因的基础上提出审计建议，通过与相关单位合作促进单位事业发展。

第三十条　内部审计机构应当加强自身内部控制建设，合理设置审计岗位和职责分工、优化审计业务流程，完善审计全面质量控制。

第三十一条　内部审计机构应当建立健全本单位及所属单位内部审计工作评价制度，促进提升审计业务与审计管理的专业化水平。

第三十二条　内部审计机构实施领导人员经济责任审计时，应当参照执行国家有关经济责任审计的规定。

第五章　内部审计结果运用

第三十三条　单位应当建立健全审计发现问题整改机制，明确被审计单位主要负责人为整改第一责任人，完善审计整改结果报告制度、审计整改情况跟踪检查制度、审计整改约谈制度，推动审计发现问题的整改落实。

第三十四条　单位应当建立健全审计结果及整改情况在一定范围内公开制度。

第三十五条　单位应当对审计发现的典型性、普遍性问题，及时分析研究，制定和完善相关管理制度，建立健全内部控制措施；对审计发现的倾向性问题，开展审计调查，出具审计管理建议书，为科学决策提供建议。

第三十六条　单位应当加强内部审计机构、纪检监察、巡视巡察、组织人事等内部监督力量的协作配合，建立信息共享、结果共用、重要事项共同实施、整改问责共同落实等工作机制。

第三十七条　单位应当将内部审计结果及整改情况作为相关决策、预算安排、干部考核、人事任免和奖惩的重要依据。

第三十八条　单位在对所属单位开展审计时，应当有效利用所属单位内部审计力量和成果。对所属单位内部审计发现且已经纠正的问题不再在审计报告中反映。

第三十九条　对内部审计发现的重大违纪违法问题线索，在向本单位党组织、主要负责人报告的同时，应当及时向上一级内部审计机构报告，并按照管辖权限依法依规及时移送纪检监察机关、司法机关。

第六章　法律责任

第四十条　被审计单位有下列情形之一的，由单位党组织、主要负责人责令改正，并对直接负责的主管人员和其他直接责任人员进行处理：

（一）拒绝接受或者不配合内部审计工作的；

（二）拒绝、拖延提供与内部审计事项有关的资料，或者提供资料不真实、不完整的；

（三）拒不纠正审计发现问题的；

（四）整改不力、屡审屡犯的；

（五）违反国家规定或者本单位内部规定的其他情形。

第四十一条　内部审计机构和内部审计人员有下列情形之一的，由单位对直接负责的主管人员和其他直接责任人员进行处理；涉嫌犯罪的，依法追究刑事责任：

（一）玩忽职守、不认真履行审计职责造成严重后果的；

（二）隐瞒审计查出的问题或者提供虚假审计报告的；

（三）泄露国家秘密或者商业秘密的；

（四）利用职权谋取私利的；

（五）违反国家规定或者本单位内部规定的其他情形。

第四十二条　内部审计人员因履行职责受到打击、报复、陷害的，主要负责人应当及时采取保护措施，并对相关责任人员进行处理；涉嫌犯罪的，移送司法机关依法追究刑事责任。

第七章　附　　则

第四十三条　单位可以根据本规定，制定本地方、本单位内部审计管理规定。民办学校可以根据实际情况参照本规定执行。

第四十四条　本规定所称企业是指教育行政部门、学校及其他教育事业单位管理的国有和国有资本占控股地位或主导地位的企业。

第四十五条　本规定由教育部负责解释。

第四十六条　本规定自 2020 年 5 月 1 日起施行。教育部于 2004 年 4 月 13 日发布的《教育系统内部审计工作规定》（教育部令第 17 号）同时废止。

关于修改部分证券期货规章的决定

（2020年3月20日中国证券监督管理委员会令第166号公布 自公布之日起施行 国司备字[2020001741]）

为做好新修订的《证券法》的贯彻落实工作，中国证监会对有关规章制度进行了清理，决定对13部规章的部分条款予以修改。

一、将《上市公司收购管理办法》第九条第一款修改为："收购人进行上市公司的收购，应当聘请符合《证券法》规定的专业机构担任财务顾问。收购人未按照本办法规定聘请财务顾问的，不得收购上市公司。"增加一款，作为第五款："为上市公司收购出具资产评估报告、审计报告、法律意见书的证券服务机构及其从业人员，应当遵守法律、行政法规、中国证监会的有关规定，以及证券交易所的相关规则，遵循本行业公认的业务标准和道德规范，诚实守信，勤勉尽责，对其所制作、出具文件的真实性、准确性和完整性承担责任。"

第十三条修改为："通过证券交易所的证券交易，投资者及其一致行动人拥有权益的股份达到一个上市公司已发行股份的5%时，应当在该事实发生之日起3日内编制权益变动报告书，向中国证监会、证券交易所提交书面报告，通知该上市公司，并予公告；在上述期限内，不得再行买卖该上市公司的股票，但中国证监会规定的情形除外。

前述投资者及其一致行动人拥有权益的股份达到一个上市公司已发行股份的5%后，通过证券交易所的证券交易，其拥有权益的股份占该上市公司已发行股份的比例每增加或者减少5%，应当依照前款规定进行报告和公告。在该事实发生之日起至公告后3日内，不得再行买卖该上市公司的股票，但中国证监会规定的情形除外。

前述投资者及其一致行动人拥有权益的股份达到一个上市公司已发行股份的5%后，其拥有权益的股份占该上市公司已发行股份的比例每增加或者减少1%，应当在该事实发生的次日通知该上市公司，并予公告。

违反本条第一款、第二款的规定买入在上市公司中拥有权益的股份的，在买入后的36个月内，对该超过规定比例部分的股份不得行使表决权。"

第十四条第二款修改为："前述投资者及其一致行动人拥有权益的股份达到一个上市公司已发行股份的5%后，其拥有权益的股份占该上市公司已发行股份的比例每增加或者减少达到或者超过5%的，应当依照前款规定履行报告、公告义务。"

第十六条第一款第四项修改为："（四）在上市公司中拥有权益的股份达到

或者超过上市公司已发行股份的5%或者拥有权益的股份增减变化达到5%的时间及方式、增持股份的资金来源”。增加一项,作为第五项:“(五)在上市公司中拥有权益的股份变动的时间及方式”。

第十七条第一款第二项修改为:“(二)取得相关股份的价格、所需资金额,或者其他支付安排”。

第二十一条修改为:“上市公司的收购及相关股份权益变动活动中的信息披露义务人应当在证券交易所的网站和符合中国证监会规定条件的媒体上依法披露信息;在其他媒体上进行披露的,披露内容应当一致,披露时间不得早于前述披露的时间。”

第二十七条修改为:“收购人为终止上市公司的上市地位而发出全面要约的,或者因不符合本办法第六章的规定而发出全面要约的,应当以现金支付收购价款;以依法可以转让的证券(以下简称证券)支付收购价款的,应当同时提供现金方式供被收购公司股东选择。”

第三十九条增加一款,作为第二款:“上市公司发行不同种类股份的,收购人可以针对持有不同种类股份的股东提出不同的收购条件。”第二款改为第三款,修改为:“收购人需要变更收购要约的,必须及时公告,载明具体变更事项,并通知被收购公司。变更收购要约不得存在下列情形:

(一)降低收购价格;

(二)减少预定收购股份数额;

(三)缩短收购期限;

(四)中国证监会规定的其他情形。”

第四十三条第一款修改为:“收购期限届满,发出部分要约的收购人应当按照收购要约约定的条件购买被收购公司股东预受的股份,预受要约股份的数量超过预定收购数量时,收购人应当按照同等比例收购预受要约的股份;以终止被收购公司上市地位为目的的,收购人应当按照收购要约约定的条件购买被收购公司股东预受的全部股份;因不符合本办法第六章的规定而发出全面要约的收购人应当购买被收购公司股东预受的全部股份。”

第四十四条修改为:“收购期限届满,被收购公司股权分布不符合证券交易所规定的上市交易要求,该上市公司的股票由证券交易所依法终止上市交易。在收购行为完成前,其余仍持有被收购公司股票的股东,有权在收购报告书规定的合理期限内向收购人以收购要约的同等条件出售其股票,收购人应当收购。”

第四十七条第二款修改为:“收购人拥有权益的股份达到该公司已发行股份的30%时,继续进行收购的,应当依法向该上市公司的股东发出全面要约或者部分要约。符合本办法第六章规定情形的,收购人可以免于发出要约。”第三款修改为:“收购人拟通过协议方式收购一个上市公司的股份超过30%的,超过 30% 的部分，应当改以要约方式进行；但符合本办法第六章规定情形的，收购人可以免于发出要约。符合前述规定情形的，收购人可以履行其收购协议；不符合前述规定情形的，在履行其收购协议前，应当发出全面要约。”

第四十八条修改为：“以协议方式收购上市公司股份超过 30%，收购人拟依据本办法第六十二条、第六十三条第一款第（一）项、第（二）项、第（十）项的规定免于发出要约的，应当在与上市公司股东达成收购协议之日起 3 日内编制上市公司收购报告书，通知被收购公司，并公告上市公司收购报告书摘要。

收购人应当在收购报告书摘要公告后 5 日内，公告其收购报告书、财务顾问专业意见和律师出具的法律意见书；不符合本办法第六章规定的情形的，应当予以公告，并按照本办法第六十一条第二款的规定办理。”

第五十一条第一款修改为：“上市公司董事、监事、高级管理人员、员工或者其所控制或者委托的法人或者其他组织，拟对本公司进行收购或者通过本办法第五章规定的方式取得本公司控制权（以下简称管理层收购）的，该上市公司应当具备健全且运行良好的组织机构以及有效的内部控制制度，公司董事会成员中独立董事的比例应当达到或者超过 1/2。公司应当聘请符合《证券法》规定的资产评估机构提供公司资产评估报告，本次收购应当经董事会非关联董事作出决议，且取得 2/3 以上的独立董事同意后，提交公司股东大会审议，经出席股东大会的非关联股东所持表决权过半数通过。独立董事发表意见前，应当聘请独立财务顾问就本次收购出具专业意见，独立董事及独立财务顾问的意见应当一并予以公告。”

第五十六条第二款修改为：“收购人拥有权益的股份超过该公司已发行股份的 30% 的，应当向该公司所有股东发出全面要约；收购人预计无法在事实发生之日起 30 日内发出全面要约的，应当在前述 30 日内促使其控制的股东将所持有的上市公司股份减持至 30% 或者 30% 以下，并自减持之日起 2 个工作日内予以公告；其后收购人或者其控制的股东拟继续增持的，应当采取要约方式；拟依据本办法第六章的规定免于发出要约的，应当按照本办法第四十八条的规定办理。”

第六章章名修改为：“免除发出要约”。

第六十一条修改为：“符合本办法第六十二条、第六十三条规定情形的，投资者及其一致行动人可以：

（一）免于以要约收购方式增持股份；

（二）存在主体资格、股份种类限制或者法律、行政法规、中国证监会规定的特殊情形的，免于向被收购公司的所有股东发出收购要约。

不符合本章规定情形的，投资者及其一致行动人应当在 30 日内将其或者其控制的股东所持有的被收购公司股份减持到 30% 或者 30% 以下；拟以要约以外的方式继续增持股份的，应当发出全面要约。”

第六十二条修改为："有下列情形之一的，收购人可以免于以要约方式增持股份：

（一）收购人与出让人能够证明本次股份转让是在同一实际控制人控制的不同主体之间进行，未导致上市公司的实际控制人发生变化；

（二）上市公司面临严重财务困难，收购人提出的挽救公司的重组方案取得该公司股东大会批准，且收购人承诺 3 年内不转让其在该公司中所拥有的权益；

（三）中国证监会为适应证券市场发展变化和保护投资者合法权益的需要而认定的其他情形。"

第六十三条修改为："有下列情形之一的，投资者可以免于发出要约：

（一）经政府或者国有资产管理部门批准进行国有资产无偿划转、变更、合并，导致投资者在一个上市公司中拥有权益的股份占该公司已发行股份的比例超过 30%；

（二）因上市公司按照股东大会批准的确定价格向特定股东回购股份而减少股本，导致投资者在该公司中拥有权益的股份超过该公司已发行股份的 30%；

（三）经上市公司股东大会非关联股东批准，投资者取得上市公司向其发行的新股，导致其在该公司拥有权益的股份超过该公司已发行股份的 30%，投资者承诺 3 年内不转让本次向其发行的新股，且公司股东大会同意投资者免于发出要约；

（四）在一个上市公司中拥有权益的股份达到或者超过该公司已发行股份的 30% 的，自上述事实发生之日起一年后，每 12 个月内增持不超过该公司已发行的 2% 的股份；

（五）在一个上市公司中拥有权益的股份达到或者超过该公司已发行股份的 50% 的，继续增加其在该公司拥有的权益不影响该公司的上市地位；

（六）证券公司、银行等金融机构在其经营范围内依法从事承销、贷款等业务导致其持有一个上市公司已发行股份超过 30%，没有实际控制该公司的行为或者意图，并且提出在合理期限内向非关联方转让相关股份的解决方案；

（七）因继承导致在一个上市公司中拥有权益的股份超过该公司已发行股份的 30%；

（八）因履行约定购回式证券交易协议购回上市公司股份导致投资者在一个上市公司中拥有权益的股份超过该公司已发行股份的 30%，并且能够证明标的股份的表决权在协议期间未发生转移；

（九）因所持优先股表决权依法恢复导致投资者在一个上市公司中拥有权益的股份超过该公司已发行股份的 30%；

（十）中国证监会为适应证券市场发展变化和保护投资者合法权益的需要

而认定的其他情形。

相关投资者应在前款规定的权益变动行为完成后3日内就股份增持情况做出公告，律师应就相关投资者权益变动行为发表符合规定的专项核查意见并由上市公司予以披露。相关投资者按照前款第(五)项规定采用集中竞价方式增持股份的，每累计增持股份比例达到上市公司已发行股份的2%的，在事实发生当日和上市公司发布相关股东增持公司股份进展公告的当日不得再行增持股份。前款第(四)项规定的增持不超过2%的股份锁定期为增持行为完成之日起6个月。”

第六十四条修改为：“收购人按照本章规定的情形免于发出要约的，应当聘请符合《证券法》规定的律师事务所等专业机构出具专业意见。”

第六十五条第二项、第四项中的“申报文件”修改为“公告文件”。删去第五项。

第六十六条第十四项修改为：“(十四)涉及收购人拟免于发出要约的，应当说明本次收购是否属于本办法第六章规定的情形，收购人是否作出承诺及是否具备履行相关承诺的实力”。

第七十四条修改为：“在上市公司收购中，收购人持有的被收购公司的股份，在收购完成后18个月内不得转让。

收购人在被收购公司中拥有权益的股份在同一实际控制人控制的不同主体之间进行转让不受前述18个月的限制，但应当遵守本办法第六章的规定。”

第七十八条第一款修改为：“收购人未依照本办法的规定履行相关义务、相应程序擅自实施要约收购的，或者不符合本办法规定的免除发出要约情形，拒不履行相关义务、相应程序的，中国证监会责令改正，采取监管谈话、出具警示函、责令暂停或者停止收购等监管措施。在改正前，收购人不得对其持有或者支配的股份行使表决权。”

第八十一条第一款修改为：“为上市公司收购出具资产评估报告、审计报告、法律意见书和财务顾问报告的证券服务机构或者证券公司及其专业人员，未依法履行职责的，或者违反中国证监会的有关规定或者行业规范、业务规则的，中国证监会责令改正，采取监管谈话、出具警示函、责令公开说明、责令定期报告等监管措施。”

第八十七条修改为：“权益变动报告书、收购报告书、要约收购报告书、被收购公司董事会报告书等文件的内容与格式，由中国证监会另行制定。”

二、将《上市公司重大资产重组管理办法》第六条第一款修改为：“为重大资产重组提供服务的证券服务机构和人员，应当遵守法律、行政法规和中国证监会的有关规定，以及证券交易所的相关规则，遵循本行业公认的业务标准和道德规范，诚实守信，勤勉尽责，严格履行职责，对其所制作、出具文件的真实性、准确性和完整性承担责任。”

第十二条第二款修改为:“购买、出售资产未达到前款规定标准,但中国证监会发现存在可能损害上市公司或者投资者合法权益的重大问题的,可以根据审慎监管原则,责令上市公司按照本办法的规定补充披露相关信息、暂停交易、聘请符合《证券法》规定的独立财务顾问或者其他证券服务机构补充核查并披露专业意见。”

第十七条第一款修改为:“上市公司应当聘请符合《证券法》规定的独立财务顾问、律师事务所以及会计师事务所等证券服务机构就重大资产重组出具意见。”第三款修改为:“资产交易定价以资产评估结果为依据的,上市公司应当聘请符合《证券法》规定的资产评估机构出具资产评估报告。”

第二十二条第二款修改为:“本次重组的重大资产重组报告书、独立财务顾问报告、法律意见书以及重组涉及的审计报告、资产评估报告或者估值报告至迟应当与召开股东大会的通知同时公告。上市公司自愿披露盈利预测报告的,该报告应当经符合《证券法》规定的会计师事务所审核,与重大资产重组报告书同时公告。”第四款修改为:“上市公司只需选择一种符合中国证监会规定条件的媒体公告董事会决议、独立董事的意见,并应当在证券交易所网站全文披露重大资产重组报告书及其摘要、相关证券服务机构的报告或者意见。”

第四十三条第三款修改为:“特定对象以现金或者资产认购上市公司发行的股份后,上市公司用同一次发行所募集的资金向该特定对象购买资产的,视同上市公司发行股份购买资产。”

第五十条第三款修改为:“上市公司可以向特定对象发行可转换为股票的公司债券、定向权证、存托凭证等用于购买资产或者与其他公司合并。”

第五十四条修改为:“上市公司或者其他信息披露义务人未按照本办法规定报送重大资产重组有关报告或者履行信息披露义务的,由中国证监会责令改正,依照《证券法》第一百九十七条予以处罚;情节严重的,可以责令暂停或者终止重组活动,并可以对有关责任人员采取市场禁入的措施;涉嫌犯罪的,依法移送司法机关追究刑事责任。

上市公司控股股东、实际控制人组织、指使从事前款违法违规行为,或者隐瞒相关事项导致发生前款情形的,依照《证券法》第一百九十七条予以处罚;情节严重的,可以责令暂停或者终止重组活动,并可以对有关责任人员采取市场禁入的措施;涉嫌犯罪的,依法移送司法机关追究刑事责任。”

第五十五条修改为:“上市公司或者其他信息披露义务人报送的报告或者披露的信息存在虚假记载、误导性陈述或者重大遗漏的,由中国证监会责令改正,依照《证券法》第一百九十七条予以处罚;情节严重的,可以责令暂停或者终止重组活动,并可以对有关责任人员采取市场禁入的措施;涉嫌犯罪的,依法移送司法机关追究刑事责任。

上市公司的控股股东、实际控制人组织、指使从事前款违法违规行为,或者隐瞒相关事项导致发生前款情形的，依照《证券法》第一百九十七条予以处罚；情节严重的，可以责令暂停或者终止重组活动，并可以对有关责任人员采取市场禁入的措施；涉嫌犯罪的，依法移送司法机关追究刑事责任。

重大资产重组或者发行股份购买资产的交易对方未及时向上市公司或者其他信息披露义务人提供信息，或者提供的信息有虚假记载、误导性陈述或者重大遗漏的，按照第一款规定执行。

上市公司发行股份购买资产，在其公告的有关文件中隐瞒重要事实或者编造重大虚假内容的，中国证监会依照《证券法》第一百八十一条予以处罚。

上市公司的控股股东、实际控制人组织、指使从事第四款违法行为的，中国证监会依照《证券法》第一百八十一条予以处罚。”

第五十八条修改为：“为重大资产重组出具财务顾问报告、审计报告、法律意见、资产评估报告、估值报告及其他专业文件的证券服务机构及其从业人员未履行诚实守信、勤勉尽责义务，违反中国证监会的有关规定、行业规范、业务规则，或者未依法履行报告和公告义务、持续督导义务的，由中国证监会责令改正，并可以采取监管谈话、出具警示函、责令公开说明、责令定期报告、认定为不适当人选等监管措施；情节严重的，依法追究法律责任。

前款规定的证券服务机构及其从业人员所制作、出具的文件存在虚假记载、误导性陈述或者重大遗漏的，由中国证监会责令改正，依照《证券法》第二百一十三条予以处罚；情节严重的，可以采取市场禁入的措施；涉嫌犯罪的，依法移送司法机关追究刑事责任。

存在前二款规定情形的，在按照中国证监会的要求完成整改之前，不得接受新的上市公司并购重组业务。”

第五十九条第一款修改为：“重大资产重组实施完毕后，凡因不属于上市公司管理层事前无法获知且事后无法控制的原因，上市公司所购买资产实现的利润未达到资产评估报告或者估值报告预测金额的 80%，或者实际运营情况与重大资产重组报告书中管理层讨论与分析部分存在较大差距的，上市公司的董事长、总经理以及对此承担相应责任的会计师事务所、财务顾问、资产评估机构、估值机构及其从业人员应当在上市公司披露年度报告的同时，在同一媒体上作出解释，并向投资者公开道歉；实现利润未达到预测金额 50% 的，中国证监会可以对上市公司、相关机构及其责任人员采取监管谈话、出具警示函、责令定期报告等监管措施。”

第六十条修改为：“任何知悉重大资产重组信息的人员在相关信息依法公开前，泄露该信息、买卖或者建议他人买卖相关上市公司证券、利用重大资产重组散布虚假信息、操纵证券市场或者进行欺诈活动的，中国证监会依照《证券法》第一百九十一条、第一百九十二条、第一百九十三条予以处罚；涉嫌犯罪的，依法移送司法机关追究刑事责任。”

第六十一条修改为:“中国证监会对证券交易所相关板块上市公司重大资产重组另有规定的,从其规定。”

三、将《证券交易所管理办法》第七条增加一项,作为第三项:“(三)依法审核公开发行证券申请”。

删去第七条、第五十七条、第六十条中的“暂停上市、恢复上市、”。

第九条修改为:“证券交易所可以根据证券市场发展的需要,创新交易品种和交易方式,设立不同的市场层次。”

第十条第二款第一项修改为:“(一)证券交易、上市、会员管理和其他有关业务规则”。

第十一条修改为:“证券交易所制定的业务规则对证券交易业务活动的各参与主体具有约束力。对违反业务规则的行为,证券交易所给予纪律处分或者采取其他自律管理措施。”

第十六条修改为:“证券交易所应当同其他交易场所、登记结算机构、行业协会等证券期货业组织建立资源共享、相互配合的长效合作机制,联合依法监察证券市场违法违规行为。”

第十七条修改为:“实行会员制的证券交易所设会员大会、理事会、总经理和监事会。”

第二十二条第九项修改为:“(九)审定证券交易所收费项目、收费标准及收费管理办法”。

第二十八条第八项修改为:“(八)理事会授予和证券交易所章程规定的其他职权”。

第三十四条修改为:“证券交易所的从业人员应当正直诚实、品行良好、具备履行职责所必需的专业知识与能力。因违法行为或者违纪行为被开除的证券交易场所、证券公司、证券登记结算机构、证券服务机构的从业人员和被开除的国家机关工作人员,不得招聘为证券交易所的从业人员。

有《中华人民共和国公司法》第一百四十六条规定的情形或者下列情形之一的,不得担任证券交易所理事、监事、高级管理人员:

(一)犯有贪污、贿赂、侵占财产、挪用财产罪或者破坏社会经济秩序罪,或者因犯罪被剥夺政治权利;

(二)因违法行为或者违纪行为被解除职务的证券交易场所、证券登记结算机构的负责人,自被解除职务之日起未逾五年;

(三)因违法行为或者违纪行为被解除职务的证券公司董事、监事、高级管理人员,自被解除职务之日起未逾五年;

(四)因违法行为或者违纪行为被吊销执业证书或者被取消资格的律师、注册会计师或者其他证券服务机构的专业人员,自被吊销执业证书或者被取消资格之日起未逾五年;

（五）担任因违法行为被吊销营业执照的公司、企业的法定代表人并对该公司、企业被吊销营业执照负有个人责任的，自被吊销营业执照之日起未逾五年；

（六）担任因经营管理不善而破产的公司、企业的董事、厂长或者经理并对该公司、企业的破产负有个人责任的，自破产之日起未逾五年；

（七）法律、行政法规、部门规章规定的其他情形。”

第三十六条第五项修改为：“（五）清算交收事项”。

增加一条，作为第三十七条：“参与证券交易所集中交易的，必须是证券交易所的会员，非会员不得直接参与股票的集中交易。会员应当依据证券交易所相关业务规则，对客户证券交易行为进行管理。”

第三十七条改为第三十八条，第一款中“证券交易所应当公布即时行情”修改为“证券交易所应当实时公布即时行情”。第二款修改为：“证券交易所即时行情的权益由证券交易所依法享有。证券交易所对市场交易形成的基础信息和加工产生的信息产品享有专属权利。未经证券交易所同意，任何单位和个人不得发布证券交易即时行情，不得以商业目的使用。经许可使用交易信息的机构和个人，未经证券交易所同意，不得将该信息提供给其他机构和个人使用。”

增加一条，作为第四十一条：“因不可抗力、意外事件、重大技术故障、重大人为差错等突发性事件而影响证券交易正常进行时，为维护证券交易正常秩序和市场公平，证券交易所可以按照业务规则采取技术性停牌、临时停市等处置措施，并应当及时向中国证监会报告。

因前款规定的突发性事件导致证券交易结果出现重大异常，按交易结果进行交收将对证券交易正常秩序和市场公平造成重大影响的，证券交易所按照业务规则可以采取取消交易、通知证券登记结算机构暂缓交收等措施，并应当及时向中国证监会报告并公告。”

第四十条改为第四十二条，第二款中“可能对证券交易价格和交易量产生不当影响”修改为“可能对证券交易价格或证券交易量产生不当影响”。

第四十二条改为第四十四条，第一款中“证券交易所可以实施限制投资者账户交易等措施”修改为“证券交易所可以按照业务规则实施限制投资者交易等措施”。

增加一条，作为第四十五条：“证券交易所应当加强对证券交易的风险监测。出现重大异常波动的，证券交易所可以按照业务规则采取限制交易、强制停牌等处置措施，并向中国证监会报告；严重影响证券市场稳定的，证券交易所可以按照业务规则采取临时停市等处置措施并公告。”

第四十四条改为第四十七条，第一款修改为：“证券交易所应当建立符合证券市场监管和实时监控要求的技术系统，并设立负责证券市场监管工作的专门机构。”

增加一条，作为第四十八条：“通过计算机程序自动生成或者下达交易指令进行程序化交易的，应当符合中国证监会的规定，并向证券交易所报告，不得影响证券交易所系统安全或者正常交易秩序。证券交易所应当制定业务规则，对程序化交易进行监管。”

第四十九条改为第五十三条，第二款修改为：“会员参与证券交易的，应当向证券交易所申请设立交易单元。经证券交易所同意，会员将交易单元提供给他人使用的，会员应当对其进行管理。会员不得允许他人以其名义直接参与证券的集中交易。具体管理办法由证券交易所规定。”

第五十条改为第五十四条，第二款修改为：“证券交易所为了防范系统性风险，可以要求会员建立和实施相应的风险控制系统和监测模型。”

第五十三条改为第五十七条，第一款修改为：“证券交易所应当按照章程、业务规则对会员通过证券自营及资产管理等业务进行的证券交易实施监管。”

第五十六条改为第六十条，修改为：“证券交易所会员应当接受证券交易所的监管，并主动报告有关问题。”

第六十条改为第六十四条，第二款修改为：“证券交易所按照业务规则对出现终止上市情形的证券实施退市，督促证券上市交易公司充分揭示终止上市风险，并应当及时公告，报中国证监会备案。”

第六十二条改为第六十六条，修改为：“证券交易所应当依据业务规则和证券上市交易公司的申请，决定上市交易证券的停牌或者复牌。证券上市交易的公司不得滥用停牌或复牌损害投资者合法权益。

证券交易所为维护市场秩序可以根据业务规则拒绝证券上市交易公司的停复牌申请，或者决定证券强制停复牌。

中国证监会为维护市场秩序可以要求证券交易所对证券实施停复牌。”

第七十二条改为第七十六条，将其中“具有证券从业资格的会计师事务所审计的年度财务报告”修改为“符合《证券法》规定的会计师事务所审计的年度财务报告”。

第七十四条改为第七十八条，修改为：“遇有以下事项之一的，证券交易所应当及时向中国证监会报告，同时抄报交易所所在地人民政府，并采取适当方式告知交易所会员和投资者：

（一）发生影响证券交易所安全运转的情况；

（二）因不可抗力、意外事件、重大技术故障、重大人为差错等突发性事件而影响证券交易正常进行时，证券交易所为维护证券交易正常秩序和市场公平采取技术性停牌、临时停市、取消交易或者通知证券登记结算机构暂缓交收等处理措施；

（三）因重大异常波动，证券交易所为维护市场稳定，采取限制交易、强制停牌、临时停市等处置措施。”

增加一条，作为第八十七条：“证券交易所违反规定，允许非会员直接参与股票集中交易的，中国证监会依据《证券法》作出行政处罚。”

第八十六条改为第九十一条，修改为：“证券交易所会员、证券上市交易公司违反法律、行政法规、部门规章和证券交易所章程、业务规则的规定，并且证券交易所没有履行规定的监管责任的，中国证监会有权按照本办法的有关规定，追究证券交易所和证券交易所有关理事、监事、高级管理人员和直接责任人的责任。”

第八十八条改为第九十三条，修改为：“证券交易所、证券交易所会员、证券上市交易公司违反本办法规定，直接责任人以及与直接责任人有直接利益关系者因此而形成非法获利或者避损的，由中国证监会依法予以行政处罚。”

四、将《非上市公众公司收购管理办法》第十条第二款修改为：“信息披露义务人应当在证券交易场所的网站和符合中国证监会规定条件的媒体上依法披露信息；在其他媒体上进行披露的，披露内容应当一致，披露时间不得早于前述披露时间。在相关信息披露前，信息披露义务人及知悉相关信息的人员负有保密义务，禁止利用该信息进行内幕交易和从事证券市场操纵行为。”

第三十七条修改为：“公众公司的收购及相关股份权益变动活动中的信息披露义务人，未按照本办法的规定履行信息披露以及其他相关义务，或者信息披露文件中有虚假记载、误导性陈述或者重大遗漏的，中国证监会采取责令改正、监管谈话、出具警示函、责令暂停或者终止收购等监管措施；情节严重的，比照《证券法》第一百九十六条、依照《证券法》第一百九十七条进行行政处罚，并可以采取市场禁入的措施；涉嫌犯罪的，依法移送司法机关追究刑事责任。”

第三十九条修改为：“为公众公司收购出具审计报告、法律意见书和财务顾问报告的证券服务机构或者证券公司及其专业人员，未依法履行职责的，中国证监会采取责令改正、监管谈话、出具警示函等监管措施，并根据情况依照《证券法》第二百一十三条进行行政处罚；情节严重的，可以采取市场禁入的措施；涉嫌犯罪的，依法移送司法机关追究刑事责任。”

第四十条修改为：“任何知悉收购信息的人员在相关信息依法披露前，泄露该信息、买卖或者建议他人买卖相关公司股票的，依照《证券法》第一百九十一条予以处罚；涉嫌犯罪的，依法移送司法机关追究刑事责任。”

第四十一条修改为：“编造、传播虚假收购信息，操纵证券市场或者进行欺诈活动的，依照《证券法》第一百九十二条、第一百九十三条予以处罚；涉嫌犯罪的，依法移送司法机关追究刑事责任。”

五、将《非上市公众公司重大资产重组管理办法》第六条第一款修改为：“公众公司实施重大资产重组，应当聘请符合《证券法》规定的独立财务顾问、律师事务所以及会计师事务所等证券服务机构出具相关意见。公众公司应当聘请为其提供督导服务的主办券商为独立财务顾问,但存在影响独立性、财务顾问业务受到限制等不宜担任独立财务顾问情形的除外。公众公司也可以同时聘请其他机构为其重大资产重组提供顾问服务。”

第二十八条第二款修改为:“中国证监会发现公众公司进行重大资产重组未按照本办法的规定履行信息披露及相关义务、存在可能损害公众公司或者投资者合法权益情形的,有权要求其补充披露相关信息、暂停或者终止其重大资产重组;有权对公众公司、证券服务机构采取《证券法》第一百七十条规定的措施。”

第三十条第一款修改为:“公众公司或其他信息披露义务人未按照本办法的规定披露或报送信息、报告,或者披露或报送的信息、报告有虚假记载、误导性陈述或者重大遗漏的,责令改正,依照《证券法》第一百九十七条予以处罚;情节严重的,责令停止重大资产重组,并可以对有关责任人员采取市场禁入的措施。”

第三十二条修改为:“为重大资产重组出具财务顾问报告、审计报告、法律意见书、资产评估报告(或资产估值报告)及其他专业文件的证券服务机构及其从业人员未履行诚实守信、勤勉尽责义务,违反行业规范、业务规则的,采取责令改正、监管谈话、出具警示函等监管措施;情节严重的,依法追究法律责任。

前款规定的证券服务机构及其从业人员所制作、出具的文件存在虚假记载、误导性陈述或者重大遗漏的,责令改正,依照《证券法》第二百一十三条予以处罚;情节严重的,可以采取市场禁入的措施;涉嫌犯罪的,依法移送司法机关追究刑事责任;除此之外,中国证监会视情节轻重,自确认之日起采取3个月至12个月内不接受该机构出具的相关专项文件、12个月至36个月内不接受相关签字人员出具的专项文件的监管措施。”

六、将《证券公司风险控制指标管理办法》第五条、第八条中“具有证券、期货相关业务资格的会计师事务所”修改为“符合《证券法》规定的会计师事务所”。

第三十三条第五项修改为:“(五)责令负有责任的股东转让股权,限制负有责任的股东行使股东权利”。第六项修改为:“(六)认定负有责任的董事、监事、高级管理人员为不适当人选”。

七、将《证券公司和证券投资基金管理公司合规管理办法》第三十四条修改为:“证券基金经营机构的董事、监事、高级管理人员未能勤勉尽责,致使公司存在重大违法违规行为或者重大合规风险的,依照《中华人民共和国证券法》第一百四十条、第一百四十二条、《中华人民共和国证券投资基金法》第二十五条采取行政监管措施。”

八、将《外商投资证券公司管理办法》第十一条第三项修改为："（三）由中国境内符合证券法规定的会计师事务所出具的验资报告"。第四项修改为："（四）董事、监事、高级管理人员和主要业务人员的名单以及符合规定的说明"。

第十五条第五项修改为："（五）拟在该证券公司任职的境外投资者委派人员的名单、简历以及符合规定的说明"。

第十八条第四项修改为："（四）由中国境内符合证券法规定的会计师事务所出具的验资报告"。

九、将《证券投资基金管理公司管理办法》第十六条第三款中"中国证监会指定的报刊"修改为"符合中国证监会规定条件的全国性报刊"。

第六十三条第二款第一项修改为："（一）经符合《证券法》规定的会计师事务所审计的基金管理公司年度报告"。第二项修改为："（二）由符合《证券法》规定的会计师事务所出具的基金管理公司内部监控情况的年度评价报告"。

十、将《公开募集证券投资基金信息披露管理办法》第三条修改为："基金信息披露义务人应当在中国证监会规定时间内，将应予披露的基金信息通过符合中国证监会规定条件的全国性报刊（以下简称规定报刊）及本办法规定的互联网网站（以下简称规定网站）等媒介披露，并保证投资者能够按照基金合同约定的时间和方式查阅或者复制公开披露的信息资料。

规定网站包括基金管理人网站、基金托管人网站、中国证监会基金电子披露网站。规定网站应当无偿向投资者提供基金信息披露服务。"

第十条、第十一条、第十三条、第十六条、第十七条、第十八条、第二十条、第二十一条、第二十二条、第二十七条、第三十六条中"指定报刊"修改为"规定报刊"。

第十条、第十一条、第十二条、第十三条、第十四条、第十六条、第十七条、第十八条、第二十条、第二十一条、第二十二条中"指定网站"修改为"规定网站"。

第十六条第二款修改为："基金年度报告中的财务会计报告应当经过符合《证券法》规定的会计师事务所审计。"

第二十条修改为："基金合同终止的，基金管理人应当依法组织清算组对基金财产进行清算并作出清算报告。清算报告应当经过符合《证券法》规定的会计师事务所审计，并由律师事务所出具法律意见书。清算组应当将清算报告登载在规定网站上，并将清算报告提示性公告登载在规定报刊上。"

第三十条、第三十九条中"指定媒介"修改为"规定媒介"。

十一、将《证券投资基金托管业务管理办法》第十一条第二项修改为："（二）符合《证券法》规定的会计师事务所出具的净资产和资本充足率专项验资报告”。

第二十六条第二款修改为：“基金托管人应当每年聘请符合《证券法》规定的会计师事务所，或者由托管人内部审计部门组织，针对基金托管法定业务和增值业务的内部控制制度建设与实施情况，开展相关审查与评估，出具评估报告。”

十二、将《中国证券监督管理委员会冻结、查封实施办法》第三条、第九条、第十九条中“中国证券监督管理委员会主要负责人”修改为“中国证券监督管理委员会主要负责人或者其授权的其他负责人”。

第十七条修改为：“冻结、查封的期限为六个月。因特殊原因需要延长的，应当在冻结、查封期满前十日内办理继续冻结、查封手续。每次延长期限不得超过三个月，冻结、查封期限最长不超过二年。

逾期未办理继续冻结、查封手续的，视为自动解除冻结、查封。”

第二十六条修改为：“当事人和协助执行单位拒绝、阻碍中国证券监督管理委员会及其执法人员实施冻结、查封措施，由中国证券监督管理委员会责令改正，处以十万元以上一百万元以下的罚款，并由公安机关依法给予治安管理处罚；构成犯罪的，依法追究刑事责任。”

十三、将《证券期货市场诚信监督管理办法》第一条修改为：“为了加强证券期货市场诚信建设，保护投资者合法权益，维护证券期货市场秩序，促进证券期货市场健康稳定发展，根据《证券法》等法律、行政法规，制定本办法。”

第八条增加一项，作为第八项：“（八）违反《证券法》第一百七十一条的规定，由于被调查当事人自身原因未履行承诺的情况”。

第十一条中“第（十一）项”修改为“第（十二）项”，“第（十六）项、第（十七）项”修改为“第（十七）项、第（十八）项”。

第十五条第一款增加一项，作为第六项：“（六）经责令改正仍逾期不履行《证券法》第八十四条规定的公开承诺”。增加一款，作为第三款：“中国证监会对有第（五）、（六）项情形的市场主体，统一归集至全国信用信息共享平台安排公示的，按照相关规定办理。”

第二十五条增加一款，作为第三款：“证券交易场所依法审核公开发行证券及上市交易或挂牌转让申请时，应当按照第一款规定办理。”

第二十六条、第二十九条、第三十条、第四十二条中“第（十七）项”修改为“第（十八）项”。

此外，对相关规章中的条文序号作相应调整。

《上市公司收购管理办法》等13部规章根据本决定作相应修改，重新公布。

上市公司收购管理办法

（2006 年 7 月 31 日中国证券监督管理委员会令第 35 号公布 根据 2008 年 8 月 27 日《中国证券监督管理委员会关于修改〈上市公司收购管理办法〉第六十三条的决定》第一次修订 根据 2012 年 2 月 14 日《中国证券监督管理委员会关于修改〈上市公司收购管理办法〉第六十二条及第六十三条的决定》第二次修订 根据 2014 年 10 月 23 日《中国证券监督管理委员会关于修改〈上市公司收购管理办法〉的决定》第三次修订 根据 2020 年 3 月 20 日中国证券监督管理委员会《关于修改部分证券期货规章的决定》第四次修订）

第一章 总 则

第一条 为了规范上市公司的收购及相关股份权益变动活动，保护上市公司和投资者的合法权益，维护证券市场秩序和社会公共利益，促进证券市场资源的优化配置，根据《证券法》、《公司法》及其他相关法律、行政法规，制定本办法。

第二条 上市公司的收购及相关股份权益变动活动，必须遵守法律、行政法规及中国证券监督管理委员会（以下简称中国证监会）的规定。当事人应当诚实守信，遵守社会公德、商业道德，自觉维护证券市场秩序，接受政府、社会公众的监督。

第三条 上市公司的收购及相关股份权益变动活动，必须遵循公开、公平、公正的原则。

上市公司的收购及相关股份权益变动活动中的信息披露义务人，应当充分披露其在上市公司中的权益及变动情况，依法严格履行报告、公告和其他法定义务。在相关信息披露前，负有保密义务。

信息披露义务人报告、公告的信息必须真实、准确、完整，不得有虚假记载、误导性陈述或者重大遗漏。

第四条 上市公司的收购及相关股份权益变动活动不得危害国家安全和社会公共利益。

上市公司的收购及相关股份权益变动活动涉及国家产业政策、行业准入、国有股份转让等事项，需要取得国家相关部门批准的，应当在取得批准后进行。

外国投资者进行上市公司的收购及相关股份权益变动活动的，应当取得国家相关部门的批准,适用中国法律,服从中国的司法、仲裁管辖。

第五条 收购人可以通过取得股份的方式成为一个上市公司的控股股东,可以通过投资关系、协议、其他安排的途径成为一个上市公司的实际控制人,也可以同时采取上述方式和途径取得上市公司控制权。

收购人包括投资者及与其一致行动的他人。

第六条 任何人不得利用上市公司的收购损害被收购公司及其股东的合法权益。

有下列情形之一的,不得收购上市公司:

(一)收购人负有数额较大债务,到期未清偿,且处于持续状态;

(二)收购人最近3年有重大违法行为或者涉嫌有重大违法行为;

(三)收购人最近3年有严重的证券市场失信行为;

(四)收购人为自然人的,存在《公司法》第一百四十六条规定情形;

(五)法律、行政法规规定以及中国证监会认定的不得收购上市公司的其他情形。

第七条 被收购公司的控股股东或者实际控制人不得滥用股东权利损害被收购公司或者其他股东的合法权益。

被收购公司的控股股东、实际控制人及其关联方有损害被收购公司及其他股东合法权益的,上述控股股东、实际控制人在转让被收购公司控制权之前,应当主动消除损害;未能消除损害的,应当就其出让相关股份所得收入用于消除全部损害做出安排,对不足以消除损害的部分应当提供充分有效的履约担保或安排,并依照公司章程取得被收购公司股东大会的批准。

第八条 被收购公司的董事、监事、高级管理人员对公司负有忠实义务和勤勉义务,应当公平对待收购本公司的所有收购人。

被收购公司董事会针对收购所做出的决策及采取的措施,应当有利于维护公司及其股东的利益,不得滥用职权对收购设置不适当的障碍,不得利用公司资源向收购人提供任何形式的财务资助,不得损害公司及其股东的合法权益。

第九条 收购人进行上市公司的收购,应当聘请符合《证券法》规定的专业机构担任财务顾问。收购人未按照本办法规定聘请财务顾问的,不得收购上市公司。

财务顾问应当勤勉尽责,遵守行业规范和职业道德,保持独立性,保证其所制作、出具文件的真实性、准确性和完整性。

财务顾问认为收购人利用上市公司的收购损害被收购公司及其股东合法权益的,应当拒绝为收购人提供财务顾问服务。

财务顾问不得教唆、协助或者伙同委托人编制或披露存在虚假记载、误导性陈述或者重大遗漏的报告、公告文件,不得从事不正当竞争,不得利用上市公司的收购谋取不正当利益。

为上市公司收购出具资产评估报告、审计报告、法律意见书的证券服务机构及其从业人员，应当遵守法律、行政法规、中国证监会的有关规定，以及证券交易所的相关规则，遵循本行业公认的业务标准和道德规范，诚实守信，勤勉尽责，对其所制作、出具文件的真实性、准确性和完整性承担责任。

第十条 中国证监会依法对上市公司的收购及相关股份权益变动活动进行监督管理。

中国证监会设立由专业人员和有关专家组成的专门委员会。专门委员会可以根据中国证监会职能部门的请求，就是否构成上市公司的收购、是否有不得收购上市公司的情形以及其他相关事宜提供咨询意见。中国证监会依法做出决定。

第十一条 证券交易所依法制定业务规则，为上市公司的收购及相关股份权益变动活动组织交易和提供服务，对相关证券交易活动进行实时监控，监督上市公司的收购及相关股份权益变动活动的信息披露义务人切实履行信息披露义务。

证券登记结算机构依法制定业务规则，为上市公司的收购及相关股份权益变动活动所涉及的证券登记、存管、结算等事宜提供服务。

第二章 权益披露

第十二条 投资者在一个上市公司中拥有的权益，包括登记在其名下的股份和虽未登记在其名下但该投资者可以实际支配表决权的股份。投资者及其一致行动人在一个上市公司中拥有的权益应当合并计算。

第十三条 通过证券交易所的证券交易，投资者及其一致行动人拥有权益的股份达到一个上市公司已发行股份的5%时，应当在该事实发生之日起3日内编制权益变动报告书，向中国证监会、证券交易所提交书面报告，通知该上市公司，并予公告；在上述期限内，不得再行买卖该上市公司的股票，但中国证监会规定的情形除外。

前述投资者及其一致行动人拥有权益的股份达到一个上市公司已发行股份的5%后，通过证券交易所的证券交易，其拥有权益的股份占该上市公司已发行股份的比例每增加或者减少5%，应当依照前款规定进行报告和公告。在该事实发生之日起至公告后3日内，不得再行买卖该上市公司的股票，但中国证监会规定的情形除外。

前述投资者及其一致行动人拥有权益的股份达到一个上市公司已发行股份的5%后，其拥有权益的股份占该上市公司已发行股份的比例每增加或者减少1%，应当在该事实发生的次日通知该上市公司，并予公告。

违反本条第一款、第二款的规定买入在上市公司中拥有权益的股份的，在买入后的 36 个月内，对该超过规定比例部分的股份不得行使表决权。

第十四条 通过协议转让方式，投资者及其一致行动人在一个上市公司中拥有权益的股份拟达到或者超过一个上市公司已发行股份的 5% 时，应当在该事实发生之日起 3 日内编制权益变动报告书，向中国证监会、证券交易所提交书面报告，通知该上市公司，并予公告。

前述投资者及其一致行动人拥有权益的股份达到一个上市公司已发行股份的 5% 后，其拥有权益的股份占该上市公司已发行股份的比例每增加或者减少达到或者超过 5% 的，应当依照前款规定履行报告、公告义务。

前两款规定的投资者及其一致行动人在作出报告、公告前，不得再行买卖该上市公司的股票。相关股份转让及过户登记手续按照本办法第四章及证券交易所、证券登记结算机构的规定办理。

第十五条 投资者及其一致行动人通过行政划转或者变更、执行法院裁定、继承、赠与等方式拥有权益的股份变动达到前条规定比例的，应当按照前条规定履行报告、公告义务，并参照前条规定办理股份过户登记手续。

第十六条 投资者及其一致行动人不是上市公司的第一大股东或者实际控制人，其拥有权益的股份达到或者超过该公司已发行股份的 5%，但未达到 20% 的，应当编制包括下列内容的简式权益变动报告书：

（一）投资者及其一致行动人的姓名、住所；投资者及其一致行动人为法人的，其名称、注册地及法定代表人；

（二）持股目的，是否有意在未来 12 个月内继续增加其在上市公司中拥有的权益；

（三）上市公司的名称、股票的种类、数量、比例；

（四）在上市公司中拥有权益的股份达到或者超过上市公司已发行股份的 5% 或者拥有权益的股份增减变化达到 5% 的时间及方式、增持股份的资金来源；

（五）在上市公司中拥有权益的股份变动的时间及方式；

（六）权益变动事实发生之日前 6 个月内通过证券交易所的证券交易买卖该公司股票的简要情况；

（七）中国证监会、证券交易所要求披露的其他内容。

前述投资者及其一致行动人为上市公司第一大股东或者实际控制人，其拥有权益的股份达到或者超过一个上市公司已发行股份的 5%，但未达到 20% 的，还应当披露本办法第十七条第一款规定的内容。

第十七条 投资者及其一致行动人拥有权益的股份达到或者超过一个上市公司已发行股份的 20% 但未超过 30% 的，应当编制详式权益变动报告书，除须披露前条规定的信息外，还应当披露以下内容：

(一)投资者及其一致行动人的控股股东、实际控制人及其股权控制关系结构图；

(二)取得相关股份的价格、所需资金额，或者其他支付安排；

(三)投资者、一致行动人及其控股股东、实际控制人所从事的业务与上市公司的业务是否存在同业竞争或者潜在的同业竞争，是否存在持续关联交易；存在同业竞争或者持续关联交易的，是否已做出相应的安排，确保投资者、一致行动人及其关联方与上市公司之间避免同业竞争以及保持上市公司的独立性；

(四)未来12个月内对上市公司资产、业务、人员、组织结构、公司章程等进行调整的后续计划；

(五)前24个月内投资者及其一致行动人与上市公司之间的重大交易；

(六)不存在本办法第六条规定的情形；

(七)能够按照本办法第五十条的规定提供相关文件。

前述投资者及其一致行动人为上市公司第一大股东或者实际控制人的，还应当聘请财务顾问对上述权益变动报告书所披露的内容出具核查意见，但国有股行政划转或者变更、股份转让在同一实际控制人控制的不同主体之间进行、因继承取得股份的除外。投资者及其一致行动人承诺至少3年放弃行使相关股份表决权的，可免于聘请财务顾问和提供前款第(七)项规定的文件。

第十八条 已披露权益变动报告书的投资者及其一致行动人在披露之日起6个月内，因拥有权益的股份变动需要再次报告、公告权益变动报告书的，可以仅就与前次报告书不同的部分作出报告、公告；自前次披露之日起超过6个月的，投资者及其一致行动人应当按照本章的规定编制权益变动报告书，履行报告、公告义务。

第十九条 因上市公司减少股本导致投资者及其一致行动人拥有权益的股份变动出现本办法第十四条规定情形的，投资者及其一致行动人免于履行报告和公告义务。上市公司应当自完成减少股本的变更登记之日起2个工作日内，就因此导致的公司股东拥有权益的股份变动情况作出公告；因公司减少股本可能导致投资者及其一致行动人成为公司第一大股东或者实际控制人的，该投资者及其一致行动人应当自公司董事会公告有关减少公司股本决议之日起3个工作日内，按照本办法第十七条第一款的规定履行报告、公告义务。

第二十条 上市公司的收购及相关股份权益变动活动中的信息披露义务人依法披露前，相关信息已在媒体上传播或者公司股票交易出现异常的，上市公司应当立即向当事人进行查询，当事人应当及时予以书面答复，上市公司应当及时作出公告。

第二十一条 上市公司的收购及相关股份权益变动活动中的信息披露义

务人应当在证券交易所的网站和符合中国证监会规定条件的媒体上依法披露信息；在其他媒体上进行披露的，披露内容应当一致，披露时间不得早于前述披露的时间。

第二十二条 上市公司的收购及相关股份权益变动活动中的信息披露义务人采取一致行动的，可以以书面形式约定由其中一人作为指定代表负责统一编制信息披露文件，并同意授权指定代表在信息披露文件上签字、盖章。

各信息披露义务人应当对信息披露文件中涉及其自身的信息承担责任；对信息披露文件中涉及的与多个信息披露义务人相关的信息，各信息披露义务人对相关部分承担连带责任。

第三章 要约收购

第二十三条 投资者自愿选择以要约方式收购上市公司股份的，可以向被收购公司所有股东发出收购其所持有的全部股份的要约（以下简称全面要约），也可以向被收购公司所有股东发出收购其所持有的部分股份的要约（以下简称部分要约）。

第二十四条 通过证券交易所的证券交易，收购人持有一个上市公司的股份达到该公司已发行股份的30%时，继续增持股份的，应当采取要约方式进行，发出全面要约或者部分要约。

第二十五条 收购人依照本办法第二十三条、第二十四条、第四十七条、第五十六条的规定，以要约方式收购一个上市公司股份的，其预定收购的股份比例均不得低于该上市公司已发行股份的5%。

第二十六条 以要约方式进行上市公司收购的，收购人应当公平对待被收购公司的所有股东。持有同一种类股份的股东应当得到同等对待。

第二十七条 收购人为终止上市公司的上市地位而发出全面要约的，或者因不符合本办法第六章的规定而发出全面要约的，应当以现金支付收购价款；以依法可以转让的证券（以下简称证券）支付收购价款的，应当同时提供现金方式供被收购公司股东选择。

第二十八条 以要约方式收购上市公司股份的，收购人应当编制要约收购报告书，聘请财务顾问，通知被收购公司，同时对要约收购报告书摘要作出提示性公告。

本次收购依法应当取得相关部门批准的，收购人应当在要约收购报告书摘要中作出特别提示，并在取得批准后公告要约收购报告书。

第二十九条 前条规定的要约收购报告书，应当载明下列事项：

（一）收购人的姓名、住所；收购人为法人的，其名称、注册地及法定代表人，与其控股股东、实际控制人之间的股权控制关系结构图；

(二)收购人关于收购的决定及收购目的,是否拟在未来12个月内继续增持;

(三)上市公司的名称、收购股份的种类;

(四)预定收购股份的数量和比例;

(五)收购价格;

(六)收购所需资金额、资金来源及资金保证,或者其他支付安排;

(七)收购要约约定的条件;

(八)收购期限;

(九)公告收购报告书时持有被收购公司的股份数量、比例;

(十)本次收购对上市公司的影响分析,包括收购人及其关联方所从事的业务与上市公司的业务是否存在同业竞争或者潜在的同业竞争,是否存在持续关联交易;存在同业竞争或者持续关联交易的,收购人是否已作出相应的安排,确保收购人及其关联方与上市公司之间避免同业竞争以及保持上市公司的独立性;

(十一)未来12个月内对上市公司资产、业务、人员、组织结构、公司章程等进行调整的后续计划;

(十二)前24个月内收购人及其关联方与上市公司之间的重大交易;

(十三)前6个月内通过证券交易所的证券交易买卖被收购公司股票的情况;

(十四)中国证监会要求披露的其他内容。

收购人发出全面要约的,应当在要约收购报告书中充分披露终止上市的风险、终止上市后收购行为完成的时间及仍持有上市公司股份的剩余股东出售其股票的其他后续安排;收购人发出以终止公司上市地位为目的的全面要约,无须披露前款第(十)项规定的内容。

第三十条 收购人按照本办法第四十七条拟收购上市公司股份超过30%,须改以要约方式进行收购的,收购人应当在达成收购协议或者做出类似安排后的3日内对要约收购报告书摘要作出提示性公告,并按照本办法第二十八条、第二十九条的规定履行公告义务,同时免于编制、公告上市公司收购报告书;依法应当取得批准的,应当在公告中特别提示本次要约须取得相关批准方可进行。

未取得批准的,收购人应当在收到通知之日起2个工作日内,公告取消收购计划,并通知被收购公司。

第三十一条 收购人自作出要约收购提示性公告起60日内,未公告要约收购报告书的,收购人应当在期满后次一个工作日通知被收购公司,并予公告;此后每30日应当公告一次,直至公告要约收购报告书。

收购人作出要约收购提示性公告后,在公告要约收购报告书之前,拟自行取消收购计划的，应当公告原因；自公告之日起12个月内，该收购人不得再次对同一上市公司进行收购。

第三十二条 被收购公司董事会应当对收购人的主体资格、资信情况及收购意图进行调查，对要约条件进行分析，对股东是否接受要约提出建议，并聘请独立财务顾问提出专业意见。在收购人公告要约收购报告书后20日内，被收购公司董事会应当公告被收购公司董事会报告书与独立财务顾问的专业意见。

收购人对收购要约条件做出重大变更的，被收购公司董事会应当在3个工作日内公告董事会及独立财务顾问就要约条件的变更情况所出具的补充意见。

第三十三条 收购人作出提示性公告后至要约收购完成前，被收购公司除继续从事正常的经营活动或者执行股东大会已经作出的决议外，未经股东大会批准，被收购公司董事会不得通过处置公司资产、对外投资、调整公司主要业务、担保、贷款等方式，对公司的资产、负债、权益或者经营成果造成重大影响。

第三十四条 在要约收购期间，被收购公司董事不得辞职。

第三十五条 收购人按照本办法规定进行要约收购的，对同一种类股票的要约价格，不得低于要约收购提示性公告日前6个月内收购人取得该种股票所支付的最高价格。

要约价格低于提示性公告日前30个交易日该种股票的每日加权平均价格的算术平均值的，收购人聘请的财务顾问应当就该种股票前6个月的交易情况进行分析，说明是否存在股价被操纵、收购人是否有未披露的一致行动人、收购人前6个月取得公司股份是否存在其他支付安排、要约价格的合理性等。

第三十六条 收购人可以采用现金、证券、现金与证券相结合等合法方式支付收购上市公司的价款。收购人以证券支付收购价款的，应当提供该证券的发行人最近3年经审计的财务会计报告、证券估值报告，并配合被收购公司聘请的独立财务顾问的尽职调查工作。收购人以在证券交易所上市的债券支付收购价款的，该债券的可上市交易时间应当不少于一个月。收购人以未在证券交易所上市交易的证券支付收购价款的，必须同时提供现金方式供被收购公司的股东选择，并详细披露相关证券的保管、送达被收购公司股东的方式和程序安排。

收购人聘请的财务顾问应当对收购人支付收购价款的能力和资金来源进行充分的尽职调查，详细披露核查的过程和依据，说明收购人是否具备要约收购的能力。收购人应当在作出要约收购提示性公告的同时，提供以下至少一项安排保证其具备履约能力：

(一)以现金支付收购价款的,将不少于收购价款总额的 20% 作为履约保证金存入证券登记结算机构指定的银行;收购人以在证券交易所上市交易的证券支付收购价款的,将用于支付的全部证券交由证券登记结算机构保管,但上市公司发行新股的除外;

(二)银行对要约收购所需价款出具保函;

(三)财务顾问出具承担连带保证责任的书面承诺,明确如要约期满收购人不支付收购价款,财务顾问进行支付。

第三十七条 收购要约约定的收购期限不得少于 30 日,并不得超过 60 日;但是出现竞争要约的除外。

在收购要约约定的承诺期限内,收购人不得撤销其收购要约。

第三十八条 采取要约收购方式的,收购人作出公告后至收购期限届满前,不得卖出被收购公司的股票,也不得采取要约规定以外的形式和超出要约的条件买入被收购公司的股票。

第三十九条 收购要约提出的各项收购条件,适用于被收购公司的所有股东。

上市公司发行不同种类股份的,收购人可以针对持有不同种类股份的股东提出不同的收购条件。

收购人需要变更收购要约的,必须及时公告,载明具体变更事项,并通知被收购公司。变更收购要约不得存在下列情形:

(一)降低收购价格;

(二)减少预定收购股份数额;

(三)缩短收购期限;

(四)中国证监会规定的其他情形。

第四十条 收购要约期限届满前 15 日内,收购人不得变更收购要约;但是出现竞争要约的除外。

出现竞争要约时,发出初始要约的收购人变更收购要约距初始要约收购期限届满不足 15 日的,应当延长收购期限,延长后的要约期应当不少于 15 日,不得超过最后一个竞争要约的期满日,并按规定追加履约保证。

发出竞争要约的收购人最迟不得晚于初始要约收购期限届满前 15 日发出要约收购的提示性公告,并应当根据本办法第二十八条和第二十九条的规定履行公告义务。

第四十一条 要约收购报告书所披露的基本事实发生重大变化的,收购人应当在该重大变化发生之日起 2 个工作日内作出公告,并通知被收购公司。

第四十二条 同意接受收购要约的股东(以下简称预受股东),应当委托证券公司办理预受要约的相关手续。收购人应当委托证券公司向证券登记结算机构申请办理预受要约股票的临时保管。证券登记结算机构临时保管的预受要约的股票，在要约收购期间不得转让。

前款所称预受，是指被收购公司股东同意接受要约的初步意思表示，在要约收购期限内不可撤回之前不构成承诺。在要约收购期限届满3个交易日前，预受股东可以委托证券公司办理撤回预受要约的手续，证券登记结算机构根据预受要约股东的撤回申请解除对预受要约股票的临时保管。在要约收购期限届满前3个交易日内，预受股东不得撤回其对要约的接受。在要约收购期限内，收购人应当每日在证券交易所网站上公告已预受收购要约的股份数量。

出现竞争要约时，接受初始要约的预受股东撤回全部或者部分预受的股份，并将撤回的股份售予竞争要约人的，应当委托证券公司办理撤回预受初始要约的手续和预受竞争要约的相关手续。

第四十三条 收购期限届满，发出部分要约的收购人应当按照收购要约约定的条件购买被收购公司股东预受的股份，预受要约股份的数量超过预定收购数量时，收购人应当按照同等比例收购预受要约的股份；以终止被收购公司上市地位为目的的，收购人应当按照收购要约约定的条件购买被收购公司股东预受的全部股份；因不符合本办法第六章的规定而发出全面要约的收购人应当购买被收购公司股东预受的全部股份。

收购期限届满后3个交易日内，接受委托的证券公司应当向证券登记结算机构申请办理股份转让结算、过户登记手续，解除对超过预定收购比例的股票的临时保管；收购人应当公告本次要约收购的结果。

第四十四条 收购期限届满，被收购公司股权分布不符合证券交易所规定的上市交易要求，该上市公司的股票由证券交易所依法终止上市交易。在收购行为完成前，其余仍持有被收购公司股票的股东，有权在收购报告书规定的合理期限内向收购人以收购要约的同等条件出售其股票，收购人应当收购。

第四十五条 收购期限届满后15日内，收购人应当向证券交易所提交关于收购情况的书面报告，并予以公告。

第四十六条 除要约方式外，投资者不得在证券交易所外公开求购上市公司的股份。

第四章 协议收购

第四十七条 收购人通过协议方式在一个上市公司中拥有权益的股份达到或者超过该公司已发行股份的5%，但未超过30%的，按照本办法第二章的规定办理。

收购人拥有权益的股份达到该公司已发行股份的30%时，继续进行收购的，应当依法向该上市公司的股东发出全面要约或者部分要约。符合本办法

第六章规定情形的，收购人可以免于发出要约。

收购人拟通过协议方式收购一个上市公司的股份超过30%的，超过30%的部分，应当改以要约方式进行；但符合本办法第六章规定情形的，收购人可以免于发出要约。符合前述规定情形的，收购人可以履行其收购协议；不符合前述规定情形的，在履行其收购协议前，应当发出全面要约。

第四十八条 以协议方式收购上市公司股份超过30%，收购人拟依据本办法第六十二条、第六十三条第一款第（一）项、第（二）项、第（十）项的规定免于发出要约的，应当在与上市公司股东达成收购协议之日起3日内编制上市公司收购报告书，通知被收购公司，并公告上市公司收购报告书摘要。

收购人应当在收购报告书摘要公告后5日内，公告其收购报告书、财务顾问专业意见和律师出具的法律意见书；不符合本办法第六章规定的情形的，应当予以公告，并按照本办法第六十一条第二款的规定办理。

第四十九条 依据前条规定所作的上市公司收购报告书，须披露本办法第二十九条第（一）项至第（六）项和第（九）项至第（十四）项规定的内容及收购协议的生效条件和付款安排。

已披露收购报告书的收购人在披露之日起6个月内，因权益变动需要再次报告、公告的，可以仅就与前次报告书不同的部分作出报告、公告；超过6个月的，应当按照本办法第二章的规定履行报告、公告义务。

第五十条 收购人公告上市公司收购报告书时，应当提交以下备查文件：

（一）中国公民的身份证明，或者在中国境内登记注册的法人、其他组织的证明文件；

（二）基于收购人的实力和从业经验对上市公司后续发展计划可行性的说明，收购人拟修改公司章程、改选公司董事会、改变或者调整公司主营业务的，还应当补充其具备规范运作上市公司的管理能力的说明；

（三）收购人及其关联方与被收购公司存在同业竞争、关联交易的，应提供避免同业竞争等利益冲突、保持被收购公司经营独立性的说明；

（四）收购人为法人或者其他组织的，其控股股东、实际控制人最近2年未变更的说明；

（五）收购人及其控股股东或实际控制人的核心企业和核心业务、关联企业及主营业务的说明；收购人或其实际控制人为两个或两个以上的上市公司控股股东或实际控制人的，还应当提供其持股5%以上的上市公司以及银行、信托公司、证券公司、保险公司等其他金融机构的情况说明；

（六）财务顾问关于收购人最近3年的诚信记录、收购资金来源合法性、收购人具备履行相关承诺的能力以及相关信息披露内容真实性、准确性、完整性的核查意见；收购人成立未满3年的，财务顾问还应当提供其控股股东或者实际控制人最近3年诚信记录的核查意见。

境外法人或者境外其他组织进行上市公司收购的，除应当提交第一款第（二）项至第（六）项规定的文件外，还应当提交以下文件：

（一）财务顾问出具的收购人符合对上市公司进行战略投资的条件、具有收购上市公司的能力的核查意见；

（二）收购人接受中国司法、仲裁管辖的声明。

第五十一条 上市公司董事、监事、高级管理人员、员工或者其所控制或者委托的法人或者其他组织，拟对本公司进行收购或者通过本办法第五章规定的方式取得本公司控制权（以下简称管理层收购）的，该上市公司应当具备健全且运行良好的组织机构以及有效的内部控制制度，公司董事会成员中独立董事的比例应当达到或者超过1/2。公司应当聘请符合《证券法》规定的资产评估机构提供公司资产评估报告，本次收购应当经董事会非关联董事作出决议，且取得2/3以上的独立董事同意后，提交公司股东大会审议，经出席股东大会的非关联股东所持表决权过半数通过。独立董事发表意见前，应当聘请独立财务顾问就本次收购出具专业意见，独立董事及独立财务顾问的意见应当一并予以公告。

上市公司董事、监事、高级管理人员存在《公司法》第一百四十八条规定情形，或者最近3年有证券市场不良诚信记录的，不得收购本公司。

第五十二条 以协议方式进行上市公司收购的，自签订收购协议起至相关股份完成过户的期间为上市公司收购过渡期（以下简称过渡期）。在过渡期内，收购人不得通过控股股东提议改选上市公司董事会，确有充分理由改选董事会的，来自收购人的董事不得超过董事会成员的1/3；被收购公司不得为收购人及其关联方提供担保；被收购公司不得公开发行股份募集资金，不得进行重大购买、出售资产及重大投资行为或者与收购人及其关联方进行其他关联交易，但收购人为挽救陷入危机或者面临严重财务困难的上市公司的情形除外。

第五十三条 上市公司控股股东向收购人协议转让其所持有的上市公司股份的，应当对收购人的主体资格、诚信情况及收购意图进行调查，并在其权益变动报告书中披露有关调查情况。

控股股东及其关联方未清偿其对公司的负债，未解除公司为其负债提供的担保，或者存在损害公司利益的其他情形的，被收购公司董事会应当对前述情形及时予以披露，并采取有效措施维护公司利益。

第五十四条 协议收购的相关当事人应当向证券登记结算机构申请办理拟转让股份的临时保管手续，并可以将用于支付的现金存放于证券登记结算机构指定的银行。

第五十五条 收购报告书公告后，相关当事人应当按照证券交易所和证券登记结算机构的业务规则，在证券交易所就本次股份转让予以确认后，凭全部转让款项存放于双方认可的银行账户的证明,向证券登记结算机构申请解除拟协议转让股票的临时保管,并办理过户登记手续。

收购人未按规定履行报告、公告义务,或者未按规定提出申请的,证券交易所和证券登记结算机构不予办理股份转让和过户登记手续。

收购人在收购报告书公告后 30 日内仍未完成相关股份过户手续的,应当立即作出公告,说明理由;在未完成相关股份过户期间,应当每隔 30 日公告相关股份过户办理进展情况。

第五章 间接收购

第五十六条 收购人虽不是上市公司的股东,但通过投资关系、协议、其他安排导致其拥有权益的股份达到或者超过一个上市公司已发行股份的 5% 未超过 30% 的,应当按照本办法第二章的规定办理。

收购人拥有权益的股份超过该公司已发行股份的 30% 的,应当向该公司所有股东发出全面要约;收购人预计无法在事实发生之日起 30 日内发出全面要约的,应当在前述 30 日内促使其控制的股东将所持有的上市公司股份减持至 30% 或者 30% 以下,并自减持之日起 2 个工作日内予以公告;其后收购人或者其控制的股东拟继续增持的,应当采取要约方式;拟依据本办法第六章的规定免于发出要约的,应当按照本办法第四十八条的规定办理。

第五十七条 投资者虽不是上市公司的股东,但通过投资关系取得对上市公司股东的控制权,而受其支配的上市公司股东所持股份达到前条规定比例、且对该股东的资产和利润构成重大影响的,应当按照前条规定履行报告、公告义务。

第五十八条 上市公司实际控制人及受其支配的股东,负有配合上市公司真实、准确、完整披露有关实际控制人发生变化的信息的义务;实际控制人及受其支配的股东拒不履行上述配合义务,导致上市公司无法履行法定信息披露义务而承担民事、行政责任的,上市公司有权对其提起诉讼。实际控制人、控股股东指使上市公司及其有关人员不依法履行信息披露义务的,中国证监会依法进行查处。

第五十九条 上市公司实际控制人及受其支配的股东未履行报告、公告义务的,上市公司应当自知悉之日起立即作出报告和公告。上市公司就实际控制人发生变化的情况予以公告后,实际控制人仍未披露的,上市公司董事会应当向实际控制人和受其支配的股东查询,必要时可以聘请财务顾问进行查询,并将查询情况向中国证监会、上市公司所在地的中国证监会派出机构(以下简称派出机构)和证券交易所报告;中国证监会依法对拒不履行报告、公告义务的实际控制人进行查处。

上市公司知悉实际控制人发生较大变化而未能将有关实际控制人的变化情况及时予以报告和公告的,中国证监会责令改正,情节严重的,认定上市公司负有责任的董事为不适当人选。

第六十条 上市公司实际控制人及受其支配的股东未履行报告、公告义务,拒不履行第五十八条规定的配合义务,或者实际控制人存在不得收购上市公司情形的,上市公司董事会应当拒绝接受受实际控制人支配的股东向董事会提交的提案或者临时议案,并向中国证监会、派出机构和证券交易所报告。中国证监会责令实际控制人改正,可以认定实际控制人通过受其支配的股东所提名的董事为不适当人选;改正前,受实际控制人支配的股东不得行使其持有股份的表决权。上市公司董事会未拒绝接受实际控制人及受其支配的股东所提出的提案的,中国证监会可以认定负有责任的董事为不适当人选。

第六章 免除发出要约

第六十一条 符合本办法第六十二条、第六十三条规定情形的,投资者及其一致行动人可以:

(一)免于以要约收购方式增持股份;

(二)存在主体资格、股份种类限制或者法律、行政法规、中国证监会规定的特殊情形的,免于向被收购公司的所有股东发出收购要约。

不符合本章规定情形的,投资者及其一致行动人应当在30日内将其或者其控制的股东所持有的被收购公司股份减持到30%或者30%以下;拟以要约以外的方式继续增持股份的,应当发出全面要约。

第六十二条 有下列情形之一的,收购人可以免于以要约方式增持股份:

(一)收购人与出让人能够证明本次股份转让是在同一实际控制人控制的不同主体之间进行,未导致上市公司的实际控制人发生变化;

(二)上市公司面临严重财务困难,收购人提出的挽救公司的重组方案取得该公司股东大会批准,且收购人承诺3年内不转让其在该公司中所拥有的权益;

(三)中国证监会为适应证券市场发展变化和保护投资者合法权益的需要而认定的其他情形。

第六十三条 有下列情形之一的,投资者可以免于发出要约:

(一)经政府或者国有资产管理部门批准进行国有资产无偿划转、变更、合并,导致投资者在一个上市公司中拥有权益的股份占该公司已发行股份的比例超过30%;

(二)因上市公司按照股东大会批准的确定价格向特定股东回购股份而减少股本,导致投资者在该公司中拥有权益的股份超过该公司已发行股份的

30%；

（三）经上市公司股东大会非关联股东批准，投资者取得上市公司向其发行的新股，导致其在该公司拥有权益的股份超过该公司已发行股份的30%，投资者承诺3年内不转让本次向其发行的新股，且公司股东大会同意投资者免于发出要约；

（四）在一个上市公司中拥有权益的股份达到或者超过该公司已发行股份的30%的，自上述事实发生之日起一年后，每12个月内增持不超过该公司已发行的2%的股份；

（五）在一个上市公司中拥有权益的股份达到或者超过该公司已发行股份的50%的，继续增加其在该公司拥有的权益不影响该公司的上市地位；

（六）证券公司、银行等金融机构在其经营范围内依法从事承销、贷款等业务导致其持有一个上市公司已发行股份超过30%，没有实际控制该公司的行为或者意图，并且提出在合理期限内向非关联方转让相关股份的解决方案；

（七）因继承导致在一个上市公司中拥有权益的股份超过该公司已发行股份的30%；

（八）因履行约定购回式证券交易协议购回上市公司股份导致投资者在一个上市公司中拥有权益的股份超过该公司已发行股份的30%，并且能够证明标的股份的表决权在协议期间未发生转移；

（九）因所持优先股表决权依法恢复导致投资者在一个上市公司中拥有权益的股份超过该公司已发行股份的30%；

（十）中国证监会为适应证券市场发展变化和保护投资者合法权益的需要而认定的其他情形。

相关投资者应在前款规定的权益变动行为完成后3日内就股份增持情况做出公告，律师应就相关投资者权益变动行为发表符合规定的专项核查意见并由上市公司予以披露。相关投资者按照前款第（五）项规定采用集中竞价方式增持股份的，每累计增持股份比例达到上市公司已发行股份的2%的，在事实发生当日和上市公司发布相关股东增持公司股份进展公告的当日不得再行增持股份。前款第（四）项规定的增持不超过2%的股份锁定期为增持行为完成之日起6个月。

第六十四条 收购人按照本章规定的情形免于发出要约的，应当聘请符合《证券法》规定的律师事务所等专业机构出具专业意见。

第七章 财务顾问

第六十五条 收购人聘请的财务顾问应当履行以下职责：

（一）对收购人的相关情况进行尽职调查；

（二）应收购人的要求向收购人提供专业化服务，全面评估被收购公司的财务和经营状况，帮助收购人分析收购所涉及的法律、财务、经营风险，就收购方案所涉及的收购价格、收购方式、支付安排等事项提出对策建议，并指导收购人按照规定的内容与格式制作公告文件；

（三）对收购人进行证券市场规范化运作的辅导，使收购人的董事、监事和高级管理人员熟悉有关法律、行政法规和中国证监会的规定，充分了解其应当承担的义务和责任，督促其依法履行报告、公告和其他法定义务；

（四）对收购人是否符合本办法的规定及公告文件内容的真实性、准确性、完整性进行充分核查和验证，对收购事项客观、公正地发表专业意见；

（五）与收购人签订协议，在收购完成后12个月内，持续督导收购人遵守法律、行政法规、中国证监会的规定、证券交易所规则、上市公司章程，依法行使股东权利，切实履行承诺或者相关约定。

第六十六条 收购人聘请的财务顾问就本次收购出具的财务顾问报告，应当对以下事项进行说明和分析，并逐项发表明确意见：

（一）收购人编制的上市公司收购报告书或者要约收购报告书所披露的内容是否真实、准确、完整；

（二）本次收购的目的；

（三）收购人是否提供所有必备证明文件，根据对收购人及其控股股东、实际控制人的实力、从事的主要业务、持续经营状况、财务状况和诚信情况的核查，说明收购人是否具备主体资格，是否具备收购的经济实力，是否具备规范运作上市公司的管理能力，是否需要承担其他附加义务及是否具备履行相关义务的能力，是否存在不良诚信记录；

（四）对收购人进行证券市场规范化运作辅导的情况，其董事、监事和高级管理人员是否已经熟悉有关法律、行政法规和中国证监会的规定，充分了解应承担的义务和责任，督促其依法履行报告、公告和其他法定义务的情况；

（五）收购人的股权控制结构及其控股股东、实际控制人支配收购人的方式；

（六）收购人的收购资金来源及其合法性，是否存在利用本次收购的股份向银行等金融机构质押取得融资的情形；

（七）涉及收购人以证券支付收购价款的，应当说明有关该证券发行人的信息披露是否真实、准确、完整以及该证券交易的便捷性等情况；

（八）收购人是否已经履行了必要的授权和批准程序；

（九）是否已对收购过渡期间保持上市公司稳定经营作出安排，该安排是否符合有关规定；

（十）对收购人提出的后续计划进行分析，收购人所从事的业务与上市公司从事的业务存在同业竞争、关联交易的，对收购人解决与上市公司同业竞争

等利益冲突及保持上市公司经营独立性的方案进行分析,说明本次收购对上市公司经营独立性和持续发展可能产生的影响;

(十一)在收购标的上是否设定其他权利,是否在收购价款之外还作出其他补偿安排;

(十二)收购人及其关联方与被收购公司之间是否存在业务往来,收购人与被收购公司的董事、监事、高级管理人员是否就其未来任职安排达成某种协议或者默契;

(十三)上市公司原控股股东、实际控制人及其关联方是否存在未清偿对公司的负债、未解除公司为其负债提供的担保或者损害公司利益的其他情形;存在该等情形的,是否已提出切实可行的解决方案;

(十四)涉及收购人拟免于发出要约的,应当说明本次收购是否属于本办法第六章规定的情形,收购人是否作出承诺及是否具备履行相关承诺的实力。

第六十七条 上市公司董事会或者独立董事聘请的独立财务顾问,不得同时担任收购人的财务顾问或者与收购人的财务顾问存在关联关系。独立财务顾问应当根据委托进行尽职调查,对本次收购的公正性和合法性发表专业意见。独立财务顾问报告应当对以下问题进行说明和分析,发表明确意见:

(一)收购人是否具备主体资格;

(二)收购人的实力及本次收购对被收购公司经营独立性和持续发展可能产生的影响分析;

(三)收购人是否存在利用被收购公司的资产或者由被收购公司为本次收购提供财务资助的情形;

(四)涉及要约收购的,分析被收购公司的财务状况,说明收购价格是否充分反映被收购公司价值,收购要约是否公平、合理,对被收购公司社会公众股股东接受要约提出的建议;

(五)涉及收购人以证券支付收购价款的,还应当根据该证券发行人的资产、业务和盈利预测,对相关证券进行估值分析,就收购条件对被收购公司的社会公众股股东是否公平合理、是否接受收购人提出的收购条件提出专业意见;

(六)涉及管理层收购的,应当对上市公司进行估值分析,就本次收购的定价依据、支付方式、收购资金来源、融资安排、还款计划及其可行性、上市公司内部控制制度的执行情况及其有效性、上述人员及其直系亲属在最近24个月内与上市公司业务往来情况以及收购报告书披露的其他内容等进行全面核查,发表明确意见。

第六十八条 财务顾问应当在财务顾问报告中作出以下承诺:

(一)已按照规定履行尽职调查义务,有充分理由确信所发表的专业意见与收购人公告文件的内容不存在实质性差异;

（二）已对收购人公告文件进行核查，确信公告文件的内容与格式符合规定；

（三）有充分理由确信本次收购符合法律、行政法规和中国证监会的规定，有充分理由确信收购人披露的信息真实、准确、完整，不存在虚假记载、误导性陈述和重大遗漏；

（四）就本次收购所出具的专业意见已提交其内核机构审查，并获得通过；

（五）在担任财务顾问期间，已采取严格的保密措施，严格执行内部防火墙制度；

（六）与收购人已订立持续督导协议。

第六十九条 财务顾问在收购过程中和持续督导期间，应当关注被收购公司是否存在为收购人及其关联方提供担保或者借款等损害上市公司利益的情形，发现有违法或者不当行为的，应当及时向中国证监会、派出机构和证券交易所报告。

第七十条 财务顾问为履行职责，可以聘请其他专业机构协助其对收购人进行核查，但应当对收购人提供的资料和披露的信息进行独立判断。

第七十一条 自收购人公告上市公司收购报告书至收购完成后12个月内，财务顾问应当通过日常沟通、定期回访等方式，关注上市公司的经营情况，结合被收购公司定期报告和临时公告的披露事宜，对收购人及被收购公司履行持续督导职责：

（一）督促收购人及时办理股权过户手续，并依法履行报告和公告义务；

（二）督促和检查收购人及被收购公司依法规范运作；

（三）督促和检查收购人履行公开承诺的情况；

（四）结合被收购公司定期报告，核查收购人落实后续计划的情况，是否达到预期目标，实施效果是否与此前的披露内容存在较大差异，是否实现相关盈利预测或者管理层预计达到的目标；

（五）涉及管理层收购的，核查被收购公司定期报告中披露的相关还款计划的落实情况与事实是否一致；

（六）督促和检查履行收购中约定的其他义务的情况。

在持续督导期间，财务顾问应当结合上市公司披露的季度报告、半年度报告和年度报告出具持续督导意见，并在前述定期报告披露后的15日内向派出机构报告。

在此期间，财务顾问发现收购人在上市公司收购报告书中披露的信息与事实不符的，应当督促收购人如实披露相关信息，并及时向中国证监会、派出机构、证券交易所报告。财务顾问解除委托合同的，应当及时向中国证监会、派出机构作出书面报告，说明无法继续履行持续督导职责的理由，并予公告。

第八章　持续监管

第七十二条　在上市公司收购行为完成后 12 个月内，收购人聘请的财务顾问应当在每季度前 3 日内就上一季度对上市公司影响较大的投资、购买或者出售资产、关联交易、主营业务调整以及董事、监事、高级管理人员的更换、职工安置、收购人履行承诺等情况向派出机构报告。

收购人注册地与上市公司注册地不同的，还应当将前述情况的报告同时抄报收购人所在地的派出机构。

第七十三条　派出机构根据审慎监管原则，通过与承办上市公司审计业务的会计师事务所谈话、检查财务顾问持续督导责任的落实、定期或者不定期的现场检查等方式，在收购完成后对收购人和上市公司进行监督检查。

派出机构发现实际情况与收购人披露的内容存在重大差异的，对收购人及上市公司予以重点关注，可以责令收购人延长财务顾问的持续督导期，并依法进行查处。

在持续督导期间，财务顾问与收购人解除合同的，收购人应当另行聘请其他财务顾问机构履行持续督导职责。

第七十四条　在上市公司收购中，收购人持有的被收购公司的股份，在收购完成后 18 个月内不得转让。

收购人在被收购公司中拥有权益的股份在同一实际控制人控制的不同主体之间进行转让不受前述 18 个月的限制，但应当遵守本办法第六章的规定。

第九章　监管措施与法律责任

第七十五条　上市公司的收购及相关股份权益变动活动中的信息披露义务人，未按照本办法的规定履行报告、公告以及其他相关义务的，中国证监会责令改正，采取监管谈话、出具警示函、责令暂停或者停止收购等监管措施。在改正前，相关信息披露义务人不得对其持有或者实际支配的股份行使表决权。

第七十六条　上市公司的收购及相关股份权益变动活动中的信息披露义务人在报告、公告等文件中有虚假记载、误导性陈述或者重大遗漏的，中国证监会责令改正，采取监管谈话、出具警示函、责令暂停或者停止收购等监管措施。在改正前，收购人对其持有或者实际支配的股份不得行使表决权。

第七十七条　投资者及其一致行动人取得上市公司控制权而未按照本办法的规定聘请财务顾问，规避法定程序和义务，变相进行上市公司的收购，或者外国投资者规避管辖的，中国证监会责令改正，采取出具警示函、责令暂停或者停止收购等监管措施。在改正前,收购人不得对其持有或者实际支配的股份行使表决权。

第七十八条 收购人未依照本办法的规定履行相关义务、相应程序擅自实施要约收购的,或者不符合本办法规定的免除发出要约情形,拒不履行相关义务、相应程序的,中国证监会责令改正,采取监管谈话、出具警示函、责令暂停或者停止收购等监管措施。在改正前,收购人不得对其持有或者支配的股份行使表决权。

发出收购要约的收购人在收购要约期限届满,不按照约定支付收购价款或者购买预受股份的,自该事实发生之日起3年内不得收购上市公司,中国证监会不受理收购人及其关联方提交的申报文件。

存在前二款规定情形,收购人涉嫌虚假披露、操纵证券市场的,中国证监会对收购人进行立案稽查,依法追究其法律责任;收购人聘请的财务顾问没有充分证据表明其勤勉尽责的,自收购人违规事实发生之日起1年内,中国证监会不受理该财务顾问提交的上市公司并购重组申报文件,情节严重的,依法追究法律责任。

第七十九条 上市公司控股股东和实际控制人在转让其对公司的控制权时,未清偿其对公司的负债,未解除公司为其提供的担保,或者未对其损害公司利益的其他情形作出纠正的,中国证监会责令改正、责令暂停或者停止收购活动。

被收购公司董事会未能依法采取有效措施促使公司控股股东、实际控制人予以纠正,或者在收购完成后未能促使收购人履行承诺、安排或者保证的,中国证监会可以认定相关董事为不适当人选。

第八十条 上市公司董事未履行忠实义务和勤勉义务,利用收购谋取不当利益的,中国证监会采取监管谈话、出具警示函等监管措施,可以认定为不适当人选。

上市公司章程中涉及公司控制权的条款违反法律、行政法规和本办法规定的,中国证监会责令改正。

第八十一条 为上市公司收购出具资产评估报告、审计报告、法律意见书和财务顾问报告的证券服务机构或者证券公司及其专业人员,未依法履行职责的,或者违反中国证监会的有关规定或者行业规范、业务规则的,中国证监会责令改正,采取监管谈话、出具警示函、责令公开说明、责令定期报告等监管措施。

前款规定的证券服务机构及其从业人员被责令改正的,在改正前,不得接受新的上市公司并购重组业务。

第八十二条 中国证监会将上市公司的收购及相关股份权益变动活动中的当事人的违法行为和整改情况记入诚信档案。

违反本办法的规定构成证券违法行为的,依法追究法律责任。

第十章　附　则

第八十三条　本办法所称一致行动,是指投资者通过协议、其他安排,与其他投资者共同扩大其所能够支配的一个上市公司股份表决权数量的行为或者事实。

在上市公司的收购及相关股份权益变动活动中有一致行动情形的投资者,互为一致行动人。如无相反证据,投资者有下列情形之一的,为一致行动人:

(一)投资者之间有股权控制关系;

(二)投资者受同一主体控制;

(三)投资者的董事、监事或者高级管理人员中的主要成员,同时在另一个投资者担任董事、监事或者高级管理人员;

(四)投资者参股另一投资者,可以对参股公司的重大决策产生重大影响;

(五)银行以外的其他法人、其他组织和自然人为投资者取得相关股份提供融资安排;

(六)投资者之间存在合伙、合作、联营等其他经济利益关系;

(七)持有投资者30%以上股份的自然人,与投资者持有同一上市公司股份;

(八)在投资者任职的董事、监事及高级管理人员,与投资者持有同一上市公司股份;

(九)持有投资者30%以上股份的自然人和在投资者任职的董事、监事及高级管理人员,其父母、配偶、子女及其配偶、配偶的父母、兄弟姐妹及其配偶、配偶的兄弟姐妹及其配偶等亲属,与投资者持有同一上市公司股份;

(十)在上市公司任职的董事、监事、高级管理人员及其前项所述亲属同时持有本公司股份的,或者与其自己或者其前项所述亲属直接或者间接控制的企业同时持有本公司股份;

(十一)上市公司董事、监事、高级管理人员和员工与其所控制或者委托的法人或者其他组织持有本公司股份;

(十二)投资者之间具有其他关联关系。

一致行动人应当合并计算其所持有的股份。投资者计算其所持有的股份,应当包括登记在其名下的股份,也包括登记在其一致行动人名下的股份。

投资者认为其与他人不应被视为一致行动人的,可以向中国证监会提供相反证据。

第八十四条　有下列情形之一的,为拥有上市公司控制权:

（一）投资者为上市公司持股50%以上的控股股东；

（二）投资者可以实际支配上市公司股份表决权超过30%；

（三）投资者通过实际支配上市公司股份表决权能够决定公司董事会半数以上成员选任；

（四）投资者依其可实际支配的上市公司股份表决权足以对公司股东大会的决议产生重大影响；

（五）中国证监会认定的其他情形。

第八十五条 信息披露义务人涉及计算其拥有权益比例的，应当将其所持有的上市公司已发行的可转换为公司股票的证券中有权转换部分与其所持有的同一上市公司的股份合并计算，并将其持股比例与合并计算非股权类证券转为股份后的比例相比，以二者中的较高者为准；行权期限届满未行权的，或者行权条件不再具备的，无需合并计算。

前款所述二者中的较高者，应当按下列公式计算：

（一）投资者持有的股份数量/上市公司已发行股份总数

（二）（投资者持有的股份数量＋投资者持有的可转换为公司股票的非股权类证券所对应的股份数量）/（上市公司已发行股份总数＋上市公司发行的可转换为公司股票的非股权类证券所对应的股份总数）

前款所称"投资者持有的股份数量"包括投资者拥有的普通股数量和优先股恢复的表决权数量，"上市公司已发行股份总数"包括上市公司已发行的普通股总数和优先股恢复的表决权总数。

第八十六条 投资者因行政划转、执行法院裁决、继承、赠与等方式取得上市公司控制权的，应当按照本办法第四章的规定履行报告、公告义务。

第八十七条 权益变动报告书、收购报告书、要约收购报告书、被收购公司董事会报告书等文件的内容与格式，由中国证监会另行制定。

第八十八条 被收购公司在境内、境外同时上市的，收购人除应当遵守本办法及中国证监会的相关规定外，还应当遵守境外上市地的相关规定。

第八十九条 外国投资者收购上市公司及在上市公司中拥有的权益发生变动的，除应当遵守本办法的规定外，还应当遵守外国投资者投资上市公司的相关规定。

第九十条 本办法自2006年9月1日起施行。中国证监会发布的《上市公司收购管理办法》（证监会令第10号）、《上市公司股东持股变动信息披露管理办法》（证监会令第11号）、《关于要约收购涉及的被收购公司股票上市交易条件有关问题的通知》（证监公司字〔2003〕16号）和《关于规范上市公司实际控制权转移行为有关问题的通知》（证监公司字〔2004〕1号）同时废止。

上市公司重大资产重组管理办法

（2014年10月23日中国证券监督管理委员会令第109号公布　根据2016年9月8日《中国证券监督管理委员会关于修改〈上市公司重大资产重组管理办法〉的决定》第一次修订　根据2019年10月18日《中国证券监督管理委员会关于修改〈上市公司重大资产重组管理办法〉的决定》第二次修订　根据2020年3月20日中国证券监督管理委员会《关于修改部分证券期货规章的决定》第三次修订）

第一章　总　　则

第一条　为了规范上市公司重大资产重组行为，保护上市公司和投资者的合法权益，促进上市公司质量不断提高，维护证券市场秩序和社会公共利益，根据《公司法》《证券法》等法律、行政法规的规定，制定本办法。

第二条　本办法适用于上市公司及其控股或者控制的公司在日常经营活动之外购买、出售资产或者通过其他方式进行资产交易达到规定的比例，导致上市公司的主营业务、资产、收入发生重大变化的资产交易行为（以下简称重大资产重组）。

上市公司发行股份购买资产应当符合本办法的规定。

上市公司按照经中国证券监督管理委员会（以下简称中国证监会）核准的发行证券文件披露的募集资金用途，使用募集资金购买资产、对外投资的行为，不适用本办法。

第三条　任何单位和个人不得利用重大资产重组损害上市公司及其股东的合法权益。

第四条　上市公司实施重大资产重组，有关各方必须及时、公平地披露或者提供信息，保证所披露或者提供信息的真实、准确、完整，不得有虚假记载、误导性陈述或者重大遗漏。

第五条　上市公司的董事、监事和高级管理人员在重大资产重组活动中，应当诚实守信、勤勉尽责，维护公司资产的安全，保护公司和全体股东的合法权益。

第六条　为重大资产重组提供服务的证券服务机构和人员，应当遵守法律、行政法规和中国证监会的有关规定，以及证券交易所的相关规则，遵循本行业公认的业务标准和道德规范，诚实守信，勤勉尽责，严格履行职责，对其所制作、出具文件的真实性、准确性和完整性承担责任。

前款规定的证券服务机构和人员，不得教唆、协助或者伙同委托人编制或者披露存在虚假记载、误导性陈述或者重大遗漏的报告、公告文件，不得从事不正当竞争，不得利用上市公司重大资产重组谋取不正当利益。

第七条 任何单位和个人对所知悉的重大资产重组信息在依法披露前负有保密义务。

禁止任何单位和个人利用重大资产重组信息从事内幕交易、操纵证券市场等违法活动。

第八条 中国证监会依法对上市公司重大资产重组行为进行监督管理。

中国证监会审核上市公司重大资产重组或者发行股份购买资产的申请，可以根据上市公司的规范运作和诚信状况、财务顾问的执业能力和执业质量，结合国家产业政策和重组交易类型，作出差异化的、公开透明的监管制度安排，有条件地减少审核内容和环节。

第九条 鼓励依法设立的并购基金、股权投资基金、创业投资基金、产业投资基金等投资机构参与上市公司并购重组。

第十条 中国证监会在发行审核委员会中设立上市公司并购重组审核委员会（以下简称并购重组委），并购重组委以投票方式对提交其审议的重大资产重组或者发行股份购买资产申请进行表决，提出审核意见。

第二章 重大资产重组的原则和标准

第十一条 上市公司实施重大资产重组，应当就本次交易符合下列要求作出充分说明，并予以披露：

（一）符合国家产业政策和有关环境保护、土地管理、反垄断等法律和行政法规的规定；

（二）不会导致上市公司不符合股票上市条件；

（三）重大资产重组所涉及的资产定价公允，不存在损害上市公司和股东合法权益的情形；

（四）重大资产重组所涉及的资产权属清晰，资产过户或者转移不存在法律障碍，相关债权债务处理合法；

（五）有利于上市公司增强持续经营能力，不存在可能导致上市公司重组后主要资产为现金或者无具体经营业务的情形；

（六）有利于上市公司在业务、资产、财务、人员、机构等方面与实际控制人及其关联人保持独立，符合中国证监会关于上市公司独立性的相关规定；

（七）有利于上市公司形成或者保持健全有效的法人治理结构。

第十二条 上市公司及其控股或者控制的公司购买、出售资产，达到下列标准之一的，构成重大资产重组：

（一）购买、出售的资产总额占上市公司最近一个会计年度经审计的合并财务会计报告期末资产总额的比例达到50%以上；

（二）购买、出售的资产在最近一个会计年度所产生的营业收入占上市公司同期经审计的合并财务会计报告营业收入的比例达到50%以上；

（三）购买、出售的资产净额占上市公司最近一个会计年度经审计的合并财务会计报告期末净资产额的比例达到50%以上，且超过5000万元人民币。

购买、出售资产未达到前款规定标准，但中国证监会发现存在可能损害上市公司或者投资者合法权益的重大问题的，可以根据审慎监管原则，责令上市公司按照本办法的规定补充披露相关信息、暂停交易、聘请符合《证券法》规定的独立财务顾问或者其他证券服务机构补充核查并披露专业意见。

第十三条 上市公司自控制权发生变更之日起36个月内，向收购人及其关联人购买资产，导致上市公司发生以下根本变化情形之一的，构成重大资产重组，应当按照本办法的规定报经中国证监会核准：

（一）购买的资产总额占上市公司控制权发生变更的前一个会计年度经审计的合并财务会计报告期末资产总额的比例达到100%以上；

（二）购买的资产在最近一个会计年度所产生的营业收入占上市公司控制权发生变更的前一个会计年度经审计的合并财务会计报告营业收入的比例达到100%以上；

（三）购买的资产净额占上市公司控制权发生变更的前一个会计年度经审计的合并财务会计报告期末净资产额的比例达到100%以上；

（四）为购买资产发行的股份占上市公司首次向收购人及其关联人购买资产的董事会决议前一个交易日的股份的比例达到100%以上；

（五）上市公司向收购人及其关联人购买资产虽未达到本款第（一）至第（四）项标准，但可能导致上市公司主营业务发生根本变化；

（六）中国证监会认定的可能导致上市公司发生根本变化的其他情形。

上市公司实施前款规定的重大资产重组，应当符合下列规定：

（一）符合本办法第十一条、第四十三条规定的要求；

（二）上市公司购买的资产对应的经营实体应当是股份有限公司或者有限责任公司，且符合《首次公开发行股票并上市管理办法》规定的其他发行条件；

（三）上市公司及其最近3年内的控股股东、实际控制人不存在因涉嫌犯罪正被司法机关立案侦查或涉嫌违法违规正被中国证监会立案调查的情形，但是，涉嫌犯罪或违法违规的行为已经终止满3年，交易方案能够消除该行为可能造成的不良后果，且不影响对相关行为人追究责任的除外；

（四）上市公司及其控股股东、实际控制人最近12个月内未受到证券交易所公开谴责，不存在其他重大失信行为；

（五）本次重大资产重组不存在中国证监会认定的可能损害投资者合法权

益，或者违背公开、公平、公正原则的其他情形。

上市公司通过发行股份购买资产进行重大资产重组的，适用《证券法》和中国证监会的相关规定。

本条第一款所称控制权，按照《上市公司收购管理办法》第八十四条的规定进行认定。上市公司股权分散，董事、高级管理人员可以支配公司重大的财务和经营决策的，视为具有上市公司控制权。

创业板上市公司自控制权发生变更之日起，向收购人及其关联人购买符合国家战略的高新技术产业和战略性新兴产业资产，导致本条第一款规定任一情形的，所购买资产对应的经营实体应当是股份有限公司或者有限责任公司，且符合《首次公开发行股票并在创业板上市管理办法》规定的其他发行条件。

上市公司自控制权发生变更之日起，向收购人及其关联人购买的资产属于金融、创业投资等特定行业的，由中国证监会另行规定。

第十四条　计算本办法第十二条、第十三条规定的比例时，应当遵守下列规定：

（一）购买的资产为股权的，其资产总额以被投资企业的资产总额与该项投资所占股权比例的乘积和成交金额二者中的较高者为准，营业收入以被投资企业的营业收入与该项投资所占股权比例的乘积为准，资产净额以被投资企业的净资产额与该项投资所占股权比例的乘积和成交金额二者中的较高者为准；出售的资产为股权的，其资产总额、营业收入以及资产净额分别以被投资企业的资产总额、营业收入以及净资产额与该项投资所占股权比例的乘积为准。

购买股权导致上市公司取得被投资企业控股权的，其资产总额以被投资企业的资产总额和成交金额二者中的较高者为准，营业收入以被投资企业的营业收入为准，资产净额以被投资企业的净资产额和成交金额二者中的较高者为准；出售股权导致上市公司丧失被投资企业控股权的，其资产总额、营业收入以及资产净额分别以被投资企业的资产总额、营业收入以及净资产额为准。

（二）购买的资产为非股权资产的，其资产总额以该资产的账面值和成交金额二者中的较高者为准，资产净额以相关资产与负债的账面值差额和成交金额二者中的较高者为准；出售的资产为非股权资产的，其资产总额、资产净额分别以该资产的账面值、相关资产与负债账面值的差额为准；该非股权资产不涉及负债的，不适用第十二条第一款第（三）项规定的资产净额标准。

（三）上市公司同时购买、出售资产的，应当分别计算购买、出售资产的相关比例，并以二者中比例较高者为准。

（四）上市公司在12个月内连续对同一或者相关资产进行购买、出售的，以其累计数分别计算相应数额。已按照本办法的规定编制并披露重大资产重组报告书的资产交易行为,无须纳入累计计算的范围。中国证监会对本办法第十三条第一款规定的重大资产重组的累计期限和范围另有规定的,从其规定。

交易标的资产属于同一交易方所有或者控制,或者属于相同或者相近的业务范围,或者中国证监会认定的其他情形下,可以认定为同一或者相关资产。

第十五条 本办法第二条所称通过其他方式进行资产交易,包括:

(一)与他人新设企业、对已设立的企业增资或者减资;

(二)受托经营、租赁其他企业资产或者将经营性资产委托他人经营、租赁;

(三)接受附义务的资产赠与或者对外捐赠资产;

(四)中国证监会根据审慎监管原则认定的其他情形。

上述资产交易实质上构成购买、出售资产,且按照本办法规定的标准计算的相关比例达到50%以上的,应当按照本办法的规定履行相关义务和程序。

第三章 重大资产重组的程序

第十六条 上市公司与交易对方就重大资产重组事宜进行初步磋商时,应当立即采取必要且充分的保密措施,制定严格有效的保密制度,限定相关敏感信息的知悉范围。上市公司及交易对方聘请证券服务机构的,应当立即与所聘请的证券服务机构签署保密协议。

上市公司关于重大资产重组的董事会决议公告前,相关信息已在媒体上传播或者公司股票交易出现异常波动的,上市公司应当立即将有关计划、方案或者相关事项的现状以及相关进展情况和风险因素等予以公告,并按照有关信息披露规则办理其他相关事宜。

第十七条 上市公司应当聘请符合《证券法》规定的独立财务顾问、律师事务所以及会计师事务所等证券服务机构就重大资产重组出具意见。

独立财务顾问和律师事务所应当审慎核查重大资产重组是否构成关联交易,并依据核查确认的相关事实发表明确意见。重大资产重组涉及关联交易的,独立财务顾问应当就本次重组对上市公司非关联股东的影响发表明确意见。

资产交易定价以资产评估结果为依据的,上市公司应当聘请符合《证券法》规定的资产评估机构出具资产评估报告。

证券服务机构在其出具的意见中采用其他证券服务机构或者人员的专业意见的,仍然应当进行尽职调查,审慎核查其采用的专业意见的内容,并对利用其他证券服务机构或者人员的专业意见所形成的结论负责。

第十八条 上市公司及交易对方与证券服务机构签订聘用合同后，非因正当事由不得更换证券服务机构。确有正当事由需要更换证券服务机构的，应当披露更换的具体原因以及证券服务机构的陈述意见。

第十九条 上市公司应当在重大资产重组报告书的管理层讨论与分析部分，就本次交易对上市公司的持续经营能力、未来发展前景、当年每股收益等财务指标和非财务指标的影响进行详细分析。

第二十条 重大资产重组中相关资产以资产评估结果作为定价依据的，资产评估机构应当按照资产评估相关准则和规范开展执业活动；上市公司董事会应当对评估机构的独立性、评估假设前提的合理性、评估方法与评估目的的相关性以及评估定价的公允性发表明确意见。

相关资产不以资产评估结果作为定价依据的，上市公司应当在重大资产重组报告书中详细分析说明相关资产的估值方法、参数及其他影响估值结果的指标和因素。上市公司董事会应当对估值机构的独立性、估值假设前提的合理性、估值方法与估值目的的相关性发表明确意见，并结合相关资产的市场可比交易价格、同行业上市公司的市盈率或者市净率等通行指标，在重大资产重组报告书中详细分析本次交易定价的公允性。

前二款情形中，评估机构、估值机构原则上应当采取两种以上的方法进行评估或者估值；上市公司独立董事应当出席董事会会议，对评估机构或者估值机构的独立性、评估或者估值假设前提的合理性和交易定价的公允性发表独立意见，并单独予以披露。

第二十一条 上市公司进行重大资产重组，应当由董事会依法作出决议，并提交股东大会批准。

上市公司董事会应当就重大资产重组是否构成关联交易作出明确判断，并作为董事会决议事项予以披露。

上市公司独立董事应当在充分了解相关信息的基础上，就重大资产重组发表独立意见。重大资产重组构成关联交易的，独立董事可以另行聘请独立财务顾问就本次交易对上市公司非关联股东的影响发表意见。上市公司应当积极配合独立董事调阅相关材料，并通过安排实地调查、组织证券服务机构汇报等方式，为独立董事履行职责提供必要的支持和便利。

第二十二条 上市公司应当在董事会作出重大资产重组决议后的次一工作日至少披露下列文件：

（一）董事会决议及独立董事的意见；

（二）上市公司重大资产重组预案。

本次重组的重大资产重组报告书、独立财务顾问报告、法律意见书以及重组涉及的审计报告、资产评估报告或者估值报告至迟应当与召开股东大会的通知同时公告。上市公司自愿披露盈利预测报告的，该报告应当经符合《证券法》规定的会计师事务所审核，与重大资产重组报告书同时公告。

本条第一款第（二）项及第二款规定的信息披露文件的内容与格式另行规定。

上市公司只需选择一种符合中国证监会规定条件的媒体公告董事会决议、独立董事的意见，并应当在证券交易所网站全文披露重大资产重组报告书及其摘要、相关证券服务机构的报告或者意见。

第二十三条 上市公司股东大会就重大资产重组作出的决议，至少应当包括下列事项：

（一）本次重大资产重组的方式、交易标的和交易对方；

（二）交易价格或者价格区间；

（三）定价方式或者定价依据；

（四）相关资产自定价基准日至交割日期间损益的归属；

（五）相关资产办理权属转移的合同义务和违约责任；

（六）决议的有效期；

（七）对董事会办理本次重大资产重组事宜的具体授权；

（八）其他需要明确的事项。

第二十四条 上市公司股东大会就重大资产重组事项作出决议，必须经出席会议的股东所持表决权的2/3以上通过。

上市公司重大资产重组事宜与本公司股东或者其关联人存在关联关系的，股东大会就重大资产重组事项进行表决时，关联股东应当回避表决。

交易对方已经与上市公司控股股东就受让上市公司股权或者向上市公司推荐董事达成协议或者默契，可能导致上市公司的实际控制权发生变化的，上市公司控股股东及其关联人应当回避表决。

上市公司就重大资产重组事宜召开股东大会，应当以现场会议形式召开，并应当提供网络投票和其他合法方式为股东参加股东大会提供便利。除上市公司的董事、监事、高级管理人员、单独或者合计持有上市公司5%以上股份的股东以外，其他股东的投票情况应当单独统计并予以披露。

第二十五条 上市公司应当在股东大会作出重大资产重组决议后的次一工作日公告该决议，以及律师事务所对本次会议的召集程序、召集人和出席人员的资格、表决程序以及表决结果等事项出具的法律意见书。

属于本办法第十三条规定的交易情形的，上市公司还应当按照中国证监会的规定委托独立财务顾问在作出决议后3个工作日内向中国证监会提出申请。

第二十六条 上市公司全体董事、监事、高级管理人员应当公开承诺，保证重大资产重组的信息披露和申请文件不存在虚假记载、误导性陈述或者重大遗漏。

重大资产重组的交易对方应当公开承诺,将及时向上市公司提供本次重组相关信息,并保证所提供的信息真实、准确、完整,如因提供的信息存在虚假记载、误导性陈述或者重大遗漏,给上市公司或者投资者造成损失的,将依法承担赔偿责任。

前二款规定的单位和个人还应当公开承诺,如本次交易因涉嫌所提供或者披露的信息存在虚假记载、误导性陈述或者重大遗漏,被司法机关立案侦查或者被中国证监会立案调查的,在案件调查结论明确之前,将暂停转让其在该上市公司拥有权益的股份。

第二十七条 中国证监会依照法定条件和程序,对上市公司属于本办法第十三条规定情形的交易申请作出予以核准或者不予核准的决定。

中国证监会在审核期间提出反馈意见要求上市公司作出书面解释、说明的,上市公司应当自收到反馈意见之日起 30 日内提供书面回复意见,独立财务顾问应当配合上市公司提供书面回复意见。逾期未提供的,上市公司应当在到期日的次日就本次交易的进展情况及未能及时提供回复意见的具体原因等予以公告。

第二十八条 股东大会作出重大资产重组的决议后,上市公司拟对交易对象、交易标的、交易价格等作出变更,构成对原交易方案重大调整的,应当在董事会表决通过后重新提交股东大会审议,并及时公告相关文件。

中国证监会审核期间,上市公司按照前款规定对原交易方案作出重大调整的,还应当按照本办法的规定向中国证监会重新提出申请,同时公告相关文件。

中国证监会审核期间,上市公司董事会决议撤回申请的,应当说明原因,予以公告;上市公司董事会决议终止本次交易的,还应当按照公司章程的规定提交股东大会审议。

第二十九条 上市公司重大资产重组属于本办法第十三条规定的交易情形的,应当提交并购重组委审核。

第三十条 上市公司在收到中国证监会关于召开并购重组委工作会议审核其申请的通知后,应当立即予以公告,并申请办理并购重组委工作会议期间直至其表决结果披露前的停牌事宜。

上市公司收到并购重组委关于其申请的表决结果的通知后,应当在次一工作日公告表决结果并申请复牌。公告应当说明,公司在收到中国证监会作出的予以核准或者不予核准的决定后将再行公告。

第三十一条 上市公司收到中国证监会就其申请作出的予以核准或者不予核准的决定后,应当在次一工作日予以公告。

中国证监会予以核准的,上市公司应当在公告核准决定的同时,按照相关信息披露准则的规定补充披露相关文件。

第三十二条 上市公司重大资产重组完成相关批准程序后，应当及时实施重组方案，并于实施完毕之日起3个工作日内编制实施情况报告书，向证券交易所提交书面报告，并予以公告。

上市公司聘请的独立财务顾问和律师事务所应当对重大资产重组的实施过程、资产过户事宜和相关后续事项的合规性及风险进行核查，发表明确的结论性意见。独立财务顾问和律师事务所出具的意见应当与实施情况报告书同时报告、公告。

第三十三条 自完成相关批准程序之日起60日内，本次重大资产重组未实施完毕的，上市公司应当于期满后次一工作日将实施进展情况报告，并予以公告；此后每30日应当公告一次，直至实施完毕。属于本办法第十三条、第四十四条规定的交易情形的，自收到中国证监会核准文件之日起超过12个月未实施完毕的，核准文件失效。

第三十四条 上市公司在实施重大资产重组的过程中，发生法律、法规要求披露的重大事项的，应当及时作出公告；该事项导致本次交易发生实质性变动的，须重新提交股东大会审议，属于本办法第十三条规定的交易情形的，还须重新报经中国证监会核准。

第三十五条 采取收益现值法、假设开发法等基于未来收益预期的方法对拟购买资产进行评估或者估值并作为定价参考依据的，上市公司应当在重大资产重组实施完毕后3年内的年度报告中单独披露相关资产的实际盈利数与利润预测数的差异情况，并由会计师事务所对此出具专项审核意见；交易对方应当与上市公司就相关资产实际盈利数不足利润预测数的情况签订明确可行的补偿协议。

预计本次重大资产重组将摊薄上市公司当年每股收益的，上市公司应当提出填补每股收益的具体措施，并将相关议案提交董事会和股东大会进行表决。负责落实该等具体措施的相关责任主体应当公开承诺，保证切实履行其义务和责任。

上市公司向控股股东、实际控制人或者其控制的关联人之外的特定对象购买资产且未导致控制权发生变更的，不适用本条前二款规定，上市公司与交易对方可以根据市场化原则，自主协商是否采取业绩补偿和每股收益填补措施及相关具体安排。

第三十六条 上市公司重大资产重组发生下列情形的，独立财务顾问应当及时出具核查意见，并予以公告：

（一）上市公司完成相关批准程序前，对交易对象、交易标的、交易价格等作出变更，构成对原重组方案重大调整，或者因发生重大事项导致原重组方案发生实质性变动的；

（二）上市公司完成相关批准程序后，在实施重组过程中发生重大事项，导致原重组方案发生实质性变动的。

第三十七条 独立财务顾问应当按照中国证监会的相关规定，对实施重大资产重组的上市公司履行持续督导职责。持续督导的期限自本次重大资产重组实施完毕之日起，应当不少于一个会计年度。实施本办法第十三条规定的重大资产重组，持续督导的期限自中国证监会核准本次重大资产重组之日起，应当不少于3个会计年度。

第三十八条 独立财务顾问应当结合上市公司重大资产重组当年和实施完毕后的第一个会计年度的年报，自年报披露之日起15日内，对重大资产重组实施的下列事项出具持续督导意见，并予以公告：

（一）交易资产的交付或者过户情况；

（二）交易各方当事人承诺的履行情况；

（三）已公告的盈利预测或者利润预测的实现情况；

（四）管理层讨论与分析部分提及的各项业务的发展现状；

（五）公司治理结构与运行情况；

（六）与已公布的重组方案存在差异的其他事项。

独立财务顾问还应当结合本办法第十三条规定的重大资产重组实施完毕后的第二、三个会计年度的年报，自年报披露之日起15日内，对前款第（二）至（六）项事项出具持续督导意见，并予以公告。

第四章 重大资产重组的信息管理

第三十九条 上市公司筹划、实施重大资产重组，相关信息披露义务人应当公平地向所有投资者披露可能对上市公司股票交易价格产生较大影响的相关信息（以下简称股价敏感信息），不得有选择性地向特定对象提前泄露。

第四十条 上市公司的股东、实际控制人以及参与重大资产重组筹划、论证、决策等环节的其他相关机构和人员，应当及时、准确地向上市公司通报有关信息，并配合上市公司及时、准确、完整地进行披露。上市公司获悉股价敏感信息的，应当及时向证券交易所申请停牌并披露。

第四十一条 上市公司及其董事、监事、高级管理人员，重大资产重组的交易对方及其关联方，交易对方及其关联方的董事、监事、高级管理人员或者主要负责人，交易各方聘请的证券服务机构及其从业人员，参与重大资产重组筹划、论证、决策、审批等环节的相关机构和人员，以及因直系亲属关系、提供服务和业务往来等知悉或者可能知悉股价敏感信息的其他相关机构和人员，在重大资产重组的股价敏感信息依法披露前负有保密义务，禁止利用该信息进行内幕交易。

第四十二条 上市公司筹划重大资产重组事项,应当详细记载筹划过程中每一具体环节的进展情况,包括商议相关方案、形成相关意向、签署相关协议或者意向书的具体时间、地点、参与机构和人员、商议和决议内容等,制作书面的交易进程备忘录并予以妥当保存。参与每一具体环节的所有人员应当即时在备忘录上签名确认。

上市公司预计筹划中的重大资产重组事项难以保密或者已经泄露的,应当及时向证券交易所申请停牌,直至真实、准确、完整地披露相关信息。停牌期间,上市公司应当至少每周发布一次事件进展情况公告。

上市公司股票交易价格因重大资产重组的市场传闻发生异常波动时,上市公司应当及时向证券交易所申请停牌,核实有无影响上市公司股票交易价格的重组事项并予以澄清,不得以相关事项存在不确定性为由不履行信息披露义务。

第五章　发行股份购买资产

第四十三条 上市公司发行股份购买资产,应当符合下列规定:

(一)充分说明并披露本次交易有利于提高上市公司资产质量、改善财务状况和增强持续盈利能力,有利于上市公司减少关联交易、避免同业竞争、增强独立性;

(二)上市公司最近一年及一期财务会计报告被注册会计师出具无保留意见审计报告;被出具保留意见、否定意见或者无法表示意见的审计报告的,须经注册会计师专项核查确认,该保留意见、否定意见或者无法表示意见所涉及事项的重大影响已经消除或者将通过本次交易予以消除;

(三)上市公司及其现任董事、高级管理人员不存在因涉嫌犯罪正被司法机关立案侦查或涉嫌违法违规正被中国证监会立案调查的情形,但是,涉嫌犯罪或违法违规的行为已经终止满 3 年,交易方案有助于消除该行为可能造成的不良后果,且不影响对相关行为人追究责任的除外;

(四)充分说明并披露上市公司发行股份所购买的资产为权属清晰的经营性资产,并能在约定期限内办理完毕权属转移手续;

(五)中国证监会规定的其他条件。

上市公司为促进行业的整合、转型升级,在其控制权不发生变更的情况下,可以向控股股东、实际控制人或者其控制的关联人之外的特定对象发行股份购买资产。所购买资产与现有主营业务没有显著协同效应的,应当充分说明并披露本次交易后的经营发展战略和业务管理模式,以及业务转型升级可能面临的风险和应对措施。

特定对象以现金或者资产认购上市公司发行的股份后,上市公司用同一次发行所募集的资金向该特定对象购买资产的,视同上市公司发行股份购买资产。

第四十四条 上市公司发行股份购买资产的,可以同时募集部分配套资金,其定价方式按照现行相关规定办理。

上市公司发行股份购买资产应当遵守本办法关于重大资产重组的规定,编制发行股份购买资产预案、发行股份购买资产报告书,并向中国证监会提出申请。

第四十五条 上市公司发行股份的价格不得低于市场参考价的90%。市场参考价为本次发行股份购买资产的董事会决议公告日前20个交易日、60个交易日或者120个交易日的公司股票交易均价之一。本次发行股份购买资产的董事会决议应当说明市场参考价的选择依据。

前款所称交易均价的计算公式为:董事会决议公告日前若干个交易日公司股票交易均价=决议公告日前若干个交易日公司股票交易总额/决议公告日前若干个交易日公司股票交易总量。

本次发行股份购买资产的董事会决议可以明确,在中国证监会核准前,上市公司的股票价格相比最初确定的发行价格发生重大变化的,董事会可以按照已经设定的调整方案对发行价格进行一次调整。

前款规定的发行价格调整方案应当明确、具体、可操作,详细说明是否相应调整拟购买资产的定价、发行股份数量及其理由,在首次董事会决议公告时充分披露,并按照规定提交股东大会审议。股东大会作出决议后,董事会按照已经设定的方案调整发行价格的,上市公司无需按照本办法第二十八条的规定向中国证监会重新提出申请。

第四十六条 特定对象以资产认购而取得的上市公司股份,自股份发行结束之日起12个月内不得转让;属于下列情形之一的,36个月内不得转让:

(一)特定对象为上市公司控股股东、实际控制人或者其控制的关联人;

(二)特定对象通过认购本次发行的股份取得上市公司的实际控制权;

(三)特定对象取得本次发行的股份时,对其用于认购股份的资产持续拥有权益的时间不足12个月。

属于本办法第十三条第一款规定的交易情形的,上市公司原控股股东、原实际控制人及其控制的关联人,以及在交易过程中从该等主体直接或间接受让该上市公司股份的特定对象应当公开承诺,在本次交易完成后36个月内不转让其在该上市公司中拥有权益的股份;除收购人及其关联人以外的特定对象应当公开承诺,其以资产认购而取得的上市公司股份自股份发行结束之日起24个月内不得转让。

第四十七条 上市公司申请发行股份购买资产,应当提交并购重组委审核。

第四十八条 上市公司发行股份购买资产导致特定对象持有或者控制的股份达到法定比例的，应当按照《上市公司收购管理办法》的规定履行相关义务。

上市公司向控股股东、实际控制人或者其控制的关联人发行股份购买资产，或者发行股份购买资产将导致上市公司实际控制权发生变更的，认购股份的特定对象应当在发行股份购买资产报告书中公开承诺：本次交易完成后6个月内如上市公司股票连续20个交易日的收盘价低于发行价，或者交易完成后6个月期末收盘价低于发行价的，其持有公司股票的锁定期自动延长至少6个月。

前款规定的特定对象还应当在发行股份购买资产报告书中公开承诺：如本次交易因涉嫌所提供或披露的信息存在虚假记载、误导性陈述或者重大遗漏，被司法机关立案侦查或者被中国证监会立案调查的，在案件调查结论明确以前，不转让其在该上市公司拥有权益的股份。

第四十九条 中国证监会核准上市公司发行股份购买资产的申请后，上市公司应当及时实施。向特定对象购买的相关资产过户至上市公司后，上市公司聘请的独立财务顾问和律师事务所应当对资产过户事宜和相关后续事项的合规性及风险进行核查，并发表明确意见。上市公司应当在相关资产过户完成后3个工作日内就过户情况作出公告，公告中应当包括独立财务顾问和律师事务所的结论性意见。

上市公司完成前款规定的公告、报告后，可以到证券交易所、证券登记结算公司为认购股份的特定对象申请办理证券登记手续。

第五十条 换股吸收合并涉及上市公司的，上市公司的股份定价及发行按照本章规定执行。

上市公司发行优先股用于购买资产或者与其他公司合并，中国证监会另有规定的，从其规定。

上市公司可以向特定对象发行可转换为股票的公司债券、定向权证、存托凭证等用于购买资产或者与其他公司合并。

第六章 重大资产重组后申请发行新股或者公司债券

第五十一条 经中国证监会审核后获得核准的重大资产重组实施完毕后，上市公司申请公开发行新股或者公司债券，同时符合下列条件的，本次重大资产重组前的业绩在审核时可以模拟计算：

（一）进入上市公司的资产是完整经营实体；

（二）本次重大资产重组实施完毕后，重组方的承诺事项已经如期履行，上市公司经营稳定、运行良好；

（三）本次重大资产重组实施完毕后，上市公司和相关资产实现的利润达到盈利预测水平。

上市公司在本次重大资产重组前不符合中国证监会规定的公开发行证券条件，或者本次重组导致上市公司实际控制人发生变化的，上市公司申请公开发行新股或者公司债券，距本次重组交易完成的时间应当不少于一个完整会计年度。

第五十二条 本办法所称完整经营实体，应当符合下列条件：

（一）经营业务和经营资产独立、完整，且在最近两年未发生重大变化；

（二）在进入上市公司前已在同一实际控制人之下持续经营两年以上；

（三）在进入上市公司之前实行独立核算，或者虽未独立核算，但与其经营业务相关的收入、费用在会计核算上能够清晰划分；

（四）上市公司与该经营实体的主要高级管理人员签订聘用合同或者采取其他方式，就该经营实体在交易完成后的持续经营和管理作出恰当安排。

第七章 监督管理和法律责任

第五十三条 未依照本办法的规定履行相关义务或者程序，擅自实施重大资产重组的，由中国证监会责令改正，并可以采取监管谈话、出具警示函等监管措施；情节严重的，可以责令暂停或者终止重组活动，处以警告、罚款，并可以对有关责任人员采取市场禁入的措施。

未经中国证监会核准擅自实施本办法第十三条第一款规定的重大资产重组，交易尚未完成的，中国证监会责令上市公司补充披露相关信息、暂停交易并按照本办法第十三条的规定报送申请文件；交易已经完成的，可以处以警告、罚款，并对有关责任人员采取市场禁入的措施；涉嫌犯罪的，依法移送司法机关追究刑事责任。

上市公司重大资产重组因定价显失公允、不正当利益输送等问题损害上市公司、投资者合法权益的，由中国证监会责令改正，并可以采取监管谈话、出具警示函等监管措施；情节严重的，可以责令暂停或者终止重组活动，处以警告、罚款，并可以对有关责任人员采取市场禁入的措施。

第五十四条 上市公司或者其他信息披露义务人未按照本办法规定报送重大资产重组有关报告或者履行信息披露义务的，由中国证监会责令改正，依照《证券法》第一百九十七条予以处罚；情节严重的，可以责令暂停或者终止重组活动，并可以对有关责任人员采取市场禁入的措施；涉嫌犯罪的，依法移送司法机关追究刑事责任。

上市公司控股股东、实际控制人组织、指使从事前款违法违规行为，或者隐瞒相关事项导致发生前款情形的，依照《证券法》第一百九十七条予以处罚；情节严重的，可以责令暂停或者终止重组活动，并可以对有关责任人员采取市场禁入的措施；涉嫌犯罪的，依法移送司法机关追究刑事责任。

第五十五条 上市公司或者其他信息披露义务人报送的报告或者披露的信息存在虚假记载、误导性陈述或者重大遗漏的，由中国证监会责令改正，依照《证券法》第一百九十七条予以处罚；情节严重的，可以责令暂停或者终止重组活动，并可以对有关责任人员采取市场禁入的措施；涉嫌犯罪的，依法移送司法机关追究刑事责任。

上市公司的控股股东、实际控制人组织、指使从事前款违法违规行为，或者隐瞒相关事项导致发生前款情形的，依照《证券法》第一百九十七条予以处罚；情节严重的，可以责令暂停或者终止重组活动，并可以对有关责任人员采取市场禁入的措施；涉嫌犯罪的，依法移送司法机关追究刑事责任。

重大资产重组或者发行股份购买资产的交易对方未及时向上市公司或者其他信息披露义务人提供信息，或者提供的信息有虚假记载、误导性陈述或者重大遗漏的，按照第一款规定执行。

上市公司发行股份购买资产，在其公告的有关文件中隐瞒重要事实或者编造重大虚假内容的，中国证监会依照《证券法》第一百八十一条予以处罚。

上市公司的控股股东、实际控制人组织、指使从事第四款违法行为的，中国证监会依照《证券法》第一百八十一条予以处罚。

第五十六条 重大资产重组涉嫌本办法第五十三条、第五十四条、第五十五条规定情形的，中国证监会可以责令上市公司作出公开说明、聘请独立财务顾问或者其他证券服务机构补充核查并披露专业意见，在公开说明、披露专业意见之前，上市公司应当暂停重组；上市公司涉嫌前述情形被司法机关立案侦查或者被中国证监会立案调查的，在案件调查结论明确之前应当暂停重组。

涉嫌本办法第五十四条、第五十五条规定情形，被司法机关立案侦查或者被中国证监会立案调查的，有关单位和个人应当严格遵守其所作的公开承诺，在案件调查结论明确之前，不得转让其在该上市公司拥有权益的股份。

第五十七条 上市公司董事、监事和高级管理人员未履行诚实守信、勤勉尽责义务，或者上市公司的股东、实际控制人及其有关负责人员未按照本办法的规定履行相关义务，导致重组方案损害上市公司利益的，由中国证监会责令改正，并可以采取监管谈话、出具警示函等监管措施；情节严重的，处以警告、罚款，并可以对有关人员采取认定为不适当人选、市场禁入的措施；涉嫌犯罪的，依法移送司法机关追究刑事责任。

第五十八条 为重大资产重组出具财务顾问报告、审计报告、法律意见、资产评估报告、估值报告及其他专业文件的证券服务机构及其从业人员未履行诚实守信、勤勉尽责义务，违反中国证监会的有关规定、行业规范、业务规则，或者未依法履行报告和公告义务、持续督导义务的，由中国证监会责令改正，并可以采取监管谈话、出具警示函、责令公开说明、责令定期报告、认定为不适当人选等监管措施；情节严重的，依法追究法律责任。

前款规定的证券服务机构及其从业人员所制作、出具的文件存在虚假记载、误导性陈述或者重大遗漏的，由中国证监会责令改正，依照《证券法》第二百一十三条予以处罚；情节严重的，可以采取市场禁入的措施；涉嫌犯罪的，依法移送司法机关追究刑事责任。

存在前二款规定情形的，在按照中国证监会的要求完成整改之前，不得接受新的上市公司并购重组业务。

第五十九条 重大资产重组实施完毕后，凡因不属于上市公司管理层事前无法获知且事后无法控制的原因，上市公司所购买资产实现的利润未达到资产评估报告或者估值报告预测金额的80%，或者实际运营情况与重大资产重组报告书中管理层讨论与分析部分存在较大差距的，上市公司的董事长、总经理以及对此承担相应责任的会计师事务所、财务顾问、资产评估机构、估值机构及其从业人员应当在上市公司披露年度报告的同时，在同一媒体上作出解释，并向投资者公开道歉；实现利润未达到预测金额50%的，中国证监会可以对上市公司、相关机构及其责任人员采取监管谈话、出具警示函、责令定期报告等监管措施。

交易对方超期未履行或者违反业绩补偿协议、承诺的，由中国证监会责令改正，并可以采取监管谈话、出具警示函、责令公开说明、认定为不适当人选等监管措施，将相关情况记入诚信档案。

第六十条 任何知悉重大资产重组信息的人员在相关信息依法公开前，泄露该信息、买卖或者建议他人买卖相关上市公司证券、利用重大资产重组散布虚假信息、操纵证券市场或者进行欺诈活动的，中国证监会依照《证券法》第一百九十一条、第一百九十二条、第一百九十三条予以处罚；涉嫌犯罪的，依法移送司法机关追究刑事责任。

第八章 附 则

第六十一条 中国证监会对证券交易所相关板块上市公司重大资产重组另有规定的，从其规定。

第六十二条 本办法自2014年11月23日起施行。2008年4月16日发布并于2011年8月1日修改的《上市公司重大资产重组管理办法》（证监会令第73号）、2008年11月11日发布的《关于破产重整上市公司重大资产重组股份发行定价的补充规定》（证监会公告〔2008〕44号）同时废止。

证券交易所管理办法

（2017 年 11 月 17 日中国证券监督管理委员会令第 136 号公布 根据 2020 年 3 月 20 日中国证券监督管理委员会《关于修改部分证券期货规章的决定》修订）

第一章 总 则

第一条 为加强对证券交易所的管理，促进证券交易所依法全面履行一线监管职能和服务职能，维护证券市场的正常秩序，保护投资者的合法权益，促进证券市场的健康稳定发展，根据《中华人民共和国证券法》（以下简称《证券法》），制定本办法。

第二条 本办法所称的证券交易所是指经国务院决定设立的证券交易所。

第三条 证券交易所根据《中国共产党章程》设立党委，发挥领导作用，把方向、管大局、保落实，依照规定讨论和决定交易所重大事项，保证监督党和国家的方针、政策在交易所得到全面贯彻落实。

第四条 证券交易所由中国证券监督管理委员会（以下简称中国证监会）监督管理。

第五条 证券交易所的名称，应当标明证券交易所字样。其他任何单位和个人不得使用证券交易所或者近似名称。

第二章 证券交易所的职能

第六条 证券交易所组织和监督证券交易，实施自律管理，应当遵循社会公共利益优先原则，维护市场的公平、有序、透明。

第七条 证券交易所的职能包括：

（一）提供证券交易的场所、设施和服务；

（二）制定和修改证券交易所的业务规则；

（三）依法审核公开发行证券申请；

（四）审核、安排证券上市交易，决定证券终止上市和重新上市；

（五）提供非公开发行证券转让服务；

（六）组织和监督证券交易；

（七）对会员进行监管；

（八）对证券上市交易公司及相关信息披露义务人进行监管；

（九）对证券服务机构为证券上市、交易等提供服务的行为进行监管；

（十）管理和公布市场信息；

（十一）开展投资者教育和保护；

（十二）法律、行政法规规定的以及中国证监会许可、授权或者委托的其他职能。

第八条 证券交易所不得直接或者间接从事：

（一）新闻出版业；

（二）发布对证券价格进行预测的文字和资料；

（三）为他人提供担保；

（四）未经中国证监会批准的其他业务。

第九条 证券交易所可以根据证券市场发展的需要，创新交易品种和交易方式，设立不同的市场层次。

第十条 证券交易所制定或者修改业务规则，应当符合法律、行政法规、部门规章对其自律管理职责的要求。

证券交易所制定或者修改下列业务规则时，应当由证券交易所理事会通过，并报中国证监会批准：

（一）证券交易、上市、会员管理和其他有关业务规则；

（二）涉及上市新的证券交易品种或者对现有上市证券交易品种作出较大调整；

（三）以联网等方式为非本所上市的品种提供交易服务；

（四）涉及证券交易方式的重大创新或者对现有证券交易方式作出较大调整；

（五）涉及港澳台及境外机构的重大事项；

（六）中国证监会认为需要批准的其他业务规则。

第十一条 证券交易所制定的业务规则对证券交易业务活动的各参与主体具有约束力。对违反业务规则的行为，证券交易所给予纪律处分或者采取其他自律管理措施。

第十二条 证券交易所应当按照章程、协议以及业务规则的规定，对违法违规行为采取自律监管措施或者纪律处分，履行自律管理职责。

第十三条 证券交易所应当在业务规则中明确自律监管措施或者纪律处分的具体类型、适用情形和适用程序。

证券交易所采取纪律处分的，应当依据纪律处分委员会的审核意见作出。纪律处分决定作出前，当事人按照业务规则的规定申请听证的，证券交易所应当组织听证。

第十四条 市场参与主体对证券交易所作出的相关自律监管措施或者纪

律处分不服的，可以按照证券交易所业务规则的规定申请复核。

证券交易所应当设立复核委员会，依据其审核意见作出复核决定。

第十五条 证券交易所应当建立风险管理和风险监测机制，依法监测、监控、预警并防范市场风险，维护证券市场安全稳定运行。

第十六条 证券交易所应当同其他交易场所、登记结算机构、行业协会等证券期货业组织建立资源共享、相互配合的长效合作机制，联合依法监察证券市场违法违规行为。

第三章 证券交易所的组织

第十七条 实行会员制的证券交易所设会员大会、理事会、总经理和监事会。

第十八条 会员大会为证券交易所的最高权力机构。会员大会行使下列职权：

（一）制定和修改证券交易所章程；

（二）选举和罢免会员理事、会员监事；

（三）审议和通过理事会、监事会和总经理的工作报告；

（四）审议和通过证券交易所的财务预算、决算报告；

（五）法律、行政法规、部门规章和证券交易所章程规定的其他重大事项。

第十九条 证券交易所章程应当包括下列事项：

（一）设立目的；

（二）名称；

（三）主要办公及交易场所和设施所在地；

（四）职能范围；

（五）会员的资格和加入、退出程序；

（六）会员的权利和义务；

（七）对会员的纪律处分；

（八）组织机构及其职权；

（九）理事、监事、高级管理人员的产生、任免及其职责；

（十）资本和财务事项；

（十一）解散的条件和程序；

（十二）其他需要在章程中规定的事项。

章程的制定和修改经会员大会通过后，报中国证监会批准。

第二十条 会员大会每年召开一次，由理事会召集，理事长主持。理事长因故不能履行职责时，由理事长指定的副理事长或者其他理事主持。有下列情形之一的，应当召开临时会员大会：

（一）理事人数不足本办法规定的最低人数；

（二）三分之一以上会员提议；

（三）理事会或者监事会认为必要。

第二十一条 会员大会应当有三分之二以上的会员出席，其决议须经出席会议的会员过半数表决通过。

会员大会结束后十个工作日内，证券交易所应当将大会全部文件及有关情况向中国证监会报告。

第二十二条 理事会是证券交易所的决策机构，行使下列职权：

（一）召集会员大会，并向会员大会报告工作；

（二）执行会员大会的决议；

（三）审定总经理提出的工作计划；

（四）审定总经理提出的年度财务预算、决算方案；

（五）审定对会员的接纳和退出；

（六）审定取消会员资格的纪律处分；

（七）审定证券交易所业务规则；

（八）审定证券交易所上市新的证券交易品种或者对现有上市证券交易品种作出较大调整；

（九）审定证券交易所收费项目、收费标准及收费管理办法；

（十）审定证券交易所重大财务管理事项；

（十一）审定证券交易所重大风险管理和处置事项，管理证券交易所风险基金；

（十二）审定重大投资者教育和保护工作事项；

（十三）决定高级管理人员的聘任、解聘及薪酬事项，但中国证监会任免的除外；

（十四）会员大会授予和证券交易所章程规定的其他职权。

第二十三条 证券交易所理事会由七至十三人组成，其中非会员理事人数不少于理事会成员总数的三分之一，不超过理事会成员总数的二分之一。

理事每届任期三年。会员理事由会员大会选举产生，非会员理事由中国证监会委派。

第二十四条 理事会会议至少每季度召开一次。会议须有三分之二以上理事出席，其决议应当经出席会议的三分之二以上理事表决同意方为有效。理事会决议应当在会议结束后两个工作日内向中国证监会报告。

第二十五条 理事会设理事长一人，副理事长一至二人。总经理应当是理事会成员。

理事长是证券交易所的法定代表人。

第二十六条 理事长负责召集和主持理事会会议。理事长因故临时不能履行职责时，由理事长指定的副理事长或者其他理事代其履行职责。

理事长不得兼任证券交易所总经理。

第二十七条 证券交易所的总经理、副总经理、首席专业技术管理人员每届任期三年。总经理由中国证监会任免。副总经理按照中国证监会相关规定任免或者聘任。

总经理因故临时不能履行职责时，由总经理指定的副总经理代其履行职责。

第二十八条 总经理行使下列职权：

（一）执行会员大会和理事会决议，并向其报告工作；

（二）主持证券交易所的日常工作；

（三）拟订并组织实施证券交易所工作计划；

（四）拟订证券交易所年度财务预算、决算方案；

（五）审定业务细则及其他制度性规定；

（六）审定除取消会员资格以外的其他纪律处分；

（七）审定除应当由理事会审定外的其他财务管理事项；

（八）理事会授予和证券交易所章程规定的其他职权。

第二十九条 监事会是证券交易所的监督机构，行使下列职权：

（一）检查证券交易所财务；

（二）检查证券交易所风险基金的使用和管理；

（三）监督证券交易所理事、高级管理人员执行职务行为；

（四）监督证券交易所遵守法律、行政法规、部门规章和证券交易所章程、协议、业务规则以及风险预防与控制的情况；

（五）当理事、高级管理人员的行为损害证券交易所利益时，要求理事、高级管理人员予以纠正；

（六）提议召开临时会员大会；

（七）提议召开临时理事会；

（八）向会员大会提出提案；

（九）会员大会授予和证券交易所章程规定的其他职权。

第三十条 证券交易所监事会人员不得少于五人，其中会员监事不得少于两名，职工监事不得少于两名，专职监事不得少于一名。

监事每届任期三年。会员监事由会员大会选举产生，职工监事由职工大会、职工代表大会或者其他形式民主选举产生，专职监事由中国证监会委派。证券交易所理事、高级管理人员不得兼任监事。

第三十一条 监事会设监事长一人。

监事长负责召集和主持监事会会议。监事长因故不能履行职责时，由监事长指定的专职监事或者其他监事代为履行职务。

第三十二条 监事会至少每六个月召开一次会议。监事长、三分之一以上监事可以提议召开临时监事会会议。

监事会决议应当经半数以上监事通过。监事会决议应当在会议结束后两个工作日内向中国证监会报告。

第三十三条 理事会、监事会根据需要设立专门委员会。各专门委员会的职责、任期和人员组成等事项,由证券交易所章程具体规定。

各专门委员会的经费应当纳入证券交易所的预算。

第三十四条 证券交易所的从业人员应当正直诚实、品行良好、具备履行职责所必需的专业知识与能力。因违法行为或者违纪行为被开除的证券交易场所、证券公司、证券登记结算机构、证券服务机构的从业人员和被开除的国家机关工作人员,不得招聘为证券交易所的从业人员。

有《中华人民共和国公司法》第一百四十六条规定的情形或者下列情形之一的,不得担任证券交易所理事、监事、高级管理人员:

(一)犯有贪污、贿赂、侵占财产、挪用财产罪或者破坏社会经济秩序罪,或者因犯罪被剥夺政治权利;

(二)因违法行为或者违纪行为被解除职务的证券交易场所、证券登记结算机构的负责人,自被解除职务之日起未逾五年;

(三)因违法行为或者违纪行为被解除职务的证券公司董事、监事、高级管理人员,自被解除职务之日起未逾五年;

(四)因违法行为或者违纪行为被吊销执业证书或者被取消资格的律师、注册会计师或者其他证券服务机构的专业人员,自被吊销执业证书或者被取消资格之日起未逾五年;

(五)担任因违法行为被吊销营业执照的公司、企业的法定代表人并对该公司、企业被吊销营业执照负有个人责任的,自被吊销营业执照之日起未逾五年;

(六)担任因经营管理不善而破产的公司、企业的董事、厂长或者经理并对该公司、企业的破产负有个人责任的,自破产之日起未逾五年;

(七)法律、行政法规、部门规章规定的其他情形。

第三十五条 证券交易所理事、监事、高级管理人员的产生、聘任有不正当情况,或者前述人员在任期内有违反法律、行政法规、部门规章和证券交易所章程、业务规则的行为,或者由于其他原因,不适宜继续担任其所担任的职务时,中国证监会有权解除或者提议证券交易所解除有关人员的职务,并按照规定任命新的人选。

第四章 证券交易所对证券交易活动的监管

第三十六条 证券交易所应当制定具体的交易规则。其内容包括：

（一）证券交易的基本原则；

（二）证券交易的场所、品种和时间；

（三）证券交易方式、交易流程、风险控制和规范事项；

（四）证券交易监督；

（五）清算交收事项；

（六）交易纠纷的解决；

（七）暂停、恢复与取消交易；

（八）交易异常情况的认定和处理；

（九）投资者准入和适当性管理的基本要求；

（十）对违反交易规则行为的处理规定；

（十一）证券交易信息的提供和管理；

（十二）指数的编制方法和公布方式；

（十三）其他需要在交易规则中规定的事项。

第三十七条 参与证券交易所集中交易的，必须是证券交易所的会员，非会员不得直接参与股票的集中交易。会员应当依据证券交易所相关业务规则，对客户证券交易行为进行管理。

第三十八条 证券交易所应当实时公布即时行情，并按日制作证券市场行情表，记载并公布下列事项：

（一）上市证券的名称；

（二）开盘价、最高价、最低价、收盘价；

（三）与前一交易日收盘价比较后的涨跌情况；

（四）成交量、成交金额的分计及合计；

（五）证券交易所市场基准指数及其涨跌情况；

（六）中国证监会要求公布或者证券交易所认为需要公布的其他事项。

证券交易所即时行情的权益由证券交易所依法享有。证券交易所对市场交易形成的基础信息和加工产生的信息产品享有专属权利。未经证券交易所同意，任何单位和个人不得发布证券交易即时行情，不得以商业目的使用。经许可使用交易信息的机构和个人，未经证券交易所同意，不得将该信息提供给其他机构和个人使用。

第三十九条 证券交易所应当就其市场内的成交情况编制日报表、周报表、月报表和年报表，并及时向市场公布。

证券交易所可以根据监管需要，对其市场内特定证券的成交情况进行分类统计，并向市场公布。

第四十条 证券交易所应当保证投资者有平等机会获取证券市场的交易行情和其他公开披露的信息，并有平等的交易机会。

第四十一条 因不可抗力、意外事件、重大技术故障、重大人为差错等突发性事件而影响证券交易正常进行时，为维护证券交易正常秩序和市场公平，证券交易所可以按照业务规则采取技术性停牌、临时停市等处置措施，并应当及时向中国证监会报告。

因前款规定的突发性事件导致证券交易结果出现重大异常，按交易结果进行交收将对证券交易正常秩序和市场公平造成重大影响的，证券交易所按照业务规则可以采取取消交易、通知证券登记结算机构暂缓交收等措施，并应当及时向中国证监会报告并公告。

第四十二条 证券交易所对证券交易进行实时监控，及时发现和处理违反业务规则的异常交易行为。

证券交易所应当对可能误导投资者投资决策、可能对证券交易价格或证券交易量产生不当影响等异常交易行为进行重点监控。

第四十三条 证券交易所应当按照维护市场交易秩序，保障市场稳定运行，保证投资者公平交易机会，防范和化解市场风险的原则，制定异常交易行为认定和处理的业务规则，并报中国证监会批准。

第四十四条 对于严重影响证券交易秩序或者交易公平的异常交易行为，证券交易所可以按照业务规则实施限制投资者交易等措施，并向中国证监会报告。

证券交易所发现异常交易行为涉嫌违反法律、行政法规、部门规章的，应当及时向中国证监会报告。

第四十五条 证券交易所应当加强对证券交易的风险监测。出现重大异常波动的，证券交易所可以按照业务规则采取限制交易、强制停牌等处置措施，并向中国证监会报告；严重影响证券市场稳定的，证券交易所可以按照业务规则采取临时停市等处置措施并公告。

第四十六条 证券交易所应当妥善保存证券交易中产生的交易记录，并制定相应的保密管理措施。交易记录等重要文件的保存期不少于二十年。

证券交易所应当要求并督促会员妥善保存与证券交易有关的委托资料、交易记录、清算文件等，并建立相应的查询和保密制度。

第四十七条 证券交易所应当建立符合证券市场监管和实时监控要求的技术系统，并设立负责证券市场监管工作的专门机构。

证券交易所应当保障交易系统、通信系统及相关信息技术系统的安全、稳定和持续运行。

第四十八条 通过计算机程序自动生成或者下达交易指令进行程序化交

易的,应当符合中国证监会的规定,并向证券交易所报告,不得影响证券交易所系统安全或者正常交易秩序。证券交易所应当制定业务规则,对程序化交易进行监管。

第五章　证券交易所对会员的监管

第四十九条　证券交易所应当制定会员管理规则。其内容包括:

(一)会员资格的取得和管理;

(二)席位与交易单元管理;

(三)与证券交易业务有关的会员合规管理及风险控制要求;

(四)会员客户交易行为管理、适当性管理及投资者教育要求;

(五)会员业务报告制度;

(六)对会员的日常管理和监督检查;

(七)对会员采取的收取惩罚性违约金、取消会员资格等自律监管措施和纪律处分;

(八)其他需要在会员管理规则中规定的事项。

第五十条　证券交易所接纳的会员应当是经批准设立并具有法人地位的境内证券经营机构。

境外证券经营机构设立的驻华代表处,经申请可以成为证券交易所的特别会员。

证券交易所的会员种类,会员资格及权利、义务由证券交易所章程和业务规则规定。

第五十一条　证券交易所决定接纳或者开除会员应当在决定后的五个工作日内向中国证监会报告。

第五十二条　证券交易所应当限定席位的数量。

会员可以通过购买或者受让的方式取得席位。经证券交易所同意,席位可以转让,但不得用于出租和质押。

第五十三条　证券交易所应当对交易单元实施严格管理,设定、调整和限制会员参与证券交易的品种及方式。

会员参与证券交易的,应当向证券交易所申请设立交易单元。经证券交易所同意,会员将交易单元提供给他人使用的,会员应当对其进行管理。会员不得允许他人以其名义直接参与证券的集中交易。具体管理办法由证券交易所规定。

第五十四条　证券交易所应当制定技术管理规范,明确会员交易系统接入证券交易所和运行管理等技术要求,督促会员按照技术要求规范运作,保障交易及相关系统的安全稳定。

证券交易所为了防范系统性风险，可以要求会员建立和实施相应的风险控制系统和监测模型。

第五十五条 证券交易所应当按照章程、业务规则的规定，对会员遵守证券交易所章程和业务规则的情况进行检查，并将检查结果报告中国证监会。

证券交易所可以根据章程、业务规则要求会员提供与证券交易活动有关的业务报表、账册、交易记录和其他文件资料。

第五十六条 证券交易所应当建立会员客户交易行为管理制度，要求会员了解客户并在协议中约定对委托交易指令的核查和对异常交易指令的拒绝等内容，指导和督促会员完善客户交易行为监控系统，并定期进行考核评价。

会员管理的客户出现严重异常交易行为或者在一定时期内多次出现异常交易行为的，证券交易所应当对会员客户交易行为管理情况进行现场或者非现场检查，并将检查结果报告中国证监会。

会员未按规定履行客户管理职责的，证券交易所可以采取自律监管措施或者纪律处分。

第五十七条 证券交易所应当按照章程、业务规则对会员通过证券自营及资产管理等业务进行的证券交易实施监管。

证券交易所应当按照章程、业务规则要求会员报备其通过自营及资产管理账户开展产品业务创新的具体情况以及账户实际控制人的有关文件资料。

第五十八条 证券交易所应当督促会员建立并执行客户适当性管理制度，要求会员向客户推荐产品或者服务时充分揭示风险，并不得向客户推荐与其风险承受能力不适应的产品或者服务。

第五十九条 会员出现违法违规行为的，证券交易所可以按照章程、业务规则的规定采取暂停受理或者办理相关业务、限制交易权限、收取惩罚性违约金、取消会员资格等自律监管措施或者纪律处分。

第六十条 证券交易所会员应当接受证券交易所的监管，并主动报告有关问题。

第六章 证券交易所对证券上市交易公司的监管

第六十一条 证券交易所应当制定证券上市规则。其内容包括：

（一）证券上市的条件、程序和披露要求；

（二）信息披露的主体、内容及具体要求；

（三）证券停牌、复牌的标准和程序；

（四）终止上市、重新上市的条件和程序；

（五）对违反上市规则行为的处理规定；

（六）其他需要在上市规则中规定的事项。

第六十二条 证券交易所应当与申请证券上市交易的公司订立上市协议，确定相互间的权利义务关系。上市协议的内容与格式应当符合法律、行政法规、部门规章的规定。

上市协议应当包括下列内容：

（一）上市证券的品种、名称、代码、数量和上市时间；

（二）上市费用的收取；

（三）证券交易所对证券上市交易公司及相关主体进行自律管理的主要手段和方式，包括现场和非现场检查等内容；

（四）违反上市协议的处理，包括惩罚性违约金等内容；

（五）上市协议的终止情形；

（六）争议解决方式；

（七）证券交易所认为需要在上市协议中明确的其他内容。

第六十三条 证券交易所应当依法建立上市保荐制度。

证券交易所应当监督保荐人及相关人员的业务行为，督促其切实履行法律、行政法规、部门规章以及业务规则中规定的相关职责。

第六十四条 证券交易所按照章程、协议以及上市规则决定证券终止上市和重新上市。

证券交易所按照业务规则对出现终止上市情形的证券实施退市，督促证券上市交易公司充分揭示终止上市风险，并应当及时公告，报中国证监会备案。

第六十五条 证券交易所应当按照章程、协议以及业务规则，督促证券上市交易公司及相关信息披露义务人依法披露上市公告书、定期报告、临时报告等信息披露文件。

证券交易所对信息披露文件进行审核，可以要求证券上市交易公司及相关信息披露义务人、上市保荐人、证券服务机构等作出补充说明并予以公布，发现问题应当按照有关规定及时处理，情节严重的，报告中国证监会。

第六十六条 证券交易所应当依据业务规则和证券上市交易公司的申请，决定上市交易证券的停牌或者复牌。证券上市交易的公司不得滥用停牌或复牌损害投资者合法权益。

证券交易所为维护市场秩序可以根据业务规则拒绝证券上市交易公司的停复牌申请，或者决定证券强制停复牌。

中国证监会为维护市场秩序可以要求证券交易所对证券实施停复牌。

第六十七条 证券交易所应当按照章程、协议以及业务规则，对上市公司控股股东、持股百分之五以上股东、其他相关股东以及董事、监事、高级管理人员等持有本公司股票的变动及信息披露情况进行监管。

第六十八条 发行人、证券上市交易公司及相关信息披露义务人等出现违法违规行为的，证券交易所可以按照章程、协议以及业务规则的规定，采取通报批评、公开谴责、收取惩罚性违约金、向相关主管部门出具监管建议函等自律监管措施或者纪律处分。

第六十九条 证券交易所应当比照本章的有关规定，对证券在本证券交易所发行或者交易的其他主体进行监管。

第七章 管理与监督

第七十条 证券交易所不得以任何方式转让其依照本办法取得的设立及业务许可。

第七十一条 证券交易所的理事、监事、高级管理人员对其任职机构负有诚实信用的义务。

证券交易所的总经理离任时，应当按照有关规定接受离任审计。

第七十二条 证券交易所的总经理、副总经理未经批准，不得在任何营利性组织、团体和机构中兼职。证券交易所的非会员理事、非会员监事及其他工作人员不得以任何形式在证券交易所会员公司兼职。

第七十三条 证券交易所的理事、监事、高级管理人员及其他工作人员不得以任何方式泄露或者利用内幕信息，不得以任何方式违规从证券交易所的会员、证券上市交易公司获取利益。

第七十四条 证券交易所的理事、监事、高级管理人员及其他工作人员在履行职责时，遇到与本人或者其亲属等有利害关系情形的，应当回避。具体回避事项由其章程、业务规则规定。

第七十五条 证券交易所应当建立健全财务管理制度，收取的各种资金和费用应当严格按照规定用途使用，不得挪作他用。

证券交易所的收支结余不得分配给会员。

第七十六条 证券交易所应当履行下列报告义务：

（一）证券交易所经符合《证券法》规定的会计师事务所审计的年度财务报告，该报告应于每一财政年度终了后三个月内向中国证监会提交；

（二）关于业务情况的季度和年度工作报告，应当分别于每一季度结束后十五日内和每一年度结束后三十日内向中国证监会报告；

（三）法律、行政法规、部门规章及本办法其他条款中规定的报告事项；

（四）中国证监会要求报告的其他事项。

第七十七条 遇有重大事项，证券交易所应当随时向中国证监会报告。

前款所称重大事项包括：

（一）发现证券交易所会员、证券上市交易公司、投资者和证券交易所工作人员存在或者可能存在严重违反法律、行政法规、部门规章的行为；

（二）发现证券市场中存在产生严重违反法律、行政法规、部门规章行为的潜在风险；

（三）证券市场中出现法律、行政法规、部门规章未作明确规定，但会对证券市场产生重大影响的事项；

（四）执行法律、行政法规、部门规章过程中，需由证券交易所作出重大决策的事项；

（五）证券交易所认为需要报告的其他事项；

（六）中国证监会规定的其他事项。

第七十八条 遇有以下事项之一的，证券交易所应当及时向中国证监会报告，同时抄报交易所所在地人民政府，并采取适当方式告知交易所会员和投资者：

（一）发生影响证券交易所安全运转的情况；

（二）因不可抗力、意外事件、重大技术故障、重大人为差错等突发性事件而影响证券交易正常进行时，证券交易所为维护证券交易正常秩序和市场公平采取技术性停牌、临时停市、取消交易或者通知证券登记结算机构暂缓交收等处理措施；

（三）因重大异常波动，证券交易所为维护市场稳定，采取限制交易、强制停牌、临时停市等处置措施。

第七十九条 中国证监会有权要求证券交易所提供证券市场信息、业务文件以及其他有关的数据、资料。

第八十条 中国证监会有权要求证券交易所对其章程和业务规则进行修改。

第八十一条 中国证监会有权对证券交易所业务规则制定与执行情况、自律管理职责的履行情况、信息技术系统建设维护情况以及财务和风险管理等制度的建立及执行情况进行评估和检查。

中国证监会开展前款所述评估和检查，可以采取要求证券交易所进行自查、要求证券交易所聘请中国证监会认可的专业机构进行核查、中国证监会组织现场核查等方式进行。

第八十二条 中国证监会依法查处证券市场的违法违规行为时，证券交易所应当予以配合。

第八十三条 证券交易所涉及诉讼或者证券交易所理事、监事、高级管理人员因履行职责涉及诉讼或者依照法律、行政法规、部门规章应当受到解除职务的处分时，证券交易所应当及时向中国证监会报告。

第八章　法律责任

第八十四条　证券交易所违反本办法第八条的规定，从事未经中国证监会批准的其他业务的，由中国证监会责令限期改正；构成犯罪的，由司法机关依法追究刑事责任。

第八十五条　证券交易所违反本办法第十条的规定，上市新的证券交易品种或者对现有上市证券交易品种作出较大调整未制定修改业务规则或者未履行相关程序的，由中国证监会责令停止该交易品种的交易，并对有关负责人采取处理措施。

第八十六条　证券交易所违反本办法第十条的规定，制定或者修改业务规则应当报中国证监会批准而未履行相关程序的，中国证监会有权要求证券交易所进行修改、暂停适用或者予以废止，并对有关负责人采取处理措施。

第八十七条　证券交易所违反规定，允许非会员直接参与股票集中交易的，中国证监会依据《证券法》作出行政处罚。

第八十八条　证券交易所违反本办法规定，在监管工作中不履行职责，或者不履行本办法规定的有关报告义务，中国证监会可以采取监管谈话、出具警示函、通报批评、责令限期改正等监管措施。

第八十九条　证券交易所存在下列情况时，由中国证监会对有关高级管理人员视情节轻重分别给予警告、记过、记大过、撤职等行政处分，并责令证券交易所对有关的业务部门负责人给予纪律处分；造成严重后果的，由中国证监会按本办法第三十五条的规定处理；构成犯罪的，由司法机关依法追究有关责任人员的刑事责任：

（一）对国家有关法律、法规、规章、政策和中国证监会颁布的制度、办法、规定不传达、不执行；

（二）对工作不负责任，管理混乱，致使有关业务制度和操作规程不健全、不落实；

（三）对中国证监会的监督检查工作不接受、不配合，对工作中发现的重大隐患、漏洞不重视、不报告、不及时解决；

（四）对在证券交易所内发生的违规行为未能及时采取有效措施予以制止或者查处不力。

第九十条　证券交易所的任何工作人员有责任拒绝执行任何人员向其下达的违反法律、行政法规、部门规章和证券交易所有关规定的工作任务，并有责任向其更高一级领导和中国证监会报告具体情况。没有拒绝执行上述工作任务，或者虽拒绝执行但没有报告的，应当承担相应责任。

第九十一条　证券交易所会员、证券上市交易公司违反法律、行政法规、部门规章和证券交易所章程、业务规则的规定，并且证券交易所没有履行规定的监管责任的，中国证监会有权按照本办法的有关规定，追究证券交易所和证券交易所有关理事、监事、高级管理人员和直接责任人的责任。

第九十二条 证券交易所应当在其职责范围内，及时向中国证监会报告其会员、证券上市交易公司及其他人员违反法律、行政法规、部门规章的情况；按照证券交易所章程、业务规则等证券交易所可以采取自律监管措施和纪律处分的，证券交易所有权按照有关规定予以处理，并报中国证监会备案；法律、行政法规、部门规章规定由中国证监会处罚的，证券交易所可以向中国证监会提出处罚建议。

中国证监会可以要求证券交易所按照业务规则对其会员、证券上市交易公司等采取自律监管措施或者纪律处分。

第九十三条 证券交易所、证券交易所会员、证券上市交易公司违反本办法规定，直接责任人以及与直接责任人有直接利益关系者因此而形成非法获利或者避损的，由中国证监会依法予以行政处罚。

第九章 附 则

第九十四条 本办法由中国证监会负责解释。

第九十五条 本办法自2018年1月1日起施行。2001年12月12日中国证监会公布的《证券交易所管理办法》同时废止。

非上市公众公司收购管理办法

（2014年6月23日中国证券监督管理委员会令第102号公布 根据2020年3月20日中国证券监督管理委员会《关于修改部分证券期货规章的决定》修订）

第一章 总 则

第一条 为了规范非上市公众公司（以下简称公众公司）的收购及相关股份权益变动活动，保护公众公司和投资者的合法权益，维护证券市场秩序和社会公共利益，促进证券市场资源的优化配置，根据《证券法》、《公司法》、《国务院关于全国中小企业股份转让系统有关问题的决定》、《国务院关于进一步优化企业兼并重组市场环境的意见》及其他相关法律、行政法规，制定本办法。

第二条 股票在全国中小企业股份转让系统（以下简称全国股份转让系

统)公开转让的公众公司,其收购及相关股份权益变动活动应当遵守本办法的规定。

第三条 公众公司的收购及相关股份权益变动活动,必须遵守法律、行政法规及中国证券监督管理委员会(以下简称中国证监会)的规定,遵循公开、公平、公正的原则。当事人应当诚实守信,遵守社会公德、商业道德,自觉维护证券市场秩序,接受政府、社会公众的监督。

第四条 公众公司的收购及相关股份权益变动活动涉及国家产业政策、行业准入、国有股份转让、外商投资等事项,需要取得国家相关部门批准的,应当在取得批准后进行。

第五条 收购人可以通过取得股份的方式成为公众公司的控股股东,可以通过投资关系、协议、其他安排的途径成为公众公司的实际控制人,也可以同时采取上述方式和途径取得公众公司控制权。

收购人包括投资者及其一致行动人。

第六条 进行公众公司收购,收购人及其实际控制人应当具有良好的诚信记录,收购人及其实际控制人为法人的,应当具有健全的公司治理机制。任何人不得利用公众公司收购损害被收购公司及其股东的合法权益。

有下列情形之一的,不得收购公众公司:

(一)收购人负有数额较大债务,到期未清偿,且处于持续状态;

(二)收购人最近 2 年有重大违法行为或者涉嫌有重大违法行为;

(三)收购人最近 2 年有严重的证券市场失信行为;

(四)收购人为自然人的,存在《公司法》第一百四十六条规定的情形;

(五)法律、行政法规规定以及中国证监会认定的不得收购公众公司的其他情形。

第七条 被收购公司的控股股东或者实际控制人不得滥用股东权利损害被收购公司或者其他股东的合法权益。

被收购公司的控股股东、实际控制人及其关联方有损害被收购公司及其他股东合法权益的,上述控股股东、实际控制人在转让被收购公司控制权之前,应当主动消除损害;未能消除损害的,应当就其出让相关股份所得收入用于消除全部损害做出安排,对不足以消除损害的部分应当提供充分有效的履约担保或安排,并提交被收购公司股东大会审议通过,被收购公司的控股股东、实际控制人及其关联方应当回避表决。

第八条 被收购公司的董事、监事、高级管理人员对公司负有忠实义务和勤勉义务,应当公平对待收购本公司的所有收购人。

被收购公司董事会针对收购所做出的决策及采取的措施,应当有利于维护公司及其股东的利益,不得滥用职权对收购设置不适当的障碍,不得利用公司资源向收购人提供任何形式的财务资助。

第九条 收购人按照本办法第三章、第四章的规定进行公众公司收购的，应当聘请具有财务顾问业务资格的专业机构担任财务顾问，但通过国有股行政划转或者变更、因继承取得股份、股份在同一实际控制人控制的不同主体之间进行转让、取得公众公司向其发行的新股、司法判决导致收购人成为或拟成为公众公司第一大股东或者实际控制人的情形除外。

收购人聘请的财务顾问应当勤勉尽责，遵守行业规范和职业道德，保持独立性，对收购人进行辅导，帮助收购人全面评估被收购公司的财务和经营状况；对收购人的相关情况进行尽职调查，对收购人披露的文件进行充分核查和验证；对收购事项客观、公正地发表专业意见，并保证其所制作、出具文件的真实性、准确性和完整性。在收购人公告被收购公司收购报告书至收购完成后12个月内，财务顾问应当持续督导收购人遵守法律、行政法规、中国证监会的规定、全国股份转让系统相关规则以及公司章程，依法行使股东权利，切实履行承诺或者相关约定。

财务顾问认为收购人利用收购损害被收购公司及其股东合法权益的，应当拒绝为收购人提供财务顾问服务。

第十条 公众公司的收购及相关股份权益变动活动中的信息披露义务人，应当依法严格履行信息披露和其他法定义务，并保证所披露的信息及时、真实、准确、完整，不得有虚假记载、误导性陈述或者重大遗漏。

信息披露义务人应当在证券交易场所的网站和符合中国证监会规定条件的媒体上依法披露信息；在其他媒体上进行披露的，披露内容应当一致，披露时间不得早于前述披露时间。在相关信息披露前，信息披露义务人及知悉相关信息的人员负有保密义务，禁止利用该信息进行内幕交易和从事证券市场操纵行为。

信息披露义务人依法披露前，相关信息已在媒体上传播或者公司股票转让出现异常的，公众公司应当立即向当事人进行查询，当事人应当及时予以书面答复，公众公司应当及时披露。

第十一条 中国证监会依法对公众公司的收购及相关股份权益变动活动进行监督管理。

全国股份转让系统应当制定业务规则，为公众公司的收购及相关股份权益变动活动提供服务，对相关证券转让活动进行实时监控，监督公众公司的收购及相关股份权益变动活动的信息披露义务人切实履行信息披露义务。

中国证券登记结算有限责任公司应当制定业务规则，为公众公司的收购及相关股份权益变动活动所涉及的证券登记、存管、结算等事宜提供服务。

第二章 权益披露

第十二条 投资者在公众公司中拥有的权益,包括登记在其名下的股份和虽未登记在其名下但该投资者可以实际支配表决权的股份。投资者及其一致行动人在公众公司中拥有的权益应当合并计算。

第十三条 有下列情形之一的,投资者及其一致行动人应当在该事实发生之日起 2 日内编制并披露权益变动报告书,报送全国股份转让系统,同时通知该公众公司;自该事实发生之日起至披露后 2 日内,不得再行买卖该公众公司的股票。

(一)通过全国股份转让系统的做市方式、竞价方式进行证券转让,投资者及其一致行动人拥有权益的股份达到公众公司已发行股份的 10%;

(二)通过协议方式,投资者及其一致行动人在公众公司中拥有权益的股份拟达到或者超过公众公司已发行股份的 10%。

投资者及其一致行动人拥有权益的股份达到公众公司已发行股份的 10%后,其拥有权益的股份占该公众公司已发行股份的比例每增加或者减少 5%(即其拥有权益的股份每达到 5% 的整数倍时),应当依照前款规定进行披露。自该事实发生之日起至披露后 2 日内,不得再行买卖该公众公司的股票。

第十四条 投资者及其一致行动人通过行政划转或者变更、执行法院裁定、继承、赠与等方式导致其直接拥有权益的股份变动达到前条规定比例的,应当按照前条规定履行披露义务。

投资者虽不是公众公司的股东,但通过投资关系、协议、其他安排等方式进行收购导致其间接拥有权益的股份变动达到前条规定比例的,应当按照前条规定履行披露义务。

第十五条 因公众公司向其他投资者发行股份、减少股本导致投资者及其一致行动人拥有权益的股份变动出现本章规定情形的,投资者及其一致行动人免于履行披露义务。公众公司应当自完成增加股本、减少股本的变更登记之日起 2 日内,就因此导致的公司股东拥有权益的股份变动情况进行披露。

第三章 控制权变动披露

第十六条 通过全国股份转让系统的证券转让,投资者及其一致行动人拥有权益的股份变动导致其成为公众公司第一大股东或者实际控制人,或者通过投资关系、协议转让、行政划转或者变更、执行法院裁定、继承、赠与、其他安排等方式拥有权益的股份变动导致其成为或拟成为公众公司第一大股东或者实际控制人且拥有权益的股份超过公众公司已发行股份 10% 的,应当在该事实发生之日起2日内编制收购报告书，连同财务顾问专业意见和律师出具的法律意见书一并披露，报送全国股份转让系统，同时通知该公众公司。

收购公众公司股份需要取得国家相关部门批准的，收购人应当在收购报告书中进行明确说明，并持续披露批准程序进展情况。

第十七条 以协议方式进行公众公司收购的，自签订收购协议起至相关股份完成过户的期间为公众公司收购过渡期（以下简称过渡期）。在过渡期内，收购人不得通过控股股东提议改选公众公司董事会，确有充分理由改选董事会的，来自收购人的董事不得超过董事会成员总数的1/3；被收购公司不得为收购人及其关联方提供担保；被收购公司不得发行股份募集资金。

在过渡期内，被收购公司除继续从事正常的经营活动或者执行股东大会已经作出的决议外，被收购公司董事会提出拟处置公司资产、调整公司主要业务、担保、贷款等议案，可能对公司的资产、负债、权益或者经营成果造成重大影响的，应当提交股东大会审议通过。

第十八条 按照本办法进行公众公司收购后，收购人成为公司第一大股东或者实际控制人的，收购人持有的被收购公司股份，在收购完成后12个月内不得转让。

收购人在被收购公司中拥有权益的股份在同一实际控制人控制的不同主体之间进行转让不受前述12个月的限制。

第十九条 在公众公司收购中，收购人做出公开承诺事项的，应同时提出所承诺事项未能履行时的约束措施，并公开披露。

全国股份转让系统应当对收购人履行公开承诺行为进行监督和约束，对未能履行承诺的收购人及时采取自律监管措施。

第二十条 公众公司控股股东、实际控制人向收购人协议转让其所持有的公众公司股份的，应当对收购人的主体资格、诚信情况及收购意图进行调查，并在其权益变动报告书中披露有关调查情况。

被收购公司控股股东、实际控制人及其关联方未清偿其对公司的负债，未解除公司为其负债提供的担保，或者存在损害公司利益的其他情形的，被收购公司董事会应当对前述情形及时披露，并采取有效措施维护公司利益。

第四章 要约收购

第二十一条 投资者自愿选择以要约方式收购公众公司股份的，可以向被收购公司所有股东发出收购其所持有的全部股份的要约（以下简称全面要约），也可以向被收购公司所有股东发出收购其所持有的部分股份的要约（以下简称部分要约）。

第二十二条 收购人自愿以要约方式收购公众公司股份的，其预定收购的股份比例不得低于该公众公司已发行股份的5%。

第二十三条 公众公司应当在公司章程中约定在公司被收购时收购人是否需要向公司全体股东发出全面要约收购,并明确全面要约收购的触发条件以及相应制度安排。

收购人根据被收购公司章程规定需要向公司全体股东发出全面要约收购的,对同一种类股票的要约价格,不得低于要约收购报告书披露日前6个月内取得该种股票所支付的最高价格。

第二十四条 以要约方式进行公众公司收购的,收购人应当公平对待被收购公司的所有股东。

第二十五条 以要约方式收购公众公司股份的,收购人应当聘请财务顾问,并编制要约收购报告书,连同财务顾问专业意见和律师出具的法律意见书一并披露,报送全国股份转让系统,同时通知该公众公司。

要约收购需要取得国家相关部门批准的,收购人应当在要约收购报告书中进行明确说明,并持续披露批准程序进展情况。

第二十六条 收购人可以采用现金、证券、现金与证券相结合等合法方式支付收购公众公司的价款。收购人聘请的财务顾问应当说明收购人具备要约收购的能力。收购人应当在披露要约收购报告书的同时,提供以下至少一项安排保证其具备履约能力:

(一)将不少于收购价款总额的20%作为履约保证金存入中国证券登记结算有限责任公司指定的银行等金融机构;收购人以在中国证券登记结算有限责任公司登记的证券支付收购价款的,在披露要约收购报告书的同时,将用于支付的全部证券向中国证券登记结算有限责任公司申请办理权属变更或锁定;

(二)银行等金融机构对于要约收购所需价款出具的保函;

(三)财务顾问出具承担连带担保责任的书面承诺。如要约期满,收购人不支付收购价款,财务顾问应当承担连带责任,并进行支付。

收购人以证券支付收购价款的,应当披露该证券的发行人最近2年经审计的财务会计报表、证券估值报告,并配合被收购公司或其聘请的独立财务顾问的尽职调查工作。收购人以未在中国证券登记结算有限责任公司登记的证券支付收购价款的,必须同时提供现金方式供被收购公司的股东选择,并详细披露相关证券的保管、送达被收购公司股东的方式和程序安排。

第二十七条 被收购公司董事会应当对收购人的主体资格、资信情况及收购意图进行调查,对要约条件进行分析,对股东是否接受要约提出建议,并可以根据自身情况选择是否聘请独立财务顾问提供专业意见。

被收购公司决定聘请独立财务顾问的,可以聘请为其提供督导服务的主办券商为独立财务顾问,但存在影响独立性、财务顾问业务受到限制等不宜担任独立财务顾问情形的除外。被收购公司也可以同时聘请其他机构为其提供顾问服务。

第二十八条 收购要约约定的收购期限不得少于30日，并不得超过60日；但是出现竞争要约的除外。

收购期限自要约收购报告书披露之日起开始计算。要约收购需要取得国家相关部门批准的，收购人应将取得的本次收购的批准情况连同律师出具的专项核查意见一并在取得全部批准后2日内披露，收购期限自披露之日起开始计算。

在收购要约约定的承诺期限内，收购人不得撤销其收购要约。

第二十九条 采取要约收购方式的，收购人披露后至收购期限届满前，不得卖出被收购公司的股票，也不得采取要约规定以外的形式和超出要约的条件买入被收购公司的股票。

第三十条 收购人需要变更收购要约的，应当重新编制并披露要约收购报告书，报送全国股份转让系统，同时通知被收购公司。变更后的要约收购价格不得低于变更前的要约收购价格。

收购要约期限届满前15日内，收购人不得变更收购要约；但是出现竞争要约的除外。

出现竞争要约时，发出初始要约的收购人变更收购要约距初始要约收购期限届满不足15日的，应当延长收购期限，延长后的要约期应当不少于15日，不得超过最后一个竞争要约的期满日，并按规定比例追加履约保证能力。

发出竞争要约的收购人最迟不得晚于初始要约收购期限届满前15日披露要约收购报告书，并应当根据本办法的规定履行披露义务。

第三十一条 在要约收购期间，被收购公司董事不得辞职。

第三十二条 同意接受收购要约的股东（以下简称预受股东），应当委托证券公司办理预受要约的相关手续。

在要约收购期限届满前2日内，预受股东不得撤回其对要约的接受。在要约收购期限内，收购人应当每日披露已预受收购要约的股份数量。

在要约收购期限届满后2日内，收购人应当披露本次要约收购的结果。

第三十三条 收购期限届满，发出部分要约的收购人应当按照收购要约约定的条件购买被收购公司股东预受的股份，预受要约股份的数量超过预定收购数量时，收购人应当按照同等比例收购预受要约的股份；发出全面要约的收购人应当购买被收购公司股东预受的全部股份。

第五章 监管措施与法律责任

第三十四条 公众公司董事未履行忠实勤勉义务，利用收购谋取不当利益的，中国证监会采取监管谈话、出具警示函等监管措施，情节严重的，有权认定其为不适当人选。涉嫌犯罪的，依法移交司法机关追究其刑事责任。

第三十五条 收购人在收购要约期限届满时，不按照约定支付收购价款或者购买预受股份的，自该事实发生之日起 2 年内不得收购公众公司；涉嫌操纵证券市场的，中国证监会对收购人进行调查，依法追究其法律责任。

前款规定的收购人聘请的财务顾问没有充分证据表明其勤勉尽责的，中国证监会视情节轻重，自确认之日起采取 3 个月至 12 个月内不接受该机构出具的相关专项文件、12 个月至 36 个月内不接受相关签字人员出具的专项文件的监管措施，并依法追究其法律责任。

第三十六条 公众公司控股股东和实际控制人在转让其对公司的控制权时，未清偿其对公司的负债，未解除公司为其提供的担保，或者未对其损害公司利益的其他情形作出纠正的，且被收购公司董事会未对前述情形及时披露并采取有效措施维护公司利益的，中国证监会责令改正，在改正前收购人应当暂停收购活动。

被收购公司董事会未能依法采取有效措施促使公司控股股东、实际控制人予以纠正，或者在收购完成后未能促使收购人履行承诺、安排或者保证的，中国证监会有权认定相关董事为不适当人选。

第三十七条 公众公司的收购及相关股份权益变动活动中的信息披露义务人，未按照本办法的规定履行信息披露以及其他相关义务，或者信息披露文件中有虚假记载、误导性陈述或者重大遗漏的，中国证监会采取责令改正、监管谈话、出具警示函、责令暂停或者终止收购等监管措施；情节严重的，比照《证券法》第一百九十六条、依照《证券法》第一百九十七条进行行政处罚，并可以采取市场禁入的措施；涉嫌犯罪的，依法移送司法机关追究刑事责任。

第三十八条 投资者及其一致行动人规避法定程序和义务，变相进行公众公司收购，或者外国投资者规避管辖的，中国证监会采取责令改正、出具警示函、责令暂停或者停止收购等监管措施；情节严重的，进行行政处罚，并可以采取市场禁入的措施；涉嫌犯罪的，依法移交司法机关追究其刑事责任。

第三十九条 为公众公司收购出具审计报告、法律意见书和财务顾问报告的证券服务机构或者证券公司及其专业人员，未依法履行职责的，中国证监会采取责令改正、监管谈话、出具警示函等监管措施，并根据情况依照《证券法》第二百一十三条进行行政处罚；情节严重的，可以采取市场禁入的措施；涉嫌犯罪的，依法移送司法机关追究刑事责任。

第四十条 任何知悉收购信息的人员在相关信息依法披露前，泄露该信息、买卖或者建议他人买卖相关公司股票的，依照《证券法》第一百九十一条予以处罚；涉嫌犯罪的，依法移送司法机关追究刑事责任。

第四十一条 编造、传播虚假收购信息，操纵证券市场或者进行欺诈活动的，依照《证券法》第一百九十二条、第一百九十三条予以处罚；涉嫌犯罪的，依法移送司法机关追究刑事责任。

第四十二条 中国证监会将公众公司的收购及相关股份权益变动活动中的当事人的违法行为和整改情况记入诚信档案。

第六章 附 则

第四十三条 本办法所称一致行动人、公众公司控制权及持股比例计算等参照《上市公司收购管理办法》的相关规定。

第四十四条 为公众公司收购提供服务的财务顾问的业务许可、业务规则和法律责任等，按照《上市公司并购重组财务顾问业务管理办法》的相关规定执行。

第四十五条 做市商持有公众公司股份相关权益变动信息的披露，由中国证监会另行规定。

第四十六条 股票不在全国股份转让系统公开转让的公众公司收购及相关股份权益变动的信息披露内容比照本办法的相关规定执行。

第四十七条 本办法自2014年7月23日起施行。

非上市公众公司重大资产重组管理办法

（2014年6月23日中国证券监督管理委员会令第103号公布
根据2020年3月20日中国证券监督管理委员会《关于修改部分证券期货规章的决定》修订）

第一章 总 则

第一条 为了规范非上市公众公司（以下简称公众公司）重大资产重组行为，保护公众公司和投资者的合法权益，促进公众公司质量不断提高，维护证券市场秩序和社会公共利益，根据《公司法》、《证券法》、《国务院关于全国中小企业股份转让系统有关问题的决定》、《国务院关于进一步优化企业兼并重组市场环境的意见》及其他相关法律、行政法规，制定本办法。

第二条 本办法适用于股票在全国中小企业股份转让系统（以下简称全国股份转让系统）公开转让的公众公司重大资产重组行为。

本办法所称的重大资产重组是指公众公司及其控股或者控制的公司在日常经营活动之外购买、出售资产或者通过其他方式进行资产交易，导致公众公司的业务、资产发生重大变化的资产交易行为。

公众公司及其控股或者控制的公司购买、出售资产，达到下列标准之一的，构成重大资产重组：

（一）购买、出售的资产总额占公众公司最近一个会计年度经审计的合并财务会计报表期末资产总额的比例达到50%以上；

（二）购买、出售的资产净额占公众公司最近一个会计年度经审计的合并财务会计报表期末净资产额的比例达到50%以上，且购买、出售的资产总额占公众公司最近一个会计年度经审计的合并财务会计报表期末资产总额的比例达到30%以上。

公众公司发行股份购买资产触及本条所列指标的，应当按照本办法的相关要求办理。

第三条 公众公司实施重大资产重组，应当符合下列要求：

（一）重大资产重组所涉及的资产定价公允，不存在损害公众公司和股东合法权益的情形；

（二）重大资产重组所涉及的资产权属清晰，资产过户或者转移不存在法律障碍，相关债权债务处理合法；所购买的资产，应当为权属清晰的经营性资产；

（三）实施重大资产重组后有利于提高公众公司资产质量和增强持续经营能力，不存在可能导致公众公司重组后主要资产为现金或者无具体经营业务的情形；

（四）实施重大资产重组后有利于公众公司形成或者保持健全有效的法人治理结构。

第四条 公众公司实施重大资产重组，有关各方应当及时、公平地披露或者提供信息，保证所披露或者提供信息的真实、准确、完整，不得有虚假记载、误导性陈述或者重大遗漏。

第五条 公众公司的董事、监事和高级管理人员在重大资产重组中，应当诚实守信、勤勉尽责，维护公众公司资产的安全，保护公众公司和全体股东的合法权益。

第六条 公众公司实施重大资产重组，应当聘请符合《证券法》规定的独立财务顾问、律师事务所以及会计师事务所等证券服务机构出具相关意见。公众公司应当聘请为其提供督导服务的主办券商为独立财务顾问，但存在影响独立性、财务顾问业务受到限制等不宜担任独立财务顾问情形的除外。公众公司也可以同时聘请其他机构为其重大资产重组提供顾问服务。

为公众公司重大资产重组提供服务的证券服务机构及人员，应当遵守法律、行政法规和中国证券监督管理委员会（以下简称中国证监会）的有关规定，遵循本行业公认的业务标准和道德规范，严格履行职责，不得谋取不正当利益，并应当对其所制作、出具文件的真实性、准确性和完整性承担责任。

第七条 任何单位和个人对知悉的公众公司重大资产重组信息在依法披露前负有保密义务，不得利用公众公司重大资产重组信息从事内幕交易、操纵证券市场等违法活动。

第二章 重大资产重组的信息管理

第八条 公众公司与交易对方就重大资产重组进行初步磋商时，应当采取有效的保密措施，限定相关敏感信息的知悉范围，并与参与或知悉本次重大资产重组信息的相关主体签订保密协议。

第九条 公众公司及其控股股东、实际控制人等相关主体研究、筹划、决策重大资产重组事项，原则上应当在相关股票暂停转让后或者非转让时间进行，并尽量简化决策流程、提高决策效率、缩短决策时限，尽可能缩小内幕信息知情人范围。如需要向有关部门进行政策咨询、方案论证的，应当在相关股票暂停转让后进行。

第十条 公众公司筹划重大资产重组事项，应当详细记载筹划过程中每一具体环节的进展情况，包括商议相关方案、形成相关意向、签署相关协议或者意向书的具体时间、地点、参与机构和人员、商议和决议内容等，制作书面的交易进程备忘录并予以妥当保存。参与每一具体环节的所有人员应当即时在备忘录上签名确认。

公众公司应当按照全国股份转让系统的规定及时做好内幕信息知情人登记工作。

第十一条 在筹划公众公司重大资产重组的阶段，交易各方初步达成实质性意向或者虽未达成实质性意向，但相关信息已在媒体上传播或者预计该信息难以保密或者公司股票转让出现异常波动的，公众公司应当及时向全国股份转让系统申请股票暂停转让。

第十二条 筹划、实施公众公司重大资产重组，相关信息披露义务人应当公平地向所有投资者披露可能对公众公司股票转让价格产生较大影响的相关信息，不得有选择性地向特定对象提前泄露。

公众公司的股东、实际控制人以及参与重大资产重组筹划、论证、决策等环节的其他相关机构和人员，应当及时、准确地向公众公司通报有关信息，并配合公众公司及时、准确、完整地进行披露。

第三章 重大资产重组的程序

第十三条 公众公司进行重大资产重组，应当由董事会依法作出决议，并提交股东大会审议。

第十四条 公众公司召开董事会决议重大资产重组事项，应当在披露决议的同时披露本次重大资产重组报告书、独立财务顾问报告、法律意见书以及重组涉及的审计报告、资产评估报告（或资产估值报告）。董事会还应当就召开股东大会事项作出安排并披露。

如公众公司就本次重大资产重组首次召开董事会前，相关资产尚未完成审计等工作的，在披露首次董事会决议的同时应当披露重大资产重组预案及独立财务顾问对预案的核查意见。公众公司应在披露重大资产重组预案后6个月内完成审计等工作，并再次召开董事会，在披露董事会决议时一并披露重大资产重组报告书、独立财务顾问报告、法律意见书以及本次重大资产重组涉及的审计报告、资产评估报告（或资产估值报告）等。董事会还应当就召开股东大会事项作出安排并披露。

第十五条 股东大会就重大资产重组事项作出的决议，必须经出席会议的股东所持表决权的2/3以上通过。公众公司股东人数超过200人的，应当对出席会议的持股比例在10%以下的股东表决情况实施单独计票。公众公司应当在决议后及时披露表决情况。

前款所称持股比例在10%以下的股东，不包括公众公司董事、监事、高级管理人员及其关联人以及持股比例在10%以上股东的关联人。

公众公司重大资产重组事项与本公司股东或者其关联人存在关联关系的，股东大会就重大资产重组事项进行表决时，关联股东应当回避表决。

第十六条 公众公司可视自身情况在公司章程中约定是否提供网络投票方式以便于股东参加股东大会；退市公司应当采用安全、便捷的网络投票方式为股东参加股东大会提供便利。

第十七条 公众公司重大资产重组可以使用现金、股份、可转换债券、优先股等支付手段购买资产。

使用股份、可转换债券、优先股等支付手段购买资产的，其支付手段的价格由交易双方自行协商确定，定价可以参考董事会召开前一定期间内公众公司股票的市场价格、同行业可比公司的市盈率或市净率等。董事会应当对定价方法和依据进行充分披露。

第十八条 公众公司重大资产重组不涉及发行股份或者公众公司向特定对象发行股份购买资产后股东累计不超过200人的，经股东大会决议后，应当在2个工作日内将重大资产重组报告书、独立财务顾问报告、法律意见书以及重组涉及的审计报告、资产评估报告（或资产估值报告）等信息披露文件报送全国股份转让系统。

全国股份转让系统应当对上述信息披露文件的完备性进行审查。

第十九条 公众公司向特定对象发行股份购买资产后股东累计超过200

人的重大资产重组,经股东大会决议后,应当按照中国证监会的有关规定编制申请文件并申请核准。

中国证监会受理申请文件后,依法进行审核,在 20 个工作日内作出核准、中止审核、终止审核、不予核准的决定。

第二十条 股东大会作出重大资产重组的决议后,公众公司拟对交易对象、交易标的、交易价格等作出变更,构成对原重组方案重大调整的,应当在董事会表决通过后重新提交股东大会审议,并按照本办法的规定向全国股份转让系统重新报送信息披露文件或者向中国证监会重新提出核准申请。

股东大会作出重大资产重组的决议后,公众公司董事会决议终止本次交易或者撤回有关申请的,应当说明原因并披露,并提交股东大会审议。

第二十一条 公众公司收到中国证监会就其发行股份购买资产的重大资产重组申请作出的核准、中止审核、终止审核、不予核准的决定后,应当在 2 个工作日内披露。

中国证监会不予核准的,自中国证监会作出不予核准的决定之日起 3 个月内,中国证监会不受理该公众公司发行股份购买资产的重大资产重组申请。

第二十二条 公众公司实施重大资产重组,相关当事人作出公开承诺事项的,应当同时提出未能履行承诺时的约束措施并披露。

全国股份转让系统应当加强对相关当事人履行公开承诺行为的监督和约束,对不履行承诺的行为及时采取自律监管措施。

第二十三条 公众公司重大资产重组完成相关批准程序后,应当及时实施重组方案,并在本次重大资产重组实施完毕之日起 2 个工作日内,编制并披露实施情况报告书及独立财务顾问、律师的专业意见。

退市公司重大资产重组涉及发行股份的,自收到中国证监会核准文件之日起 60 日内,本次重大资产重组未实施完毕的,退市公司应当于期满后 2 个工作日内披露实施进展情况;此后每 30 日应当披露一次,直至实施完毕。

第二十四条 独立财务顾问应当按照中国证监会的相关规定,对实施重大资产重组的公众公司履行持续督导职责。持续督导的期限自公众公司完成本次重大资产重组之日起,应当不少于一个完整会计年度。

第二十五条 独立财务顾问应当结合公众公司重大资产重组实施当年和实施完毕后的第一个完整会计年度的年报,自年报披露之日起 15 日内,对重大资产重组实施的下列事项出具持续督导意见,报送全国股份转让系统,并披露:

(一)交易资产的交付或者过户情况;

(二)交易各方当事人承诺的履行情况及未能履行承诺时相关约束措施的执行情况;

(三)公司治理结构与运行情况;

（四）本次重大资产重组对公司运营、经营业绩影响的状况；

（五）盈利预测的实现情况（如有）；

（六）与已公布的重组方案存在差异的其他事项。

第二十六条 本次重大资产重组涉及发行股份的，特定对象以资产认购而取得的公众公司股份，自股份发行结束之日起6个月内不得转让；属于下列情形之一的，12个月内不得转让：

（一）特定对象为公众公司控股股东、实际控制人或者其控制的关联人；

（二）特定对象通过认购本次发行的股份取得公众公司的实际控制权；

（三）特定对象取得本次发行的股份时，对其用于认购股份的资产持续拥有权益的时间不足12个月。

第四章 监督管理与法律责任

第二十七条 全国股份转让系统对公众公司重大资产重组实施自律管理。

全国股份转让系统应当对公众公司涉及重大资产重组的股票暂停与恢复转让、防范内幕交易等作出制度安排；加强对公众公司重大资产重组期间股票转让的实时监管，建立相应的市场核查机制，并在后续阶段对股票转让情况进行持续监管。

全国股份转让系统应当督促公众公司及其他信息披露义务人依法履行信息披露义务，发现公众公司重大资产重组信息披露文件中有违反法律、行政法规和中国证监会规定行为的，应当向中国证监会报告，并采取相应的自律监管措施；情形严重的，应当要求其暂停重大资产重组。

全国股份转让系统应当督促为公众公司提供服务的独立财务顾问诚实守信、勤勉尽责，发现独立财务顾问有违反法律、行政法规和中国证监会规定行为的，应当向中国证监会报告，并采取相应的自律监管措施。

第二十八条 中国证监会依法对公众公司重大资产重组实施监督管理。

中国证监会发现公众公司进行重大资产重组未按照本办法的规定履行信息披露及相关义务、存在可能损害公众公司或者投资者合法权益情形的，有权要求其补充披露相关信息、暂停或者终止其重大资产重组；有权对公众公司、证券服务机构采取《证券法》第一百七十条规定的措施。

第二十九条 重大资产重组实施完毕后，凡不属于公众公司管理层事前无法获知且事后无法控制的原因，购买资产实现的利润未达到盈利预测报告或者资产评估报告预测金额的80%，或者实际运营情况与重大资产重组报告书存在较大差距的，公众公司的董事长、总经理、财务负责人应当在公众公司披露年度报告的同时，作出解释，并向投资者公开道歉；实现利润未达到预测金额的50%的,中国证监会可以对公众公司及相关责任人员采取监管谈话、出具警示函、责令定期报告等监管措施。

第三十条 公众公司或其他信息披露义务人未按照本办法的规定披露或报送信息、报告,或者披露或报送的信息、报告有虚假记载、误导性陈述或者重大遗漏的,责令改正,依照《证券法》第一百九十七条予以处罚;情节严重的,责令停止重大资产重组,并可以对有关责任人员采取市场禁入的措施。

中国证监会还可以采取自确认之日起36个月内不受理公众公司定向发行申请的监管措施。

第三十一条 公众公司董事、监事和高级管理人员在重大资产重组中,未履行诚实守信、勤勉尽责义务,导致重组方案损害公众公司利益的,采取责令改正、监管谈话、出具警示函等监管措施;情节严重的,进行行政处罚,并可以采取市场禁入的措施;涉嫌犯罪的,依法移送司法机关追究刑事责任。

第三十二条 为重大资产重组出具财务顾问报告、审计报告、法律意见书、资产评估报告(或资产估值报告)及其他专业文件的证券服务机构及其从业人员未履行诚实守信、勤勉尽责义务,违反行业规范、业务规则的,采取责令改正、监管谈话、出具警示函等监管措施;情节严重的,依法追究法律责任。

前款规定的证券服务机构及其从业人员所制作、出具的文件存在虚假记载、误导性陈述或者重大遗漏的,责令改正,依照《证券法》第二百一十三条予以处罚;情节严重的,可以采取市场禁入的措施;涉嫌犯罪的,依法移送司法机关追究刑事责任;除此之外,中国证监会视情节轻重,自确认之日起采取3个月至12个月内不接受该机构出具的相关专项文件、12个月至36个月内不接受相关签字人员出具的专项文件的监管措施。

第三十三条 违反本办法的规定构成证券违法行为的,比照《证券法》等法律法规的规定追究法律责任。

第三十四条 中国证监会将公众公司重大资产重组中的当事人的违法行为和整改情况记入诚信档案。

第五章 附 则

第三十五条 计算本办法第二条规定的比例时,应当遵守下列规定:

(一)购买的资产为股权的,且购买股权导致公众公司取得被投资企业控股权的,其资产总额以被投资企业的资产总额和成交金额二者中的较高者为准,资产净额以被投资企业的净资产额和成交金额二者中的较高者为准;出售股权导致公众公司丧失被投资企业控股权的,其资产总额、资产净额分别以被投资企业的资产总额以及净资产额为准。

除前款规定的情形外,购买的资产为股权的,其资产总额、资产净额均以成交金额为准；出售的资产为股权的，其资产总额、资产净额均以该股权的账面价值为准。

（二）购买的资产为非股权资产的，其资产总额以该资产的账面值和成交金额二者中的较高者为准，资产净额以相关资产与负债账面值的差额和成交金额二者中的较高者为准；出售的资产为非股权资产的，其资产总额、资产净额分别以该资产的账面值、相关资产与负债账面值的差额为准；该非股权资产不涉及负债的，不适用第二条第三款第（二）项规定的资产净额标准。

（三）公众公司同时购买、出售资产的，应当分别计算购买、出售资产的相关比例，并以二者中比例较高者为准。

（四）公众公司在12个月内连续对同一或者相关资产进行购买、出售的，以其累计数分别计算相应数额。已按照本办法的规定履行相应程序的资产交易行为，无须纳入累计计算的范围。

交易标的资产属于同一交易方所有或者控制，或者属于相同或者相近的业务范围，或者中国证监会认定的其他情形下，可以认定为同一或者相关资产。

第三十六条 特定对象以现金认购公众公司定向发行的股份后，公众公司用同一次定向发行所募集的资金向该特定对象购买资产达到重大资产重组标准的适用本办法。

第三十七条 公众公司重大资产重组涉及发行可转换债券、优先股等其他支付手段的，应当遵守《证券法》、《国务院关于开展优先股试点的指导意见》和中国证监会的相关规定。

第三十八条 为公众公司重大资产重组提供服务的独立财务顾问业务许可、业务规则及法律责任等，按照《上市公司并购重组财务顾问业务管理办法》的相关规定执行。

第三十九条 退市公司符合中国证监会和证券交易所规定的重新上市条件的，可依法向证券交易所提出申请。

第四十条 股票不在全国股份转让系统公开转让的公众公司重大资产重组履行的决策程序和信息披露内容比照本办法的相关规定执行。

第四十一条 本办法自2014年7月23日起施行。

证券公司风险控制指标管理办法

（2006 年 7 月 20 日中国证券监督管理委员会令第 34 号公布　根据 2008 年 6 月 24 日《中国证券监督管理委员会关于修改〈证券公司风险控制指标管理办法〉的决定》第一次修订　根据 2016 年 6 月 16 日《中国证券监督管理委员会关于修改〈证券公司风险控制指标管理办法〉的决定》第二次修订　根据 2020 年 3 月 20 日中国证券监督管理委员会《关于修改部分证券期货规章的决定》第三次修订）

第一章　总　　则

第一条　为了建立以净资本和流动性为核心的风险控制指标体系，加强证券公司风险监管，督促证券公司加强内部控制、提升风险管理水平、防范风险，根据《证券法》等有关法律、行政法规，制定本办法。

第二条　证券公司应当按照中国证券监督管理委员会（以下简称中国证监会）的有关规定，遵循审慎、实质重于形式的原则，计算净资本、风险覆盖率、资本杠杆率、流动性覆盖率、净稳定资金率等各项风险控制指标，编制净资本计算表、风险资本准备计算表、表内外资产总额计算表、流动性覆盖率计算表、净稳定资金率计算表、风险控制指标计算表等监管报表（以下统称风险控制指标监管报表）。

第三条　中国证监会可以根据市场发展情况和审慎监管原则，对各项风险控制指标标准及计算要求进行动态调整；调整之前，应当公开征求行业意见，并为调整事项的实施作出过渡性安排。

对于未规定风险控制指标标准及计算要求的新产品、新业务，证券公司在投资该产品或者开展该业务前，应当按照规定事先向中国证监会、公司注册地的中国证监会派出机构（以下简称派出机构）报告或者报批。中国证监会根据证券公司新产品、新业务的特点和风险状况，在征求行业意见基础上确定相应的风险控制指标标准及计算要求。

第四条　中国证监会可以按照分类监管原则，根据证券公司的治理结构、内控水平和风险控制情况，对不同类别公司的风险控制指标标准和计算要求，以及某项业务的风险资本准备计算比例进行动态调整。

第五条　中国证监会及其派出机构应当对证券公司净资本等各项风险控制指标数据的生成过程及计算结果的真实性、准确性、完整性进行定期或者不定期检查。

中国证监会及其派出机构可以根据监管需要，要求证券公司聘请符合《证券法》规定的会计师事务所对其风险控制指标监管报表进行审计。

第六条 证券公司应当根据中国证监会有关规定建立符合自身发展战略需要的全面风险管理体系。证券公司应当将所有子公司以及比照子公司管理的各类孙公司纳入全面风险管理体系，强化分支机构风险管理，实现风险管理全覆盖。全面风险管理体系应当包括可操作的管理制度、健全的组织架构、可靠的信息技术系统、量化的风险指标体系、专业的人才队伍、有效的风险应对机制。

证券公司应当任命一名具有风险管理相关专业背景、任职经历、履职能力的高级管理人员为首席风险官，由其负责全面风险管理工作。

第七条 证券公司应当根据自身资产负债状况和业务发展情况，建立动态的风险控制指标监控和资本补足机制，确保净资本等各项风险控制指标在任一时点都符合规定标准。

证券公司应当在发生重大业务事项及分配利润前对风险控制指标进行压力测试，合理确定有关业务及分配利润的最大规模。

证券公司应当建立健全压力测试机制，及时根据市场变化情况及监管部门要求，对公司风险控制指标进行压力测试。

压力测试结果显示风险超过证券公司自身承受能力范围的，证券公司应采取措施控制业务规模或降低风险。

第八条 证券公司应当聘请符合《证券法》规定的会计师事务所对其年度风险控制指标监管报表进行审计。

第九条 会计师事务所及其注册会计师应当勤勉尽责，对证券公司风险控制指标监管报表的真实性、准确性、完整性进行审计，并发表恰当的审计意见。

第二章 净资本及其计算

第十条 证券公司净资本由核心净资本和附属净资本构成。其中：

核心净资本 = 净资产 - 资产项目的风险调整 - 或有负债的风险调整 -/+中国证监会认定或核准的其他调整项目。

附属净资本 = 长期次级债 × 规定比例 -/+中国证监会认定或核准的其他调整项目。

第十一条 证券公司应当按照中国证监会规定的证券公司净资本计算标准计算净资本。

第十二条 证券公司计算核心净资本时，应当按照规定对有关项目充分计提资产减值准备。

中国证监会及其派出机构可以要求公司专项说明资产减值准备提取的充足性和合理性。有证据表明公司未充分计提资产减值准备的，中国证监会及其派出机构可以责令公司整改并追究相关人员责任。

第十三条 证券公司应当根据公司期末或有事项的性质（如未决诉讼、未决仲裁、对外提供担保等）、涉及金额、形成原因和进展情况、可能发生的损失和预计损失进行相应会计处理。对于很可能导致经济利益流出公司的或有事项，应当确认预计负债；对于未确认预计负债，但仍可能导致经济利益流出公司的或有事项，在计算核心净资本时，应当作为或有负债，按照一定比例在净资本中予以扣减，并在净资本计算表的附注中披露。

第十四条 证券公司对控股证券业务子公司出具承诺书提供担保承诺的，应当按照担保承诺金额的一定比例扣减核心净资本。从事证券承销与保荐、证券资产管理业务等中国证监会认可的子公司可以将母公司提供的担保承诺按照一定比例计入核心净资本。

第十五条 证券公司向股东或机构投资者借入或发行的次级债，可以按照一定比例计入附属净资本或扣减风险资本准备。具体规定由中国证监会另行制定。

第三章 风险控制指标标准

第十六条 证券公司经营证券经纪业务的，其净资本不得低于人民币2000万元。

证券公司经营证券承销与保荐、证券自营、证券资产管理、其他证券业务等业务之一的，其净资本不得低于人民币5000万元。

证券公司经营证券经纪业务，同时经营证券承销与保荐、证券自营、证券资产管理、其他证券业务等业务之一的，其净资本不得低于人民币1亿元。

证券公司经营证券承销与保荐、证券自营、证券资产管理、其他证券业务中两项及两项以上的，其净资本不得低于人民币2亿元。

第十七条 证券公司必须持续符合下列风险控制指标标准：

（一）风险覆盖率不得低于100%；

（二）资本杠杆率不得低于8%；

（三）流动性覆盖率不得低于100%；

（四）净稳定资金率不得低于100%；

其中：

风险覆盖率＝净资本/各项风险资本准备之和×100%；

资本杠杆率＝核心净资本/表内外资产总额×100%；

流动性覆盖率＝优质流动性资产/未来30天现金净流出量×100%；

净稳定资金率=可用稳定资金/所需稳定资金×100%。

第十八条 证券公司应当按照中国证监会规定的证券公司风险资本准备计算标准计算市场风险、信用风险、操作风险资本准备。中国证监会可以根据特定产品或业务的风险特征，以及监督检查结果，要求证券公司计算特定风险资本准备。

市场风险资本准备按照各类金融工具市场风险特征的不同，用投资规模乘以风险系数计算；信用风险资本准备按照各表内外项目信用风险程度的不同，用资产规模乘以风险系数计算；操作风险资本准备按照各项业务收入的一定比例计算。

证券公司可以采取内部模型法等风险计量高级方法计算风险资本准备，具体规定由中国证监会另行制定。

第十九条 证券公司经营证券自营业务、为客户提供融资或融券服务的，应当符合中国证监会对该项业务的风险控制指标标准。

第二十条 证券公司可以结合自身实际情况，在不低于中国证监会规定标准的基础上，确定相应的风险控制指标标准。

第二十一条 中国证监会对各项风险控制指标设置预警标准，对于规定"不得低于"一定标准的风险控制指标，其预警标准是规定标准的120%；对于规定"不得超过"一定标准的风险控制指标，其预警标准是规定标准的80%。

第四章 编制和披露

第二十二条 设有子公司的证券公司应当以母公司数据为基础，编制风险控制指标监管报表。

中国证监会及其派出机构可以根据监管需要，要求证券公司以合并数据为基础编制风险控制指标监管报表。

第二十三条 证券公司的董事、高级管理人员应当对公司半年度、年度风险控制指标监管报表签署确认意见。

证券公司经营管理的主要负责人、首席风险官、财务负责人应当对公司月度风险控制指标监管报表签署确认意见。在证券公司风险控制指标监管报表上签字的人员，应当保证风险控制指标监管报表真实、准确、完整，不存在虚假记载、误导性陈述和重大遗漏；对风险控制指标监管报表内容持有异议的，应当在报表上注明自己的意见和理由。

第二十四条 证券公司应当至少每半年经主要负责人、首席风险官签署确认后，向公司全体董事报告一次公司净资本等风险控制指标的具体情况和达标情况；证券公司应当至少每半年经董事会签署确认，向公司全体股东报告一次公司净资本等风险控制指标的具体情况和达标情况，并至少获得主要股东的签收确认证明文件。

净资本指标与上月相比发生20%以上不利变化或不符合规定标准时，证券公司应当在5个工作日内向公司全体董事报告，10个工作日内向公司全体股东报告。

第二十五条 证券公司应当在每月结束之日起7个工作日内，向中国证监会及其派出机构报送月度风险控制指标监管报表。

派出机构可以根据监管需要，要求辖区内单个、部分或者全部证券公司在一定阶段内按周或者按日编制并报送各项风险控制指标监管报表。

第二十六条 证券公司的净资本等风险控制指标与上月相比发生不利变化超过20%的，应当在该情形发生之日起3个工作日内，向中国证监会及其派出机构报告，说明基本情况和变化原因。

第二十七条 证券公司的净资本等风险控制指标达到预警标准或者不符合规定标准的，应当分别在该情形发生之日起3个、1个工作日内，向中国证监会及其派出机构报告，说明基本情况、问题成因以及解决问题的具体措施和期限。

第五章 监督管理

第二十八条 证券公司的财务会计报告、风险控制指标监管报表被注册会计师出具了保留意见、带强调事项段或其他事项段无保留意见的，证券公司应当就涉及事项进行专项说明。

涉及事项不属于明显违反会计准则、证券公司净资本计算规则等有关规定的，中国证监会及其派出机构可以要求证券公司说明该事项对公司净资本等风险控制指标的影响。

涉及事项属于明显违反会计准则、证券公司净资本计算规则等有关规定的，中国证监会及其派出机构可以要求证券公司限期纠正、重新编制风险控制指标监管报表；证券公司未限期纠正的，中国证监会及其派出机构可以认定其净资本等风险控制指标低于规定标准。

第二十九条 证券公司的财务会计报告、风险控制指标监管报表被注册会计师出具了无法表示意见或者否定意见的，中国证监会及其派出机构可以认定其净资本等风险控制指标低于规定标准。

第三十条 证券公司未按照监管部门要求报送风险控制指标监管报表，或者风险控制指标监管报表存在重大错报、漏报以及虚假报送情况，中国证监会及其派出机构可以根据情况采取出具警示函、责令改正、监管谈话、责令处分有关人员等监管措施。

第三十一条 证券公司净资本或者其他风险控制指标不符合规定标准

的，派出机构应当责令公司限期改正，在5个工作日制定并报送整改计划，整改期限最长不超过20个工作日；证券公司未按时报送整改计划的，派出机构应当立即限制其业务活动。

整改期内，中国证监会及其派出机构应当区别情形，对证券公司采取下列措施：

（一）停止批准新业务；

（二）停止批准增设、收购营业性分支机构；

（三）限制分配红利；

（四）限制转让财产或在财产上设定其他权利。

第三十二条 证券公司整改后，经派出机构验收符合有关风险控制指标的，中国证监会及其派出机构应当自验收完毕之日起3个工作日内解除对其采取的有关措施。

第三十三条 证券公司未按期完成整改的，自整改期限到期的次日起，派出机构应当区别情形，对其采取下列措施：

（一）限制业务活动；

（二）责令暂停部分业务；

（三）限制向董事、监事、高级管理人员支付报酬、提供福利；

（四）责令更换董事、监事、高级管理人员或者限制其权利；

（五）责令负有责任的股东转让股权，限制负有责任的股东行使股东权利；

（六）认定负有责任的董事、监事、高级管理人员为不适当人选；

（七）中国证监会及其派出机构认为有必要采取的其他措施。

第三十四条 证券公司未按期完成整改、风险控制指标情况继续恶化，严重危及该证券公司的稳健运行的，中国证监会可以撤销其有关业务许可。

第三十五条 证券公司风险控制指标无法达标，严重危害证券市场秩序、损害投资者利益的，中国证监会可以区别情形，对其采取下列措施：

（一）责令停业整顿；

（二）指定其他机构托管、接管；

（三）撤销经营证券业务许可；

（四）撤销。

第六章　附　　则

第三十六条 本办法下列用语的含义：

（一）风险资本准备：指证券公司在开展各项业务等过程中，因市场风险、信用风险、操作风险等可能引起的非预期损失所需要的资本。证券公司应当按照一定标准计算风险资本准备并与净资本建立对应关系，确保风险资本准备有对应的净资本支撑。

（二）负债：指对外负债，不含代理买卖证券款、信用交易代理买卖证券款、代理承销证券款。

（三）资产：指自有资产，不含客户资产。

（四）或有负债：指过去的交易或者事项形成的潜在义务，其存在须通过未来不确定事项的发生或者不发生予以证实；或过去的交易或者事项形成的现时义务，履行该义务不是很可能导致经济利益流出企业或该义务的金额不能可靠计量。

（五）表内外资产总额：表内资产余额与表外项目余额之和。

第三十七条 本办法自2006年11月1日起施行。

证券公司和证券投资基金管理公司合规管理办法

（2017年6月6日中国证券监督管理委员会令第133号公布 根据2020年3月20日中国证券监督管理委员会《关于修改部分证券期货规章的决定》修订）

第一章 总 则

第一条 为了促进证券公司和证券投资基金管理公司加强内部合规管理，实现持续规范发展，根据《中华人民共和国公司法》《中华人民共和国证券法》《中华人民共和国证券投资基金法》和《证券公司监督管理条例》，制定本办法。

第二条 在中华人民共和国境内设立的证券公司和证券投资基金管理公司（以下统称证券基金经营机构）应当按照本办法实施合规管理。

本办法所称合规，是指证券基金经营机构及其工作人员的经营管理和执业行为符合法律、法规、规章及规范性文件、行业规范和自律规则、公司内部规章制度，以及行业普遍遵守的职业道德和行为准则（以下统称法律法规和准则）。

本办法所称合规管理，是指证券基金经营机构制定和执行合规管理制度，建立合规管理机制，防范合规风险的行为。

本办法所称合规风险，是指因证券基金经营机构或其工作人员的经营管理或执业行为违反法律法规和准则而使证券基金经营机构被依法追究法律责任、采取监管措施、给予纪律处分、出现财产损失或商业信誉损失的风险。

第三条 证券基金经营机构的合规管理应当覆盖所有业务,各部门、各分支机构、各层级子公司和全体工作人员,贯穿决策、执行、监督、反馈等各个环节。

第四条 证券基金经营机构应当树立全员合规、合规从管理层做起、合规创造价值、合规是公司生存基础的理念,倡导和推进合规文化建设,培育全体工作人员合规意识,提升合规管理人员职业荣誉感和专业化、职业化水平。

第五条 中国证券监督管理委员会(以下简称中国证监会)依法对证券基金经营机构合规管理工作实施监督管理。中国证监会派出机构按照授权履行监督管理职责。

中国证券业协会、中国证券投资基金业协会等自律组织(以下简称协会)依照本办法制定实施细则,对证券基金经营机构合规管理工作实施自律管理。

第二章 合规管理职责

第六条 证券基金经营机构开展各项业务,应当合规经营、勤勉尽责,坚持客户利益至上原则,并遵守下列基本要求:

(一)充分了解客户的基本信息、财务状况、投资经验、投资目标、风险偏好、诚信记录等信息并及时更新。

(二)合理划分客户类别和产品、服务风险等级,确保将适当的产品、服务提供给适合的客户,不得欺诈客户。

(三)持续督促客户规范证券发行行为,动态监控客户交易活动,及时报告、依法处置重大异常行为,不得为客户违规从事证券发行、交易活动提供便利。

(四)严格规范工作人员执业行为,督促工作人员勤勉尽责,防范其利用职务便利从事违法违规、超越权限或者其他损害客户合法权益的行为。

(五)有效管理内幕信息和未公开信息,防范公司及其工作人员利用该信息买卖证券、建议他人买卖证券,或者泄露该信息。

(六)及时识别、妥善处理公司与客户之间、不同客户之间、公司不同业务之间的利益冲突,切实维护客户利益,公平对待客户。

(七)依法履行关联交易审议程序和信息披露义务,保证关联交易的公允性,防止不正当关联交易和利益输送。

(八)审慎评估公司经营管理行为对证券市场的影响,采取有效措施,防止扰乱市场秩序。

第七条 证券基金经营机构董事会决定本公司的合规管理目标,对合规管理的有效性承担责任,履行下列合规管理职责:

（一）审议批准合规管理的基本制度；

（二）审议批准年度合规报告；

（三）决定解聘对发生重大合规风险负有主要责任或者领导责任的高级管理人员；

（四）决定聘任、解聘、考核合规负责人，决定其薪酬待遇；

（五）建立与合规负责人的直接沟通机制；

（六）评估合规管理有效性，督促解决合规管理中存在的问题；

（七）公司章程规定的其他合规管理职责。

第八条 证券基金经营机构的监事会或者监事履行下列合规管理职责：

（一）对董事、高级管理人员履行合规管理职责的情况进行监督；

（二）对发生重大合规风险负有主要责任或者领导责任的董事、高级管理人员提出罢免的建议；

（三）公司章程规定的其他合规管理职责。

第九条 证券基金经营机构的高级管理人员负责落实合规管理目标，对合规运营承担责任，履行下列合规管理职责：

（一）建立健全合规管理组织架构，遵守合规管理程序，配备充足、适当的合规管理人员，并为其履行职责提供充分的人力、物力、财力、技术支持和保障；

（二）发现违法违规行为及时报告、整改，落实责任追究；

（三）公司章程规定或者董事会确定的其他合规管理职责。

第十条 证券基金经营机构各部门、各分支机构和各层级子公司（以下统称下属各单位）负责人负责落实本单位的合规管理目标，对本单位合规运营承担责任。

证券基金经营机构全体工作人员应当遵守与其执业行为有关的法律、法规和准则，主动识别、控制其执业行为的合规风险，并对其执业行为的合规性承担责任。

下属各单位及工作人员发现违法违规行为或者合规风险隐患时，应当主动及时向合规负责人报告。

第十一条 证券基金经营机构设合规负责人。合规负责人是高级管理人员，直接向董事会负责，对本公司及其工作人员的经营管理和执业行为的合规性进行审查、监督和检查。

合规负责人不得兼任与合规管理职责相冲突的职务，不得负责管理与合规管理职责相冲突的部门。

证券基金经营机构的章程应当对合规负责人的职责、任免条件和程序等作出规定。

第十二条 证券基金经营机构合规负责人应当组织拟定合规管理的基本

制度和其他合规管理制度，督导下属各单位实施。

合规管理的基本制度应当明确合规管理的目标、基本原则、机构设置及其职责，违法违规行为及合规风险隐患的报告、处理和责任追究等内容。

法律法规和准则发生变动的，合规负责人应当及时建议董事会或高级管理人员并督导有关部门，评估其对合规管理的影响，修改、完善有关制度和业务流程。

第十三条 合规负责人应当对证券基金经营机构内部规章制度、重大决策、新产品和新业务方案等进行合规审查，并出具书面合规审查意见。

中国证监会及其派出机构、自律组织要求对证券基金经营机构报送的申请材料或报告进行合规审查的，合规负责人应当审查，并在该申请材料或报告上签署合规审查意见。其他相关高级管理人员等人员应当对申请材料或报告中基本事实和业务数据的真实性、准确性及完整性负责。

证券基金经营机构不采纳合规负责人的合规审查意见的，应当将有关事项提交董事会决定。

第十四条 合规负责人应当按照中国证监会及其派出机构的要求和公司规定，对证券基金经营机构及其工作人员经营管理和执业行为的合规性进行监督检查。

合规负责人应当协助董事会和高级管理人员建立和执行信息隔离墙、利益冲突管理和反洗钱制度，按照公司规定为高级管理人员、下属各单位提供合规咨询、组织合规培训，指导和督促公司有关部门处理涉及公司和工作人员违法违规行为的投诉和举报。

第十五条 合规负责人应当按照公司规定，向董事会、经营管理主要负责人报告证券基金经营机构经营管理合法合规情况和合规管理工作开展情况。

合规负责人发现证券基金经营机构存在违法违规行为或合规风险隐患的，应当依照公司章程规定及时向董事会、经营管理主要负责人报告，提出处理意见，并督促整改。合规负责人应当同时督促公司及时向中国证监会相关派出机构报告；公司未及时报告的，应当直接向中国证监会相关派出机构报告；有关行为违反行业规范和自律规则的，还应当向有关自律组织报告。

第十六条 合规负责人应当及时处理中国证监会及其派出机构和自律组织要求调查的事项，配合中国证监会及其派出机构和自律组织对证券基金经营机构的检查和调查，跟踪和评估监管意见和监管要求的落实情况。

第十七条 合规负责人应当将出具的合规审查意见、提供的合规咨询意见、签署的公司文件、合规检查工作底稿等与履行职责有关的文件、资料存档备查，并对履行职责的情况作出记录。

第三章　合规管理保障

第十八条　合规负责人应当通晓相关法律法规和准则，诚实守信，熟悉证券、基金业务，具有胜任合规管理工作需要的专业知识和技能，并具备下列任职条件：

（一）从事证券、基金工作10年以上，并且通过中国证券业协会或中国证券投资基金业协会组织的合规管理人员胜任能力考试；或者从事证券、基金工作5年以上，并且通过法律职业资格考试；或者在证券监管机构、证券基金业自律组织任职5年以上；

（二）最近3年未被金融监管机构实施行政处罚或采取重大行政监管措施；

（三）中国证监会规定的其他条件。

第十九条　证券基金经营机构聘任合规负责人，应当向中国证监会相关派出机构报送人员简历及有关证明材料。证券公司合规负责人应当经中国证监会相关派出机构认可后方可任职。

合规负责人任期届满前，证券基金经营机构解聘的，应当有正当理由，并在有关董事会会议召开10个工作日前将解聘理由书面报告中国证监会相关派出机构。

前款所称正当理由，包括合规负责人本人申请，或被中国证监会及其派出机构责令更换，或确有证据证明其无法正常履职、未能勤勉尽责等情形。

第二十条　合规负责人不能履行职务或缺位时，应当由证券基金经营机构董事长或经营管理主要负责人代行其职务，并自决定之日起3个工作日内向中国证监会相关派出机构书面报告，代行职务的时间不得超过6个月。

合规负责人提出辞职的，应当提前1个月向公司董事会提出申请，并向中国证监会相关派出机构报告。在辞职申请获得批准之前，合规负责人不得自行停止履行职责。

合规负责人缺位的，公司应当在6个月内聘请符合本办法第十八条规定的人员担任合规负责人。

第二十一条　证券基金经营机构应当设立合规部门。合规部门对合规负责人负责，按照公司规定和合规负责人的安排履行合规管理职责。合规部门不得承担与合规管理相冲突的其他职责。

证券基金经营机构应当明确合规部门与其他内部控制部门之间的职责分工，建立内部控制部门协调互动的工作机制。

第二十二条　证券基金经营机构应当为合规部门配备足够的、具备与履行合规管理职责相适应的专业知识和技能的合规管理人员。合规部门中具备

3年以上证券、金融、法律、会计、信息技术等有关领域工作经历的合规管理人员数量不得低于公司总部人数的一定比例，具体比例由协会规定。

第二十三条 证券基金经营机构各业务部门、各分支机构应当配备符合本办法第二十二条规定的合规管理人员。

合规管理人员可以兼任与合规管理职责不相冲突的职务。合规风险管控难度较大的部门和分支机构应当配备专职合规管理人员。

第二十四条 证券基金经营机构应当将各层级子公司的合规管理纳入统一体系，明确子公司向母公司报告的合规管理事项，对子公司的合规管理制度进行审查，对子公司经营管理行为的合规性进行监督和检查，确保子公司合规管理工作符合母公司的要求。

从事另类投资、私募基金管理、基金销售等活动的子公司，应当由证券基金经营机构选派人员作为子公司高级管理人员负责合规管理工作，并由合规负责人考核和管理。

第二十五条 证券基金经营机构应当保障合规负责人和合规管理人员充分履行职责所需的知情权和调查权。

证券基金经营机构召开董事会会议、经营决策会议等重要会议以及合规负责人要求参加或者列席的会议的，应当提前通知合规负责人。合规负责人有权根据履职需要参加或列席有关会议，查阅、复制有关文件、资料。

合规负责人根据履行职责需要，有权要求证券基金经营机构有关人员对相关事项作出说明，向为公司提供审计、法律等中介服务的机构了解情况。

合规负责人认为必要时，可以证券基金经营机构名义直接聘请外部专业机构或人员协助其工作，费用由公司承担。

第二十六条 证券基金经营机构应当保障合规负责人和合规管理人员的独立性。

证券基金经营机构的股东、董事和高级管理人员不得违反规定的职责和程序，直接向合规负责人下达指令或者干涉其工作。

证券基金经营机构的董事、监事、高级管理人员和下属各单位应当支持和配合合规负责人、合规部门及本单位合规管理人员的工作，不得以任何理由限制、阻挠合规负责人、合规部门和合规管理人员履行职责。

第二十七条 合规部门及专职合规管理人员由合规负责人考核。对兼职合规管理人员进行考核时，合规负责人所占权重应当超过50%。证券基金经营机构应当制定合规负责人、合规部门及专职合规管理人员的考核管理制度，不得采取其他部门评价、以业务部门的经营业绩为依据等不利于合规独立性的考核方式。

证券基金经营机构董事会对合规负责人进行年度考核时，应当就其履行职责情况及考核意见书面征求中国证监会相关派出机构的意见，中国证监会相关派出机构可以根据掌握的情况建议董事会调整考核结果。

证券基金经营机构对高级管理人员和下属各单位的考核应当包括合规负责人对其合规管理有效性、经营管理和执业行为合规性的专项考核内容。合规性专项考核占总考核结果的比例不得低于协会的规定。

第二十八条 证券基金经营机构应当制定合规负责人与合规管理人员的薪酬管理制度。合规负责人工作称职的,其年度薪酬收入总额在公司高级管理人员年度薪酬收入总额中的排名不得低于中位数;合规管理人员工作称职的,其年度薪酬收入总额不得低于公司同级别人员的平均水平。

第二十九条 中国证监会及其派出机构和自律组织支持证券基金经营机构合规负责人依法开展工作,组织行业合规培训和交流,并督促证券基金经营机构为合规负责人提供充足的履职保障。

第四章 监督管理与法律责任

第三十条 证券基金经营机构应当在报送年度报告的同时向中国证监会相关派出机构报送年度合规报告。年度合规报告包括下列内容:

(一)证券基金经营机构和各层级子公司合规管理的基本情况;

(二)合规负责人履行职责情况;

(三)违法违规行为、合规风险隐患的发现及整改情况;

(四)合规管理有效性的评估及整改情况;

(五)中国证监会及其派出机构要求或证券基金经营机构认为需要报告的其他内容。

证券基金经营机构的董事、高级管理人员应当对年度合规报告签署确认意见,保证报告的内容真实、准确、完整;对报告内容有异议的,应当注明意见和理由。

第三十一条 证券基金经营机构应当组织内部有关机构和部门或者委托具有专业资质的外部专业机构对公司合规管理的有效性进行评估,及时解决合规管理中存在的问题。对合规管理有效性的全面评估,每年不得少于1次。委托具有专业资质的外部专业机构进行的全面评估,每3年至少进行1次。

中国证监会及其派出机构发现证券基金经营机构存在违法违规行为或重大合规风险隐患的,可以要求证券基金经营机构委托指定的具有专业资质的外部专业机构对公司合规管理的有效性进行评估,并督促其整改。

第三十二条 证券基金经营机构违反本办法规定的,中国证监会可以采取出具警示函、责令定期报告、责令改正、监管谈话等行政监管措施;对直接负责的董事、监事、高级管理人员和其他责任人员,可以采取出具警示函、责令参加培训、责令改正、监管谈话、认定为不适当人选等行政监管措施。

证券基金经营机构违反本办法规定导致公司出现治理结构不健全、内部控制不完善等情形的，对证券基金经营机构及其直接负责的董事、监事、高级管理人员和其他直接责任人员，依照《中华人民共和国证券投资基金法》第二十四条、《证券公司监督管理条例》第七十条采取行政监管措施。

第三十三条 合规负责人违反本办法规定的，中国证监会可以采取出具警示函、责令参加培训、责令改正、监管谈话、认定为不适当人选等行政监管措施。

第三十四条 证券基金经营机构的董事、监事、高级管理人员未能勤勉尽责，致使公司存在重大违法违规行为或者重大合规风险的，依照《中华人民共和国证券法》第一百四十条、第一百四十二条、《中华人民共和国证券投资基金法》第二十五条采取行政监管措施。

第三十五条 证券基金经营机构违反本办法第十八条、第十九条、第二十条、第二十一条、第二十二条、第二十三条、第二十四条、第二十五条、第二十六条、第二十七条、第二十八条规定，情节严重的，对证券基金经营机构及其直接负责的董事、监事、高级管理人员和其他直接责任人员，处以警告、3 万元以下罚款。

合规负责人未按照本办法第十五条第二款的规定及时向中国证监会相关派出机构报告重大违法违规行为的，处以警告、3 万元以下罚款。

第三十六条 证券基金经营机构通过有效的合规管理，主动发现违法违规行为或合规风险隐患，积极妥善处理，落实责任追究，完善内部控制制度和业务流程并及时向中国证监会或其派出机构报告的，依法从轻、减轻处理；情节轻微并及时纠正违法违规行为或避免合规风险，没有造成危害后果的，不予追究责任。

对于证券基金经营机构的违法违规行为，合规负责人已经按照本办法的规定尽职履行审查、监督、检查和报告职责的，不予追究责任。

第五章　附　　则

第三十七条 本办法下列用语的含义：

（一）合规负责人，包括证券公司的合规总监和证券投资基金管理公司的督察长。

（二）中国证监会相关派出机构，包括证券公司住所地的中国证监会派出机构，和证券投资基金管理公司住所地或者经营所在地的中国证监会派出机构。

第三十八条 中国证监会根据审慎监管的原则，可以提高对行业重要性证券基金经营机构的合规管理要求，并可以采取增加现场检查频率、强化合规负责人任职监管、委托外部专业机构协助开展工作等方式加强合规监管。

前款所称行业重要性证券基金经营机构，是指中国证监会认定的，公司内部经营活动可能导致证券基金行业、证券市场产生重大风险的证券基金经营机构。

第三十九条 开展公开募集证券投资基金管理业务的保险资产管理机构、私募资产管理机构等，参照本办法执行。

第四十条 本办法自2017年10月1日起施行。《证券投资基金管理公司督察长管理规定》（证监基金字〔2006〕85号）、《证券公司合规管理试行规定》（证监会公告〔2008〕30号）同时废止。

外商投资证券公司管理办法

（2018年4月28日中国证券监督管理委员会令第140号公布 根据2020年3月20日中国证券监督管理委员会《关于修改部分证券期货规章的决定》修订）

第一条 为了适应证券市场对外开放的需要，加强和完善对外商投资证券公司的监督管理，明确外商投资证券公司的设立条件和程序，根据《中华人民共和国公司法》（以下简称公司法）和《中华人民共和国证券法》（以下简称证券法）有关规定，制定本办法。

第二条 本办法所称外商投资证券公司是指：

（一）境外股东与境内股东依法共同出资设立的证券公司；

（二）境外投资者依法受让、认购内资证券公司股权，内资证券公司依法变更的证券公司；

（三）内资证券公司股东的实际控制人变更为境外投资者，内资证券公司依法变更的证券公司。

第三条 中国证券监督管理委员会（以下简称中国证监会）负责对外商投资证券公司的审批和监督管理。

第四条 外商投资证券公司的名称、组织形式、注册资本、业务范围、组织机构的设立及职责以及股东、董事、监事、高级管理人员等，应当符合公司法、证券法等法律、法规和中国证监会的有关规定。

第五条 设立外商投资证券公司除应当符合公司法、证券法、《证券公司监督管理条例》和经国务院批准的中国证监会规定的证券公司设立条件外，还应当符合下列条件：

（一）境外股东具备本办法规定的资格条件，其出资比例、出资方式符合本办法的规定；

（二）初始业务范围与控股股东或者第一大股东的经营证券业务经验相匹配；

（三）中国证监会规定的其他审慎性条件。

第六条 外商投资证券公司的境外股东，应当具备下列条件：

（一）所在国家或者地区具有完善的证券法律和监管制度，相关金融监管机构已与中国证监会或者中国证监会认可的机构签定证券监管合作谅解备忘录，并保持着有效的监管合作关系；

（二）为在所在国家或者地区合法成立的金融机构，近3年各项财务指标符合所在国家或者地区法律的规定和监管机构的要求；

（三）持续经营证券业务5年以上，近3年未受到所在国家或者地区监管机构或者行政、司法机关的重大处罚，无因涉嫌重大违法违规正受到有关机关调查的情形；

（四）具有完善的内部控制制度；

（五）具有良好的国际声誉和经营业绩，近3年业务规模、收入、利润居于国际前列，近3年长期信用均保持在高水平；

（六）中国证监会规定的其他审慎性条件。

第七条 境外股东应当以自由兑换货币出资。

境外股东累计持有的（包括直接持有和间接控制）外商投资证券公司股权比例，应当符合国家关于证券业对外开放的安排。

第八条 申请设立外商投资证券公司，应当由全体股东共同指定的代表或者委托的代理人向中国证监会提交下列文件：

（一）境内外股东的法定代表人或者授权代表共同签署的申请表；

（二）关于设立外商投资证券公司的合同及章程草案；

（三）外商投资证券公司拟任董事长、总经理、合规负责人简历；

（四）股东的营业执照或者注册证书、证券业务资格证书复印件；

（五）申请前3年境内外股东经审计的财务报表；

（六）境外股东所在国家或者地区相关监管机构或者中国证监会认可的境外机构出具的关于该境外股东是否具备本办法第六条第（二）项、第（三）项规定的条件的说明函；

（七）境外股东具有良好的国际声誉和经营业绩，近3年业务规模、收入、利润居于国际前列以及近3年长期信用情况的证明文件；

（八）由中国境内律师事务所出具的法律意见书；

（九）中国证监会要求的其他文件。

第九条 中国证监会依照有关法律、行政法规和本办法对第八条规定的申请文件进行审查，并在规定期限内作出是否批准的决定，书面通知申请人。

不予批准的,书面说明理由。

第十条 股东应当自中国证监会的批准文件签发之日起6个月内足额缴付出资或者提供约定的合作条件,选举董事、监事,聘任高级管理人员,并向公司登记机关申请设立登记,领取营业执照。

第十一条 外商投资证券公司应当自营业执照签发之日起15个工作日内,向中国证监会提交下列文件,申请经营证券业务许可证:

(一)营业执照副本复印件;

(二)公司章程;

(三)由中国境内符合证券法规定的会计师事务所出具的验资报告;

(四)董事、监事、高级管理人员和主要业务人员的名单以及符合规定的说明;

(五)内部控制制度文本;

(六)营业场所和业务设施情况说明书;

(七)中国证监会要求的其他文件。

第十二条 中国证监会依照有关法律、行政法规和本办法对第十一条规定的申请文件进行审查,并自接到符合要求的申请文件之日起15个工作日内作出决定。对符合规定条件的,颁发经营证券业务许可证;对不符合规定条件的,不予颁发,并书面说明理由。

第十三条 未取得中国证监会颁发的经营证券业务许可证,外商投资证券公司不得开业,不得经营证券业务。

第十四条 内资证券公司申请变更为外商投资证券公司的,应当具备本办法第五条规定的条件。

收购或者参股内资证券公司的境外股东应当具备本办法第六条规定的条件,其收购的股权比例或者出资比例应当符合本办法第七条的规定。

内资证券公司股东的实际控制人变更为境外投资者,应当具备本办法第六条规定的条件,其间接控制的证券公司股权比例应当符合本办法第七条的规定。不具备条件或者间接控制证券公司股权比例不符合规定的,应当在3个月内完成规范整改。

第十五条 内资证券公司申请变更为外商投资证券公司,应当向中国证监会提交下列文件:

(一)法定代表人签署的申请表;

(二)股东(大)会关于变更为外商投资证券公司的决议;

(三)公司章程修改草案;

(四)股权转让协议或者出资协议(股份认购协议);

(五)拟在该证券公司任职的境外投资者委派人员的名单、简历以及符合规定的说明;

（六）境外股东的营业执照或者注册证书、相关业务资格证书复印件；

（七）申请前3年境外股东经审计的财务报表；

（八）境外股东所在国家或者地区相关监管机构或者中国证监会认可的境外机构出具的关于该境外股东是否具备本办法第六条第（二）项、第（三）项规定条件的说明函；

（九）境外股东具有良好的国际声誉和经营业绩，近3年业务规模、收入、利润居于国际前列以及近3年长期信用情况的证明文件；

（十）由中国境内律师事务所出具的法律意见书；

（十一）中国证监会要求的其他文件。

第十六条 中国证监会依照有关法律、行政法规和本办法对第十五条规定的申请文件进行审查，并在规定期限内作出是否批准的决定，书面通知申请人。不予批准的，书面说明理由。

第十七条 获准变更的证券公司，应当自中国证监会的批准文件签发之日起6个月内，办理股权转让或者增资事宜，向公司登记机关申请变更登记，换领营业执照。

第十八条 获准变更的证券公司应当自变更登记之日起15个工作日内，向中国证监会提交下列文件，申请换发经营证券业务许可证：

（一）营业执照副本复印件；

（二）外商投资证券公司章程；

（三）公司原有经营证券业务许可证及其副本；

（四）由中国境内符合证券法规定的会计师事务所出具的验资报告；

（五）中国证监会要求的其他文件。

第十九条 中国证监会依照有关法律、行政法规和本办法对第十八条规定的申请文件进行审查，并自接到符合要求的申请文件之日起15个工作日内作出决定。对符合规定条件的，换发经营证券业务许可证；对不符合规定条件的，不予换发，并书面说明理由。

第二十条 外商投资证券公司合并或者外商投资证券公司与内资证券公司合并后新设或者存续的证券公司，应当具备本办法规定的外商投资证券公司的设立条件；其境外股东持股比例应当符合本办法的规定。

外商投资证券公司分立后设立的证券公司，股东中有境外股东的，其境外股东持股比例应当符合本办法的规定。

第二十一条 境外投资者可以依法通过证券交易所的证券交易持有上市内资证券公司股份，或者与上市内资证券公司建立战略合作关系并经中国证监会批准持有上市内资证券公司股份。

境外投资者依法通过证券交易所的证券交易持有或者通过协议、其他安排与他人共同持有上市内资证券公司5%以上股份的，应当符合本办法第六条规定的条件,并遵守证券法和中国证监会关于上市公司收购和证券公司变更审批的有关规定。

第二十二条 按照本办法规定提交中国证监会的申请文件及报送中国证监会的资料,必须使用中文。境外股东及其所在国家或者地区相关监管机构或者中国证监会认可的境外机构出具的文件、资料使用外文的,应当附有与原文内容一致的中文译本。

申请人提交的文件及报送的材料,不能充分说明申请人的状况的,中国证监会可以要求申请人作出补充说明。

第二十三条 外商投资证券公司涉及国家安全审查的,按照国家有关规定办理。

第二十四条 香港特别行政区、澳门特别行政区和台湾地区的投资者投资证券公司的,参照适用本办法。国家另有规定的,从其规定。

第二十五条 外商投资证券公司的设立、变更、终止、业务活动及监督管理事项,本办法未作规定的,适用中国证监会的其他有关规定。

第二十六条 本办法自公布之日起施行。《外资参股证券公司设立规则》同时废止。

证券投资基金管理公司管理办法

(2012年9月20日中国证券监督管理委员会令第84号公布 根据2020年3月20日中国证券监督管理委员会《关于修改部分证券期货规章的决定》修订)

第一章 总 则

第一条 为了加强对证券投资基金管理公司的监督管理,规范证券投资基金管理公司的行为,保护基金份额持有人及相关当事人的合法权益,根据《证券投资基金法》、《公司法》和其他有关法律、行政法规,制定本办法。

第二条 本办法所称证券投资基金管理公司(以下简称基金管理公司),是指经中国证券监督管理委员会(以下简称中国证监会)批准,在中华人民共和国境内设立,从事证券投资基金管理业务和中国证监会许可的其他业务的企业法人。

第三条 基金管理公司应当遵守法律、行政法规、中国证监会的规定和中国证券投资基金业协会的自律规则,恪守诚信,审慎勤勉,忠实尽责,为基金份额持有人的利益管理和运用基金财产。

第四条　中国证监会及其派出机构依照《证券投资基金法》、《公司法》等法律、行政法规、中国证监会的规定和审慎监管原则，对基金管理公司及其业务活动实施监督管理。

第五条　中国证券投资基金业协会依据法律、行政法规、中国证监会的规定和自律规则，对基金管理公司及其业务活动进行自律管理。

第二章　基金管理公司的设立

第六条　设立基金管理公司，应当具备下列条件：

（一）股东符合《证券投资基金法》和本办法的规定；

（二）有符合《证券投资基金法》、《公司法》以及中国证监会规定的章程；

（三）注册资本不低于1亿元人民币，且股东必须以货币资金实缴，境外股东应当以可自由兑换货币出资；

（四）有符合法律、行政法规和中国证监会规定的拟任高级管理人员以及从事研究、投资、估值、营销等业务的人员，拟任高级管理人员、业务人员不少于15人，并应当取得基金从业资格；

（五）有符合要求的营业场所、安全防范设施和与业务有关的其他设施；

（六）设置了分工合理、职责清晰的组织机构和工作岗位；

（七）有符合中国证监会规定的监察稽核、风险控制等内部监控制度；

（八）经国务院批准的中国证监会规定的其他条件。

第七条　申请设立基金管理公司，出资或者持有股份占基金管理公司注册资本的比例（以下简称持股比例）在5%以上的股东，应当具备下列条件：

（一）注册资本、净资产不低于1亿元人民币，资产质量良好；

（二）持续经营3个以上完整的会计年度，公司治理健全，内部监控制度完善；

（三）最近3年没有因违法违规行为受到行政处罚或者刑事处罚；

（四）没有挪用客户资产等损害客户利益的行为；

（五）没有因违法违规行为正在被监管机构调查，或者正处于整改期间；

（六）具有良好的社会信誉，最近3年在金融监管、税务、工商等行政机关，以及自律管理、商业银行等机构无不良记录。

第八条　基金管理公司的主要股东是指持有基金管理公司股权比例最高且不低于25%的股东。

主要股东除应当符合本办法第七条规定的条件外，还应当具备下列条件：

（一）从事证券经营、证券投资咨询、信托资产管理或者其他金融资产管理业务；

（二）注册资本不低于3亿元人民币；

（三）具有较好的经营业绩，资产质量良好。

第九条　中外合资基金管理公司中，持股比例最高的境内股东应当具备本办法第八条规定的主要股东的条件，其他持股比例在5%以上的境内股东应当具备本办法第七条规定的条件。

中外合资基金管理公司的境外股东应当具备下列条件：

（一）为依其所在国家或者地区法律设立，合法存续并具有金融资产管理经验的金融机构，财务稳健，资信良好，最近3年没有受到监管机构或者司法机关的处罚；

（二）所在国家或者地区具有完善的证券法律和监管制度，其证券监管机构已与中国证监会或者中国证监会认可的其他机构签订证券监管合作谅解备忘录，并保持着有效的监管合作关系；

（三）实缴资本不少于3亿元人民币的等值可自由兑换货币；

（四）经国务院批准的中国证监会规定的其他条件。

香港特别行政区、澳门特别行政区和台湾地区的投资机构比照适用前款规定。

第十条　基金管理公司股东的持股比例应当符合中国证监会的规定。中外合资基金管理公司外资持股比例或者拥有权益的比例，累计（包括直接持有和间接持有）不得超过我国证券业对外开放所做的承诺。

第十一条　一家机构或者受同一实际控制人控制的多家机构参股基金管理公司的数量不得超过2家，其中控股基金管理公司的数量不得超过1家。

第十二条　申请设立基金管理公司，申请人应当按照中国证监会的规定报送设立申请材料。

主要股东应当组织、协调设立基金管理公司的相关事宜，对申请材料的真实性、完整性负主要责任。

第十三条　申请期间申请材料涉及的事项发生重大变化的，申请人应当自变化发生之日起5个工作日内向中国证监会提交更新材料；股东发生变动的，应当重新报送申请材料。

第十四条　中国证监会依照《行政许可法》和《证券投资基金法》的规定，受理基金管理公司设立申请，并进行审查，做出决定。

第十五条　中国证监会审查基金管理公司设立申请，可以采取下列方式：

（一）征求相关机构和部门关于股东条件等方面的意见；

（二）采取专家评审、核查等方式对申请材料的内容进行审查；

（三）自受理之日起5个月内现场检查基金管理公司设立准备情况。

第十六条　中国证监会批准设立基金管理公司的，申请人应当自收到批准文件之日起30日内向工商行政管理机关办理注册登记手续；凭工商行政管理机关核发的《企业法人营业执照》向中国证监会领取《基金管理资格证书》。

中外合资基金管理公司还应当按照法律、行政法规的规定，申领《外商投资企业批准证书》，并开设外汇资本金账户。

基金管理公司应当自工商注册登记手续办理完毕之日起10日内，在符合中国证监会规定条件的全国性报刊上将公司成立事项予以公告。

第三章 基金管理公司的变更、解散

第十七条 基金管理公司变更下列重大事项，应当报中国证监会批准：

（一）变更持股5%以上的股东；

（二）变更持股不足5%但对公司治理有重大影响的股东；

（三）变更股东的持股比例超过5%；

（四）修改公司章程重要条款；

（五）中国证监会规定的其他重大事项。

第十八条 基金管理公司变更股东、注册资本、股东持股比例后，股东的条件、股东的持股比例、股东参股基金管理公司的数量、注册资本等应当符合中国证监会的规定。

第十九条 基金管理公司的股东处分其股权，应当遵守下列规定：

（一）股东转让股权应当诚实守信，遵守在认购、受让股权时所做的承诺，不得损害基金份额持有人的合法权益；

（二）股东转让股权应当遵守《公司法》的规定，不得采取虚报转让价格等不正当手段损害其他股东的合法权益；

（三）股东与受让方应当就转让期间的有关事宜明确约定，确保不损害基金管理公司和基金份额持有人的合法权益，股东及受让方不得通过股权代持、股权托管、信托合同、秘密协议等形式处分其股权；

（四）相关的变更股东事项未经中国证监会批准并履行相关法律程序，转让方应当继续履行股东义务，承担相应责任，受让方不得以任何形式行使股东权利；

（五）法律、行政法规和公司章程的其他规定。

第二十条 基金管理公司增加的注册资本，股东必须以货币资金实缴。

第二十一条 基金管理公司变更重大事项，应当自董事会或者股东（大）会做出决议之日起60日内按照中国证监会的规定提出变更申请；涉及股东股权转让的，基金管理公司未按照规定提出申请时，相关股东可以直接提出申请。

第二十二条 中国证监会依照《行政许可法》和《证券投资基金法》的规定，受理基金管理公司变更重大事项的申请，并进行审查，做出决定。

第二十三条 中国证监会可以采取约请相关人员谈话、专家评审、核查等方式，审查基金管理公司变更重大事项的申请。

涉及变更基金管理公司主要股东、合计持股比例超过50%以上的股东，或者提名董事人数最多的股东的，中国证监会比照本办法关于基金管理公司设立的规定进行审查。

第二十四条 基金管理公司的重大变更事项涉及变更工商登记的，基金管理公司应当自收到批准文件之日起30日内向工商行政管理机关办理变更登记手续。

基金管理公司变更为中外合资的，还应当按照有关规定申领《外商投资企业批准证书》，并开设外汇资本金账户。

第二十五条 基金管理公司高级管理人员的选任或者改任，应当按照法律、行政法规和中国证监会的规定办理。

第二十六条 基金管理公司的重大变更事项涉及《基金管理资格证书》内容变更的，基金管理公司应当向中国证监会换领《基金管理资格证书》。

第二十七条 基金管理公司应当按照法律、行政法规和中国证监会的规定将重大变更事项予以公告。

第二十八条 基金管理公司的解散，应当在中国证监会取消其基金管理资格后进行。

基金管理公司的解散应当按照《公司法》等法律、行政法规的规定办理。

第四章 基金管理公司子公司及分支机构的设立、变更、撤销

第二十九条 基金管理公司可以根据专业化经营管理的需要，设立子公司、分公司或者中国证监会规定的其他形式的分支机构。

子公司可以从事特定客户资产管理、基金销售以及中国证监会许可的其他业务。分公司或者中国证监会规定的其他形式的分支机构，可以从事基金品种开发、基金销售以及基金管理公司授权的其他业务。

基金管理公司应当结合自身实际，合理审慎构建和完善经营管理组织模式，设立子公司、分支机构应当进行充分的评估论证，并履行必要的内部决策程序。

第三十条 基金管理公司子公司应当由基金管理公司控股，从事相关业务应当符合有关法律法规的规定。基金管理公司与子公司及各子公司之间应当建立必要的隔离墙制度，防止可能出现的风险传递和利益冲突。

基金管理公司应当建立有效的监督管理制度，加强对子公司、分支机构的业务、人员、财务等的监督和日常管理，分支机构不得以承包、租赁、托管、合作等方式经营。

基金管理公司可以设立办事处,办事处不得从事经营性活动。

第三十一条　基金管理公司设立子公司、分支机构,应当具备下列条件:

(一)公司治理健全,内部监控完善,经营稳定,有较强的持续经营能力;

(二)公司最近 1 年内没有因违法违规行为受到行政处罚或者刑事处罚;

(三)公司没有因违法违规行为正在被监管机构调查,或者正处于整改期间;

(四)拟设立的子公司、分支机构有符合规定的名称、办公场所、业务人员、安全防范设施和与业务有关的其他设施;

(五)拟设立的子公司、分支机构有明确的职责和完善的管理制度;

(六)中国证监会规定的其他条件。

第三十二条　基金管理公司设立子公司、分支机构,应当自董事会或者股东(大)会做出决议之日起60 日内,按照中国证监会的规定报送申请材料。

第三十三条　中国证监会依照《行政许可法》和《证券投资基金法》的规定,受理基金管理公司设立子公司、分支机构的申请,并进行审查,做出决定。

中国证监会可以对拟设立的子公司、分支机构进行现场检查。

第三十四条　基金管理公司变更、撤销分支机构,应当自变更、撤销之日起 15 日内向中国证监会和所在地中国证监会派出机构报告。

基金管理公司设立、变更或者撤销办事处,应当自设立、变更或者撤销之日起 15 日内向中国证监会和所在地中国证监会派出机构报告。

第三十五条　基金管理公司设立分支机构,应当自收到批准文件之日起30 日内向工商行政管理机关办理登记注册手续。

基金管理公司变更、撤销分支机构,应当按照有关规定向工商行政管理机关办理有关手续。

第三十六条　基金管理公司应当按照法律、行政法规和中国证监会的规定将子公司、分支机构的设立、变更或者撤销事项予以公告。

第五章　基金管理公司的治理和经营

第三十七条　基金管理公司应当按照《公司法》等法律、行政法规和中国证监会的规定,建立组织机构健全、职责划分清晰、制衡监督有效、激励约束合理的治理结构,保持公司规范运作,维护基金份额持有人的利益。

公司治理应当遵循基金份额持有人利益优先的基本原则。基金管理公司及其股东和公司员工的利益与基金份额持有人的利益发生冲突时,应当优先保障基金份额持有人的利益。

第三十八条　基金管理公司的股东应当履行法定义务,不得虚假出资、抽逃或者变相抽逃出资。

基金管理公司的股东不得为其他机构或者个人代持基金管理公司的股权,不得委托其他机构或者个人代持股权。基金管理公司的股东及其实际控制人不得以任何形式占有或者转移基金管理公司资产。

基金管理公司的主要股东应当秉承长期投资理念,并书面承诺持有基金管理公司股权不少于3年。

第三十九条 基金管理公司应当明确股东(大)会的职权范围和议事规则。

基金管理公司应当建立与股东之间的业务和客户关键信息隔离制度。基金管理公司的股东及其实际控制人应当通过股东(大)会依法行使权利,不得越过股东(大)会、董事会任免基金管理公司的董事、监事、高级管理人员,或者直接干预基金管理公司的经营管理、基金财产的投资运作;不得在证券承销、证券投资等业务活动中要求基金管理公司为其提供配合,损害基金份额持有人和其他当事人的合法权益。

基金管理公司的单个股东或者有关联关系的股东合计持股比例在50%以上的,上述股东及其控制的机构不得经营公募或者类似公募的证券资产管理业务。

第四十条 基金管理公司的主要股东在公司不能正常经营时,应当召集其他股东及有关当事人,按照有利于保护基金份额持有人利益的原则妥善处理有关事宜。

第四十一条 基金管理公司应当明确董事会的职权范围和议事规则。董事会应当按照法律、行政法规和公司章程的规定,制定公司基本制度,决策有关重大事项,监督、奖惩经营管理人员。董事会会议由董事长召集和主持,董事会和董事长不得越权干预经营管理人员的具体经营活动。

董事会对经营管理人员的考核,应当关注基金长期投资业绩、公司合规和风险控制等维护基金份额持有人利益的情况,不得以短期的基金管理规模、盈利增长等为主要考核标准。

基金管理公司的总经理应当为董事会成员。基金管理公司的单个股东或者有关联关系的股东合计持股比例在50%以上的,与上述股东有关联关系的董事不得超过董事会人数的1/3。

第四十二条 基金管理公司应当建立健全独立董事制度,独立董事人数不得少于3人,且不得少于董事会人数的1/3。

独立董事应当独立于基金管理公司及其股东,以基金份额持有人利益最大化为出发点,勤勉尽责,依法对基金财产和公司运作的重大事项独立作出客观、公正的专业判断。

第四十三条 基金管理公司的董事会审议下列事项,应当经过2/3以上的独立董事通过:

(一)公司及基金投资运作中的重大关联交易；

(二)公司和基金审计事务，聘请或者更换会计师事务所；

(三)公司管理的基金的半年度报告和年度报告；

(四)法律、行政法规和公司章程规定的其他事项。

第四十四条 基金管理公司应当建立健全督察长制度，督察长由董事会聘任，对董事会负责，对公司经营运作的合法合规性进行监察和稽核。

督察长发现公司存在重大风险或者有违法违规行为，应当告知总经理和其他有关高级管理人员，并向董事会、中国证监会和公司所在地中国证监会派出机构报告。

第四十五条 基金管理公司应当加强监事会或者执行监事对公司财务、董事会履行职责的监督作用，维护股东合法利益。

监事会应当包括股东代表和公司职工代表，其中职工代表的比例不得少于监事会人数的1/2。不设监事会的，执行监事中至少有1名职工代表。

监事会和监事会主席、执行监事不得越权干预经营管理人员的具体经营活动。

第四十六条 基金管理公司的总经理负责公司的经营管理。基金管理公司的高级管理人员及其他工作人员应当忠实、勤勉地履行职责，不得为股东、本人或者他人谋取不正当利益。

第四十七条 基金管理公司的董事、监事、高级管理人员、股东及有关各方，在基金管理公司主要股东不能正常经营或者基金管理公司股权转让期间，应当依法履行职责，恪尽职守，做好风险防范的安排，保证公司正常经营，基金份额持有人利益不受损害。

第四十八条 基金管理公司应当坚持稳健经营理念，管理资产规模应当与自身的人员储备、投研和客户服务能力、信息技术系统承受度、风险管理和内部监控水平相匹配，切实维护基金份额持有人的长远利益。

第四十九条 基金管理公司应当按照中国证监会的规定，建立科学合理、控制严密、运行高效的内部监控体系，制定科学完善的内部监控制度，保持经营运作合法、合规，保持公司内部监控健全、有效。

第五十条 基金管理公司应当建立健全由授权、研究、决策、执行和评估等环节构成的投资管理系统，公平对待其管理的不同基金财产和客户资产。

第五十一条 基金管理公司应当建立完善的基金财务核算与基金资产估值系统，严格遵守国家有关规定，及时、准确和完整地反映基金财产的状况。

第五十二条 基金管理公司应当遵守相关法律法规、行业监管要求、行业技术标准，遵循安全性、实用性、可操作性原则，建立与公司发展战略和业务操作相适应的信息技术系统。

第五十三条 基金管理公司应当建立健全人力资源管理制度，规范岗位职责,强化员工培训,建立与公司发展相适应的激励约束机制、基金从业人员与基金份额持有人的利益绑定机制,为公司经营管理和持续发展提供人力资源支持。

第五十四条 基金管理公司应当建立和完善客户服务标准,加强销售管理,规范基金宣传推介,不得有不正当销售或者不正当竞争的行为。

第五十五条 基金管理公司应当保持良好的财务状况,满足公司运营、业务发展和风险防范的需要。

基金管理公司应当建立健全财务管理制度,严格执行国家财经法律法规,相关资金或者资产必须列入符合规定的本单位会计账簿。

第五十六条 基金管理公司按照审慎经营原则和业务发展需要,可以相应增加注册资本。

基金管理公司应当按照规定提取风险准备金。

第五十七条 基金管理公司应当按照中国证监会的规定,管理和运用固有资金。

基金管理公司管理、运用固有资金,应当保持公司的正常运营,不得损害基金份额持有人的合法权益。

第五十八条 基金管理公司应当建立突发事件处理预案制度,对发生严重影响基金份额持有人利益、可能引起系统性风险、严重影响社会稳定的突发事件,按照预案妥善处理。

第五十九条 基金管理公司可以根据自身发展战略的需要,委托资质良好的基金服务机构代为办理基金份额登记、核算、估值以及信息技术系统开发维护等业务,但基金管理公司依法应当承担的责任并不因委托而免除。

委托基金服务机构代为办理部分业务的,基金管理公司应当进行充分的评估论证,履行必要的内部决策程序,审慎确定委托办理业务的范围、内容以及受托基金服务机构,并制定委托办理业务的风险管理和应急处理制度,加强对受托基金服务机构的评价和约束,确保业务信息的保密性和安全性,维护基金份额持有人的合法权益以及公司的商业秘密等。

第六十条 基金管理公司与基金服务机构签署委托协议后10日内,应当向中国证监会和所在地中国证监会派出机构报告委托办理业务的范围、内容、受托基金服务机构的基本情况和业务准备情况、主要风险及相应的风险防范措施等。基金管理公司应当在基金招募说明书、基金合同、基金年度报告、基金半年度报告以及基金管理公司年度报告中披露委托办理业务的有关情况。

开展受托业务的基金服务机构应当具有健全的治理结构,经营运作规范,财务状况良好,有与受托办理业务相适应的专业人才队伍、营业场所、安全防范设施和技术设施等,并具有完善的内部控制、风险管理、应急处理制度和业务操作流程等。基金服务机构及其从业人员开展相关受托业务应当恪尽职守、诚实守信、谨慎勤勉，确保受托业务运作安全有效，并保守商业秘密，不得泄露或者利用受托业务知悉的非公开信息牟利，不得损害基金份额持有人的合法权益。

第六章 监督管理

第六十一条 基金管理公司、基金管理公司的股东申请批准有关事项，隐瞒有关情况或者提供虚假材料的，中国证监会不予受理；已经受理的，不予批准。

第六十二条 中国证监会依照法律、行政法规、中国证监会规定和审慎监管原则对基金管理公司的公司治理、内部监控、经营运作、风险状况，以及相关业务活动进行非现场检查和现场检查。

第六十三条 非现场检查主要以审阅基金管理公司报送材料的方式进行。

基金管理公司应当向中国证监会和所在地中国证监会派出机构报送下列材料：

（一）经符合《证券法》规定的会计师事务所审计的基金管理公司年度报告；

（二）由符合《证券法》规定的会计师事务所出具的基金管理公司内部监控情况的年度评价报告；

（三）监察稽核季度报告和年度报告；

（四）中国证监会根据审慎监管原则要求报送的其他材料。

第六十四条 基金管理公司应当自年度结束之日起3个月内报送基金管理公司年度报告和年度评价报告；自季度结束之日起15日内报送监察稽核季度报告，自年度结束之日起30日内报送监察稽核年度报告。

第六十五条 基金管理公司发生下列情形之一的，应当在5日内向中国证监会和所在地中国证监会派出机构报告：

（一）变更持股5%以下的股东；

（二）变更股东的持股比例不超过5%；

（三）变更名称、住所；

（四）股东同比例增减注册资本；

（五）修改公司章程一般条款；

（六）公司及其董事、高级管理人员、基金经理受到刑事、行政处罚；

（七）公司及其董事、高级管理人员、基金经理被监管机构或者司法机关调查；

（八）公司财务状况发生重大不利变化；

（九）因公司过失遭受重大投诉；

（十）面临重大诉讼；

（十一）对公司经营产生重大影响的其他事项。

发生前款第（六）项至第（十一）项规定事项的，基金管理公司应当书面通知全体股东。

基金管理公司发生本办法第五十八条规定的突发事件的，应当立即向中国证监会和所在地中国证监会派出机构报告。

第六十六条 基金管理公司股东发生下列情形之一的，应当书面通知公司，并在5日内向中国证监会和公司所在地中国证监会派出机构报告：

（一）名称、住所变更；

（二）控股股东或者实际控制人变更；

（三）主要股东连续3年亏损；

（四）所持股权被司法机关采取诉讼保全等措施；

（五）决定处分其股权；

（六）发生合并、分立或者进行重大资产、债务重组；

（七）被监管机构或者司法机关立案调查；

（八）被采取责令停业整顿、指定托管、接管或者撤销等监管措施或者进入破产清算程序；

（九）对公司运作产生重大影响的其他事项。

第六十七条 中外合资基金管理公司的境外股东，其注册地或者主要经营活动所在地的主管当局对境外投资有备案要求的，该境外股东在依法取得中国证监会的批准文件后，如向其注册地或者主要经营活动所在地的主管当局提交有关备案材料，应当同时将副本报送中国证监会。

第六十八条 中国证监会可以采取下列措施对基金管理公司进行现场检查，并根据日常监管情况确定现场检查的对象、内容和频率：

（一）进入基金管理公司及其子公司、分支机构进行检查；

（二）要求基金管理公司提供与检查事项有关的文件、会议记录、报表、凭证和其他资料；

（三）询问基金管理公司的工作人员，要求其对有关检查事项做出说明；

（四）查阅、复制基金管理公司与检查事项有关的文件、资料，对可能被转移、隐匿或者毁损的文件、资料予以封存；

（五）检查基金管理公司的信息技术系统；

（六）中国证监会规定的其他措施。

第六十九条 中国证监会对基金管理公司进行现场检查时，检查人员不得少于2人，并应当出示合法证件；检查人员少于2人或者未出示合法证件的，基金管理公司有权拒绝检查。

中国证监会可以聘请注册会计师、律师等专业人员为检查工作提供专业服务。

第七十条 基金管理公司及有关人员应当配合中国证监会进行检查，不得以任何理由拒绝、拖延提供有关资料，或者提供不真实、不准确、不完整的资料。

第七十一条 中国证监会对基金管理公司进行现场检查后，应当向被检查的基金管理公司出具检查结论。

第七十二条 中国证监会可以根据监管需要，建立基金管理公司风险控制指标监控体系和监管综合评价体系。对于相关风险控制指标、监管综合评价指标不符合规定的，中国证监会可以责令公司限期改正，并可以采取要求公司增加注册资本金、提高风险准备金提取比例、暂停部分或者全部业务等行政监管措施。

第七十三条 违反本办法的规定，有下列情形之一的，中国证监会责令改正，给予警告，并处3万元以下的罚款，对直接负责的主管人员和其他直接责任人员给予警告，撤销任职资格或者基金从业资格，并处3万元以下的罚款：

（一）未经批准持有基金管理公司5%以上股权，或者通过提供虚假申请材料等方式成为基金管理公司股东；

（二）委托他人或者接受他人委托持有基金管理公司的股权；

（三）基金管理公司的股东及其实际控制人占有或者转移基金管理公司资产；

（四）基金管理公司的股东及其实际控制人在证券承销、证券投资等业务活动中，强令、指使、接受基金管理公司为其提供配合，损害基金份额持有人和其他当事人的合法权益。

第七十四条 违反本办法的规定，有下列情形之一的，中国证监会责令改正，并对负有责任的股东、实际控制人、董事、监事、高级管理人员以及直接责任人员等可以采取监管谈话、出具警示函、暂停履行职务等行政监管措施：

（一）基金管理公司的股东、实际控制人越过股东（大）会、董事会任免基金管理公司的董事、监事、高级管理人员；

（二）基金管理公司的股东、实际控制人越过股东（大）会、董事会直接干预基金管理公司的经营管理或者基金财产的投资运作；

（三）基金管理公司及其股东、实际控制人未及时履行报告义务；

（四）基金管理公司董事会对经营管理人员的考核不符合规定。

第七十五条 基金管理公司出现下列情形之一的，中国证监会责令其限期整改，整改期间可以暂停受理及审核其基金产品募集申请或者其他业务申请，并对负有责任的董事、监事、高级管理人员以及直接责任人员可以采取监管谈话、出具警示函、暂停履行职务等行政监管措施：

（一）公司治理不健全，严重影响公司的独立性、完整性和统一性；

（二）公司内部控制制度不完善，相关制度不能有效执行，存在重大风险隐患或者发生较大风险事件；

（三）对子公司、分支机构管理松懈，或者选聘的基金服务机构不具备基本的资质条件，存在重大风险隐患或者发生较大风险事件；

（四）发生重大违法违规行为。

基金管理公司逾期未完成整改的，中国证监会可以停止批准其增设子公司或者分支机构；限制分配红利，限制其向负有责任的董事、监事、高级管理人员支付报酬、提供福利；责令其更换负有责任的董事、监事、高级管理人员或者限制权利。情节特别严重的，中国证监会可以采取指定其他机构托管、接管或者撤销等监管措施，对负有责任的董事、监事、高级管理人员以及直接责任人员给予警告，并处3万元以下的罚款。

第七十六条 基金管理公司的净资产低于4000万元人民币，或者现金、银行存款、国债等可运用的流动资产低于2000万元人民币且低于公司上一会计年度营业支出的，中国证监会可以暂停受理及审核其基金产品募集申请或者其他业务申请，并限期要求改善财务流动性。财务状况持续恶化的，中国证监会责令其进行停业整顿。

被责令停业整顿的，基金管理公司应当在规定的期限内将其管理的基金资产委托给中国证监会认可的基金管理公司进行管理。逾期未按照要求委托管理的，中国证监会可以指定其他机构对其基金管理业务进行托管。

第七十七条 基金服务机构违反本办法的规定，泄露或者利用受托业务知悉的非公开信息牟利，损害基金份额持有人合法权益的，责令改正，给予警告，并处3万元以下的罚款。对直接负责的主管人员和其他直接责任人员给予警告，并处3万元以下的罚款。

第七十八条 基金管理公司、基金管理公司的股东及实际控制人、基金服务机构及其直接负责的主管人员和其他直接责任人员违反本办法以及其他相关规定，依法应予行政处罚的，依照有关规定进行行政处罚；涉嫌犯罪的，依法移送司法机关，追究其刑事责任。

第七章　附　　则

第七十九条 本办法所称中外合资基金管理公司，包括境外股东与境内股东共同出资设立的基金管理公司和境外股东受让、认购境内基金管理公司股权而变更的基金管理公司。

第八十条 基金管理公司设立子公司的具体管理办法，由中国证监会另行规定。

第八十一条 本办法自2012年11月1日起施行。《证券投资基金管理公司管理办法》(证监会令第22号)同时废止。

公开募集证券投资基金信息披露管理办法

(2019年7月26日中国证券监督管理委员会令第158号公布
根据2020年3月20日中国证券监督管理委员会《关于修改部分证券期货规章的决定》修订)

第一章　总　　则

第一条 为规范公开募集证券投资基金(以下简称基金)信息披露活动,保护投资者及相关当事人的合法权益,根据《证券投资基金法》(以下简称《基金法》),制定本办法。

第二条 基金信息披露义务人应当以保护基金份额持有人利益为根本出发点,按照法律、行政法规和中国证券监督管理委员会(以下简称中国证监会)的规定披露基金信息,并保证所披露信息的真实性、准确性、完整性、及时性、简明性和易得性。

基金信息披露义务人包括基金管理人、基金托管人、召集基金份额持有人大会的基金份额持有人及其日常机构等法律、行政法规和中国证监会规定的自然人、法人和非法人组织。

第三条 基金信息披露义务人应当在中国证监会规定时间内,将应予披露的基金信息通过符合中国证监会规定条件的全国性报刊(以下简称规定报刊)及本办法规定的互联网网站(以下简称规定网站)等媒介披露,并保证投资者能够按照基金合同约定的时间和方式查阅或者复制公开披露的信息资料。

规定网站包括基金管理人网站、基金托管人网站、中国证监会基金电子披露网站。规定网站应当无偿向投资者提供基金信息披露服务。

第四条 基金份额在证券交易所上市交易的,基金信息披露义务人还应当根据证券交易所的自律管理规则披露基金信息。

第五条 中国证监会及其派出机构依法对基金信息披露活动进行监督管理。

中国证监会根据基金信息披露活动情况,及时制定相关的内容与格式准则、编报规则等;根据基金信息披露活动中存在的技术问题,直接做出或授权指定机构做出规范解答。

证券交易所、中国证券投资基金业协会依法对基金信息披露活动进行自律管理。

第二章 基金信息披露一般规定

第六条 公开披露的基金信息包括:

(一)基金招募说明书;

(二)基金合同;

(三)基金托管协议;

(四)基金产品资料概要;

(五)基金份额发售公告;

(六)基金募集情况;

(七)基金份额上市交易公告书;

(八)基金资产净值、基金份额净值;

(九)基金份额申购、赎回价格;

(十)基金定期报告,包括年度报告、中期报告和季度报告(含资产组合季度报告);

(十一)临时报告;

(十二)基金份额持有人大会决议;

(十三)基金管理人、基金托管人的专门基金托管部门的重大人事变动;

(十四)涉及基金财产、基金管理业务、基金托管业务的诉讼或者仲裁;

(十五)澄清公告;

(十六)清算报告;

(十七)中国证监会规定的其他信息。

第七条 公开披露基金信息,不得有下列行为:

(一)虚假记载、误导性陈述或者重大遗漏;

(二)对证券投资业绩进行预测;

(三)违规承诺收益或者承担损失;

(四)诋毁其他基金管理人、基金托管人或者基金销售机构;

(五)登载任何自然人、法人和非法人组织的祝贺性、恭维性或推荐性文字;

(六)中国证监会禁止的其他行为。

第八条 公开披露的基金信息应当采用中文文本。同时采用外文文本的,基金信息披露义务人应当保证不同文本的内容一致。不同文本之间发生歧义的,以中文文本为准。

第九条 公开披露的基金信息应当采用阿拉伯数字;除特别说明外,货币单位应当为人民币元。

第三章　基金募集信息披露

第十条　基金募集申请经中国证监会注册后，基金管理人应当在基金份额发售的三日前，将基金份额发售公告、基金招募说明书提示性公告和基金合同提示性公告登载在规定报刊上，将基金份额发售公告、基金招募说明书、基金产品资料概要、基金合同和基金托管协议登载在规定网站上；基金托管人应当同时将基金合同、基金托管协议登载在规定网站上。

第十一条　基金管理人应当在基金合同生效的次日在规定报刊和规定网站上登载基金合同生效公告。

第十二条　基金合同生效后，基金招募说明书、基金产品资料概要的信息发生重大变更的，基金管理人应当在三个工作日内，更新基金招募说明书和基金产品资料概要，并登载在规定网站上。

第四章　基金运作信息披露

第十三条　基金份额获准在证券交易所上市交易的，基金管理人应当在基金份额上市交易的三个工作日前，将基金份额上市交易公告书登载在规定网站上，并将上市交易公告书提示性公告登载在规定报刊上。

第十四条　基金管理人应当按照下列要求披露基金净值信息：

（一）至少每周在规定网站披露一次封闭式基金资产净值和基金份额净值；

（二）开放式基金的基金合同生效后，在开始办理基金份额申购或者赎回前，至少每周在规定网站披露一次基金份额净值和基金份额累计净值；

（三）开放式基金在不晚于每个开放日的次日，通过规定网站、基金销售机构网站或者营业网点披露开放日的基金份额净值和基金份额累计净值；

（四）在不晚于半年度和年度最后一日的次日，在规定网站披露半年度和年度最后一日的基金份额净值和基金份额累计净值。

中国证监会对特殊基金品种的净值信息披露另有规定的，从其规定。

第十五条　基金管理人应当在开放式基金的基金合同、招募说明书等信息披露文件上载明基金份额申购、赎回价格的计算方式及有关申购、赎回费率，并保证投资者能够在基金销售机构网站或营业网点查阅或者复制前述信息资料。

第十六条　基金管理人应当在每年结束之日起三个月内，编制完成基金年度报告，将年度报告登载在规定网站上，并将年度报告提示性公告登载在规定报刊上。

基金年度报告中的财务会计报告应当经过符合《证券法》规定的会计师事务所审计。

第十七条 基金管理人应当在上半年结束之日起两个月内，编制完成基金中期报告，将中期报告登载在规定网站上，并将中期报告提示性公告登载在规定报刊上。

第十八条 基金管理人应当在季度结束之日起十五个工作日内，编制完成基金季度报告，将季度报告登载在规定网站上，并将季度报告提示性公告登载在规定报刊上。

第十九条 基金合同生效不足两个月的，基金管理人可以不编制当期季度报告、中期报告或者年度报告。

第二十条 基金合同终止的，基金管理人应当依法组织清算组对基金财产进行清算并作出清算报告。清算报告应当经过符合《证券法》规定的会计师事务所审计，并由律师事务所出具法律意见书。清算组应当将清算报告登载在规定网站上，并将清算报告提示性公告登载在规定报刊上。

第五章 基金临时信息披露

第二十一条 基金发生重大事件，有关信息披露义务人应当在两日内编制临时报告书，并登载在规定报刊和规定网站上。

前款所称重大事件，是指可能对基金份额持有人权益或者基金份额的价格产生重大影响的下列事件：

（一）基金份额持有人大会的召开及决定的事项；

（二）基金终止上市交易、基金合同终止、基金清算；

（三）基金扩募、延长基金合同期限；

（四）转换基金运作方式、基金合并；

（五）更换基金管理人、基金托管人、基金份额登记机构，基金改聘会计师事务所；

（六）基金管理人委托基金服务机构代为办理基金的份额登记、核算、估值等事项，基金托管人委托基金服务机构代为办理基金的核算、估值、复核等事项；

（七）基金管理人、基金托管人的法定名称、住所发生变更；

（八）基金管理公司变更持有百分之五以上股权的股东、变更公司的实际控制人；

（九）基金募集期延长或提前结束募集；

（十）基金管理人高级管理人员、基金经理和基金托管人专门基金托管部门负责人发生变动；

（十一）基金管理人的董事在最近12个月内变更超过百分之五十，基金管理人、基金托管人专门基金托管部门的主要业务人员在最近12个月内变动超过百分之三十；

（十二）涉及基金财产、基金管理业务、基金托管业务的诉讼或仲裁；

（十三）基金管理人或其高级管理人员、基金经理因基金管理业务相关行为受到重大行政处罚、刑事处罚，基金托管人或其专门基金托管部门负责人因基金托管业务相关行为受到重大行政处罚、刑事处罚；

（十四）基金管理人运用基金财产买卖基金管理人、基金托管人及其控股股东、实际控制人或者与其有重大利害关系的公司发行的证券或者承销期内承销的证券，或者从事其他重大关联交易事项，中国证监会另有规定的情形除外；

（十五）基金收益分配事项，货币市场基金等中国证监会另有规定的特殊基金品种除外；

（十六）管理费、托管费、销售服务费、申购费、赎回费等费用计提标准、计提方式和费率发生变更；

（十七）基金份额净值计价错误达基金份额净值百分之零点五；

（十八）开放式基金开始办理申购、赎回；

（十九）开放式基金发生巨额赎回并延期办理；

（二十）开放式基金连续发生巨额赎回并暂停接受赎回申请或延缓支付赎回款项；

（二十一）开放式基金暂停接受申购、赎回申请或重新接受申购、赎回申请；

（二十二）基金信息披露义务人认为可能对基金份额持有人权益或者基金份额的价格产生重大影响的其他事项或中国证监会规定的其他事项。

第二十二条 召开基金份额持有人大会的，召集人应当至少提前三十日在规定报刊和规定网站上公告基金份额持有人大会的召开时间、会议形式、审议事项、议事程序和表决方式等事项。

基金份额持有人或基金份额持有人大会的日常机构依法召集持有人大会，基金管理人、基金托管人对基金份额持有人大会决定的事项不依法履行信息披露义务的，召集人应当履行相关信息披露义务。

第二十三条 在基金合同期限内，任何公共媒体中出现的或者在市场上流传的消息可能对基金份额价格产生误导性影响或者引起较大波动，以及可能损害基金份额持有人权益的，相关信息披露义务人知悉后应当立即对该消息进行公开澄清，并将有关情况立即报告中国证监会、基金上市交易的证券交易所。

第六章　信息披露事务管理

第二十四条　基金管理人、基金托管人应当建立健全信息披露管理制度，指定专门部门及高级管理人员负责管理信息披露事务。

基金管理人、基金托管人应加强对未公开披露基金信息的管控，并建立基金敏感信息知情人登记制度。基金管理人、基金托管人及相关从业人员不得泄露未公开披露的基金信息。

第二十五条　基金信息披露义务人公开披露基金信息，应当符合中国证监会相关基金信息披露内容与格式准则等法规的规定；特定基金信息披露事项和特殊基金品种的信息披露，应当符合中国证监会相关编报规则等法规的规定。

第二十六条　基金托管人应当按照相关法律、行政法规、中国证监会的规定和基金合同的约定，对基金管理人编制的基金资产净值、基金份额净值、基金份额申购赎回价格、基金定期报告、更新的招募说明书、基金产品资料概要、基金清算报告等公开披露的相关基金信息进行复核、审查，并向基金管理人进行书面或电子确认。

第二十七条　基金管理人、基金托管人应当在规定报刊中选择披露信息的报刊，单只基金只需选择一家报刊。

基金管理人、基金托管人应当向中国证监会基金电子披露网站报送拟披露的基金信息，并保证相关报送信息的真实、准确、完整、及时。

第二十八条　基金管理人应当在基金合同、基金招募说明书、基金份额上市交易公告书等基金信息披露文件中加强风险揭示，对设计复杂、风险较高的基金应以显著、清晰的方式揭示基金投资运作及交易等环节的相关风险。

基金管理人应当规范基金名称，基金名称应显示产品类型、主要投资方向或投资策略等核心特征。采用定期开放式或封闭式、设置投资者最短持有期限的基金，应当在名称中明示产品封闭期限或投资者最短持有期限。

第二十九条　为强化投资者保护，提升信息披露服务质量，基金管理人应当按照中国证监会规定向投资者及时提供对其投资决策有重大影响的信息，基金销售机构、为投资者交易上市基金份额提供经纪服务的证券公司应当按照中国证监会规定做好相关信息传递工作。

第三十条　基金管理人、基金托管人除按法律法规要求披露信息外，也可着眼于为投资者决策提供有用信息的角度，在保证公平对待投资者、不误导投资者、不影响基金正常投资操作的前提下，自主提升信息披露服务的质量。具体应遵循以下要求：

（一）可以通过短信、电子邮件、移动客户端、社交平台等方式向投资者提供信息披露服务；

（二）可以通过月度报告等方式提高定期报告的披露频率；基金管理人应保持信息披露的持续性和公开性，不得为短期营销行为临时性、选择性披露信息；

（三）可以在其他公共媒介披露信息，但不得早于规定媒介和基金上市交易的证券交易所网站，且在不同媒介上披露同一信息的内容应当一致；

（四）前述自主披露如产生信息披露费用，该费用不得从基金财产中列支。

第三十一条 为基金信息披露义务人公开披露的基金信息出具审计报告、法律意见书的专业机构，应当制作工作底稿，并将相关档案至少保存到基金合同终止后十年。

第三十二条 依法必须披露的信息发布后，基金管理人、基金托管人应当按照相关法律法规规定将信息置备于公司住所、基金上市交易的证券交易所，供社会公众查阅、复制。

第七章 监督管理和法律责任

第三十三条 中国证监会及其派出机构对信息披露义务人、基金销售机构、证券公司从事信息披露及相关服务的情况，进行定期或者不定期的现场和非现场检查，相关单位及个人应当予以配合。

第三十四条 中国证监会可以定期评估基金管理人的信息披露质量，并纳入基金管理人分类监管评价指标体系中。基金管理人存在下列情形的，中国证监会可以中止审查，并根据情节轻重，在3－12个月内对该基金管理人提交的基金注册申请不适用简易程序，或者3－12个月内不再受理基金管理人提交的基金注册申请，违反法律法规的，依照相关规定采取措施或予以处罚：

（一）基金注册申请材料中基金招募说明书、基金合同、基金产品资料概要等信息披露文件存在明显差错；

（二）基金注册申请材料与合同填报指引存在明显差异，且未如实向中国证监会报告；

（三）中国证监会认定的其他情形。

第三十五条 基金信息披露义务人、基金销售机构、证券公司及相关人员违反本办法规定的，中国证监会及其派出机构可以采取责令改正、监管谈话、出具警示函、责令定期报告、暂不受理与行政许可有关的文件等行政监管措施；对直接负责的主管人员和其他直接责任人员，可以采取监管谈话、出具警示函、责令参加培训、认定为不适当人选等行政监管措施，记入诚信档案。

基金管理人违反本办法规定构成公司治理结构不健全、内部控制不完善等情形的，依照《基金法》第二十四条采取行政监管措施。

第三十六条 基金信息披露义务人的信息披露活动存在违反本办法的下列情形之一且情节严重的，除法律、行政法规另有规定外，对基金信息披露义务人处以警告、并处三万元以下罚款，对直接负责的主管人员和其他直接责任人员，处以警告、并处三万元以下罚款：

（一）违反本办法第二十五条的规定，信息披露文件不符合中国证监会有关规定；

（二）违反本办法第二十六条的规定，基金托管人未按规定对公开披露的基金信息进行复核、审查或者确认；

（三）违反本办法第二十七条的规定，基金管理人、基金托管人未按规定选择规定报刊，未按规定向中国证监会基金电子披露网站报送信息；

（四）违反本办法第二十八条的规定，基金管理人未在基金信息披露文件中揭示相关风险，未在基金名称中显示核心特征或期限；

（五）违反本办法第二十九条的规定，基金管理人未按规定向投资者及时提供对其投资决策有重大影响的信息，基金销售机构、证券公司未按规定做好相关信息传递工作；

（六）违反本办法第三十条关于自主信息披露服务的要求；

（七）违反本办法第三十二条的规定，未履行置备义务；

（八）中国证监会认定的其他情形。

第三十七条 基金管理人、基金托管人违反本办法第二十四条规定且情节严重的，处以警告、并处三万元以下罚款；对直接负责的主管人员和其他直接责任人员，处以警告、并处三万元以下罚款；构成《基金法》第二十条第（六）项所述情形的，依照《基金法》第一百二十三条进行处罚。

第三十八条 基金发生第二十一条第二款第（十四）项所述重大关联交易事项，且基金信息披露义务人未依法履行信息披露义务的，依照《基金法》第一百二十九条进行处罚。

第三十九条 基金信息披露义务人的信息披露活动存在下列情形之一的，依照《基金法》第一百三十一条进行处罚：

（一）违反本办法第三条的规定，未能保证投资者按照基金合同约定的时间和方式查阅或者复制公开披露的信息资料；

（二）违反本办法第七条规定；

（三）未公开披露本办法第六条、第二十一条第二款规定的基金信息；

（四）未按照本办法第十条、第十一条、第十二条、第十三条、第十四条、第十六条、第十七条、第十八条、第二十条、第二十一条规定的时间或规定媒介披露基金信息；

（五）违反本办法第十六条、第二十条的规定，年度报告中的财务会计报告未经审计即予披露，清算报告未经审计、未经出具法律意见书即予披露。

第四十条 为基金信息披露义务人公开披露的基金信息出具审计报告、法律意见书等文件的专业机构未勤勉尽责，所出具的文件有虚假记载、误导性陈述或者有重大遗漏的，依照《基金法》第一百四十三条进行处罚。

第八章 附 则

第四十一条 经中国证监会注册的境外互认基金，涉及境内信息披露业务的，依照本办法执行，法律法规及中国证监会另有规定的除外。

境外互认基金管理人、代理人在从事互认基金信息披露等相关业务活动中，存在违反本办法规定的，中国证监会可以依法对其采取行政监管措施或者行政处罚。

第四十二条 本办法自2019年9月1日起施行。中国证监会发布的《证券投资基金信息披露管理办法》（证监会令第19号）同时废止。

证券投资基金托管业务管理办法

（2013年4月2日中国证券监督管理委员会、中国银行业监督管理委员会令第92号公布 根据2020年3月20日中国证券监督管理委员会《关于修改部分证券期货规章的决定》修订）

第一章 总 则

第一条 为了规范证券投资基金托管业务，维护证券投资基金托管业务竞争秩序，保护基金份额持有人及相关当事人合法权益，促进证券投资基金健康发展，根据《证券投资基金法》、《银行业监督管理法》及其他相关法律、行政法规，制定本办法。

第二条 本办法所称证券投资基金（以下简称基金）托管，是指由依法设立并取得基金托管资格的商业银行或者其他金融机构担任托管人，按照法律法规的规定及基金合同的约定，对基金履行安全保管基金财产、办理清算交割、复核审查资产净值、开展投资监督、召集基金份额持有人大会等职责的行为。

第三条 商业银行从事基金托管业务，应当经中国证券监督管理委员会（以下简称中国证监会）和中国银行业监督管理委员会（以下简称中国银监会）核准，依法取得基金托管资格。其他金融机构从事基金托管业务，应当经中国证监会核准，依法取得基金托管资格。

未取得基金托管资格的机构，不得从事基金托管业务。

第四条 基金托管人应当遵守法律法规的规定以及基金合同和基金托管协议的约定，恪守职业道德和行为规范，诚实信用、谨慎勤勉，为基金份额持有人利益履行基金托管职责。

第五条 基金托管人的基金托管部门高级管理人员和其他从业人员应当忠实、勤勉地履行职责，不得从事损害基金财产和基金份额持有人利益的证券交易及其他活动。

第六条 中国证监会、中国银监会依照法律法规和审慎监管原则，对基金托管人及其基金托管业务活动实施监督管理。

第七条 中国证券投资基金业协会依据法律法规和自律规则，对基金托管人及其基金托管业务活动进行自律管理。

第二章 基金托管机构

第八条 申请基金托管资格的商业银行（以下简称申请人），应当具备下列条件：

（一）最近3个会计年度的年末净资产均不低于20亿元人民币，资本充足率等风险控制指标符合监管部门的有关规定；

（二）设有专门的基金托管部门，部门设置能够保证托管业务运营的完整与独立；

（三）基金托管部门拟任高级管理人员符合法定条件，取得基金从业资格的人员不低于该部门员工人数的1/2；拟从事基金清算、核算、投资监督、信息披露、内部稽核监控等业务的执业人员不少于8人，并具有基金从业资格，其中，核算、监督等核心业务岗位人员应当具备2年以上托管业务从业经验；

（四）有安全保管基金财产、确保基金财产完整与独立的条件；

（五）有安全高效的清算、交割系统；

（六）基金托管部门有满足营业需要的固定场所、配备独立的安全监控系统；

（七）基金托管部门配备独立的托管业务技术系统，包括网络系统、应用系统、安全防护系统、数据备份系统；

（八）有完善的内部稽核监控制度和风险控制制度；

（九）最近3年无重大违法违规记录；

（十）法律、行政法规规定的和经国务院批准的中国证监会、中国银监会规定的其他条件。

第九条 申请人应当具有健全的清算、交割业务制度，清算、交割系统应当符合下列规定：

（一）系统内证券交易结算资金及时汇划到账；

（二）从交易所、证券登记结算机构等相关机构安全接收交易结算数据；

（三）与基金管理人、基金注册登记机构、证券登记结算机构等相关业务机构的系统安全对接；

（四）依法执行基金管理人的投资指令，及时办理清算、交割事宜。

第十条 申请人的基金托管营业场所、安全防范设施、与基金托管业务有关的其他设施和相关制度，应当符合下列规定：

（一）基金托管部门的营业场所相对独立，配备门禁系统；

（二）能够接触基金交易数据的业务岗位有单独的办公场所，无关人员不得随意进入；

（三）有完善的基金交易数据保密制度；

（四）有安全的基金托管业务数据备份系统；

（五）有基金托管业务的应急处理方案，具备应急处理能力。

第十一条 申请人应当向中国证监会报送下列申请材料，同时抄报中国银监会：

（一）申请书；

（二）符合《证券法》规定的会计师事务所出具的净资产和资本充足率专项验资报告；

（三）设立专门基金托管部门的证明文件，确保部门业务运营完整与独立的说明和承诺；

（四）内部机构设置和岗位职责规定；

（五）基金托管部门拟任高级管理人员和执业人员基本情况，包括拟任高级管理人员任职材料，拟任执业人员名单、履历、基金从业资格证明复印件、专业培训及岗位配备情况；

（六）关于安全保管基金财产有关条件的报告；

（七）关于基金清算、交割系统的运行测试报告；

（八）办公场所平面图、安全监控系统设计方案和安装调试情况报告；

（九）基金托管业务备份系统设计方案和应急处理方案、应急处理能力测试报告；

（十）相关业务规章制度，包括业务管理、操作规程、基金会计核算、基金清算、信息披露、内部稽核监控、内控与风险管理、信息系统管理、从业人员管理、保密与档案管理、重大可疑情况报告、应急处理及其他履行基金托管人职责所需的规章制度；

（十一）开办基金托管业务的商业计划书；

（十二）中国证监会、中国银监会规定的其他材料。

第十二条 中国证监会应当自收到申请材料之日起5个工作日内作出是

否受理的决定。申请材料齐全、符合法定形式的,向申请人出具书面受理凭证;申请材料不齐全或者不符合法定形式的,应当一次告知申请人需要补正的全部内容。

第十三条 中国证监会应当自受理申请材料之日起20个工作日内作出行政许可决定。中国证监会作出予以核准决定的,应当会签中国银监会;作出不予核准决定的,应当说明理由并告知申请人,行政许可程序终止。

中国银监会应当自收到会签件之日起20个工作日内,作出行政许可决定。中国银监会作出予以核准决定的,中国证监会和中国银监会共同签发批准文件,并由中国证监会颁发基金托管业务许可证;中国银监会作出不予核准决定的,应当说明理由并告知申请人,行政许可程序终止。

第十四条 中国证监会、中国银监会在作出核准决定前,可以采取下列方式进行审查:

(一)以专家评审、核查等方式审查申请材料的内容;

(二)联合对商业银行拟设立基金托管部门的筹建情况进行现场检查,现场检查由两名以上工作人员进行,现场检查的时间不计算在本办法第十三条规定的期限内。

第十五条 取得基金托管资格的商业银行为基金托管人。基金托管人应当及时办理基金托管部门高级管理人员的任职手续。

第三章 托管职责的履行

第十六条 基金托管人在与基金管理人订立基金合同、基金招募说明书、基金托管协议等法律文件前,应当从保护基金份额持有人角度,对涉及投资范围与投资限制、基金费用、收益分配、会计估值、信息披露等方面的条款进行评估,确保相关约定合规清晰、风险揭示充分、会计估值科学公允。在基金托管协议中,还应当对基金托管人与基金管理人之间的业务监督与协作等职责进行详细约定。

第十七条 基金托管人应当安全保管基金财产,按照相关规定和基金托管协议约定履行下列职责:

(一)为所托管的不同基金财产分别设置资金账户、证券账户等投资交易必需的相关账户,确保基金财产的独立与完整;

(二)建立与基金管理人的对账机制,定期核对资金头寸、证券账目、资产净值等数据,及时核查认购与申购资金的到账、赎回资金的支付以及投资资金的支付与到账情况,并对基金的会计凭证、交易记录、合同协议等重要文件档案保存15年以上;

(三)对基金财产投资信息和相关资料负保密义务,除法律、行政法规和其他有关规定、监管机构及审计要求外，不得向任何机构或者个人泄露相关信息和资料。

第十八条 基金托管人应当与相关证券登记结算机构签订结算协议，依法承担作为市场结算参与人的相关职责。

基金托管人与基金管理人应当签订结算协议或者在基金托管协议中约定结算条款，明确双方在基金清算交收及相关风险控制方面的职责。基金清算交收过程中，出现基金财产中资金或证券不足以交收的，基金托管人应当及时通知基金管理人，督促基金管理人积极采取措施、最大程度控制违约交收风险与相关损失，并报告中国证监会。

第十九条 基金托管人与基金管理人应当按照《企业会计准则》及中国证监会的有关规定进行估值核算，对各类金融工具的估值方法予以定期评估。基金托管人发现基金份额净值计价出现错误的，应当提示基金管理人立即纠正，并采取合理措施防止损失进一步扩大。基金托管人发现基金份额净值计价出现重大错误或者估值出现重大偏离的，应当提示基金管理人依法履行披露和报告义务。

第二十条 基金托管人应当按照法律法规的规定以及基金合同的约定办理与基金托管业务有关的信息披露事项，包括但不限于：披露基金托管协议，对基金定期报告等信息披露文件中有关基金财务报告等信息及时进行复核审查并出具意见，在基金年度报告和半年度报告中出具托管人报告，就基金托管部门负责人变动等重大事项发布临时公告。

第二十一条 基金托管人应当根据基金合同及托管协议约定，制定基金投资监督标准与监督流程，对基金合同生效之后所托管基金的投资范围、投资比例、投资风格、投资限制、关联方交易等进行严格监督，及时提示基金管理人违规风险。

当发现基金管理人发出但未执行的投资指令或者已经生效的投资指令违反法律、行政法规和其他有关规定，或者基金合同约定，应当依法履行通知基金管理人等程序，并及时报告中国证监会，持续跟进基金管理人的后续处理，督促基金管理人依法履行披露义务。基金管理人的上述违规失信行为给基金财产或者基金份额持有人造成损害的，基金托管人应当督促基金管理人及时予以赔偿。

第二十二条 基金托管人应当对所托管基金履行法律法规、基金合同有关收益分配约定情况进行定期复核，发现基金收益分配有违规失信行为的，应当及时通知基金管理人，并报告中国证监会。

第二十三条 对于转换基金运作方式、更换基金管理人等需召开基金份额持有人大会审议的事项，基金托管人应当积极配合基金管理人召集基金份额持有人大会；基金管理人未按规定召集或者不能召集的，基金托管人应当按照规定召集基金份额持有人大会，并依法履行对外披露与报告义务。

第二十四条 基金托管人在取得基金托管资格后，不得长期不开展基金托管业务；在从事基金托管业务过程中，不得进行不正当竞争，不得利用非法手段垄断市场，不得违反基金托管协议约定将部分或者全部托管的基金财产委托他人托管。

第二十五条 基金托管人应当按照市场化原则，综合考虑基金托管规模、产品类别、服务内容、业务处理难易程度等因素，与基金管理人协商确定基金托管费用的计算方式和方法。

基金托管费用的计提方式和计算方法应当在基金合同、基金招募说明书中明确列示。

第四章　托管业务内部控制

第二十六条 基金托管人应当按照相关法律法规，针对基金托管业务建立科学合理、控制严密、运行高效的内部控制体系，保持托管业务内部控制制度健全、执行有效。

基金托管人应当每年聘请符合《证券法》规定的会计师事务所，或者由托管人内部审计部门组织，针对基金托管法定业务和增值业务的内部控制制度建设与实施情况，开展相关审查与评估，出具评估报告。

第二十七条 基金托管人应当建立突发事件处理预案制度，对发生严重影响基金份额持有人利益、可能引发系统性风险或者严重影响社会稳定的突发事件，按照预案妥善处理。

第二十八条 基金托管人应当健全从业人员管理制度，完善信息管理及保密制度，加强对基金托管部门从业人员执业行为及投资基金等相关活动的管理。

基金托管部门的从业人员不得利用未公开信息为自己或者他人谋取利益。

第二十九条 基金托管人应当根据托管业务发展及其风险控制的需要，不断完善托管业务信息技术系统，配置足够的托管业务人员，规范岗位职责，加强职业培训，保证托管服务质量。

第三十条 基金托管人应当依法采取措施，确保基金托管和基金销售业务相互独立，切实保障基金财产的完整与独立。

第三十一条 基金托管人根据业务发展的需要，按照法律法规规定和基金托管协议约定委托符合条件的境外资产托管人开展境外资产托管业务的，应当对境外资产托管人进行尽职调查，制定遴选标准与程序，健全相关的业务风险管理和应急处理制度，加强对境外资产托管人的监督与约束。

第三十二条 基金托管人在法定托管职责之外依法开展基金服务外包等增值业务的，应当设立专门的团队与业务系统，与原有基金托管业务团队之间建立必要的业务隔离，有效防范潜在的利益冲突。

第五章 监督管理与法律责任

第三十三条 申请人在申请基金托管资格时，隐瞒有关情况或者提供虚假申请材料的，中国证监会、中国银监会不予受理或者不予核准，并给予警告；申请人在3年内不得再次申请基金托管资格。

申请人以欺骗、贿赂等不正当手段取得基金托管资格的，中国证监会商中国银监会取消基金托管资格，给予警告、罚款，由中国证监会注销基金托管业务许可证；中国银监会可以区别不同情形，责令申请人对直接负责的主管人员和其他直接责任人员给予纪律处分，或者对其给予警告、罚款，或者禁止其一定期限直至终身从事银行业工作；申请人在3年内不得再次申请基金托管资格；涉嫌犯罪的依法移送司法机关，追究刑事责任。

第三十四条 未取得基金托管资格擅自从事基金托管业务的，责令停止，没收违法所得，并处违法所得一倍以上五倍以下罚款；没有违法所得或者违法所得不足一百万元的，并处十万元以上一百万元以下罚款；对直接负责的主管人员和其他直接责任人员给予警告，并处三万元以上三十万元以下罚款。

第三十五条 基金托管人应当根据中国证监会的要求，履行下列信息报送义务：

（一）基金投资运作监督报告；

（二）基金托管业务运营情况报告；

（三）基金托管业务内部控制年度评估报告；

（四）中国证监会根据审慎监管原则要求报送的其他材料。

第三十六条 当基金托管人发生下列情形之一的，应当自发生之日起5日内向中国证监会报告：

（一）基金托管部门的设置发生重大变更；

（二）托管人或者其基金托管部门的名称、住所发生变更；

（三）基金托管部门的高级管理人员发生变更；

（四）托管人及基金托管部门的高级管理人员受到刑事、行政处罚，或者被监管机构、司法机关调查；

（五）涉及托管业务的重大诉讼或者仲裁；

（六）与基金托管业务相关的其他重大事项。

第三十七条 中国证监会可以根据日常监管情况，对基金托管人的基金托管部门进行现场检查，并采取下列措施：

（一）要求提供与检查事项有关的文件、会议记录、报表、凭证和其他资料，查阅、复制与检查事项有关的文件；

（二）询问相关工作人员，要求其对有关检查事项做出说明；

（三）检查基金托管业务系统；

（四）中国证监会规定的其他措施。

中国证监会进行现场检查后，应当向被检查的基金托管人出具检查结论。基金托管人及有关人员应当配合中国证监会进行检查，不得以任何理由拒绝、拖延提供有关材料，或者提供不真实、不准确、不完整的资料。

第三十八条 基金托管人在开展基金托管业务过程中违反本办法规定，中国证监会应当责令限期整改，整改期间可以暂停其办理新的基金托管业务；对直接负责的基金托管业务主管人员和其他直接责任人员，可以采取监管谈话、出具警示函等行政监管措施。

第三十九条 对有下列情形之一的基金托管人，中国证监会商中国银监会可以依法取消其基金托管资格，依法给予罚款；对直接负责的主管人员和其他直接责任人员，中国证监会依法给予罚款，可以并处暂停或者撤销基金从业资格，中国银监会可以并处禁止一定期限直至终身从事银行业工作：

（一）连续 3 年没有开展基金托管业务的；

（二）未能在规定时间内通过整改验收的；

（三）违反法律法规，情节严重的；

（四）法律法规规定的其他情形。

第六章　附　　则

第四十条 本办法适用于境内法人商业银行及境内依法设立的其他金融机构。

第四十一条 非银行金融机构申请基金托管资格的条件与程序由中国证监会另行规定。

第四十二条 本办法自 2013 年 4 月 2 日起施行。2004 年 11 月 29 日中国证监会、中国银监会联合公布的《证券投资基金托管资格管理办法》同时废止。

中国证券监督管理委员会冻结、查封实施办法

（2005年12月30日中国证券监督管理委员会令第28号公布　根据2011年5月23日《中国证券监督管理委员会关于修改〈中国证券监督管理委员会冻结、查封实施办法〉的决定》第一次修订　根据2020年3月20日中国证券监督管理委员会《关于修改部分证券期货规章的决定》第二次修订）

第一条　为了保护投资者和当事人的合法权益，及时有效查处证券违法行为，规范冻结、查封工作，维护市场秩序，根据《中华人民共和国证券法》及相关法律法规，制定本办法。

第二条　中国证券监督管理委员会及其派出机构依法履行职责，有权冻结、查封涉案当事人的违法资金、证券等涉案财产或者重要证据。

第三条　冻结、查封违法资金、证券等涉案财产或者重要证据，必须依照本办法规定的程序提交申请，经法律部门审查，报中国证券监督管理委员会主要负责人或者其授权的其他负责人批准，制作决定书、通知书，由执法人员实施。

第四条　中国证券监督管理委员会案件调查部门、案件审理部门及派出机构在对证券违法案件进行调查、审理或者执行时，发现存在下列情形之一的，可以申请冻结、查封：

（一）已经转移、隐匿违法资金、证券等涉案财产的；

（二）可能转移、隐匿违法资金、证券等涉案财产的；

（三）已经隐匿、伪造、毁损重要证据的；

（四）可能隐匿、伪造、毁损重要证据的；

（五）其他需要及时冻结、查封的情形。

第五条　有下列情形之一的，视为可能转移或者隐匿违法资金、证券等涉案财产：

（一）涉案当事人本人开立的资金账户、证券账户和银行账户或由其实际控制的资金账户、证券账户和银行账户，以及与其有关联的资金账户、证券账户和银行账户中存放的违法资金、证券，部分已经被转移或者隐匿的；

（二）被举报的违法资金、证券等涉案财产已经或者将要被转移、隐匿并提供具体的转移或者隐匿线索的；

（三）通过与他人签订合同等形式，拟将违法资金、证券等涉案财产作为合同标的物或者以偿还贷款、支付合同价款等名义转移占有的；

（四）当事人因涉嫌严重违法而被立案调查，且其涉案场所、账户或者人员已经被执法部门调查的；

（五）其他有证据证明有转移或者隐匿违法资金、证券等涉案财产迹象的。

第六条 有下列特征之一的，视为重要证据：

（一）对案件调查有重大影响的；

（二）对案件定性有关键作用的；

（三）不可替代或者具有唯一性的；

（四）其他重要证据。

第七条 中国证券监督管理委员会案件调查部门、案件审理部门及派出机构需要实施冻结、查封时，应当提交申请，经部门或者派出机构主要负责人批准，交法律部门审查。业务监管部门在履行监管职责中发现需要采取冻结、查封措施的，应当及时通报案件调查部门实施冻结、查封。

第八条 冻结、查封申请书应当载明下列事项：

（一）被冻结、查封当事人姓名或者名称、地址等基本情况；

（二）申请冻结、查封的具体事项，包括涉案财产或者重要证据的名称、代码、数量、金额、地址等；

（三）主要违法事实与申请冻结、查封的理由；

（四）其他需要说明的事项。

第九条 负责审查的法律部门应当及时处理冻结、查封申请，出具审核意见，并制作冻结、查封决定书，报中国证券监督管理委员会主要负责人或者其授权的其他负责人批准。

第十条 冻结、查封决定书应当载明下列事项：

（一）被冻结、查封当事人姓名或者名称、地址等基本情况；

（二）冻结、查封的理由和依据；

（三）冻结、查封财产或者证据的名称、数量和期限；

（四）申请行政复议的途径；

（五）中国证券监督管理委员会公章和日期。

第十一条 申请书、决定书经批准后，由申请部门负责实施。实施冻结、查封的部门应当制作冻结通知书或者查封通知书，通知书应当载明下列事项：

（一）协助冻结、查封的单位名称；

（二）冻结、查封的法律依据；

（三）冻结、查封的财产或者证据所在机构的名称或者地址；

（四）冻结、查封的财产或者证据的名称、数额等；

（五）冻结、查封的起止时间；

（六）其他需要说明的事项；

（七）中国证券监督管理委员会公章和日期。

第十二条 实施冻结,应当依照有关规定,向协助执行部门出示冻结决定书,送达冻结通知书,并在实施冻结后及时向当事人送达冻结决定书。当事人应当将被冻结情况告知其控制的涉案财产的名义持有人。

第十三条 实施查封,应当依照有关规定向当事人送达查封决定书。需要有关部门协助的,还应当向协助执行部门送达查封通知书。

实施查封后,应当制作现场笔录和查封清单。查封清单一式两份,由当事人和实施部门分别保存。

第十四条 冻结或者查封应当由两名以上执法人员实施。

执法人员在实施冻结或者查封时应当出示有效证件。

第十五条 现场笔录应当载明下列事项:

(一)冻结、查封的时间、地点;

(二)实施冻结、查封的单位和个人;

(三)被冻结、查封的单位和个人;

(四)协助冻结、查封的单位和个人;

(五)冻结、查封的具体事项,包括涉案财产或者重要证据的名称、代码、数量、金额、地址等;

(六)当事人的陈述和申辩;

(七)其他应当载明的事项。

现场笔录和清单由当事人、见证人和执法人员签名或者盖章,当事人不在现场或者当事人、见证人拒绝签名或者盖章的,应当在笔录中予以注明。

第十六条 查封可以采取下列方式:

(一)查封动产的,应当在该动产上加贴封条或者采取其他足以公示查封的适当方式;

(二)查封已登记的不动产、特定动产及其他财产权的,应当张贴封条或者公告,并通知有关登记机关办理查封登记手续;

(三)查封未登记的不动产、特定动产及其他财产权的,应当张贴封条或者公告,并告知法定权属登记机关;

(四)查封重要证据的,应当加贴封条或者采取其他足以公示查封的适当方式;

(五)其他合法的方式。

第十七条 冻结、查封的期限为六个月。因特殊原因需要延长的,应当在冻结、查封期满前十日内办理继续冻结、查封手续。每次延长期限不得超过三个月,冻结、查封期限最长不超过二年。

逾期未办理继续冻结、查封手续的,视为自动解除冻结、查封。

第十八条 冻结证券,其金额应当以冻结实施日前一交易日收市后的市值计算。

冻结证券时，中国证券监督管理委员会及其派出机构可以明确被冻结的证券是否限制卖出。

限制证券卖出的，由证券公司或者证券登记结算机构协助执行冻结。冻结期间，证券持有人可以提出出售部分或者全部被冻结证券的请求，经申请部门审查认为确有必要的，可以解除卖出限制，并监督证券持有人依法出售，同时将所得资金转入相关资金账户予以冻结。

不限制证券卖出的，由证券公司等控制资金账户的单位协助执行冻结。冻结期间，证券持有人可以依法出售部分或者全部被冻结的证券，同时将所得资金转入相关资金账户予以冻结。

证券公司协助执行冻结的，应当于当日将冻结信息发送证券登记结算机构。

证券被冻结后，不得进行转托管或转指定，不得设定抵押、质押等权利，不得进行非交易过户，不得进行重复冻结。

第十九条 有下列情形之一的，经中国证券监督管理委员会主要负责人或者其授权的其他负责人批准，应当及时解除冻结、查封措施：

（一）已经完成调查、处罚的；

（二）经查证，确实与案件无关的；

（三）当事人提供相应担保的；

（四）其他应当及时解除冻结、查封的情形。

第二十条 冻结、查封财产的数额应当与违法行为的情节或者行政处罚决定的金额相适应。

第二十一条 案件调查结束后，当事人的违法行为涉嫌犯罪需要移送公安机关的，应当将冻结、查封的证据、材料一并移送。

第二十二条 当事人逾期不履行处罚决定的，中国证券监督管理委员会可以依法申请人民法院强制执行冻结、查封的涉案财产。

第二十三条 解除冻结、查封参照实施冻结、查封程序办理。

第二十四条 当事人对冻结、查封决定不服的，可以依法向中国证券监督管理委员会申请行政复议。

行政复议期间，冻结、查封措施不停止执行，但是有下列情形之一的，可以停止执行：

（一）实施部门认为需要停止执行并批准的；

（二）当事人申请停止执行并批准的；

（三）法律、法规规定应当停止执行的。

第二十五条 未按规定程序实施冻结、查封，给当事人的合法财产造成重大损失的，依法给予赔偿；对直接负责的主管人员和直接责任人员给予行政处分；构成犯罪的，依法追究刑事责任。

第二十六条 当事人和协助执行单位拒绝、阻碍中国证券监督管理委员会及其执法人员实施冻结、查封措施，由中国证券监督管理委员会责令改正，处以十万元以上一百万元以下的罚款，并由公安机关依法给予治安管理处罚；构成犯罪的，依法追究刑事责任。

第二十七条 本办法由中国证券监督管理委员会负责解释。

第二十八条 本办法自2006年1月1日起施行。

证券期货市场诚信监督管理办法

（2018年3月28日中国证券监督管理委员会令第139号公布 根据2020年3月20日中国证券监督管理委员会《关于修改部分证券期货规章的决定》修订）

第一章　总　　则

第一条 为了加强证券期货市场诚信建设，保护投资者合法权益，维护证券期货市场秩序，促进证券期货市场健康稳定发展，根据《证券法》等法律、行政法规，制定本办法。

第二条 中国证券监督管理委员会（以下简称中国证监会）建立全国统一的证券期货市场诚信档案数据库（以下简称诚信档案），记录证券期货市场诚信信息。

第三条 记入诚信档案的诚信信息的界定、采集与管理，诚信信息的公开、查询，诚信约束、激励与引导等，适用本办法。

第四条 公民（自然人）、法人或者其他组织从事证券期货市场活动，应当诚实信用，遵守法律、行政法规、规章和依法制定的自律规则，禁止欺诈、内幕交易、操纵市场以及其他损害投资者合法权益的不诚实信用行为。

第五条 中国证监会鼓励、支持诚实信用的公民、法人或者其他组织从事证券期货市场活动，实施诚信约束、激励与引导。

第六条 中国证监会可以和国务院其他部门、地方人民政府、国家司法机关、行业组织、境外证券期货监管机构建立诚信监管合作机制，实施诚信信息共享，推动健全社会信用体系。

第二章　诚信信息的采集和管理

第七条 下列从事证券期货市场活动的公民、法人或者其他组织的诚信信息，记入诚信档案：

（一）证券业从业人员、期货从业人员和基金从业人员；

（二）证券期货市场投资者、交易者；

（三）证券发行人、上市公司、全国中小企业股份转让系统挂牌公司、区域性股权市场挂牌转让证券的企业及其董事、监事、高级管理人员、主要股东、实际控制人；

（四）区域性股权市场的运营机构及其董事、监事和高级管理人员，为区域性股权市场办理账户开立、资金存放、登记结算等业务的机构；

（五）证券公司、期货公司、基金管理人、债券受托管理人、债券发行担保人及其董事、监事、高级管理人员、主要股东和实际控制人或者执行事务合伙人，合格境外机构投资者、合格境内机构投资者及其主要投资管理人员，境外证券类机构驻华代表机构及其总代表、首席代表；

（六）会计师事务所、律师事务所、保荐机构、财务顾问机构、资产评估机构、投资咨询机构、信用评级机构、基金服务机构、期货合约交割仓库以及期货合约标的物质量检验检疫机构等证券期货服务机构及其相关从业人员；

（七）为证券期货业务提供存管、托管业务的商业银行或者其他金融机构，及其存管、托管部门的高级管理人员；

（八）为证券期货业提供信息技术服务或者软硬件产品的供应商；

（九）为发行人、上市公司、全国中小企业股份转让系统挂牌公司提供投资者关系管理及其他公关服务的服务机构及其人员；

（十）证券期货传播媒介机构、人员；

（十一）以不正当手段干扰中国证监会及其派出机构监管执法工作的人员；

（十二）其他有与证券期货市场活动相关的违法失信行为的公民、法人或者其他组织。

第八条　本办法所称诚信信息包括：

（一）公民的姓名、性别、国籍、身份证件号码，法人或者其他组织的名称、住所、统一社会信用代码等基本信息；

（二）中国证监会、国务院其他主管部门等其他省部级及以上单位和证券期货交易场所、证券期货市场行业协会、证券登记结算机构等全国性证券期货市场行业组织（以下简称证券期货市场行业组织）作出的表彰、奖励、评比，以及信用评级机构、诚信评估机构作出的信用评级、诚信评估；

（三）中国证监会及其派出机构作出的行政许可决定；

（四）发行人、上市公司、全国中小企业股份转让系统挂牌公司及其主要股东、实际控制人，董事、监事和高级管理人员，重大资产重组交易各方，及收购人所作的公开承诺的未履行或者未如期履行、正在履行、已如期履行等情况；

（五）中国证监会及其派出机构作出的行政处罚、市场禁入决定和采取的监督管理措施；

（六）证券期货市场行业组织实施的纪律处分措施和法律、行政法规、规章规定的管理措施；

（七）因涉嫌证券期货违法被中国证监会及其派出机构调查及采取强制措施；

（八）违反《证券法》第一百七十一条的规定，由于被调查当事人自身原因未履行承诺的情况；

（九）到期拒不执行中国证监会及其派出机构生效行政处罚决定及监督管理措施，因拒不配合中国证监会及其派出机构监督检查、调查被有关机关作出行政处罚或者处理决定，以及拒不履行已达成的证券期货纠纷调解协议；

（十）债券发行人未按期兑付本息等违约行为、担保人未按约定履行担保责任；

（十一）因涉嫌证券期货犯罪被中国证监会及其派出机构移送公安机关、人民检察院处理；

（十二）以不正当手段干扰中国证监会及其派出机构监管执法工作，被予以行政处罚、纪律处分，或者因情节较轻，未受到处罚处理，但被纪律检查或者行政监察机构认定的信息；

（十三）因证券期货犯罪或者其他犯罪被人民法院判处刑罚；

（十四）因证券期货侵权、违约行为被人民法院判决承担较大民事赔偿责任；

（十五）因违法开展经营活动被银行、保险、财政、税收、环保、工商、海关等相关主管部门予以行政处罚；

（十六）因非法开设证券期货交易场所或者组织证券期货交易被地方政府行政处罚或者采取清理整顿措施；

（十七）因违法失信行为被证券公司、期货公司、基金管理人、证券期货服务机构以及证券期货市场行业组织开除；

（十八）融资融券、转融通、证券质押式回购、约定式购回、期货交易等信用交易中的违约失信信息；

（十九）违背诚实信用原则的其他行为信息。

第九条 诚信档案不得采集公民的宗教信仰、基因、指纹、血型、疾病和病史信息以及法律、行政法规规定禁止采集的其他信息。

第十条 本办法第八条第（二）项所列公民、法人或者其他组织所受表彰、奖励、评比和信用评级、诚信评估信息，由其自行向中国证监会及其派出机构申报，记入诚信档案。

公民、法人或者其他组织按规定向中国证监会及其派出机构申报前款规定以外的其他诚信信息，记入诚信档案。

公民、法人或者其他组织申报的诚信信息应当真实、准确、完整。

第十一条 本办法第八条第（一）项、第（三）项至第（十二）项诚信信息，由中国证监会及其派出机构、证券期货市场行业组织依其职责采集并记入诚信档案；第（十七）项、第（十八）项诚信信息，由相关证券期货市场行业组织、证券期货经营机构采集并记入诚信档案；其他诚信信息由中国证监会及其派出机构通过政府信息公开、信用信息共享等途径采集并记入诚信档案。

第十二条 记入诚信档案的诚信信息所对应的决定或者行为经法定程序撤销、变更的，中国证监会及其派出机构相应删除、修改该诚信信息。

第十三条 本办法第八条规定的违法失信信息，在诚信档案中的效力期限为3年，但因证券期货违法行为被行政处罚、市场禁入、刑事处罚和判决承担较大侵权、违约民事赔偿责任的信息，其效力期限为5年。

法律、行政法规或者中国证监会规章对违法失信信息的效力期限另有规定的，国务院其他主管部门对其产生的违法失信信息的效力期限另有规定的，从其规定。

前款所规定的效力期限，自对违法失信行为的处理决定执行完毕之日起算。

超过效力期限的违法失信信息，不再进行诚信信息公开，并不再接受诚信信息申请查询，公民、法人或者其他组织根据本办法第十七条申请查询自己信息的除外。

第三章 诚信信息的公开与查询

第十四条 本办法第八条第（二）、（三）、（四）、（六）项信息和第（五）项的行政处罚、市场禁入信息依法向社会公开。

中国证监会在其网站建立证券期货市场违法失信信息公开查询平台，社会公众可通过该平台查询本办法第八条第（五）项行政处罚、市场禁入决定信息，第（六）项信息等违法失信信息。

第十五条 中国证监会对有下列严重违法失信情形的市场主体，在证券期货市场违法失信信息公开查询平台进行专项公示：

（一）因操纵市场、内幕交易、欺诈发行、虚假披露信息、非法从事证券期货业务、利用未公开信息交易以及编造、传播虚假信息被中国证监会及其派出机构作出行政处罚；

（二）被中国证监会及其派出机构采取市场禁入措施；

（三）因证券期货犯罪被人民法院判处刑罚；

（四）因拒不配合中国证监会及其派出机构监督检查、调查被有关机关作出行政处罚或者处理决定；

（五）到期拒不执行中国证监会及其派出机构生效行政处罚决定；

（六）经责令改正仍逾期不履行《证券法》第八十四条规定的公开承诺；

（七）严重侵害投资者合法权益、市场反应强烈的其他严重违法失信情形。

严重违法失信主体的专项公示期为一年，自公示之日起算。

中国证监会对有第（五）、（六）项情形的市场主体，统一归集至全国信用信息共享平台安排公示的，按照相关规定办理。

第十六条 除本办法第十四条、第十五条规定之外的诚信信息，公民、法人或者其他组织可以根据本办法规定向中国证监会及其派出机构申请查询。

第十七条 公民、法人或者其他组织提出诚信信息查询申请，符合以下条件之一的，中国证监会及其派出机构予以办理：

（一）公民、法人或者其他组织申请查询自己的诚信信息的；

（二）发行人、上市公司申请查询拟任董事、监事、高级管理人员的诚信信息的；

（三）发行人、上市公司申请查询拟参与本公司并购、重组的公民、法人或者其他组织的诚信信息的；

（四）发行人、上市公司申请查询拟委托的证券公司、证券服务机构及其相关从业人员的诚信信息的；

（五）证券公司、债券受托管理人、证券服务机构申请查询其所提供专业服务的发行人、上市公司及其董事、监事、高级管理人员、控股股东和实际控制人以及债券发行担保人的诚信信息的；

（六）证券公司、期货公司、基金管理人、证券期货服务机构申请查询已聘任或者拟聘任的董事、监事、高级管理人员或者其他从业人员的诚信信息的；

（七）中国证监会规定的其他条件。

第十八条 公民、法人或者其他组织提出诚信信息查询申请，应当如实提供如下材料：

（一）查询申请书；

（二）身份证明文件；

（三）办理本办法第十七条第（二）项至第（六）项查询申请的，查询申请书应经查询对象签字或者盖章同意，或者有查询对象的其他书面同意文件。

第十九条 公民、法人或者其他组织提出的查询申请，符合条件，材料齐备的，中国证监会及其派出机构自收到查询申请之日起5个工作日内反馈。

第二十条 公民、法人或者其他组织申请查询的诚信信息属于国家秘密，其他公民、法人或者其他组织的商业秘密及个人隐私的，中国证监会及其派出机构不予查询，但应当在答复中说明。

第二十一条 记入诚信档案的公民、法人或者其他组织，认为其诚信信息具有本办法第十二条规定的应予删除、修改情形的，或者具有其他重大、明显错误的，可以向中国证监会及其派出机构申请更正。

中国证监会及其派出机构收到公民、法人或者其他组织的信息更正申请后，应当在15个工作日内进行处理，并将处理结果告知申请人。确有本办法第十二条规定的应予删除、修改情形的，或者其他重大、明显错误情形的，应予更正。

第二十二条 公民、法人或者其他组织通过申请查询获取诚信信息的，不得泄露或者提供他人使用，不得进行以营利为目的的使用、加工或者处理，不得用于其他非法目的。

第四章 诚信约束、激励与引导

第二十三条 中国证监会建立发行人、上市公司、全国中小企业股份转让系统挂牌公司、证券公司、期货公司、基金管理人、证券期货服务机构、证券期货基金从业人员等主要市场主体的诚信积分制度，实行诚信分类监督管理。

诚信积分和诚信分类监督管理具体办法另行制定。

第二十四条 向中国证监会及其派出机构申请行政许可，申请人以及申请事项涉及的有关当事人应当书面承诺其所提交的申请材料真实、准确、完整，并诚信合法地参与证券期货市场活动。

第二十五条 中国证监会及其派出机构审查行政许可申请，应当查阅申请人以及申请事项所涉及的有关当事人的诚信档案，对其诚信状况进行审查。

证券期货市场行业组织在履行登记、备案、注册、会员批准等工作职责时，应当按照前款规定办理。

证券交易场所依法审核公开发行证券及上市交易或挂牌转让申请时，应当按照第一款规定办理。

第二十六条 中国证监会及其派出机构审查行政许可申请，发现申请人以及有关当事人有本办法第八条第（四）项中的未履行或者未如期履行承诺信息，或者第（五）项至第（十八）项规定的违法失信信息的，可以要求申请人或者受申请人委托为行政许可申请提供证券期货服务的有关机构提供书面反馈意见。

书面反馈意见应就如下事项进行说明：

（一）诚信信息所涉及相关事实的基本情况；

（二）有关部门所作决定、处理的执行及其他后续情况，并提供证明材料；

（三）有关证券期货服务机构关于诚信信息对行政许可事项是否构成影响的分析。

申请人或者有关证券期货服务机构应在规定期限内提交书面反馈意见。

第二十七条 申请人或者有关证券期货服务机构的书面反馈意见不明确，有关分析、说明不充分的，中国证监会及其派出机构可以直接或者委托有关机构对有关事项进行核查。

第二十八条 根据本办法第二十六条、第二十七条提供书面反馈意见或者进行核查的时间，不计入行政许可法定期限。

第二十九条 行政许可申请人以及申请事项所涉及的有关当事人有本办法第八条第（四）项中的未履行或者未如期履行承诺信息，或者第（五）项至第（十八）项规定的违法失信信息之一，属于法定不予许可条件范围的，中国证监会及其派出机构应当依法作出不予许可的决定。

申请人以及申请事项所涉及的有关当事人的诚信信息虽不属于法定不予许可条件范围，但有关法律、行政法规和规章对行政许可法定条件提出诚实信用要求、作出原则性规定或者设定授权性条款的，中国证监会及其派出机构可以综合考虑诚信状况等相关因素，审慎审查申请人提出的行政许可申请事项。

第三十条 业务创新试点申请人有本办法第八条第（四）项中的未履行或者未如期履行承诺信息，或者第（五）项至第（十八）项规定的违法失信信息之一的，中国证监会及其派出机构、证券期货市场行业组织可以暂缓或者不予安排，但申请人能证明该违法失信信息与业务创新明显无关的除外。

第三十一条 中国证监会及其派出机构审查行政许可，对符合以下条件的，在受理后，即时进行审查：

（一）近三年没有违反证券期货法律、行政法规和中国证监会规定的失信记录；

（二）近三年没有因违法开展经营活动被银行、保险、税收、环保、海关等相关主管部门予以行政处罚；

（三）没有因证券期货犯罪或者其他犯罪被人民法院判处刑罚。

中国证监会及其派出机构审查行政许可，可以在同等条件下对诚信积分较高的申请人优先审查。

第三十二条 中国证监会及其派出机构、证券期货市场行业组织在业务创新试点安排中，可以在法律、行政法规规定的范围内，对于同等条件下诚信状况较好的申请人予以优先安排。

第三十三条 中国证监会及其派出机构在对公民、法人或者其他组织进行行政处罚、实施市场禁入和采取监督管理措施中，应当查阅当事人的诚信档案，在综合考虑当事人违法行为的性质、情节、损害投资者合法权益程度和当事人诚信状况等因素的基础上，依法作出处理。

第三十四条 中国证监会及其派出机构在开展监督检查等日常监管工作中，应当查阅被监管机构的诚信档案，根据被监管机构的诚信状况，有针对性地进行现场检查和非现场检查，或者适当调整、安排现场检查的对象、频率和内容。

第三十五条 证券登记结算机构、证券公司、期货公司等机构在为投资者、客户开立证券、期货相关账户时，应当查询投资者、客户的诚信档案，按照规定办理相关账户开立事宜。

第三十六条 证券公司在办理客户证券质押式回购、约定式购回以及融资融券业务申请时，可以查阅客户的诚信档案，根据申请人的诚信状况，决定是否予以办理，或者确定和调整授信额度。

证券金融公司在开展转融通业务时，可以查阅证券公司的诚信档案，根据证券公司的诚信状况，决定是否对其进行转融通，或者确定和调整授信额度。

第三十七条 发行人、上市公司、全国中小企业股份转让系统挂牌公司、证券公司、期货公司、基金管理人、证券期货服务机构拟聘任董事、监事、高级管理人员以及从业人员的，应当查询拟聘任人员的诚信档案，并将其诚信状况作为决定是否聘任的依据。

第三十八条 证券公司、证券服务机构受托为发行人、上市公司、全国中小企业股份转让系统挂牌公司等提供证券服务的，应当查询委托人的诚信档案，并将其诚信状况作为决定是否接受委托、确定收费标准的依据。

第三十九条 公民、法人或者其他组织公开发布证券期货市场评论信息，所述事实内容与实际情况不相符合的，或者存在其他显著误导公众情形的，中国证监会及其派出机构可以对其出具诚信关注函，记入诚信档案，并可将有关情况向其所在工作单位、所属主管部门或者行业自律组织通报。

证券期货投资咨询机构及其人员公开发布证券期货市场评论信息违反规定的，依照有关规定处理、处罚。

公民、法人或者其他组织利用公开发布证券期货市场评论信息进行操纵市场等违法行为的，依法予以处罚；构成犯罪的，由司法机关依法追究刑事责任。

第四十条 证券期货市场行业组织应当教育和鼓励其成员以及从业人员遵守法律，诚实信用。对遵守法律、诚实信用的成员以及从业人员，可以给予表彰、奖励。

中国证监会鼓励证券期货市场行业组织等建立证券期货市场诚信评估制度，组织开展对有关行业和市场主体的诚信状况评估，并将评估结果予以公示。

中国证券业协会、中国期货业协会、中国上市公司协会、中国证券投资基金业协会建立年度诚信会员制度。具体办法由相关协会制定，报中国证监会备案。

第四十一条 上市公司、全国中小企业股份转让系统挂牌公司、证券公司、期货公司、基金管理人和证券期货服务机构等应当不断完善内部诚信监督、约束制度机制，提高诚信水平。

中国证监会及其派出机构对前款规定机构的内部诚信监督、约束制度机制建设情况进行检查、指导，并可以将检查情况在行业和辖区内进行通报。

第四十二条 对有本办法第八条第（四）项中的未履行或者未如期履行承诺信息，或者第（五）项至第（十八）项规定的违法失信信息的公民，中国证监会及其派出机构、证券期货市场行业组织可以不聘任其担任下列职务：

（一）中国证监会股票发行审核委员会委员；

（二）中国证监会上市公司并购重组审核委员会委员；

（三）中国证监会及其派出机构、证券期货市场行业组织成立的负有审核、监督、核查、咨询职责的其他组织的成员。

第四十三条 中国证监会与国务院其他部门、地方人民政府、国家司法机关和有关组织建立对证券期货市场参与主体的失信联合惩戒和守信联合激励制度机制，提供证券期货市场主体的相关诚信信息，依法实施联合惩戒、激励。

第五章 监督与管理

第四十四条 中国证监会诚信监督管理机构履行下列职责：

（一）界定、组织采集证券期货市场诚信信息；

（二）建立、管理诚信档案，组织、督促诚信信息的记入；

（三）组织办理诚信信息的公开、查询和共享；

（四）建立、协调实施诚信监督、约束与激励机制；

（五）中国证监会规定的其他诚信监督管理与服务职责。

第四十五条 中国证监会各派出机构负责接收、办理公民、法人或者其他组织根据本办法规定提出的诚信信息记入申报、诚信信息查询申请、诚信信息更正申请等事项。

第四十六条 中国证监会及其派出机构、证券期货市场行业组织，未按照本办法规定及时、真实、准确、完整地记入诚信信息，造成不良后果的，按照有关规定对相关责任人员进行行政处分；情节严重的，依法追究法律责任。

第四十七条 违反本办法第十条、第十八条、第二十二条、第三十五条、第三十七条、第三十八条规定的，中国证监会及其派出机构可以采取责令改正、监管谈话、出具警示函、责令公开说明、在一定期限内不予接受其诚信信息申报和查询申请等监督管理措施；情节严重的，依法追究法律责任。

第六章 附 则

第四十八条 中国证监会及其派出机构办理诚信信息查询，除可以收取打印、复制、装订、邮寄成本费用外，不得收取其他费用。

第四十九条 证券期货市场行业组织在履行自律管理职责中,查询诚信档案,实施诚信约束、激励的,参照本办法有关规定执行。

第五十条 本办法自2018年7月1日起施行。《证券期货市场诚信监督管理暂行办法》(证监会令第106号)同时废止。

中国人民银行行政许可实施办法

(2020年3月20日中国人民银行令〔2020〕第1号公布 自2020年6月1日起施行 国司备字[2020001765])

第一章 总 则

第一条 为了规范中国人民银行及其分支机构实施行政许可的行为,保护公民、法人和其他组织的合法权益,根据《中华人民共和国行政许可法》和《中华人民共和国中国人民银行法》,制定本办法。

第二条 中国人民银行及其分支机构实施行政许可适用本办法。

中国人民银行对其直接管理的事业单位的人事、财务、外事等事项的审批,不适用本办法。

中国人民银行及其分支机构根据相关规定对公民、法人或者其他组织申请接入中国人民银行及其直接管理的事业单位等建设、运营的信息化系统进行审核的,不适用本办法。

第三条 中国人民银行应当在法定职权范围内依法实施行政许可;中国人民银行分支机构应当在中国人民银行授权范围内依法实施行政许可。

第四条 中国人民银行及其分支机构实施行政许可,应当依照法定的权限、范围、条件和程序,遵循公开、公平、公正、便民、高效、非歧视的原则。

第五条 中国人民银行及其分支机构实施行政许可的依据为法律、行政法规、国务院决定、规章。

规章和规范性文件中不得增设行政许可,不得增设违反法律、行政法规和国务院决定的行政许可条件。

第六条 中国人民银行及其分支机构依法保护申请人的商业秘密和个人隐私。

行政许可的实施和结果,除涉及国家秘密、工作秘密、商业秘密或者个人隐私的外,应当公开。

第七条 中国人民银行及其分支机构推进行政许可电子办理,提高办事效率,提供优质服务。

申请人通过电子政务系统提出申请的，符合相关要求的电子申请材料、电子证照、电子印章、电子签名、电子档案与纸质申请材料、纸质证照、实物印章、手写签名或者盖章、纸质档案具有同等法律效力。

中国人民银行及其分支机构通过电子政务系统向申请人发送的相关文书、颁布的各种决定书和行政许可证，与纸质文件具有同等法律效力。

第二章　行政许可的一般程序

第一节　申请与受理

第八条　中国人民银行及其分支机构依法制作行政许可事项服务指南，按规定在办公场所、互联网站公示行政许可事项及其适用范围、审查类型、审批依据、受理机构和相关职能部门、决定机构、申请条件、申请接受方式和接受地址、办理基本流程和办理方式、办理时限、审批结果和送达方式、收费依据、监督投诉渠道等信息，以及需要提交的全部材料的目录和申请书示范文本。

申请人要求对公示内容予以说明、解释的，中国人民银行及其分支机构应当说明、解释，并提供准确、可靠的信息。

第九条　公民、法人或者其他组织从事特定活动，依法需要取得中国人民银行或其分支机构行政许可的，应当向中国人民银行或其分支机构提出申请。

申请书需要采用格式文本的，该格式文本由中国人民银行统一公布，并通过电子政务系统提供下载，或者由承办行政许可事项的职能部门提供。申请书格式文本中不得包含与申请行政许可事项没有直接关系的内容；不得要求申请人提交与其申请的行政许可事项无关的技术资料和其他材料。

申请人可以当面提交行政许可申请，也可以通过电子政务系统提出，并按照行政许可事项服务指南在指定地点提交或者通过电子政务系统在线提交申请材料。

第十条　申请人提出的行政许可申请，由中国人民银行及其分支机构承办行政许可事项的职能部门负责审查受理。

依法应当由中国人民银行下级行先行审查后报上级行决定的行政许可事项的申请，由下级行承办行政许可事项的职能部门受理；需要多个职能部门办理的申请，由中国人民银行确定一个职能部门统一受理、牵头办理。

第十一条　申请人提交行政许可申请时，应当出示身份证明文件；单位申请的，应当出示单位统一社会信用代码证或者营业执照，以及法定代表人身份证明文件或者主要负责人身份证明文件、授权委托书、被委托人身份证件等身份证明文件。

申请人可以委托代理人提出行政许可申请。申请人委托代理人提出行政许可申请的，还应当提供申请人、代理人的身份证明文件和授权委托书；办理开户许可等事项，由商业银行等机构批量代理提交的除外。

中国人民银行及其分支机构应当核对上述身份证明文件，必要时可以利用技术手段核实申请人身份。

第十二条 申请人向中国人民银行或其分支机构申请行政许可，应当如实提交有关材料和反映真实情况，并对其申请材料实质内容的真实性负责。

中国人民银行及其分支机构有权要求申请人提供申请材料真实性声明。

第十三条 申请人提交申请材料，中国人民银行及其分支机构应当及时办理登记手续，并向申请人出具申请材料接收凭证，载明申请材料接收日期；当场出具行政许可受理通知书、不予受理决定书、补正告知书等的，可以不再出具申请材料接收凭证。

申请人现场办理的，申请材料接收凭证应当由申请人或者其代理人签字确认。

第十四条 中国人民银行及其分支机构收到申请人提出的行政许可申请，发现申请事项依法不需要取得行政许可的，应当即时告知申请人不受理；发现申请事项属于中国人民银行职权范围，但不属于本级机构受理的，应当即时向申请人说明情况，并告知其向有权受理的机构提出申请。

第十五条 中国人民银行及其分支机构收到申请人提出的行政许可申请，发现申请材料存在错误可以当场更正的，应当允许申请人当场更正。

第十六条 申请材料不齐全、不符合法定形式或者存在错误不能当场更正的，中国人民银行及其分支机构应当当场或者在收到申请材料之日起五日内一次告知申请人需要补正的全部内容，出具加盖本行行政许可专用章并载明日期的补正告知书。逾期不告知的，自收到申请材料之日起即为受理。

申请人拒不补正，或者自补正告知书送达之日起十日内无正当理由未补正的，视为放弃行政许可申请，中国人民银行及其分支机构应当退回已经收到的全部申请材料。

第十七条 申请人提出的行政许可申请存在下列情形之一的，中国人民银行及其分支机构可以不予受理，并出具加盖本行行政许可专用章的不予受理决定书，说明不予受理的理由和依据，退回已经收到的全部申请材料：

（一）申请事项不属于中国人民银行职权范围的；

（二）申请人提供的补正材料不齐全、不符合法定形式的；

（三）申请人补正后仍存在不符合受理条件的其他情形的。

中国人民银行及其分支机构依据前款第一项不予受理的，应当即时作出不予受理的决定，并告知申请人向有关行政机关申请。

依法由中国人民银行下级行先行审查后报上级行决定的行政许可事项的申请，由下级行出具不予受理决定书。

第十八条　申请事项属于中国人民银行职权范围，申请材料齐全、符合法定形式，或者申请人按照要求提交全部补正申请材料的，中国人民银行及其分支机构应当受理行政许可申请。

依前款规定受理行政许可的，中国人民银行及其分支机构应当于收到申请材料或者全部补正申请材料之日起五日内，出具加盖本行行政许可专用章并注明受理日期的行政许可受理通知书。

依法由中国人民银行下级行先行审查后报上级行决定的行政许可事项的申请，由下级行出具行政许可受理通知书。

第二节　审查与决定

第十九条　中国人民银行及其分支机构依法对申请人提交的申请材料进行审查。需要对申请材料的实质内容进行核实的，中国人民银行及其分支机构应当指派两名以上工作人员，根据法定条件和程序进行。

第二十条　行政许可事项依法由中国人民银行下级行先行审查后报上级行决定的，下级行应当将初步审查意见和全部申请材料直接报送上级行。

上级行在审查该行政许可事项时，不得要求申请人重复提供申请材料。

第二十一条　中国人民银行及其分支机构审查行政许可申请时，发现行政许可事项直接关系他人重大利益的，应当告知该利害关系人。

申请人、利害关系人有权进行陈述和申辩，并自被告知之日起三日内提交陈述、申辩意见；对于口头陈述、申辩的，中国人民银行及其分支机构应当做好记录，并交陈述人、申辩人签字确认。

中国人民银行及其分支机构应当听取申请人、利害关系人的意见。

第二十二条　中国人民银行及其分支机构在审查过程中发现申请人提交的申请材料存在实质性问题，可能影响作出行政许可决定的，可以要求申请人限期对申请材料进一步修改、完善，或者解释说明。

申请人在合理期限内拒不修改、完善、解释说明，或者修改、完善、解释说明后仍存在实质性问题的，中国人民银行及其分支机构应当继续审查，不利后果由申请人承担。

第二十三条　中国人民银行及其分支机构可以通过实地调查、面谈等方式对申请材料进行核实。申请人或者有关人员应当配合；拒不配合的，应当自行承担相关不利后果。

通过实地调查、面谈等现场方式进行核实的，中国人民银行及其分支机构的工作人员应当出示证件，并制作核实记录。

第二十四条　中国人民银行及其分支机构在审查过程中，有下列情形之一的，可以作出中止审查的决定，并书面通知申请人，法律、行政法规、国务院决定、规章另有规定的除外：

(一)申请人因涉嫌违法违规被中国人民银行或者其他行政机关调查,或者被司法机关侦查,尚未结案,对行政许可事项影响重大的;

(二)申请人被中国人民银行或者其他行政机关依法采取限制业务活动、责令停业整顿等监管措施,尚未解除的;

(三)申请人被中国人民银行或者其他行政机关接管,接管期限尚未届满的;

(四)对有关法律、行政法规、国务院决定、规章的规定,需要进一步明确具体含义,中国人民银行及其分支机构请求有关机关作出解释的;

(五)申请人主动要求中止审查,且有正当理由的。

因前款第一项至第四项规定情形中止审查的,相关情形消失后,中国人民银行及其分支机构恢复审查,并书面通知申请人。

申请人主动要求中止审查或者申请恢复审查的,应当向受理行政许可申请的中国人民银行或其分支机构提交书面申请。中国人民银行或其分支机构同意的,书面通知申请人。

第二十五条　中国人民银行及其分支机构对行政许可申请进行审查后,应当根据下列情况分别作出处理:

(一)申请符合法定条件、标准,拟准予行政许可的,应当拟定准予行政许可决定书;

(二)申请不符合法定条件、标准,拟不予行政许可的,应当拟定不予行政许可决定书。

第二十六条　中国人民银行及其分支机构按照相关规定对行政许可决定实施法制审核,确保行政许可主体合法、程序合规、证据充分、法律适用准确。

第二十七条　准予行政许可或者不予行政许可决定书由作出行政许可的中国人民银行或其分支机构行长(主任)或者分管副行长(副主任)审查批准。

第二十八条　准予行政许可或者不予行政许可决定书应当统一编号、加盖本行行章,并注明日期。

准予行政许可决定书应当明确行政许可的效力范围、有效期限、变更及延续方式等事项。

不予行政许可决定书应当说明不予行政许可的理由,并告知申请人享有依法申请行政复议或者提起行政诉讼的权利。

第二十九条　中国人民银行及其分支机构作出准予行政许可决定,依照法律、行政法规、国务院决定、规章的规定需要颁发行政许可证的,依法向申请人颁发加盖本行行章的行政许可证,可以不再制作行政许可决定书。

第三十条　中国人民银行及其分支机构作出行政许可决定前,申请人撤回申请的,应当提交正式书面请求,并说明理由。

申请人撤回申请的,中国人民银行及其分支机构应当退回已经收到的全部申请材料。

第三节　期限与送达

第三十一条　除根据本办法适用简易程序作出行政许可决定的外，中国人民银行及其分支机构应当自受理行政许可申请之日起二十日内，作出行政许可决定。二十日内不能作出决定的，经本行行长（主任）批准，可以延长十日，并应当将延长期限的理由告知申请人。但法律、行政法规、国务院决定另有规定的，依照其规定。

第三十二条　依法由中国人民银行下级行审查后报上级行决定的行政许可事项申请，下级行应当自受理申请之日起二十日内审查完毕，并将初步审查意见和申请材料移交上级行。

上级行应当自收到申请材料和下级行初步审查意见之日起二十日内，作出是否准予行政许可的决定。

但法律、行政法规、国务院决定另有规定的，依照其规定。

第三十三条　中国人民银行及其分支机构作出行政许可决定，下列时间不计入本节规定的期限内：

（一）依照法律、行政法规、国务院决定、规章的规定需要检验、检测、鉴定和专家评审，或者需要听证的；

（二）依照法律、行政法规、国务院决定、规章的规定需要公示相关信息的；

（三）依照相关规定需要进行国家安全审查的；

（四）申请材料存在实质性问题，需要进一步修改、完善的，或者需要申请人进一步解释说明的；

（五）需要对行政许可申请进行实地核查，以及听取申请人、利害关系人陈述、申辩的；

（六）在行政许可过程中收到对申请人相关违法违规行为的举报，需要进行核查的；

（七）依据本办法第二十四条规定中止审查的。

发生前款第一项、第二项所列情形的，中国人民银行及其分支机构应当将所需时间书面告知申请人。

第三十四条　对于受理、不予受理或者要求补正申请材料的通知书，除即时告知的外，应当自相关文书作出之日起五日内送达当事人。

第三十五条　中国人民银行及其分支机构作出准予行政许可决定的，应当自作出决定之日起十日内向申请人送达准予行政许可的书面决定或者行政许可证。

中国人民银行及其分支机构作出不予行政许可决定的，应当自作出决定之日起十日内向申请人送达不予行政许可的书面决定。

第三十六条　申请人应当在申请行政许可时，选择相关文书、许可证的送达方式，并如实告知通讯地址、联系方式等信息。

申请人选择邮寄送达的，邮件签收，视为送达；邮件因地址错误、拒收等原因被退回的，到达上述地址，视为送达。

申请人选择自行领取或者代理人领取的，应当按照中国人民银行及其分支机构通知的时间及时领取相关文书、许可证，并应当在领取时参照本办法第十一条的要求出示身份证明文件和授权委托书等，予以签收。

办理开户许可等事项，由商业银行等机构批量代理提交的行政许可申请，中国人民银行及其分支机构一般采取由提交行政许可申请的商业银行等机构代为送达的方式，相关文书、许可证送交提交行政许可申请的商业银行等机构的，视为送达。申请人明确提出通过邮寄、自行领取等方式送达的除外。

申请人或者代理人在接到领取通知十日内不领取相关文书、许可证且无法通过邮寄等方式送达的，可以公告送达，公告期为两个月。公告期满，视为送达。

第三十七条 申请人通过电子政务系统提出行政许可申请的，中国人民银行及其分支机构可以通过电子政务系统，以电子形式出具本办法规定的申请材料接收凭证、补正告知书、行政许可受理通知书、不予受理决定书、准予行政许可决定书、不予行政许可决定书等。

申请人在电子政务系统完成申请书填写，并完成申请材料提交的日期为该行政许可的申请日期；中国人民银行及其分支机构通过电子政务系统以电子形式出具文书并能够被申请人查阅，视为送达。

第四节 听 证

第三十八条 法律、行政法规、国务院决定、规章规定实施行政许可应当听证的事项，或者中国人民银行及其分支机构认为需要听证的其他涉及公共利益的重大行政许可事项，应当向社会公告，并举行听证。

第三十九条 行政许可直接涉及申请人与他人之间重大利益关系的，中国人民银行及其分支机构在作出行政许可决定前，应当告知申请人、利害关系人享有要求听证的权利；申请人、利害关系人在被告知听证权利之日起五日内提出听证申请的，中国人民银行或其分支机构应当在收到听证申请之日起二十日内组织听证。

申请人、利害关系人不承担中国人民银行及其分支机构组织听证的费用。

第四十条 听证由中国人民银行及其分支机构法律事务部门组织，按照下列程序公开举行：

（一）中国人民银行及其分支机构应当于举行听证的七日前将听证的时间、地点通知申请人、利害关系人，必要时予以公告；

（二）听证由中国人民银行及其分支机构法律事务部门工作人员担任主持

人，或者由本行行长（主任）或者分管副行长（副主任）指定该行政许可事项承办部门以外的其他部门的工作人员担任主持人；申请人、利害关系人认为主持人与该行政许可事项有直接利害关系的，有权申请回避；听证主持人是否回避，由本行行长（主任）或者分管副行长（副主任）决定；

（三）举行听证时，承办行政许可事项的职能部门应当提供作出审查意见的证据、理由；申请人、利害关系人可以提出证据，并进行申辩和质证；

（四）听证应当由听证主持人指定专人记录并制作听证笔录，笔录的内容包括：举行听证的时间、地点、参加听证的人员、听证事项、听证当事人的意见。

听证笔录应当交听证当事人确认并签字或者盖章。听证当事人拒绝签字或者盖章的，应当记录在案，并由其他听证参加人签字或者盖章证明。

第四十一条 申请人、利害关系人根据本办法第三十九条提出的听证申请，中国人民银行及其分支机构开始听证前，听证申请人可以书面提出撤回听证申请，并说明理由。

听证申请人撤回听证申请的，视为放弃听证权利，不得再次就同一行政许可事项提出听证申请。

第三章 行政许可的特殊程序

第四十二条 行政许可事项简单、审查标准明确，申请人以格式文书提出申请，材料齐全、符合法定形式，且申请事项依据有关规定能够于当场或者五日内确认准予行政许可的，中国人民银行及其分支机构可以适用简易程序作出行政许可。

适用简易程序的行政许可事项，在行政许可事项服务指南中载明，并由中国人民银行公布。

第四十三条 适用简易程序的，由承办行政许可事项的职能部门根据本行行长（主任）或者分管副行长（副主任）的授权，在受理行政许可后及时制作准予行政许可决定书或者依据有关规定制发行政许可证。

适用简易程序作出行政许可决定的，可以不再出具申请材料接收凭证、行政许可受理通知书等过程性文书，并适当简化内部审批流程。

第四十四条 中国人民银行及其分支机构在按照简易程序审查的过程中，发现申请人提交的申请材料存在实质性问题，不能在五日内准予行政许可的，应当告知申请人，并按照本办法第二章的相关规定处理相关行政许可申请。

第四十五条 被许可人拟变更下列事项的，应当向作出行政许可决定的中国人民银行或其分支机构提出申请，法律、行政法规、国务院决定、规章另有规定的除外；符合法定条件、标准的，中国人民银行及其分支机构应当依法办理变更手续：

（一）变更准予行政许可决定书或者行政许可证记载事项的；

（二）变更根据法律、行政法规、国务院决定、规章规定应当经中国人民银行或其分支机构批准变更的事项的。

第四十六条 被许可人需要延续行政许可有效期的，应当在该行政许可有效期届满六个月前向作出行政许可决定的中国人民银行或其分支机构提出申请。但法律、行政法规、国务院决定、规章另有规定的，依照其规定。

第四十七条 中国人民银行及其分支机构应当根据被许可人的申请，按照法律、行政法规、国务院决定、规章规定的行政许可条件，综合被许可人在该行政许可有效期内的合规经营情况，在行政许可有效期届满前作出是否准予延续的决定。

被许可人不符合法律、行政法规、国务院决定、规章规定的行政许可条件，或者在该行政许可有效期内存在重大违法违规行为的，中国人民银行及其分支机构应当不再准予延续。

第四十八条 中国人民银行及其分支机构受理、审查、决定被许可人变更和延续申请的程序，以及适用简易程序的，本章有规定的，适用本章规定；本章没有规定的，适用本办法第二章的有关规定。法律、行政法规、国务院决定、规章另有规定的，依照其规定。

第四章 监督检查

第四十九条 中国人民银行及其分支机构依法对行政许可办理过程进行记录，完善行政许可案卷管理制度。

第五十条 中国人民银行及其分支机构上级行依法对下级行实施行政许可的情况进行监督，及时纠正下级行实施行政许可中的违法违规行为。

第五十一条 中国人民银行及其分支机构可以要求被许可人提供从事行政许可事项活动情况的有关材料，有权对被许可人从事行政许可事项的活动进行现场检查。

中国人民银行及其分支机构有权对涉嫌非法从事应当得到中国人民银行及其分支机构批准的行政许可事项活动的当事人进行现场检查。

第五章 法律责任

第五十二条 申请人隐瞒有关情况或者提供虚假材料申请行政许可的，中国人民银行及其分支机构不予受理或者不予行政许可，并给予警告。

第五十三条 被许可人以欺骗、贿赂等不正当手段取得行政许可的，中国人民银行及其分支机构依据《中华人民共和国行政许可法》第六十九条撤销行政许可，有关法律、行政法规、规章有处罚规定的，依照其规定给予处罚；有关法律、行政法规、规章未作处罚规定的，中国人民银行及其分支机构给予警告，并处三万元以下罚款。

第五十四条 被许可人有下列行为之一，有关法律、行政法规有处罚规定的，中国人民银行及其分支机构依照其规定给予处罚；有关法律、行政法规未作处罚规定的，中国人民银行及其分支机构依据《中华人民共和国中国人民银行法》第四十六条进行处罚：

（一）涂改、倒卖、出租、出借行政许可证，或者以其他形式非法转让行政许可的；

（二）超越许可范围从事经营活动；

（三）向负责监督检查的行政机关隐瞒有关情况、提供虚假材料或者拒绝提供反映其活动情况的真实材料的；

（四）法律、行政法规、国务院决定、规章规定的其他违法违规行为。

第五十五条 其他单位和个人非法从事应当得到中国人民银行及其分支机构批准的行政许可事项活动的，由中国人民银行及其分支机构责令改正，并可以根据经营活动的实际情况，依据《中华人民共和国中国人民银行法》第四十六条进行处罚。拒不改正的，由中国人民银行及其分支机构会同有关行政机关予以取缔；涉嫌构成犯罪的，移送司法机关依法追究刑事责任。法律、行政法规、国务院决定、规章另有规定的除外。

第六章　附　　则

第五十六条 中国人民银行及其分支机构作出准予行政许可、变更、延续决定，依法撤销、注销行政许可的，应当于决定作出之日起七日内依据行政许可事项服务指南和中国人民银行的相关规定予以公开。

第五十七条 中国人民银行及其分支机构实施行政许可和对行政许可事项进行监督检查，不得收取任何费用。但法律、行政法规另有规定的，依照其规定。

第五十八条 本办法规定的期限以“日”为单位的，均以工作日计算，不含法定节假日。

第五十九条 国家外汇管理局及其分支机构实施行政许可不适用本办法。

第六十条 本办法由中国人民银行负责解释。

第六十一条 本办法自2020年6月1日起施行。《中国人民银行行政许可实施办法》（中国人民银行令〔2004〕第3号发布）同时废止。

自然资源部关于第二批废止和修改的部门规章的决定

（2020年3月20日自然资源部令第6号公布　自公布之日起施行　国司备字[2020001772]）

一、废止以下规章

《征收土地公告办法》（国土资源部令第49号）

《测绘行政处罚程序规定》（国土资源部令第50号）

《土地利用年度计划管理办法》（国土资源部令第66号）

《国土资源部关于〈国土资源行政处罚办法〉第七条的解释》（国土资源部令第67号）

二、修改《国土资源听证规定》

（一）将第三条、第十九条、第三十三条中的“基本农田”修改为“永久基本农田”；

（二）将第三条、第十二条、第十八条中“土地利用总体规划”修改为“国土空间规划”；

（三）将第三条、第十二条、第十八条中“区域性征地补偿标准”修改为“区片综合地价”；

（四）将《国土资源听证规定》中的“国土资源”统一修改为“自然资源”；“国土资源行政主管部门”统一修改为“自然资源主管部门”；“行政处分”统一修改为“处分”。

三、修改《国土资源行政处罚办法》

（一）在第七条增加一款，作为第二款：“全国范围内重大、复杂的自然资源违法案件是指：

“（一）国务院要求自然资源部管辖的自然资源违法案件；

“（二）跨省级行政区域的自然资源违法案件；

“（三）自然资源部认为应当由其管辖的其他自然资源违法案件”；

（二）将第四十五条第（五）项修改为“应当依法申请强制执行、移送有关机关追究责任，而未依法申请强制执行、移送有关机关的”；

（三）将《国土资源行政处罚办法》中的“国土资源”统一修改为“自然资源”；“国土资源主管部门”统一修改为“自然资源主管部门”；“国土资源部”统一修改为“自然资源部”。

四、修改《国土资源执法监督规定》

(一)将第二条修改为:“本规定所称自然资源执法监督,是指县级以上自然资源主管部门依照法定职权和程序,对公民、法人和其他组织违反自然资源法律法规的行为进行检查、制止和查处的行政执法活动”;

(二)将第四条修改为:“县级以上自然资源主管部门应当强化遥感监测、视频监控等科技和信息化手段的应用,明确执法工作技术支撑机构。可以通过购买社会服务等方式提升执法监督效能”;

(三)在第五条之后增加一条,作为第六条:“任何单位和个人发现自然资源违法行为,有权向县级以上自然资源主管部门举报。接到举报的自然资源主管部门应当依法依规处理”;

(四)将第六条第(五)(六)项修改为:“(五)对违反自然资源法律法规依法应当追究国家工作人员责任的,依照有关规定移送监察机关或者有关机关处理;

“(六)对违反自然资源法律法规涉嫌犯罪的,将案件移送有关机关;”

(五)将第九条第(三)项修改为:“(三)取得执法证件”;

(六)删除第十条至第十五条;

(七)将第二十一条修改为:“市、县自然资源主管部门应当建立执法巡查、抽查制度,组织开展巡查、抽查活动,发现、报告和依法制止自然资源违法行为”;

(八)将第二十二条修改为:“自然资源部在全国部署开展自然资源卫片执法监督;

“省级自然资源主管部门按照自然资源部的统一部署,组织所辖行政区域内的市、县自然资源主管部门开展自然资源卫片执法监督,并向自然资源部报告结果”;

(九)将第二十三条修改为:“省级以上自然资源主管部门实行自然资源违法案件挂牌督办和公开通报制度”;

(十)将第二十五条第(三)项后增加两项作为第(四)(五)项:“(四)对重大、复杂、疑难的行政执法案件,进行音像记录;

“(五)其他对当事人权利义务有重大影响的,进行音像记录”;

(十一)将第二十六条第二款修改为:“重大行政处罚决定,包括没收违法采出的矿产品,没收违法所得,没收违法建筑物,限期拆除违法建筑物,吊销勘查许可证或者采矿许可证,地质灾害防治单位资质,测绘资质等”;

(十二)将第二十七条第(一)项修改为:“(一)拟作出的处罚决定情况说明”;

(十三)将第二十八条第(六)项后增加三项作为第(七)(八)(九)项:

“(七)行政执法文书是否完备规范;

“（八）违法行为是否涉嫌犯罪、需要移送司法机关等；

“（九）其他需要审核的内容”；

（十四）将第三十一条第（一）项后增加两项作为第（二）（三）项：“（二）依法没收建筑物或者其他设施，没收后应当及时向有关部门移交；

“（三）发现违法线索需要追究刑事责任的，应当依法向有关部门移送违法犯罪线索”；

（十五）将第三十四条第（三）项修改为：“（三）已经立案查处，依法应当申请强制执行、移送有关机关追究责任，无正当理由，未依法申请强制执行、移送有关机关的”；

（十六）将《国土资源执法监督规定》中的“国土资源”修改为“自然资源”，“国土资源主管部门”统一修改为“自然资源主管部门”，“国土资源部”统一修改为“自然资源部”。

本决定自颁布之日起施行。

上述规章根据本决定作相应修改并对条文序号作相应调整，重新公布。

自然资源听证规定

（2003年12月30日国土资源部令第22号公布　根据2020年3月20日《自然资源部关于第二批废止和修改的部门规章的决定》修订）

第一章　总　　则

第一条　为了规范自然资源管理活动，促进依法行政，提高自然资源管理的科学性和民主性，保护公民、法人和其他组织的合法权益，根据有关法律、法规，制定本规定。

第二条　县级以上人民政府自然资源行政主管部门（以下简称主管部门）依职权或者依当事人的申请组织听证的，适用本规定。

第三条　听证由拟作出行政处罚、行政许可决定，制定规章和规范性文件、实施需报政府批准的事项的主管部门组织。

依照本规定具体办理听证事务的法制工作机构为听证机构；但实施需报政府批准的事项可以由其经办机构作为听证机构。

本规定所称需报政府批准的事项，是指依法由本级人民政府批准后生效但主要由主管部门具体负责实施的事项，包括拟定或者修改基准地价、组织编制或者修改国土空间规划和矿产资源规划、拟定或者修改区片综合地价、拟定拟征地项目的补偿标准和安置方案、拟定非农业建设占用永久基本农田方案等。

第四条 主管部门组织听证,应当遵循公开、公平、公正和便民的原则,充分听取公民、法人和其他组织的意见,保证其陈述意见、质证和申辩的权利。

依职权组织的听证,除涉及国家秘密外,以听证会形式公开举行,并接受社会监督;依当事人的申请组织的听证,除涉及国家秘密、商业秘密或者个人隐私外,听证公开举行。

第五条 法律、法规和规章规定应当听证的事项,当事人放弃听证权利或者因情况紧急须即时决定的,主管部门不组织听证。

第二章 听证的一般规定

第六条 听证参加人包括拟听证事项经办机构的指派人员、听证会代表、当事人及其代理人、证人、鉴定人、翻译等。

第七条 听证一般由一名听证员组织;必要时,可以由三或五名听证员组织。听证员由主管部门指定。

听证设听证主持人,在听证员中产生;但须是听证机构或者经办机构的有关负责人。

记录员由听证主持人指定,具体承担听证准备和听证记录工作。

拟听证事项的具体经办人员,不得作为听证员和记录员;但可以由经办机构办理听证事务的除外。

第八条 在听证开始前,记录员应当查明听证参加人的身份和到场情况,宣布听证纪律和听证会场有关注意事项。

第九条 听证会按下列程序进行:

(一)听证主持人宣布听证开始,介绍听证员、记录员,宣布听证事项和事由,告知听证参加人的权利和义务;

(二)拟听证事项的经办机构提出理由、依据和有关材料及意见;

(三)当事人进行质证、申辩,提出维护其合法权益的事实、理由和依据(听证会代表对拟听证事项的必要性、可行性以及具体内容发表意见和质询);

(四)最后陈述;

(五)听证主持人宣布听证结束。

第十条 记录员应当将听证的全部活动记入笔录。听证笔录应当载明下列事项,并由听证员和记录员签名:

(一)听证事项名称;

(二)听证员和记录员的姓名、职务;

(三)听证参加人的基本情况;

（四）听证的时间、地点；

（五）听证公开情况；

（六）拟听证事项的理由、依据和有关材料；

（七）当事人或者听证会代表的观点、理由和依据；

（八）延期、中止或者终止的说明；

（九）听证主持人对听证活动中有关事项的处理情况；

（十）听证主持人认为的其他事项。

听证笔录经听证参加人确认无误或者补正后当场签字或者盖章；无正当理由又拒绝签字或者盖章的，记明情况附卷。

第十一条 公开举行的听证会，公民、法人或者其他组织可以申请参加旁听。

第三章 依职权听证的范围和程序

第十二条 有下列情形之一的，主管部门应当组织听证：

（一）拟定或者修改基准地价；

（二）编制或者修改国土空间规划和矿产资源规划；

（三）拟定或者修改区片综合地价。

有下列情形之一的，直接涉及公民、法人或者其他组织的重大利益的，主管部门根据需要组织听证：

（一）制定规章和规范性文件；

（二）主管部门规定的其他情形。

第十三条 主管部门对本规定第十二条规定的事项举行听证的，应当在举行听证会30日前，向社会公告听证会的时间、地点、内容和申请参加听证会须知。

第十四条 符合主管部门规定条件的公民、法人和其他组织，均可申请参加听证会，也可推选代表参加听证会。

主管部门根据拟听证事项与公民、法人和其他组织的申请情况，指定听证会代表；指定的听证会代表应当具有广泛性、代表性。

公民、法人和其他组织推选的代表，符合主管部门条件的，应当优先被指定为听证会代表。

第十五条 听证机构应当在举行听证会的10个工作日前将听证会材料送达听证会代表。

第十六条 听证会代表应当亲自参加听证，并有权对拟听证事项的必要性、可行性以及具体内容发表意见和质询，查阅听证纪要。

听证会代表应当忠于事实，实事求是地反映所代表的公民、法人和其他组织的意见,遵守听证纪律,保守国家秘密。

第十七条 听证机构应当在举行听证会后7个工作日内,根据听证笔录制作包括下列内容的听证纪要:

(一)听证会的基本情况;

(二)听证事项的说明;

(三)听证会代表的意见陈述;

(四)听证事项的意见分歧;

(五)对听证会意见的处理建议。

第十八条 主管部门应当参照听证纪要依法制定规章和规范性文件;在报批拟定或者修改的基准地价、编制或者修改的国土空间规划和矿产资源规划、拟定或者修改的区片综合地价时,应当附具听证纪要。

第四章 依申请听证的范围和程序

第十九条 有下列情形之一的,主管部门在报批之前,应当书面告知当事人有要求举行听证的权利:

(一)拟定拟征地项目的补偿标准和安置方案的;

(二)拟定非农业建设占用永久基本农田方案的。

有下列情形之一的,主管部门在作出决定之前,应当书面告知当事人有要求举行听证的权利:

(一)较大数额罚款、责令停止违法勘查或者违法开采行为、吊销勘查许可证或者采矿许可证等行政处罚的;

(二)国有土地使用权、探矿权、采矿权的许可直接涉及申请人与他人之间重大利益关系的;

(三)法律、法规或者规章规定的其他情形。

第二十条 当事人对本规定第十九条规定的事项要求听证的,主管部门应当组织听证。

第二十一条 当事人应当在告知后5个工作日内向听证机构提出书面申请,逾期未提出的,视为放弃听证;但行政处罚听证的时限为3个工作日。放弃听证的,应当书面记载。

第二十二条 当事人可以委托一至二名代理人参加听证,收集、提供相关材料和证据,进行质证和申辩。

第二十三条 听证的书面申请包括以下内容:

(一)当事人的姓名、地址(法人或者其他组织的名称、地址、法定代表人);

(二)申请听证的具体事项;

（三）申请听证的依据、理由。

申请听证的，应当同时提供相关材料。

第二十四条 听证机构收到听证的书面申请后，应当对申请材料进行审查；申请材料不齐备的，应当一次告知当事人补正。

有下列情形之一的，不予受理：

（一）提出申请的不是听证事项的当事人或者其代理人的；

（二）在告知后超过 5 个工作日提出听证的；

（三）其他不符合申请听证条件的。

不予受理的，主管部门应当书面告知当事人不予听证。

第二十五条 听证机构审核后，对符合听证条件的，应当制作《听证通知书》，并在听证的 7 个工作日前通知当事人和拟听证事项的经办机构。

《听证通知书》应当载明下列事项：

（一）听证的事由与依据；

（二）听证的时间、地点；

（三）听证员和记录员的姓名、职务；

（四）当事人、拟听证事项的经办机构的权利和义务；

（五）注意事项。

第二十六条 当事人在接到《听证通知书》后，应当准时到场；无正当理由不到场的，或者未经听证主持人允许中途退场的，视为放弃听证。放弃听证的，记入听证笔录。

第二十七条 拟听证事项的经办机构在接到《听证通知书》后，应当指派人员参加听证，不得放弃听证。

第二十八条 当事人认为听证员、记录员与拟听证事项有利害关系可能影响公正的，有权申请回避，并说明理由。

听证主持人的回避由主管部门决定。听证员、记录员的回避，由听证主持人决定。

第二十九条 有下列情形之一的，可以延期举行听证：

（一）因不可抗力的事由致使听证无法按期举行的；

（二）当事人申请延期，有正当理由的；

（三）可以延期的其他情形。

延期听证的，主管部门应当书面通知听证参加人。

第三十条 有下列情形之一的，中止听证：

（一）听证主持人认为听证过程中提出新的事实、理由和依据或者提出的事实有待调查核实的；

（二）申请听证的公民死亡、法人或者其他组织终止，尚未确定权利、义务承受人的；

（三）应当中止听证的其他情形。

中止听证的，主管部门应当书面通知听证参加人。

第三十一条 延期、中止听证的情形消失后，由主管部门决定恢复听证，并书面通知听证参加人。

第三十二条 有下列情形之一的，终止听证：

（一）有权申请听证的公民死亡，没有继承人，或者继承人放弃听证权利的；

（二）有权申请听证的法人或者其他组织终止，承受其权利的法人或者组织放弃听证权利的；

（三）当事人在听证过程中声明退出的；

（四）当事人在告知后明确放弃听证权利或者被视为放弃听证权利的；

（五）需要终止听证的其他情形。

第三十三条 主管部门应当根据听证笔录，作出行政许可决定，依法作出行政处罚决定；在报批拟定的拟征地项目的补偿标准和安置方案、非农业建设占用永久基本农田方案时，应当附具听证笔录。

第五章 法律责任

第三十四条 法律、法规和规章规定应当听证的事项，当事人要求听证而未组织的，对直接负责的主管人员和其他直接责任人员依法给予处分。

第三十五条 主管部门的拟听证事项经办机构指派人员、听证员、记录员在听证时玩忽职守、滥用职权、徇私舞弊的，依法给予处分；构成犯罪的，依法追究刑事责任。

第六章 附 则

第三十六条 组织听证不得向当事人收取或者变相收取任何费用。

组织听证所需经费列入主管部门预算。听证机构组织听证必需的场地、设备、工作条件，主管部门应当给予保障。

第三十七条 主管部门办理行政复议，受委托起草法律、法规或者政府规章草案时，组织听证的具体程序参照本规定执行。

第三十八条 本规定自2004年5月1日起施行。

自然资源行政处罚办法

（2014年4月10日国土资源部令第60号公布　根据2020年3月20日《自然资源部关于第二批废止和修改的部门规章的决定》修订）

第一章　总　　则

第一条　为规范自然资源行政处罚的实施，保障和监督自然资源主管部门依法履行职责，保护自然人、法人或者其他组织的合法权益，根据《中华人民共和国行政处罚法》以及《中华人民共和国土地管理法》、《中华人民共和国矿产资源法》等自然资源管理法律法规，制定本办法。

第二条　县级以上自然资源主管部门依照法定职权和程序，对自然人、法人或者其他组织违反自然资源管理法律法规的行为实施行政处罚，适用本办法。

第三条　自然资源主管部门实施行政处罚，遵循公正、公开的原则，做到事实清楚，证据确凿，定性准确，依据正确，程序合法，处罚适当。

第四条　自然资源行政处罚包括：

（一）警告；

（二）罚款；

（三）没收违法所得、没收非法财物；

（四）限期拆除；

（五）吊销勘查许可证和采矿许可证；

（六）法律法规规定的其他行政处罚。

第二章　管　　辖

第五条　自然资源违法案件由土地、矿产资源所在地的县级自然资源主管部门管辖，但法律法规以及本办法另有规定的除外。

第六条　省级、市级自然资源主管部门管辖本行政区域内重大、复杂和法律法规规定应当由其管辖的自然资源违法案件。

第七条　自然资源部管辖全国范围内重大、复杂和法律法规规定应当由其管辖的自然资源违法案件。

全国范围内重大、复杂的自然资源违法案件是指：

（一）国务院要求自然资源部管辖的自然资源违法案件；

（二）跨省级行政区域的自然资源违法案件；

（三）自然资源部认为应当由其管辖的其他自然资源违法案件。

第八条 有下列情形之一的，上级自然资源主管部门有权管辖下级自然资源主管部门管辖的案件：

（一）下级自然资源主管部门应当立案调查而不予立案调查的；

（二）案情复杂，情节恶劣，有重大影响的。

上级自然资源主管部门可以将本级管辖的案件交由下级自然资源主管部门管辖，但是法律法规规定应当由其管辖的除外。

第九条 有管辖权的自然资源主管部门由于特殊原因不能行使管辖权的，可以报请上一级自然资源主管部门指定管辖。

自然资源主管部门之间因管辖权发生争议的，报请共同的上一级自然资源主管部门指定管辖。

上一级自然资源主管部门应当在接到指定管辖申请之日起 7 个工作日内，作出管辖决定。

第十条 自然资源主管部门发现违法案件不属于本部门管辖的，应当移送有管辖权的自然资源主管部门或者其他部门。受移送的自然资源主管部门对管辖权有异议的，应当报请上一级自然资源主管部门指定管辖，不得再自行移送。

第三章 立案、调查和审理

第十一条 自然资源主管部门发现自然人、法人或者其他组织行为涉嫌违法的，应当及时核查。对正在实施的违法行为，应当依法及时下达《责令停止违法行为通知书》予以制止。

《责令停止违法行为通知书》应当记载下列内容：

（一）违法行为人的姓名或者名称；

（二）违法事实和依据；

（三）其他应当记载的事项。

第十二条 符合下列条件的，自然资源主管部门应当在 10 个工作日内予以立案：

（一）有明确的行为人；

（二）有违反自然资源管理法律法规的事实；

（三）依照自然资源管理法律法规应当追究法律责任；

（四）属于本部门管辖；

（五）违法行为没有超过追诉时效。

违法行为轻微并及时纠正,没有造成危害后果的,可以不予立案。

第十三条 立案后,自然资源主管部门应当指定案件承办人员,及时组织调查取证。调查取证时,案件调查人员应当不少于2人,并应当向被调查人出示执法证件。

第十四条 调查人员与案件有直接利害关系的,应当回避。

第十五条 自然资源主管部门进行调查取证,有权采取下列措施:

(一)要求被调查的单位或者个人提供有关文件和资料,并就与案件有关的问题作出说明;

(二)询问当事人以及相关人员,进入违法现场进行检查、勘测、拍照、录音、摄像,查阅和复印相关材料;

(三)依法可以采取的其他措施。

第十六条 当事人拒绝调查取证或者采取暴力、威胁的方式阻碍自然资源主管部门调查取证的,自然资源主管部门可以提请公安机关、检察机关、监察机关或者相关部门协助,并向本级人民政府或者上一级自然资源主管部门报告。

第十七条 依法取得并能够证明案件事实情况的书证、物证、视听资料、计算机数据、证人证言、当事人陈述、询问笔录、现场勘测笔录、鉴定结论、认定结论等,作为自然资源行政处罚的证据。

第十八条 调查人员应当收集、调取与案件有关的书证、物证、视听资料、计算机数据的原件、原物、原始载体;收集、调取原件、原物、原始载体确有困难的,可以收集、调取复印件、复制件、节录本、照片、录像等。声音资料应当附有该声音内容的文字记录。

第十九条 证人证言应当符合下列要求:

(一)注明证人的姓名、年龄、性别、职业、住址、联系方式等基本情况;

(二)有证人的签名,不能签名的,应当按手印或者盖章;

(三)注明出具日期;

(四)附有居民身份证复印件等证明证人身份的文件。

第二十条 当事人请求自行提供陈述材料的,应当准许。必要时,调查人员也可以要求当事人自行书写。当事人应当在其提供的陈述材料上签名、按手印或者盖章。

第二十一条 询问应当个别进行,并制作询问笔录。询问笔录应当记载询问的时间、地点和询问情况等。

第二十二条 现场勘测一般由案件调查人实施,也可以委托有资质的单位实施。现场勘测应当制作现场勘测笔录。

第二十三条 为查明事实,需要对案件中的有关问题进行检验鉴定的,自然资源主管部门可以委托具有相应资质的机构进行。

第二十四条 案件调查终结，案件承办人员应当提交调查报告。调查报告应当包括当事人的基本情况、违法事实以及法律依据、相关证据、违法性质、违法情节、违法后果，并提出依法是否应当给予行政处罚以及给予何种行政处罚的处理意见。

涉及需要追究党纪、政纪或者刑事责任的，应当提出移送有权机关的建议。

第二十五条 自然资源主管部门在审理案件调查报告时，应当就下列事项进行审理：

（一）事实是否清楚、证据是否确凿；

（二）定性是否准确；

（三）适用法律是否正确；

（四）程序是否合法；

（五）拟定的处理意见是否适当。

经审理发现调查报告存在问题的，可以要求调查人员重新调查或者补充调查。

第四章 决　　定

第二十六条 审理结束后，自然资源主管部门根据不同情况，分别作出下列决定：

（一）违法事实清楚、证据确凿、依据正确、调查审理符合法定程序的，作出行政处罚决定；

（二）违法情节轻微、依法可以不给予行政处罚的，不予行政处罚；

（三）违法事实不成立的，不得给予行政处罚；

（四）违法行为涉及需要追究党纪、政纪或者刑事责任的，移送有权机关。

第二十七条 违法行为依法需要给予行政处罚的，自然资源主管部门应当制作《行政处罚告知书》，按照法律规定的方式，送达当事人。当事人有权进行陈述和申辩。陈述和申辩应当在收到《行政处罚告知书》后 3 个工作日内提出。口头形式提出的，案件承办人员应当制作笔录。

第二十八条 对拟给予较大数额罚款或者吊销勘查许可证、采矿许可证等行政处罚的，自然资源主管部门应当制作《行政处罚听证告知书》，按照法律规定的方式，送达当事人。当事人要求听证的，应当在收到《行政处罚听证告知书》后 3 个工作日内提出。

自然资源行政处罚听证适用《自然资源听证规定》。

第二十九条 当事人未在规定时间内陈述、申辩或者要求听证的，以及陈述、申辩或者听证中提出的事实、理由或者证据不成立的，自然资源主管部门应当依法制作《行政处罚决定书》，并按照法律规定的方式，送达当事人。

《行政处罚决定书》中应当包括行政处罚告知、当事人陈述、申辩或者听证的情况。

《行政处罚决定书》一经送达，即发生法律效力。当事人对行政处罚决定不服申请行政复议或者提起行政诉讼的，在行政复议或者行政诉讼期间，行政处罚决定不停止执行；法律另有规定的除外。

《行政处罚决定书》应当加盖作出处罚决定的自然资源主管部门的印章。

第三十条 法律法规规定的责令改正或者责令限期改正，可以与行政处罚决定一并作出，也可以在作出行政处罚决定之前单独作出。

第三十一条 当事人有两个以上自然资源违法行为的，自然资源主管部门可以制作一份《行政处罚决定书》，合并执行。《行政处罚决定书》应当明确对每个违法行为的处罚内容和合并执行的内容。

违法行为有两个以上当事人的，可以分别作出行政处罚决定，制作一式多份《行政处罚决定书》，分别送达当事人。《行政处罚决定书》应当明确给予每个当事人的处罚内容。

第三十二条 自然资源主管部门应当自立案之日起60日内作出行政处罚决定。

案情复杂，不能在规定期限内作出行政处罚决定的，经本级自然资源主管部门负责人批准，可以适当延长，但延长期限不得超过30日，案情特别复杂的除外。

第五章 执 行

第三十三条 行政处罚决定生效后，当事人逾期不履行的，自然资源主管部门除采取法律法规规定的措施外，还可以采取以下措施：

（一）向本级人民政府和上一级自然资源主管部门报告；

（二）向当事人所在单位或者其上级主管部门通报；

（三）向社会公开通报；

（四）停止办理或者告知相关部门停止办理当事人与本案有关的许可、审批、登记等手续。

第三十四条 自然资源主管部门申请人民法院强制执行前，有充分理由认为被执行人可能逃避执行的，可以申请人民法院采取财产保全措施。

第三十五条 自然资源主管部门作出没收矿产品、建筑物或者其他设施的行政处罚决定后，应当在行政处罚决定生效后90日内移交同级财政部门处理，或者拟订处置方案报本级人民政府批准后实施。法律法规另有规定的，从其规定。

第三十六条 自然资源主管部门申请人民法院强制执行前，应当催告当事人履行义务。

当事人在法定期限内不申请行政复议或者提起行政诉讼,又不履行的,自然资源主管部门可以自期限届满之日起3个月内,向土地、矿产资源所在地有管辖权的人民法院申请强制执行。

第三十七条 自然资源主管部门向人民法院申请强制执行,应当提供下列材料:

(一)《强制执行申请书》;

(二)《行政处罚决定书》及作出决定的事实、理由和依据;

(三)当事人的意见以及催告情况;

(四)申请强制执行标的情况;

(五)法律法规规定的其他材料。

《强制执行申请书》应当加盖自然资源主管部门的印章。

第三十八条 符合下列条件之一的,经自然资源主管部门负责人批准,案件结案:

(一)执行完毕的;

(二)终结执行的;

(三)已经依法申请人民法院强制执行的;

(四)其他应当结案的情形。

涉及需要移送有关部门追究党纪、政纪或者刑事责任的,应当在结案前移送。

第六章 监督管理

第三十九条 自然资源主管部门应当通过定期或者不定期检查等方式,加强对下级自然资源主管部门实施行政处罚工作的监督,并将发现和制止违法行为、依法实施行政处罚等情况作为监督检查的重点内容。

第四十条 自然资源主管部门应当建立重大违法案件公开通报制度,将案情和处理结果向社会公开通报并接受社会监督。

第四十一条 自然资源主管部门应当建立重大违法案件挂牌督办制度,明确提出办理要求,公开督促下级自然资源主管部门限期办理并接受社会监督。

第四十二条 自然资源主管部门应当建立违法案件统计制度。下级自然资源主管部门应当定期将本行政区域内的违法形势分析、案件发生情况、查处情况等逐级上报。

第四十三条 自然资源主管部门应当建立自然资源违法案件错案追究制度。行政处罚决定错误并造成严重后果的,作出处罚决定的机关应当承担相应的责任。

第四十四条　自然资源主管部门应当配合有关部门加强对行政处罚实施过程中的社会稳定风险防控。

第七章　法律责任

第四十五条　县级以上自然资源主管部门直接负责的主管人员和其他直接责任人员，违反本办法规定，有下列情形之一，致使自然人、法人或者其他组织的合法权益、公共利益和社会秩序遭受损害的，应当依法给予处分：

（一）对违法行为未依法制止的；

（二）应当依法立案查处，无正当理由未依法立案查处的；

（三）在制止以及查处违法案件中受阻，依照有关规定应当向本级人民政府或者上级自然资源主管部门报告而未报告的；

（四）应当依法给予行政处罚而未依法处罚的；

（五）应当依法申请强制执行、移送有关机关追究责任，而未依法申请强制执行、移送有关机关的；

（六）其他徇私枉法、滥用职权、玩忽职守的情形。

第八章　附　　则

第四十六条　自然资源行政处罚法律文书格式，由自然资源部统一制定。

第四十七条　本办法自2014年7月1日起施行。原地质矿产部1993年7月19日发布的《违反矿产资源法规行政处罚办法》和原国家土地管理局1995年12月18日发布的《土地违法案件查处办法》同时废止。

自然资源执法监督规定

（2017年12月27日国土资源部令第79号公布　根据2020年3月20日《自然资源部关于第二批废止和修改的部门规章的决定》修订）

第一条　为了规范自然资源执法监督行为，依法履行自然资源执法监督职责，切实保护自然资源，维护公民、法人和其他组织的合法权益，根据《中华人民共和国土地管理法》《中华人民共和国矿产资源法》等法律法规，制定本规定。

第二条 本规定所称自然资源执法监督，是指县级以上自然资源主管部门依照法定职权和程序，对公民、法人和其他组织违反自然资源法律法规的行为进行检查、制止和查处的行政执法活动。

第三条 自然资源执法监督，遵循依法、规范、严格、公正、文明的原则。

第四条 县级以上自然资源主管部门应当强化遥感监测、视频监控等科技和信息化手段的应用，明确执法工作技术支撑机构。可以通过购买社会服务等方式提升执法监督效能。

第五条 对在执法监督工作中认真履行职责，依法执行公务成绩显著的自然资源主管部门及其执法人员，由上级自然资源主管部门给予通报表扬。

第六条 任何单位和个人发现自然资源违法行为，有权向县级以上自然资源主管部门举报。接到举报的自然资源主管部门应当依法依规处理。

第七条 县级以上自然资源主管部门依照法律法规规定，履行下列执法监督职责：

（一）对执行和遵守自然资源法律法规的情况进行检查；

（二）对发现的违反自然资源法律法规的行为进行制止，责令限期改正；

（三）对涉嫌违反自然资源法律法规的行为进行调查；

（四）对违反自然资源法律法规的行为依法实施行政处罚和行政处理；

（五）对违反自然资源法律法规依法应当追究国家工作人员责任的，依照有关规定移送监察机关或者有关机关处理；

（六）对违反自然资源法律法规涉嫌犯罪的，将案件移送有关机关；

（七）法律法规规定的其他职责。

第八条 县级以上地方自然资源主管部门根据工作需要，可以委托自然资源执法监督队伍行使执法监督职权。具体职权范围由委托机关决定。

上级自然资源主管部门应当加强对下级自然资源主管部门行政执法行为的监督和指导。

第九条 县级以上地方自然资源主管部门应当加强与人民法院、人民检察院和公安机关的沟通和协作，依法配合有关机关查处涉嫌自然资源犯罪的行为。

第十条 从事自然资源执法监督的工作人员应当具备下列条件：

（一）具有较高的政治素质，忠于职守、秉公执法、清正廉明；

（二）熟悉自然资源法律法规和相关专业知识；

（三）取得执法证件。

第十一条 自然资源执法人员依法履行执法监督职责时，应当主动出示执法证件，并且不得少于2人。

第十二条 县级以上自然资源主管部门可以组织特邀自然资源监察专员参与自然资源执法监督活动，为自然资源执法监督工作提供意见和建议。

第十三条 市、县自然资源主管部门可以根据工作需要，聘任信息员、协管员，收集自然资源违法行为信息，协助及时发现自然资源违法行为。

第十四条 县级以上自然资源主管部门履行执法监督职责，依法可以采取下列措施：

（一）要求被检查的单位或者个人提供有关文件和资料，进行查阅或者予以复制；

（二）要求被检查的单位或者个人就有关问题作出说明，询问违法案件的当事人、嫌疑人和证人；

（三）进入被检查单位或者个人违法现场进行勘测、拍照、录音和摄像等；

（四）责令当事人停止正在实施的违法行为，限期改正；

（五）对当事人拒不停止违法行为的，应当将违法事实书面报告本级人民政府和上一级自然资源主管部门，也可以提请本级人民政府协调有关部门和单位采取相关措施；

（六）对涉嫌违反自然资源法律法规的单位和个人，依法暂停办理其与该行为有关的审批或者登记发证手续；

（七）对执法监督中发现有严重违反自然资源法律法规，自然资源管理秩序混乱，未积极采取措施消除违法状态的地区，其上级自然资源主管部门可以建议本级人民政府约谈该地区人民政府主要负责人；

（八）执法监督中发现有地区存在违反自然资源法律法规的苗头性或者倾向性问题，可以向该地区的人民政府或者自然资源主管部门进行反馈，提出执法监督建议；

（九）法律法规规定的其他措施。

第十五条 县级以上地方自然资源主管部门应当按照有关规定保障自然资源执法监督工作的经费、车辆、装备等必要条件，并为执法人员提供人身意外伤害保险等职业风险保障。

第十六条 市、县自然资源主管部门应当建立执法巡查、抽查制度，组织开展巡查、抽查活动，发现、报告和依法制止自然资源违法行为。

第十七条 自然资源部在全国部署开展自然资源卫片执法监督。

省级自然资源主管部门按照自然资源部的统一部署，组织所辖行政区域内的市、县自然资源主管部门开展自然资源卫片执法监督，并向自然资源部报告结果。

第十八条 省级以上自然资源主管部门实行自然资源违法案件挂牌督办和公开通报制度。

第十九条 对上级自然资源主管部门交办的自然资源违法案件，下级自然资源主管部门拖延办理的，上级自然资源主管部门可以发出督办通知，责令限期办理；必要时，可以派员督办或者挂牌督办。

第二十条 县级以上自然资源主管部门实行行政执法全过程记录制度。根据情况可以采取下列记录方式,实现全过程留痕和可回溯管理:

(一)将行政执法文书作为全过程记录的基本形式;

(二)对现场检查、随机抽查、调查取证、听证、行政强制、送达等容易引发争议的行政执法过程,进行音像记录;

(三)对直接涉及重大财产权益的现场执法活动和执法场所,进行音像记录;

(四)对重大、复杂、疑难的行政执法案件,进行音像记录;

(五)其他对当事人权利义务有重大影响的,进行音像记录。

第二十一条 县级以上自然资源主管部门实行重大行政执法决定法制审核制度。在作出重大行政处罚决定前,由该部门的法制工作机构对拟作出决定的合法性、适当性进行审核。未经法制审核或者审核未通过的,不得作出决定。

重大行政处罚决定,包括没收违法采出的矿产品,没收违法所得,没收违法建筑物,限期拆除违法建筑物,吊销勘查许可证或者采矿许可证,地质灾害防治单位资质,测绘资质等。

第二十二条 县级以上自然资源主管部门的执法监督机构提请法制审核的,应当提交以下材料:

(一)拟作出的处罚决定情况说明;

(二)案件调查报告;

(三)法律法规规章依据;

(四)相关的证据材料;

(五)需要提供的其他相关材料。

第二十三条 法制审核原则上采取书面审核的方式,审核以下内容:

(一)执法主体是否合法;

(二)是否超越本机关执法权限;

(三)违法定性是否准确;

(四)法律适用是否正确;

(五)程序是否合法;

(六)行政裁量权行使是否适当;

(七)行政执法文书是否完备规范;

(八)违法行为是否涉嫌犯罪、需要移送司法机关等;

(九)其他需要审核的内容。

第二十四条 县级以上自然资源主管部门的法制工作机构自收到送审材料之日起 5 个工作日内完成审核。情况复杂需要进一步调查研究的,可以适当延长,但延长期限不超过 10 个工作日。

经过审核，对拟作出的重大行政处罚决定符合本规定第二十八条的，法制工作机构出具通过法制审核的书面意见；对不符合规定的，不予通过法制审核。

第二十五条 县级以上自然资源主管部门实行行政执法公示制度。县级以上自然资源主管部门建立行政执法公示平台，依法及时向社会公开下列信息，接受社会公众监督：

（一）本部门执法查处的法律依据、管辖范围、工作流程、救济方式等相关规定；

（二）本部门自然资源执法证件持有人姓名、编号等信息；

（三）本部门作出的生效行政处罚决定和行政处理决定；

（四）本部门公开挂牌督办案件处理结果；

（五）本部门认为需要公开的其他执法监督事项。

第二十六条 有下列情形之一的，县级以上自然资源主管部门及其执法人员，应当采取相应处置措施，履行执法监督职责：

（一）对于下达《责令停止违法行为通知书》后制止无效的，及时报告本级人民政府和上一级自然资源主管部门；

（二）依法没收建筑物或者其他设施，没收后应当及时向有关部门移交；

（三）发现违法线索需要追究刑事责任的，应当依法向有关部门移送违法犯罪线索”

（四）依法申请人民法院强制执行，人民法院不予受理的，应当作出明确记录。

第二十七条 上级自然资源主管部门应当通过检查、抽查等方式，评议考核下级自然资源主管部门执法监督工作。

评议考核结果应当在适当范围内予以通报，并作为年度责任目标考核、评优、奖惩的重要依据，以及干部任用的重要参考。

评议考核不合格的，上级自然资源主管部门可以对其主要负责人进行约谈，责令限期整改。

第二十八条 县级以上自然资源主管部门实行错案责任追究制度。自然资源执法人员在查办自然资源违法案件过程中，因过错造成损害后果的，所在的自然资源主管部门应当予以纠正，并依照有关规定追究相关人员的过错责任。

第二十九条 县级以上自然资源主管部门及其执法人员有下列情形之一，致使公共利益或者公民、法人和其他组织的合法权益遭受重大损害的，应当依法给予处分：

（一）对发现的自然资源违法行为未依法制止的；

（二）应当依法立案查处，无正当理由，未依法立案查处的；

（三）已经立案查处，依法应当申请强制执行、移送有关机关追究责任，无正当理由，未依法申请强制执行、移送有关机关的。

第三十条　县级以上自然资源主管部门及其执法人员有下列情形之一的，应当依法给予处分；构成犯罪的，依法追究刑事责任：

（一）伪造、销毁、藏匿证据，造成严重后果的；

（二）篡改案件材料，造成严重后果的；

（三）不依法履行职责，致使案件调查、审核出现重大失误的；

（四）违反保密规定，向案件当事人泄露案情，造成严重后果的；

（五）越权干预案件调查处理，造成严重后果的；

（六）有其他徇私舞弊、玩忽职守、滥用职权行为的。

第三十一条　阻碍自然资源主管部门依法履行执法监督职责，对自然资源执法人员进行威胁、侮辱、殴打或者故意伤害，构成违反治安管理行为的，依法给予治安管理处罚；构成犯罪的，依法追究刑事责任。

第三十二条　本规定自2018年3月1日起施行。原国家土地管理局1995年6月12日发布的《土地监察暂行规定》同时废止。

中国银保监会非银行金融机构行政许可事项实施办法

（2020年3月23日中国银行保险监督管理委员会令2020年第6号公布　自公布之日起施行　国司备字[2020001748]）

第一章　总　　则

第一条　为规范银保监会及其派出机构非银行金融机构行政许可行为，明确行政许可事项、条件、程序和期限，保护申请人合法权益，根据《中华人民共和国银行业监督管理法》《中华人民共和国行政许可法》等法律、行政法规及国务院有关决定，制定本办法。

第二条　本办法所称非银行金融机构包括：经银保监会批准设立的金融资产管理公司、企业集团财务公司、金融租赁公司、汽车金融公司、货币经纪公司、消费金融公司、境外非银行金融机构驻华代表处等机构。

第三条　银保监会及其派出机构依照银保监会行政许可实施程序相关规定和本办法，对非银行金融机构实施行政许可。

第四条　非银行金融机构以下事项须经银保监会及其派出机构行政许可

可:机构设立,机构变更,机构终止,调整业务范围和增加业务品种,董事和高级管理人员任职资格,以及法律、行政法规规定和国务院决定的其他行政许可事项。

行政许可中应当按照《银行业金融机构反洗钱和反恐怖融资管理办法》要求进行反洗钱和反恐怖融资审查,对不符合条件的,不予批准。

第五条 申请人应当按照银保监会行政许可事项申请材料目录及格式要求相关规定提交申请材料。

第二章 机构设立

第一节 企业集团财务公司法人机构设立

第六条 设立企业集团财务公司(以下简称财务公司)法人机构应当具备以下条件:

(一)确属集中管理企业集团资金的需要,经合理预测能够达到一定的业务规模;

(二)有符合《中华人民共和国公司法》和银保监会规定的公司章程;

(三)有符合规定条件的出资人;

(四)注册资本为一次性实缴货币资本,最低限额为1亿元人民币或等值的可自由兑换货币;

(五)有符合任职资格条件的董事、高级管理人员,并且在风险管理、资金管理、信贷管理、结算等关键岗位上至少各有1名具有3年以上相关金融从业经验的人员;

(六)财务公司从业人员中从事金融或财务工作3年以上的人员应当不低于总人数的三分之二、5年以上的人员应当不低于总人数的三分之一;

(七)建立了有效的公司治理、内部控制和风险管理体系;

(八)建立了与业务经营和监管要求相适应的信息科技架构,具有支撑业务经营的必要、安全且合规的信息系统,具备保障业务持续运营的技术与措施;

(九)有与业务经营相适应的营业场所、安全防范措施和其他设施;

(十)银保监会规章规定的其他审慎性条件。

第七条 财务公司的出资人主要应为企业集团成员单位,也包括成员单位以外的具有丰富行业管理经验的战略投资者;财务公司原则上应由集团母公司或集团主业整体上市的股份公司控股。

除国家限制外部投资者进入并经银保监会事先同意的特殊行业的企业集团外,新设财务公司应有丰富银行业管理经验的战略投资者作为出资人;或与商业银行建立战略合作伙伴关系,由其为拟设立财务公司提供机构设置、制度建设、业务流程设计、风险管理、人员培训等方面的咨询建议,且至少引进 1 名具有 5 年以上银行业从业经验的高级管理人员。

第八条 申请设立财务公司的企业集团,应当具备以下条件:

(一)符合国家产业政策并拥有核心主业。

(二)最近 1 个会计年度末,按规定并表核算的成员单位的总资产不低于 50 亿元人民币或等值的可自由兑换货币,净资产不低于总资产的 30%。

(三)财务状况良好,最近 2 个会计年度按规定并表核算的成员单位营业收入总额每年不低于 40 亿元人民币或等值的可自由兑换货币,税前利润总额每年不低于 2 亿元人民币或等值的可自由兑换货币;作为财务公司控股股东的,还应满足最近 3 个会计年度连续盈利。

(四)现金流量稳定并具有较大规模。

(五)具备 2 年以上企业集团内部财务和资金集中管理经验。

(六)母公司最近 1 个会计年度末的实收资本不低于 8 亿元人民币或等值的可自由兑换货币。

(七)母公司具有良好的公司治理结构或有效的组织管理方式,无不当关联交易。

(八)母公司有良好的社会声誉、诚信记录和纳税记录,最近 2 年内无重大违法违规行为,或者已整改到位并经银保监会或其派出机构认可。

(九)母公司入股资金为自有资金,不得以委托资金、债务资金等非自有资金入股。

(十)权益性投资余额原则上不得超过本企业净资产的 50%(含本次投资金额);作为财务公司控股股东的,权益性投资余额原则上不得超过本企业净资产的 40%(含本次投资金额);国务院规定的投资公司和控股公司除外。

(十一)成员单位数量较多,需要通过财务公司提供资金集中管理和服务。

(十二)银保监会规章规定的其他审慎性条件。

第九条 成员单位作为财务公司出资人,应当具备以下条件:

(一)依法设立,具有法人资格。

(二)具有良好的公司治理结构或有效的组织管理方式。

(三)具有良好的社会声誉、诚信记录和纳税记录。

(四)经营管理良好,最近 2 年无重大违法违规行为,或者已整改到位并经银保监会或其派出机构认可。

(五)财务状况良好,最近 2 个会计年度连续盈利;作为财务公司控股股东的,最近 3 个会计年度连续盈利。

(六)最近 1 个会计年度末净资产不低于总资产的 30%。

(七)入股资金为自有资金,不得以委托资金、债务资金等非自有资金入股。

（八）权益性投资余额原则上不得超过本企业净资产的50%（含本次投资金额）；作为财务公司控股股东的，权益性投资余额原则上不得超过本企业净资产的40%（含本次投资金额）；国务院规定的投资公司和控股公司除外。

（九）该项投资符合国家法律、法规规定。

（十）银保监会规章规定的其他审慎性条件。

第十条 成员单位以外的战略投资者作为财务公司出资人，应为境内外法人金融机构，并具备以下条件：

（一）依法设立，具有法人资格；

（二）有3年以上经营管理财务公司或类似机构的成功经验；

（三）资信良好，最近2年未受到境内外监管机构的重大处罚；

（四）具有良好的公司治理结构、内部控制机制和健全的风险管理体系；

（五）满足所在国家或地区监管当局的审慎监管要求；

（六）财务状况良好，最近2个会计年度连续盈利；

（七）入股资金为自有资金，不得以委托资金、债务资金等非自有资金入股；

（八）权益性投资余额原则上不得超过本企业净资产的50%（含本次投资金额），国务院规定的投资公司和控股公司除外；

（九）作为主要股东自取得股权之日起5年内不得转让所持有的股权（经银保监会或其派出机构批准采取风险处置措施、银保监会或其派出机构责令转让、涉及司法强制执行或者在同一出资人控制的不同主体间转让股权等特殊情形除外）并在拟设公司章程中载明；

（十）战略投资者为境外金融机构的，其最近1个会计年度末总资产原则上不少于10亿美元或等值的可自由兑换货币，最近2年长期信用评级为良好及以上；

（十一）所在国家或地区金融监管当局已经与银保监会建立良好的监督管理合作机制；

（十二）银保监会规章规定的其他审慎性条件。

第十一条 有以下情形之一的企业不得作为财务公司的出资人：

（一）公司治理结构与机制存在明显缺陷；

（二）股权关系复杂且不透明、关联交易异常；

（三）核心主业不突出且其经营范围涉及行业过多；

（四）现金流量波动受经济景气影响较大；

（五）资产负债率、财务杠杆率高于行业平均水平；

（六）代他人持有财务公司股权；

（七）被列为相关部门失信联合惩戒对象；

（八）存在严重逃废银行债务行为；

（九）提供虚假材料或者作不实声明；

（十）因违法违规行为被金融监管部门或政府有关部门查处，造成恶劣影响；

（十一）其他对财务公司产生重大不利影响的情况。

第十二条 申请设立财务公司，应当遵守并在拟设公司章程中载明下列内容：

（一）股东应当遵守法律法规和监管规定；

（二）应经但未经监管部门批准或未向监管部门报告的股东，不得行使股东大会召开请求权、表决权、提名权、提案权、处分权等权利；

（三）对于存在虚假陈述、滥用股东权利或其他损害财务公司利益行为的股东，银保监会或其派出机构可以限制或禁止财务公司与其开展关联交易，限制其持有财务公司股权的限额等，并可限制其股东大会召开请求权、表决权、提名权、提案权、处分权等权利；

（四）集团母公司及财务公司控股股东应当在必要时向财务公司补充资本。

第十三条 单个战略投资者及关联方（非成员单位）向财务公司投资入股比例不得超过20%。

第十四条 一家企业集团只能设立一家财务公司。

第十五条 财务公司设立须经筹建和开业两个阶段。

第十六条 企业集团筹建财务公司，应由母公司作为申请人向拟设地省级派出机构提交申请，由省级派出机构受理并初步审查、银保监会审查并决定。决定机关自受理之日起4个月内作出批准或不批准的书面决定。

第十七条 财务公司的筹建期为批准决定之日起6个月。未能按期完成筹建的，应在筹建期限届满前1个月向银保监会和拟设地省级派出机构提交筹建延期报告。筹建延期不得超过一次，延长期限不得超过3个月。

申请人应在前款规定的期限届满前提交开业申请，逾期未提交的，筹建批准文件失效，由决定机关注销筹建许可。

第十八条 财务公司开业，应由母公司作为申请人向拟设地省级派出机构提交申请，由省级派出机构受理、审查并决定。省级派出机构自受理之日起2个月内作出核准或不予核准的书面决定，并抄报银保监会。

第十九条 申请人应在收到开业核准文件并领取金融许可证后，办理工商登记，领取营业执照。

财务公司应自领取营业执照之日起6个月内开业。不能按期开业的，应在开业期限届满前1个月向省级派出机构提交开业延期报告。开业延期不得超过一次，延长期限不得超过3个月。

未在前款规定期限内开业的，开业核准文件失效，由决定机关注销开业许可，发证机关收回金融许可证，并予以公告。

第二十条 外资投资性公司申请设立财务公司适用本节规定的条件和程序。

第二节 金融租赁公司法人机构设立

第二十一条 设立金融租赁公司法人机构，应当具备以下条件：

（一）有符合《中华人民共和国公司法》和银保监会规定的公司章程；

（二）有符合规定条件的发起人；

（三）注册资本为一次性实缴货币资本，最低限额为1亿元人民币或等值的可自由兑换货币；

（四）有符合任职资格条件的董事、高级管理人员，并且从业人员中具有金融或融资租赁工作经历3年以上的人员应当不低于总人数的50%；

（五）建立了有效的公司治理、内部控制和风险管理体系；

（六）建立了与业务经营和监管要求相适应的信息科技架构，具有支撑业务经营的必要、安全且合规的信息系统，具备保障业务持续运营的技术与措施；

（七）有与业务经营相适应的营业场所、安全防范措施和其他设施；

（八）银保监会规章规定的其他审慎性条件。

第二十二条 金融租赁公司的发起人包括在中国境内外注册的具有独立法人资格的商业银行，在中国境内注册的、主营业务为制造适合融资租赁交易产品的大型企业，在中国境外注册的具有独立法人资格的融资租赁公司以及银保监会认可的其他发起人。

银保监会规定的其他发起人是指除符合本办法第二十三条至第二十五条规定的发起人以外的其他境内法人机构和境外金融机构。

第二十三条 在中国境内外注册的具有独立法人资格的商业银行作为金融租赁公司发起人，应当具备以下条件：

（一）满足所在国家或地区监管当局的审慎监管要求；

（二）具有良好的公司治理结构、内部控制机制和健全的风险管理体系；

（三）最近1个会计年度末总资产不低于800亿元人民币或等值的可自由兑换货币；

（四）财务状况良好，最近2个会计年度连续盈利；

（五）为拟设立金融租赁公司确定了明确的发展战略和清晰的盈利模式；

（六）遵守注册地法律法规，最近2年内未发生重大案件或重大违法违规行为，或者已整改到位并经银保监会或其派出机构认可；

（七）境外商业银行作为发起人的，其所在国家或地区金融监管当局已经与银保监会建立良好的监督管理合作机制；

（八）入股资金为自有资金，不得以委托资金、债务资金等非自有资金入股；

（九）权益性投资余额原则上不得超过本企业净资产的50%（含本次投资金额），国务院规定的投资公司和控股公司除外；

（十）银保监会规章规定的其他审慎性条件。

第二十四条 在中国境内注册的、主营业务为制造适合融资租赁交易产品的大型企业作为金融租赁公司发起人，应当具备以下条件：

（一）有良好的公司治理结构或有效的组织管理方式。

（二）最近1个会计年度的营业收入不低于50亿元人民币或等值的可自由兑换货币。

（三）财务状况良好，最近2个会计年度连续盈利；作为金融租赁公司控股股东的，最近3个会计年度连续盈利。

（四）最近1个会计年度末净资产不低于总资产的30%。

（五）最近1个会计年度主营业务销售收入占全部营业收入的80%以上。

（六）为拟设立金融租赁公司确定了明确的发展战略和清晰的盈利模式。

（七）有良好的社会声誉、诚信记录和纳税记录。

（八）遵守国家法律法规，最近2年内未发生重大案件或重大违法违规行为，或者已整改到位并经银保监会或其派出机构认可。

（九）入股资金为自有资金，不得以委托资金、债务资金等非自有资金入股。

（十）权益性投资余额原则上不得超过本企业净资产的50%（含本次投资金额）；作为金融租赁公司控股股东的，权益性投资余额原则上不得超过本企业净资产的40%（含本次投资金额）；国务院规定的投资公司和控股公司除外。

（十一）银保监会规章规定的其他审慎性条件。

第二十五条 在中国境外注册的具有独立法人资格的融资租赁公司作为金融租赁公司发起人，应当具备以下条件：

（一）具有良好的公司治理结构、内部控制机制和健全的风险管理体系。

（二）最近1个会计年度末总资产不低于100亿元人民币或等值的可自由兑换货币。

（三）财务状况良好，最近2个会计年度连续盈利；作为金融租赁公司控股股东的，最近3个会计年度连续盈利。

（四）最近1个会计年度末净资产不低于总资产的30%。

（五）遵守注册地法律法规，最近2年内未发生重大案件或重大违法违规行为，或者已整改到位并经银保监会或其派出机构认可。

（六）所在国家或地区经济状况良好。

（七）入股资金为自有资金，不得以委托资金、债务资金等非自有资金入股。

（八）权益性投资余额原则上不得超过本企业净资产的50%（含本次投资金额）；作为金融租赁公司控股股东的，权益性投资余额原则上不得超过本企业净资产的40%（含本次投资金额）。

（九）银保监会规章规定的其他审慎性条件。

第二十六条 金融租赁公司至少应当有1名符合第二十三条至第二十五条规定的发起人，且其出资比例不低于拟设金融租赁公司全部股本的30%。

第二十七条 其他境内非金融机构作为金融租赁公司发起人，应当具备以下条件：

（一）有良好的公司治理结构或有效的组织管理方式。

（二）有良好的社会声誉、诚信记录和纳税记录。

（三）经营管理良好，最近2年内无重大违法违规行为，或者已整改到位并经银保监会或其派出机构认可。

（四）最近1个会计年度末净资产不低于总资产的30%。

（五）财务状况良好，最近2个会计年度连续盈利；作为金融租赁公司控股股东的，最近3个会计年度连续盈利。

（六）入股资金为自有资金，不得以委托资金、债务资金等非自有资金入股。

（七）权益性投资余额原则上不得超过本企业净资产的50%（含本次投资金额）；作为金融租赁公司控股股东的，权益性投资余额原则上不得超过本企业净资产的40%（含本次投资金额）；国务院规定的投资公司和控股公司除外。

（八）银保监会规章规定的其他审慎性条件。

第二十八条 其他境内金融机构作为金融租赁公司发起人，应满足第二十三条第一项、第二项、第四项、第六项、第八项、第九项及第十项规定。

第二十九条 其他境外金融机构作为金融租赁公司发起人，应当具备以下条件：

（一）满足所在国家或地区监管当局的审慎监管要求；

（二）具有良好的公司治理结构、内部控制机制和健全的风险管理体系；

（三）最近1个会计年度末总资产原则上不低于10亿美元或等值的可自由兑换货币；

（四）财务状况良好，最近2个会计年度连续盈利；

（五）入股资金为自有资金，不得以委托资金、债务资金等非自有资金入股；

（六）权益性投资余额原则上不得超过本企业净资产的50%（含本次投资金额）；

（七）所在国家或地区金融监管当局已经与银保监会建立良好的监督管理合作机制；

（八）具有有效的反洗钱措施；

（九）所在国家或地区经济状况良好；

（十）银保监会规章规定的其他审慎性条件。

第三十条 有以下情形之一的企业不得作为金融租赁公司的发起人：

（一）公司治理结构与机制存在明显缺陷；

（二）关联企业众多、股权关系复杂且不透明、关联交易频繁且异常；

（三）核心主业不突出且其经营范围涉及行业过多；

（四）现金流量波动受经济景气影响较大；

（五）资产负债率、财务杠杆率高于行业平均水平；

（六）代他人持有金融租赁公司股权；

（七）被列为相关部门失信联合惩戒对象；

（八）存在严重逃废银行债务行为；

（九）提供虚假材料或者作不实声明；

（十）因违法违规行为被金融监管部门或政府有关部门查处，造成恶劣影响；

（十一）其他对金融租赁公司产生重大不利影响的情况。

第三十一条 申请设立金融租赁公司，应当遵守并在拟设公司章程中载明下列内容：

（一）股东应当遵守法律法规和监管规定；

（二）应经但未经监管部门批准或未向监管部门报告的股东，不得行使股东大会召开请求权、表决权、提名权、提案权、处分权等权利；

（三）对于存在虚假陈述、滥用股东权利或其他损害金融租赁公司利益行为的股东，银保监会或其派出机构可以限制或禁止金融租赁公司与其开展关联交易，限制其持有金融租赁公司股权的限额等，并可限制其股东大会召开请求权、表决权、提名权、提案权、处分权等权利；

（四）主要股东承诺不将所持有的金融租赁公司股权质押或设立信托；

（五）主要股东自取得股权之日起5年内不得转让所持有的股权（经银保监会或其派出机构批准采取风险处置措施、银保监会或其派出机构责令转让、涉及司法强制执行或者在同一出资人控制的不同主体间转让股权等特殊情形除外）；

（六）主要股东应当在必要时向金融租赁公司补充资本，在金融租赁公司出现支付困难时给予流动性支持。

第三十二条 金融租赁公司设立须经筹建和开业两个阶段。

第三十三条 筹建金融租赁公司,应由出资比例最大的发起人作为申请人向拟设地省级派出机构提交申请,由省级派出机构受理并初步审查、银保监会审查并决定。决定机关自受理之日起4个月内作出批准或不批准的书面决定。

第三十四条 金融租赁公司的筹建期为批准决定之日起6个月。未能按期完成筹建的,应在筹建期限届满前1个月向银保监会和拟设地省级派出机构提交筹建延期报告。筹建延期不得超过一次,延长期限不得超过3个月。

申请人应在前款规定的期限届满前提交开业申请,逾期未提交的,筹建批准文件失效,由决定机关注销筹建许可。

第三十五条 金融租赁公司开业,应由出资比例最大的发起人作为申请人向拟设地省级派出机构提交申请,由省级派出机构受理、审查并决定。省级派出机构自受理之日起2个月内作出核准或不予核准的书面决定,并抄报银保监会。

第三十六条 申请人应在收到开业核准文件并领取金融许可证后,办理工商登记,领取营业执照。

金融租赁公司应当自领取营业执照之日起6个月内开业。不能按期开业的,应在开业期限届满前1个月向省级派出机构提交开业延期报告。开业延期不得超过一次,延长期限不得超过3个月。

未在前款规定期限内开业的,开业核准文件失效,由决定机关注销开业许可,发证机关收回金融许可证,并予以公告。

第三节 汽车金融公司法人机构设立

第三十七条 设立汽车金融公司法人机构应具备以下条件:

(一)有符合《中华人民共和国公司法》和银保监会规定的公司章程;

(二)有符合规定条件的出资人;

(三)注册资本为一次性实缴货币资本,最低限额为5亿元人民币或等值的可自由兑换货币;

(四)有符合任职资格条件的董事、高级管理人员和熟悉汽车金融业务的合格从业人员;

(五)建立了有效的公司治理、内部控制和风险管理体系;

(六)建立了与业务经营和监管要求相适应的信息科技架构,具有支撑业务经营的必要、安全且合规的信息系统,具备保障业务持续运营的技术与措施;

(七)有与业务经营相适应的营业场所、安全防范措施和其他设施;

(八)银保监会规章规定的其他审慎性条件。

第三十八条 汽车金融公司的出资人为中国境内外依法设立的企业法人,其中主要出资人须为生产或销售汽车整车的企业或非银行金融机构。

前款所称主要出资人是指出资数额最多且出资额不低于拟设汽车金融公司全部股本30%的出资人。

汽车金融公司出资人中至少应当有1名具备5年以上丰富的汽车金融业务管理和风险控制经验;或为汽车金融公司引进合格的专业管理团队,其中至少包括1名有丰富汽车金融从业经验的高级管理人员和1名风险管理专业人员。

第三十九条 非金融机构作为汽车金融公司出资人,应具备以下条件:

(一)最近1个会计年度末总资产不低于80亿元人民币或等值的可自由兑换货币,年营业收入不低于50亿元人民币或等值的可自由兑换货币。

(二)最近1个会计年度末净资产不低于总资产的30%。

(三)财务状况良好,最近2个会计年度连续盈利;作为汽车金融公司控股股东的,最近3个会计年度连续盈利。

(四)入股资金为自有资金,不得以委托资金、债务资金等非自有资金入股。

(五)权益性投资余额原则上不得超过本企业净资产的50%(含本次投资金额);作为汽车金融公司控股股东的,权益性投资余额原则上不得超过本企业净资产的40%(含本次投资金额);国务院规定的投资公司和控股公司除外。

(六)遵守注册地法律法规,最近2年内无重大违法违规行为,或者已整改到位并经银保监会或其派出机构认可。

(七)银保监会规章规定的其他审慎性条件。

第四十条 非银行金融机构作为汽车金融公司出资人,除应具备第三十九条第四项、第六项规定的条件外,还应当具备以下条件:

(一)注册资本不低于3亿元人民币或等值的可自由兑换货币;

(二)具有良好的公司治理结构、内部控制机制和健全的风险管理体系;

(三)财务状况良好,最近2个会计年度连续盈利;

(四)权益性投资余额原则上不得超过本企业净资产的50%(含本次投资金额);

(五)满足所在国家或地区监管当局的审慎监管要求。

第四十一条 有以下情形之一的企业不得作为汽车金融公司的出资人:

(一)公司治理结构与机制存在明显缺陷;

(二)关联企业众多、股权关系复杂且不透明、关联交易频繁且异常;

(三)核心主业不突出且其经营范围涉及行业过多;

(四)现金流量波动受经济景气影响较大;

（五）资产负债率、财务杠杆率高于行业平均水平；

（六）代他人持有汽车金融公司股权；

（七）被列为相关部门失信联合惩戒对象；

（八）存在严重逃废银行债务行为；

（九）提供虚假材料或者作不实声明；

（十）因违法违规行为被金融监管部门或政府有关部门查处，造成恶劣影响；

（十一）其他对汽车金融公司产生重大不利影响的情况。

第四十二条 申请设立汽车金融公司，应当遵守并在拟设公司章程中载明下列内容：

（一）股东应当遵守法律法规和监管规定；

（二）应经但未经监管部门批准或未向监管部门报告的股东，不得行使股东大会召开请求权、表决权、提名权、提案权、处分权等权利；

（三）对于存在虚假陈述、滥用股东权利或其他损害汽车金融公司利益行为的股东，银保监会或其派出机构可以限制或禁止汽车金融公司与其开展关联交易，限制其持有汽车金融公司股权的限额等，并可限制其股东大会召开请求权、表决权、提名权、提案权、处分权等权利；

（四）主要股东自取得股权之日起5年内不得转让所持有的股权（经银保监会或其派出机构批准采取风险处置措施、银保监会或其派出机构责令转让、涉及司法强制执行或者在同一出资人控制的不同主体间转让股权等特殊情形除外）；

（五）主要股东应当在必要时向汽车金融公司补充资本。

第四十三条 汽车金融公司设立须经筹建和开业两个阶段。

第四十四条 筹建汽车金融公司，应由主要出资人作为申请人向拟设地省级派出机构提交申请，由省级派出机构受理并初步审查、银保监会审查并决定。决定机关自受理之日起4个月内作出批准或不批准的书面决定。

第四十五条 汽车金融公司的筹建期为批准决定之日起6个月。未能按期完成筹建的，应在筹建期限届满前1个月向银保监会和拟设地省级派出机构提交筹建延期报告。筹建延期不得超过一次，延长期限不得超过3个月。

申请人应在前款规定的期限届满前提交开业申请，逾期未提交的，筹建批准文件失效，由决定机关注销筹建许可。

第四十六条 汽车金融公司开业，应由主要出资人作为申请人向拟设地省级派出机构提交申请，由省级派出机构受理、审查并决定。省级派出机构自受理之日起2个月内作出核准或不予核准的书面决定，并抄报银保监会。

第四十七条 申请人应在收到开业核准文件并领取金融许可证后，办理工商登记，领取营业执照。

汽车金融公司应当自领取营业执照之日起6个月内开业。不能按期开业的，应在开业期限届满前1个月向省级派出机构提交开业延期报告。开业延期不得超过一次，延长期限不得超过3个月。

未在前款规定期限内开业的，开业核准文件失效，由决定机关注销开业许可，发证机关收回金融许可证，并予以公告。

第四节　货币经纪公司法人机构设立

第四十八条　设立货币经纪公司法人机构应当具备以下条件：

（一）有符合《中华人民共和国公司法》和银保监会规定的公司章程；

（二）有符合规定条件的出资人；

（三）注册资本为一次性实缴货币资本，最低限额为2000万元人民币或者等值的可自由兑换货币；

（四）有符合任职资格条件的董事、高级管理人员和熟悉货币经纪业务的合格从业人员；

（五）从业人员中应有60%以上从事过金融工作或相关经济工作；

（六）建立了有效的公司治理、内部控制和风险管理体系；

（七）建立了与业务经营和监管要求相适应的信息科技架构，具有支撑业务经营的必要、安全且合规的信息系统，具备保障业务持续运营的技术与措施；

（八）有与业务经营相适应的营业场所、安全防范措施和其他设施；

（九）银保监会规章规定的其他审慎性条件。

第四十九条　申请在境内独资或者与境内出资人合资设立货币经纪公司的境外出资人应当具备以下条件：

（一）为所在国家或地区依法设立的货币经纪公司；

（二）所在国家或地区金融监管当局已经与银保监会建立良好的监督管理合作机制；

（三）从事货币经纪业务20年以上，经营稳健，内部控制健全有效；

（四）有良好的社会声誉、诚信记录和纳税记录；

（五）最近2年内无重大违法违规行为，或者已整改到位并经银保监会或其派出机构认可；

（六）财务状况良好，最近2个会计年度连续盈利；

（七）权益性投资余额原则上不得超过本企业净资产的50%（含本次投资金额）；

（八）有从事货币经纪服务所必需的全球机构网络和资讯通信网络；

（九）具有有效的反洗钱措施；

（十）银保监会规章规定的其他审慎性条件。

第五十条 申请设立货币经纪公司或者与境外出资人合资设立货币经纪公司的境内出资人应当具备以下条件：

（一）为依法设立的非银行金融机构，符合审慎监管要求；

（二）从事货币市场、外汇市场等代理业务5年以上；

（三）具有良好的公司治理结构、内部控制机制和健全的风险管理体系；

（四）有良好的社会声誉、诚信记录和纳税记录，最近2年内无重大违法违规行为，或者已整改到位并经银保监会或其派出机构认可；

（五）财务状况良好，最近2个会计年度连续盈利；

（六）权益性投资余额原则上不得超过本企业净资产的50%（含本次投资金额）；

（七）银保监会规章规定的其他审慎性条件。

第五十一条 有以下情形之一的企业不得作为货币经纪公司的出资人：

（一）公司治理结构与机制存在明显缺陷；

（二）关联企业众多、股权关系复杂且不透明、关联交易频繁且异常；

（三）核心主业不突出且其经营范围涉及行业过多；

（四）现金流量波动受经济景气影响较大；

（五）资产负债率、财务杠杆率高于行业平均水平；

（六）代他人持有货币经纪公司股权；

（七）被列为相关部门失信联合惩戒对象；

（八）存在严重逃废银行债务行为；

（九）提供虚假材料或者作不实声明；

（十）因违法违规行为被金融监管部门或政府有关部门查处，造成恶劣影响；

（十一）其他对货币经纪公司产生重大不利影响的情况。

第五十二条 申请设立货币经纪公司，应当遵守并在拟设公司章程中载明下列内容：

（一）股东应当遵守法律法规和监管规定；

（二）应经但未经监管部门批准或未向监管部门报告的股东，不得行使股东大会召开请求权、表决权、提名权、提案权、处分权等权利；

（三）对于存在虚假陈述、滥用股东权利或其他损害货币经纪公司利益行为的股东，银保监会或其派出机构可以限制或禁止货币经纪公司与其开展关联交易，限制其持有货币经纪公司股权的限额等，并可限制其股东大会召开请求权、表决权、提名权、提案权、处分权等权利；

（四）主要股东自取得股权之日起5年内不得转让所持有的股权（经银保监会或其派出机构批准采取风险处置措施、银保监会或其派出机构责令转让、涉及司法强制执行或者在同一出资人控制的不同主体间转让股权等特殊情形除外)。

第五十三条 货币经纪公司设立须经筹建和开业两个阶段。

第五十四条 筹建货币经纪公司,应由投资比例最大的出资人作为申请人向拟设地省级派出机构提交申请,由省级派出机构受理并初步审查、银保监会审查并决定。决定机关自受理之日起4个月内作出批准或不批准的书面决定。

第五十五条 货币经纪公司的筹建期为批准决定之日起6个月。未能按期完成筹建的,应在筹建期限届满前1个月向银保监会和拟设地省级派出机构提交筹建延期报告。筹建延期不得超过一次,延长期限不得超过3个月。

申请人应在前款规定的期限届满前提交开业申请,逾期未提交的,筹建批准文件失效,由决定机关注销筹建许可。

第五十六条 货币经纪公司开业,应由投资比例最大的出资人作为申请人向拟设地省级派出机构提交申请,由省级派出机构受理、审查并决定。省级派出机构自受理之日起2个月内作出核准或不予核准的书面决定,并抄报银保监会。

第五十七条 申请人应在收到开业核准文件并领取金融许可证后,办理工商登记,领取营业执照。

货币经纪公司应当自领取营业执照之日起6个月内开业。不能按期开业的,应在开业期限届满前1个月向省级派出机构提交开业延期报告。开业延期不得超过一次,延长期限不得超过3个月。

未在前款规定期限内开业的,开业核准文件失效,由决定机关注销开业许可,发证机关收回金融许可证,并予以公告。

第五节 消费金融公司法人机构设立

第五十八条 设立消费金融公司法人机构应当具备以下条件:

(一)有符合《中华人民共和国公司法》和银保监会规定的公司章程;

(二)有符合规定条件的出资人;

(三)注册资本为一次性实缴货币资本,最低限额为3亿元人民币或者等值的可自由兑换货币;

(四)有符合任职资格条件的董事、高级管理人员和熟悉消费金融业务的合格从业人员;

(五)建立了有效的公司治理、内部控制和风险管理体系;

(六)建立了与业务经营和监管要求相适应的信息科技架构,具有支撑业务经营的必要、安全且合规的信息系统,具备保障业务持续运营的技术与措施;

(七)有与业务经营相适应的营业场所、安全防范措施和其他设施;

（八）银保监会规章规定的其他审慎性条件。

第五十九条 消费金融公司的出资人应当为中国境内外依法设立的企业法人，并分为主要出资人和一般出资人。主要出资人是指出资数额最多并且出资额不低于拟设消费金融公司全部股本30%的出资人，一般出资人是指除主要出资人以外的其他出资人。

前款所称主要出资人须为境内外金融机构或主营业务为提供适合消费贷款业务产品的境内非金融企业。

第六十条 金融机构作为消费金融公司的主要出资人，应具备以下条件：

（一）具有5年以上消费金融领域的从业经验；

（二）最近1个会计年度末总资产不低于600亿元人民币或等值的可自由兑换货币；

（三）财务状况良好，最近2个会计年度连续盈利；

（四）信誉良好，最近2年内无重大违法违规行为，或者已整改到位并经银保监会或其派出机构认可；

（五）入股资金为自有资金，不得以委托资金、债务资金等非自有资金入股；

（六）权益性投资余额原则上不得超过本企业净资产的50%（含本次投资金额），国务院规定的投资公司和控股公司除外；

（七）具有良好的公司治理结构、内部控制机制和健全的风险管理制度；

（八）满足所在国家或地区监管当局的审慎监管要求；

（九）境外金融机构应对中国市场有充分的分析和研究，且所在国家或地区金融监管当局已经与银保监会建立良好的监督管理合作机制；

（十）银保监会规章规定的其他审慎性条件。

金融机构作为消费金融公司一般出资人，除应具备前款第三项至第九项的条件外，注册资本应不低于3亿元人民币或等值的可自由兑换货币。

第六十一条 非金融企业作为消费金融公司主要出资人，应当具备以下条件：

（一）最近1个会计年度营业收入不低于300亿元人民币或等值的可自由兑换货币；

（二）最近1个会计年度末净资产不低于总资产的30%；

（三）财务状况良好，最近3个会计年度连续盈利；

（四）信誉良好，最近2年内无重大违法违规行为，或者已整改到位并经银保监会或其派出机构认可；

（五）入股资金为自有资金，不得以委托资金、债务资金等非自有资金入股；

（六）权益性投资余额原则上不得超过本企业净资产的40%（含本次投资

金额)，国务院规定的投资公司和控股公司除外；

(七)银保监会规章规定的其他审慎性条件。

非金融企业作为消费金融公司一般出资人，除应具备前款第二、四、五项条件外，还应当具备以下条件：

(一)财务状况良好，最近2个会计年度连续盈利；

(二)权益性投资余额原则上不得超过本企业净资产的50%(含本次投资金额)，国务院规定的投资公司和控股公司除外。

第六十二条 有以下情形之一的企业不得作为消费金融公司的出资人：

(一)公司治理结构与机制存在明显缺陷；

(二)关联企业众多、股权关系复杂且不透明、关联交易频繁且异常；

(三)核心主业不突出且其经营范围涉及行业过多；

(四)现金流量波动受经济景气影响较大；

(五)资产负债率、财务杠杆率高于行业平均水平；

(六)代他人持有消费金融公司股权；

(七)被列为相关部门失信联合惩戒对象；

(八)存在严重逃废银行债务行为；

(九)提供虚假材料或者作不实声明；

(十)因违法违规行为被金融监管部门或政府有关部门查处，造成恶劣影响；

(十一)其他对消费金融公司产生重大不利影响的情况。

第六十三条 申请设立消费金融公司，应当遵守并在拟设公司章程中载明下列内容：

(一)股东应当遵守法律法规和监管规定；

(二)应经但未经监管部门批准或未向监管部门报告的股东，不得行使股东大会召开请求权、表决权、提名权、提案权、处分权等权利；

(三)对于存在虚假陈述、滥用股东权利或其他损害消费金融公司利益行为的股东，银保监会或其派出机构可以限制或禁止消费金融公司与其开展关联交易，限制其持有消费金融公司股权的限额等，并可限制其股东大会召开请求权、表决权、提名权、提案权、处分权等权利；

(四)主要股东自取得股权之日起5年内不得转让所持有的股权(经银保监会或其派出机构批准采取风险处置措施、银保监会或其派出机构责令转让、涉及司法强制执行或者在同一出资人控制的不同主体间转让股权等特殊情形除外)；

(五)主要股东应当在必要时向消费金融公司补充资本，在消费金融公司出现支付困难时给予流动性支持。

第六十四条 消费金融公司至少应当有1名具备5年以上消费金融业务

管理和风险控制经验，并且出资比例不低于拟设消费金融公司全部股本15%的出资人。

第六十五条 消费金融公司设立须经筹建和开业两个阶段。

第六十六条 筹建消费金融公司，应由主要出资人作为申请人向拟设地省级派出机构提交申请，由省级派出机构受理并初步审查、银保监会审查并决定。决定机关自受理之日起4个月内作出批准或不批准的书面决定。

第六十七条 消费金融公司的筹建期为批准决定之日起6个月。未能按期完成筹建的，应在筹建期限届满前1个月向银保监会和拟设地省级派出机构提交筹建延期报告。筹建延期不得超过一次，延长期限不得超过3个月。

申请人应在前款规定的期限届满前提交开业申请，逾期未提交的，筹建批准文件失效，由决定机关注销筹建许可。

第六十八条 消费金融公司开业，应由主要出资人作为申请人向拟设地省级派出机构提交申请，由省级派出机构受理、审查并决定。省级派出机构自受理之日起2个月内作出核准或不予核准的书面决定，并抄报银保监会。

第六十九条 申请人应在收到开业核准文件并领取金融许可证后，办理工商登记，领取营业执照。

消费金融公司应当自领取营业执照之日起6个月内开业。不能按期开业的，应在开业期限届满前1个月向省级派出机构提交开业延期报告。开业延期不得超过一次，延长期限不得超过3个月。

未在前款规定期限内开业的，开业核准文件失效，由决定机关注销开业许可，发证机关收回金融许可证，并予以公告。

第六节 金融资产管理公司分公司设立

第七十条 金融资产管理公司申请设立分公司，应当具备以下条件：

（一）具有良好的公司治理结构；

（二）风险管理和内部控制健全有效；

（三）主要审慎监管指标符合监管要求；

（四）具有拨付营运资金的能力；

（五）具有完善、合规的信息科技系统和信息安全体系，具有标准化的数据管理体系，具备保障业务连续有效安全运行的技术与措施；

（六）最近2年无严重违法违规行为和重大案件，或者已整改到位并经银保监会认可；

（七）银保监会规章规定的其他审慎性条件。

第七十一条 金融资产管理公司设立的分公司应当具备以下条件：

（一）营运资金到位；

（二）有符合任职资格条件的高级管理人员和熟悉相关业务的从业人员；

（三）有与业务发展相适应的组织机构和规章制度；

（四）建立了与业务经营和监管要求相适应的信息科技架构，具有支撑业务经营的必要、安全且合规的信息系统，具备保障业务持续运营的技术与措施；

（五）有与业务经营相适应的营业场所、安全防范措施和其他设施；

（六）银保监会规章规定的其他审慎性条件。

第七十二条 金融资产管理公司设立分公司须经筹建和开业两个阶段。

第七十三条 金融资产管理公司筹建分公司，应由金融资产管理公司作为申请人向拟设分公司所在地省级派出机构提交申请，由拟设地省级派出机构受理、审查并决定。省级派出机构自受理之日起4个月内作出批准或不批准的书面决定，并抄报银保监会。

第七十四条 金融资产管理公司分公司的筹建期为批准决定之日起6个月。未能按期完成筹建的，应在筹建期限届满前1个月向银保监会和拟设地省级派出机构提交筹建延期报告。筹建延期不得超过一次，延长期限不得超过3个月。

申请人应在前款规定的期限届满前提交开业申请，逾期未提交的，筹建批准文件失效，由决定机关注销筹建许可。

第七十五条 金融资产管理公司分公司开业，应由金融资产管理公司作为申请人向拟设分公司所在地省级派出机构提交申请，由拟设地省级派出机构受理、审查并决定。拟设分公司所在地省级派出机构自受理之日起2个月内作出核准或不予核准的书面决定，并抄报银保监会。

第七十六条 申请人应在收到开业核准文件并领取金融许可证后，办理工商登记，领取营业执照。

金融资产管理公司分公司应当自领取营业执照之日起6个月内开业。不能按期开业的，应在开业期限届满前1个月向拟设分公司所在地省级派出机构提交开业延期报告。开业延期不得超过一次，延长期限不得超过3个月。

未在前款规定期限内开业的，开业核准文件失效，由决定机关注销开业许可，收回金融许可证，并予以公告。

第七节 金融资产管理公司投资设立、参股（增资）、收购法人金融机构

第七十七条 金融资产管理公司申请投资设立、参股（增资）、收购境内法人金融机构的，应当符合以下条件：

（一）具有良好的公司治理结构；

（二）风险管理和内部控制健全有效；

（三）具有良好的并表管理能力；

（四）主要审慎监管指标符合监管要求；

（五）权益性投资余额原则上不超过其净资产的50%（含本次投资金额）；

（六）具有完善、合规的信息科技系统和信息安全体系，具有标准化的数据管理体系，具备保障业务连续有效安全运行的技术与措施；

（七）最近2年无严重违法违规行为和重大案件，或者已整改到位并经银保监会认可；

（八）最近2个会计年度连续盈利；

（九）银保监会规章规定的其他审慎性条件。

经银保监会认可，金融资产管理公司为重组高风险金融机构而参股（增资）、收购境内法人金融机构的，可不受前款第四项、第五项及第七项规定的限制。

第七十八条 金融资产管理公司申请投资设立、参股（增资）、收购境外法人金融机构，应当符合以下条件：

（一）具有良好的公司治理结构，内部控制健全有效，业务条线管理和风险管控能力与境外业务发展相适应；

（二）具有清晰的海外发展战略；

（三）具有良好的并表管理能力；

（四）主要审慎监管指标符合监管要求；

（五）权益性投资余额原则上不超过其净资产的50%（含本次投资金额）；

（六）最近2个会计年度连续盈利；

（七）最近1个会计年度末资产余额达到1000亿元人民币以上或等值的可自由兑换货币；

（八）最近2年无严重违法违规行为和重大案件，或者已整改到位并经银保监会认可；

（九）具备与境外经营环境相适应的专业人才队伍；

（十）银保监会规章规定的其他审慎件条件。

本办法所称境外法人金融机构是指金融资产管理公司全资附属或控股的境外法人金融机构，以及境外全资附属或控股金融子公司、特殊目的实体设立的境外法人金融机构。

经银保监会认可，金融资产管理公司为重组高风险金融机构而参股（增资）、收购境外法人金融机构的，可不受前款第四项、第五项、第七项及第八项规定的限制。

第七十九条 金融资产管理公司申请投资设立、参股（增资）、收购法人金融机构由银保监会受理、审查并决定。银保监会自受理之日起6个月内作出批准或不批准的书面决定。

金融资产管理公司申请投资设立、参股（增资）、收购境外法人金融机构的，金融资产管理公司获得银保监会批准文件后应按照拟投资设立、参股（增资）、收购境外法人金融机构注册地国家或地区的法律法规办理相关法律手续，并在完成相关法律手续后15个工作日内向银保监会报告投资设立、参股（增资）、收购的境外法人金融机构的名称、成立时间、注册地点、注册资本、注资币种等。

第八十条 本节所指投资设立、参股（增资）、收购法人金融机构事项，如需另经银保监会或其派出机构批准设立或进行股东资格审核，则相关许可事项由银保监会或其派出机构在批准设立或进行股东资格审核时对金融资产管理公司投资设立、参股（增资）、收购行为进行合并审查并做出决定。

第八节 金融租赁公司专业子公司设立

第八十一条 金融租赁公司申请设立境内专业子公司，应当具备以下条件：

（一）具有良好的公司治理结构，风险管理和内部控制健全有效；

（二）具有良好的并表管理能力；

（三）各项监管指标符合《金融租赁公司管理办法》的规定；

（四）权益性投资余额原则上不超过净资产的50%（含本次投资金额）；

（五）在业务存量、人才储备等方面具备一定优势，在专业化管理、项目公司业务开展等方面具有成熟的经验，能够有效支持专业子公司开展特定领域的融资租赁业务；

（六）入股资金为自有资金，不得以委托资金、债务资金等非自有资金入股；

（七）遵守国家法律法规，最近2年内未发生重大案件或重大违法违规行为，或者已整改到位并经银保监会或其派出机构认可；

（八）监管评级良好；

（九）银保监会规章规定的其他审慎性条件。

第八十二条 金融租赁公司设立境内专业子公司原则上应100%控股，有特殊情况需引进其他投资者的，金融租赁公司的持股比例不得低于51%。引进的其他投资者应符合本办法第二十二条至第二十五条以及第二十七条至第三十条规定的金融租赁公司发起人条件，且在专业子公司经营的特定领域有所专长，在业务开拓、租赁物管理等方面具有比较优势，有助于提升专业子公司的业务拓展能力和风险管理水平。

第八十三条 金融租赁公司设立的境内专业子公司，应当具备以下条件：

（一）有符合《中华人民共和国公司法》和银保监会规定的公司章程；

（二）有符合规定条件的发起人；

（三）注册资本最低限额为5000万元人民币或等值的可自由兑换货币；

（四）有符合任职资格条件的董事、高级管理人员和熟悉融资租赁业务的从业人员；

（五）有健全的公司治理、内部控制和风险管理体系，以及与业务经营相适应的管理信息系统；

（六）有与业务经营相适应的营业场所、安全防范措施和其他设施；

（七）银保监会规章规定的其他审慎性条件。

第八十四条 金融租赁公司设立境内专业子公司须经筹建和开业两个阶段。

第八十五条 金融租赁公司筹建境内专业子公司，由金融租赁公司作为申请人向拟设地省级派出机构提交申请，同时抄报金融租赁公司所在地省级派出机构，由拟设地省级派出机构受理并初步审查、银保监会审查并决定。决定机关自受理之日起 2 个月内作出批准或不批准的书面决定。拟设地省级派出机构在将初审意见上报银保监会之前应征求金融租赁公司所在地省级派出机构的意见。

第八十六条 金融租赁公司境内专业子公司的筹建期为批准决定之日起 6 个月。未能按期完成筹建的，应在筹建期限届满前 1 个月向银保监会和拟设地省级派出机构提交筹建延期报告。筹建延期不得超过一次，延长期限不得超过 3 个月。

申请人应在前款规定的期限届满前提交开业申请，逾期未提交的，筹建批准文件失效，由决定机关注销筹建许可。

第八十七条 金融租赁公司境内专业子公司开业，应由金融租赁公司作为申请人向拟设地省级派出机构提交申请，由拟设地省级派出机构受理、审查并决定。省级派出机构自受理之日起 1 个月内作出核准或不予核准的书面决定，并抄报银保监会，抄送金融租赁公司所在地省级派出机构。

第八十八条 申请人应在收到开业核准文件并领取金融许可证后，办理工商登记，领取营业执照。

境内专业子公司应当自领取营业执照之日起 6 个月内开业。不能按期开业的，应在开业期限届满前 1 个月向拟设地省级派出机构提交开业延期报告。开业延期不得超过一次，延长期限不得超过 3 个月。

未在前款规定期限内开业的，开业核准文件失效，由决定机关注销开业许可，收回金融许可证，并予以公告。

第八十九条 金融租赁公司申请设立境外专业子公司，除适用本办法第八十一条规定的条件外，还应当具备以下条件：

（一）确有业务发展需要，具备清晰的海外发展战略；

（二）内部管理水平和风险管控能力与境外业务发展相适应；

（三）具备与境外经营环境相适应的专业人才队伍；

（四）经营状况良好，最近 2 个会计年度连续盈利；

（五）所提申请符合有关国家或地区的法律法规。

第九十条 金融租赁公司设立境外专业子公司，应由金融租赁公司作为申请人向所在地省级派出机构提出申请，由省级派出机构受理并初步审查、银保监会审查并决定。决定机关自受理之日起 2 个月内作出批准或不批准的书面决定。

金融租赁公司获得银保监会批准文件后应按照拟设子公司注册地国家或地区的法律法规办理境外子公司的设立手续，并在境外子公司成立后 15 个工作日内向银保监会及金融租赁公司所在地省级派出机构报告境外子公司的名称、成立时间、注册地点、注册资本、注资币种、母公司授权的业务范围等。

第九节 财务公司境外子公司设立

第九十一条 财务公司申请设立境外子公司，应当具备以下条件：

（一）确属业务发展和为成员单位提供财务管理服务需要，具备清晰的海外发展战略。

（二）拟设境外子公司所服务的成员单位不少于 10 家，且前述成员单位资产合计不低于 100 亿元人民币或等值的可自由兑换货币；或成员单位不足 10 家，但成员单位资产合计不低于 150 亿元人民币或等值的可自由兑换货币。

（三）各项审慎监管指标符合有关监管规定。

（四）经营状况良好，最近 2 个会计年度连续盈利。

（五）权益性投资余额原则上不超过净资产的 30%（含本次投资金额）。

（六）内部管理水平和风险管控能力与境外业务发展相适应。

（七）具备与境外经营环境相适应的专业人才队伍。

（八）最近 2 年内未发生重大案件或重大违法违规行为，或者已整改到位并经银保监会或其派出机构认可。

（九）监管评级良好。

（十）银保监会规章规定的其他审慎性条件。

第九十二条 财务公司设立境外子公司，应由财务公司作为申请人向所在地省级派出机构提出申请，由省级派出机构受理并初步审查、银保监会审查并决定。决定机关自受理之日起 4 个月内作出批准或不批准的书面决定。

财务公司获得银保监会批准文件后应按照拟设子公司注册地国家或地区的法律法规办理境外子公司的设立手续，并在境外子公司成立后 15 个工作日内向银保监会及财务公司所在地省级派出机构报告境外子公司的名称、成立时间、注册地点、注册资本、注资币种、母公司授权的业务范围等。

第十节　财务公司分公司设立

第九十三条　财务公司发生合并与分立、跨省级派出机构迁址，或者所属集团被收购或重组的，可申请设立分公司。申请设立分公司，应当具备以下条件：

（一）确属业务发展和为成员单位提供财务管理服务需要。

（二）拟设分公司所服务的成员单位不少于 10 家，且前述成员单位资产合计不低于 10 亿元人民币或等值的可自由兑换货币；或成员单位不足 10 家，但成员单位资产合计不低于 20 亿元人民币或等值的可自由兑换货币。

（三）各项审慎监管指标符合有关监管规定。

（四）注册资本不低于 3 亿元人民币或等值的可自由兑换货币，具有拨付营运资金的能力。

（五）经营状况良好，最近 2 个会计年度连续盈利。

（六）最近 2 年内未发生重大案件或重大违法违规行为，或者已整改到位并经银保监会或其派出机构认可。

（七）监管评级良好。

（八）银保监会规章规定的其他审慎性条件。

第九十四条　财务公司与拟设分公司应不在同一省级派出机构管辖范围内，且拟设分公司应具备以下条件：

（一）营运资金到位；

（二）有符合任职资格条件的高级管理人员和熟悉相关业务的从业人员；

（三）有与业务发展相适应的组织机构和规章制度；

（四）建立了与业务经营和监管要求相适应的信息科技架构，具有支撑业务经营的必要、安全且合规的信息系统，具备保障业务持续运营的技术与措施；

（五）有与业务经营相适应的营业场所、安全防范措施和其他设施；

（六）银保监会规章规定的其他审慎性条件。

第九十五条　财务公司由于发生合并与分立、跨省级派出机构变更住所而设立分公司的，原则上应与前述变更事项一并提出申请，许可程序分别适用财务公司合并与分立、跨省级派出机构变更住所的规定。

财务公司由于所属集团被收购或重组而设立分公司的，可与重组变更事项一并提出申请或单独提出申请。一并提出申请的许可程序适用于财务公司变更股权或调整股权结构引起实际控制人变更的规定；单独提出申请的，由财务公司向法人机构所在地省级派出机构提交筹建申请，同时应抄报分公司拟设地省级派出机构，由法人机构所在地省级派出机构受理、审查并决定。决定机关自受理之日起 4 个月内作出批准或不批准的书面决定，并抄报银保监会，抄送拟设地省级派出机构。法人机构所在地省级派出机构在作出批筹决定前应征求分公司拟设地省级派出机构的意见。

第九十六条 财务公司分公司的筹建期为批准决定之日起6个月。未能按期完成筹建的,应在筹建期限届满前1个月向法人机构所在地省级派出机构和拟设地省级派出机构提交筹建延期报告。筹建延期不得超过一次,延长期限不得超过3个月。

申请人应在前款规定的期限届满前提交分公司开业申请,逾期未提交的,设立分公司批准文件失效,由决定机关注销筹建许可。

第九十七条 财务公司分公司开业,应由财务公司作为申请人向拟设分公司所在地省级派出机构提交申请,由拟设分公司所在地省级派出机构受理、审查并决定。拟设分公司所在地省级派出机构自受理之日起2个月内作出核准或不予核准的书面决定,并抄报银保监会,抄送法人机构所在地省级派出机构。

第九十八条 申请人应在收到开业核准文件并领取金融许可证后,办理工商登记,领取营业执照。

财务公司分公司应当自领取营业执照之日起6个月内开业。不能按期开业的,应在开业期限届满前1个月向拟设分公司所在地省级派出机构提交开业延期报告。开业延期不得超过一次,延长期限不得超过3个月。

未在前款规定期限内开业的,开业核准文件失效,由决定机关注销开业许可,收回金融许可证,并予以公告。

第十一节 货币经纪公司分支机构设立

第九十九条 货币经纪公司分支机构包括分公司、代表处。

第一百条 货币经纪公司申请设立分公司,应当具备以下条件:

(一)确属业务发展需要,且建立了完善的对分公司的业务授权及管理问责制度;

(二)注册资本不低于5000万元人民币或等值的可自由兑换货币,具有拨付营运资金的能力;

(三)经营状况良好,最近2个会计年度连续盈利;

(四)最近2年无重大案件或重大违法违规行为,或者已整改到位并经银保监会或其派出机构认可;

(五)银保监会规章规定的其他审慎性条件。

第一百零一条 货币经纪公司设立的分公司应当具备以下条件:

(一)营运资金到位;

(二)有符合任职资格条件的高级管理人员和熟悉相关业务的从业人员;

(三)有与业务发展相适应的组织机构和规章制度;

（四）建立了与业务经营和监管要求相适应的信息科技架构，具有支撑业务经营的必要、安全且合规的信息系统，具备保障业务持续运营的技术与措施；

（五）有与业务经营相适应的营业场所、安全防范措施和其他设施；

（六）银保监会规章规定的其他审慎性条件。

第一百零二条 货币经纪公司设立分公司须经筹建和开业两个阶段。

第一百零三条 货币经纪公司筹建分公司，应由货币经纪公司作为申请人向法人机构所在地省级派出机构提交申请，同时抄报拟设分公司所在地省级派出机构，由法人机构所在地省级派出机构受理、审查并决定。法人机构所在地省级派出机构自受理之日起4个月内作出批准或不批准的书面决定。法人机构所在地省级派出机构作出决定之前应征求拟设分公司所在地省级派出机构的意见。

第一百零四条 货币经纪公司分公司的筹建期为批准决定之日起6个月。未能按期完成筹建的，应在筹建期限届满前1个月向法人机构所在地省级派出机构和拟设地省级派出机构提交筹建延期报告。筹建延期不得超过一次，延长期限不得超过3个月。

申请人应在前款规定的期限届满前提交开业申请，逾期未提交的，筹建批准文件失效，由决定机关注销筹建许可。

第一百零五条 货币经纪公司分公司开业，应由货币经纪公司作为申请人向拟设分公司所在地省级派出机构提交申请，由拟设分公司所在地省级派出机构受理、审查并决定。拟设分公司所在地省级派出机构自受理之日起2个月内作出核准或不予核准的书面决定，并抄报银保监会，抄送法人机构所在地省级派出机构。

第一百零六条 申请人应在收到开业核准文件并领取金融许可证后，办理工商登记，领取营业执照。

货币经纪公司分公司自领取营业执照之日起6个月内开业。不能按期开业的，应在开业期限届满前1个月向拟设分公司所在地省级派出机构提交开业延期报告。开业延期不得超过一次，延长期限不得超过3个月。

未在前款规定期限内开业的，开业核准文件失效，由决定机关注销开业许可，收回金融许可证，并予以公告。

第一百零七条 货币经纪公司根据业务开展需要，可以在业务比较集中的地区设立代表处；由货币经纪公司作为申请人向法人机构所在地省级派出机构提交申请，由法人机构所在地省级派出机构受理、审查并决定。法人机构所在地省级派出机构自受理之日起6个月内作出批准或不批准的书面决定。

第十二节　境外非银行金融机构驻华代表处设立

第一百零八条　境外非银行金融机构申请设立驻华代表处，应具备以下条件：

（一）所在国家或地区有完善的金融监督管理制度；

（二）是由所在国家或地区金融监管当局批准设立的金融机构，或者是金融性行业协会会员；

（三）具有从事国际金融活动的经验；

（四）经营状况良好，最近2年内无重大违法违规行为，或者已整改到位并经银保监会或其派出机构认可；

（五）具有有效的反洗钱措施；

（六）有符合任职资格条件的首席代表；

（七）银保监会规章规定的其他审慎性条件。

第一百零九条　境外非银行金融机构设立驻华代表处，应由其母公司向拟设地省级派出机构提交申请，由省级派出机构受理并初步审查、银保监会审查并决定。决定机关自受理之日起6个月内作出批准或不批准的书面决定。

第三章　机构变更

第一节　法人机构变更

第一百一十条　非银行金融机构法人机构变更事项包括：变更名称，变更股权或调整股权结构，变更注册资本，变更住所，修改公司章程，分立或合并，金融资产管理公司变更组织形式，以及银保监会规定的其他变更事项。

第一百一十一条　金融资产管理公司变更名称，由银保监会受理、审查并决定。其他非银行金融机构变更名称，由地市级派出机构或所在地省级派出机构受理、审查并决定。决定机关自受理之日起3个月内作出批准或不批准的书面决定。由地市级派出机构或省级派出机构决定的，应将决定抄报上级监管机关。

第一百一十二条　出资人及其关联方、一致行动人单独或合计拟首次持有非银行金融机构资本总额或股份总额5%以上或不足5%但对非银行金融机构经营管理有重大影响的，以及累计增持非银行金融机构资本总额或股份总额5%以上或不足5%但引起实际控制人变更的，均应事先报银保监会或其派出机构核准。

出资人及其关联方、一致行动人单独或合计持有非银行金融机构资本总额或股份总额1%以上、5%以下的，应当在取得相应股权后10个工作日内向银保监会或所在地省级派出机构报告。

第一百一十三条 同一出资人及其控股股东、实际控制人、控股子公司、一致行动人、实际控制人控制或共同控制的其他企业作为主要股东入股非银行金融机构的家数原则上不得超过 2 家,其中对同一类型非银行金融机构控股不得超过 1 家或参股不得超过 2 家。

国务院规定的投资公司和控股公司、根据国务院授权持有非银行金融机构股权的投资主体入股非银行金融机构的,投资人经银保监会批准入股或并购重组高风险非银行金融机构的,不受本条前款规定限制。

第一百一十四条 金融资产管理公司以外的非银行金融机构变更股权或调整股权结构须经审批的,拟投资入股的出资人应分别具备以下条件:

(一)财务公司出资人的条件适用本办法第七条至第十三条及第一百一十三条的规定;因企业集团合并重组引起财务公司股权变更的,经银保监会认可,可不受第八条第二项至第六项、第十项以及第九条第五项、第六项、第八项规定限制。

(二)金融租赁公司出资人的条件适用本办法第二十二条至第三十一条及第一百一十三条的规定。

(三)汽车金融公司出资人的条件适用本办法第三十八条至第四十二条及第一百一十三条的规定。

(四)货币经纪公司出资人的条件适用本办法第四十九条至第五十二条及第一百一十三条的规定。

(五)消费金融公司出资人的条件适用本办法第五十九条至第六十四条及第一百一十三条的规定。

涉及处置高风险非银行金融机构的许可事项,可不受出资人类型等相关规定限制。

第一百一十五条 金融资产管理公司变更股权或调整股权结构须经审批的,应当有符合条件的出资人,包括境内金融机构、境外金融机构、境内非金融机构和银保监会认可的其他出资人。

第一百一十六条 境内金融机构作为金融资产管理公司的出资人,应当具备以下条件:

(一)主要审慎监管指标符合监管要求;

(二)公司治理良好,内部控制健全有效;

(三)财务状况良好,最近 2 个会计年度连续盈利;

(四)社会声誉良好,最近 2 年无严重违法违规行为和重大案件,或者已整改到位并经银保监会认可;

(五)入股资金为自有资金,不得以委托资金、债务资金等非自有资金入股;

（六）权益性投资余额原则上不得超过本企业净资产的 50%（含本次投资金额），国务院规定的投资公司和控股公司除外；

（七）银保监会规章规定的其他审慎性条件。

第一百一十七条 境外金融机构作为金融资产管理公司的出资人，应当具备以下条件：

（一）最近 1 个会计年度末总资产原则上不少于 100 亿美元或等值的可自由兑换货币。

（二）最近 2 年长期信用评级为良好。

（三）财务状况良好，最近 2 个会计年度连续盈利。

（四）商业银行资本充足率应当达到其注册地银行业资本充足率平均水平且不低于 10.5%；非银行金融机构资本总额不低于加权风险资产总额的 10%。

（五）内部控制健全有效。

（六）注册地金融机构监督管理制度完善。

（七）所在国（地区）经济状况良好。

（八）入股资金为自有资金，不得以委托资金、债务资金等非自有资金入股。

（九）权益性投资余额原则上不得超过本企业净资产的 50%（含本次投资金额）。

（十）银保监会规章规定的其他审慎性条件。

第一百一十八条 境内非金融机构作为金融资产管理公司的出资人，应当符合以下条件：

（一）依法设立，具有法人资格。

（二）具有良好的公司治理结构或有效的组织管理方式。

（三）具有良好的社会声誉、诚信记录和纳税记录，能按期足额偿还金融机构的贷款本金和利息。

（四）具有较长的发展期和稳定的经营状况。

（五）具有较强的经营管理能力和资金实力。

（六）财务状况良好，最近 2 个会计年度连续盈利；作为金融资产管理公司控股股东的，最近 3 个会计年度连续盈利。

（七）最近 1 个会计年度末净资产不低于总资产的 30%。

（八）入股资金为自有资金，不得以委托资金、债务资金等非自有资金入股。

（九）权益性投资余额原则上不得超过本企业净资产的 50%（含本次投资金额）；作为金融资产管理公司控股股东的，权益性投资余额原则上不得超过本企业净资产的 40%（含本次投资金额）；国务院规定的投资公司和控股公司除外。

（十）银保监会规章规定的其他审慎性条件。

第一百一十九条 存在以下情形之一的企业不得作为金融资产管理公司的出资人：

（一）公司治理结构与机制存在明显缺陷；

（二）关联企业众多、股权关系复杂且不透明、关联交易频繁且异常；

（三）核心主业不突出且其经营范围涉及行业过多；

（四）现金流量波动受经济景气影响较大；

（五）资产负债率、财务杠杆率高于行业平均水平；

（六）代他人持有金融资产管理公司股权；

（七）被列为相关部门失信联合惩戒对象；

（八）存在严重逃废银行债务行为；

（九）提供虚假材料或者作不实声明；

（十）因违法违规行为被金融监管部门或政府有关部门查处，造成恶劣影响；

（十一）其他对金融资产管理公司产生重大不利影响的情况。

第一百二十条 入股金融资产管理公司，应当遵守并在公司章程中载明下列内容：

（一）股东应当遵守法律法规和监管规定；

（二）应经但未经监管部门批准或未向监管部门报告的股东，不得行使股东大会召开请求权、表决权、提名权、提案权、处分权等权利；

（三）对于存在虚假陈述、滥用股东权利或其他损害金融资产管理公司利益行为的股东，银保监会或其派出机构可以限制或禁止金融资产管理公司与其开展关联交易，限制其持有金融资产管理公司股权的限额等，并可限制其股东大会召开请求权、表决权、提名权、提案权、处分权等权利；

（四）主要股东自取得股权之日起 5 年内不得转让所持有的股权（经银保监会或其派出机构批准采取风险处置措施、银保监会或其派出机构责令转让、涉及司法强制执行或者在同一出资人控制的不同主体间转让股权等特殊情形除外）；

（五）主要股东应当在必要时向金融资产管理公司补充资本。

第一百二十一条 金融资产管理公司变更股权或调整股权结构须经审批的，由银保监会受理、审查并决定。银保监会自受理之日起 3 个月内作出批准或不批准的书面决定。

财务公司、金融租赁公司、汽车金融公司、货币经纪公司、消费金融公司变更股权或调整股权结构引起实际控制人变更的，由所在地省级派出机构受理并初步审查、银保监会审查并决定，决定机关自受理之日起 3 个月内作出批准或不批准的书面决定。

财务公司、金融租赁公司、汽车金融公司、货币经纪公司、消费金融公司变更股权或调整股权结构须经审批且未引起实际控制人变更的,由地市级派出机构或所在地省级派出机构受理并初步审查、省级派出机构审查并决定,决定机关自受理之日起3个月内作出批准或不批准的书面决定,并抄报银保监会。

第一百二十二条 非银行金融机构申请变更注册资本,应当具备以下条件:

(一)变更注册资本后仍然符合银保监会对该类机构最低注册资本和资本充足性的要求;

(二)增加注册资本涉及出资人资格须经审批的,出资人应符合第一百一十四条至第一百二十条规定的条件;

(三)银保监会规章规定的其他审慎性条件。

第一百二十三条 非银行金融机构申请变更注册资本的许可程序适用本办法第一百一十一条的规定,变更注册资本涉及出资人资格须经审批的,许可程序适用本办法第一百二十一条的规定。

第一百二十四条 非银行金融机构以公开募集和上市交易股份方式,以及已上市的非银行金融机构以配股或募集新股份的方式变更注册资本的,应当符合中国证监会规定的条件。

向中国证监会申请前,有关方案应先获得银保监会或其派出机构的批准,许可程序适用本办法第一百二十一条的规定。

第一百二十五条 非银行金融机构变更住所,应当有与业务发展相符合的营业场所、安全防范措施和其他设施。

非银行金融机构因行政区划调整等原因而引起的行政区划、街道、门牌号等发生变化而实际位置未变化的,不需进行变更住所的申请,但应当于变更后15日内报告为其颁发金融许可证的银行保险监督管理机构,并换领金融许可证。

非银行金融机构因房屋维修、增扩建等原因临时变更住所6个月以内的,不需进行变更住所申请,但应当在原住所、临时住所公告,并提前10日内向为其颁发金融许可证的银行保险监督管理机构报告。临时住所应当符合安全、消防主管部门的相关要求。非银行金融机构回迁原住所,应当提前10日将有权部门出具的消防证明文件等材料抄报为其颁发金融许可证的银行保险监督管理机构。

第一百二十六条 非银行金融机构同城变更住所的许可程序适用本办法第一百一十一条的规定。

第一百二十七条 非银行金融机构异地变更住所分为迁址筹建和迁址开业两个阶段。

第一百二十八条 非银行金融机构跨省级派出机构迁址筹建,向迁出地省级派出机构提交申请，同时抄报拟迁入地省级派出机构，由迁出地省级派出机构受理、审查并决定。迁出地省级派出机构自受理之日起2个月内作出批准或不批准的书面决定，并抄报银保监会，抄送拟迁入地省级派出机构。迁出地省级派出机构在作出书面决定之前应征求拟迁入地省级派出机构的意见。在省级派出机构辖内跨地市级派出机构迁址筹建，向省级派出机构提交申请，由省级派出机构受理、审查并决定。省级派出机构自受理之日起2个月内作出批准或不批准的书面决定，并抄报银保监会，抄送有关地市级派出机构。省级派出机构在作出书面决定之前应征求有关地市级派出机构的意见。

非银行金融机构应在收到迁址筹建批准文件之日起6个月内完成异地迁址的准备工作，并在期限届满前提交迁址开业申请，逾期未提交的，迁址筹建批准文件失效。

第一百二十九条 非银行金融机构异地迁址开业，向迁入地省级派出机构提交申请，由其受理、审查并决定。省级派出机构自受理之日起1个月内作出批准或不批准的书面决定，并抄报银保监会，抄送迁出地省级派出机构。

第一百三十条 非银行金融机构修改公司章程应符合《中华人民共和国公司法》《金融资产管理公司监管办法》《企业集团财务公司管理办法》《金融租赁公司管理办法》《汽车金融公司管理办法》《货币经纪公司试点管理办法》《消费金融公司试点管理办法》《商业银行股权管理暂行办法》及其他有关法律法规的规定。

第一百三十一条 非银行金融机构申请修改公司章程的许可程序适用本办法第一百一十一条的规定。

非银行金融机构因为发生变更名称、股权、注册资本、住所或营业场所、业务范围等前置审批事项以及因股东名称、住所变更等原因而引起公司章程内容变更的，不需申请修改章程，应将修改后的章程向监管机构报备。

第一百三十二条 非银行金融机构分立应符合有关法律、行政法规和规章的规定。

金融资产管理公司分立，向银保监会提交申请，由银保监会受理、审查并决定。银保监会自受理之日起3个月内作出批准或不批准的书面决定。其他非银行金融机构分立，向所在地省级派出机构提交申请，由省级派出机构受理并初步审查、银保监会审查并决定。决定机关自受理之日起3个月内作出批准或不批准的书面决定。

非银行金融机构分立后依然存续的，在分立公告期限届满后，应按照有关变更事项的条件和程序通过行政许可。分立后成为新公司的，在分立公告期限届满后，应按照法人机构开业的条件和程序通过行政许可。

第一百三十三条 非银行金融机构合并应符合有关法律、行政法规和规章的规定。

金融资产管理公司吸收合并,向银保监会提交申请,由银保监会受理、审查并决定。银保监会自受理之日起3个月内作出批准或不批准的书面决定。其他非银行金融机构吸收合并,由吸收合并方向其所在地省级派出机构提出申请,并抄报被吸收合并方所在地省级派出机构,由吸收合并方所在地省级派出机构受理并初步审查、银保监会审查并决定。决定机关自受理之日起3个月内作出批准或不批准的书面决定。吸收合并方所在地省级派出机构在将初审意见上报银保监会之前应征求被吸收合并方所在地省级派出机构的意见。

吸收合并事项涉及吸收合并方变更股权或调整股权结构、注册资本、名称,以及被吸收合并方解散或改建为分支机构的,应符合相应事项的许可条件,相应事项的许可程序可按照相关规定执行或与吸收合并事项一并受理、审查并决定。一并受理的,吸收合并方所在地省级派出机构在将初审意见上报银保监会之前应就被吸收合并方解散或改建分支机构征求其他相关省级派出机构的意见。

金融资产管理公司新设合并,向银保监会提交申请,由银保监会受理、审查并决定。银保监会自受理之日起3个月内作出批准或不批准的书面决定。其他非银行金融机构新设合并,由其中一方作为主报机构向其所在地省级派出机构提交申请,同时抄报另一方所在地省级派出机构,由主报机构所在地省级派出机构受理并初步审查、银保监会审查并决定。决定机关自受理之日起3个月内作出批准或不批准的书面决定。主报机构所在地省级派出机构在将初审意见上报银保监会之前应征求另一方所在地省级派出机构的意见。

新设机构应按照法人机构开业的条件和程序通过行政许可。新设合并事项涉及被合并方解散或改建为分支机构的,应符合解散或设立分支机构的许可条件,许可程序可按照相关规定执行或与新设合并事项一并受理、审查并决定。一并受理的,主报机构所在地省级派出机构在将初审意见上报银保监会之前应就被合并方解散或改建分公司征求其他相关省级派出机构的意见。

第一百三十四条 金融资产管理公司变更组织形式,应当符合《中华人民共和国公司法》《金融资产管理公司监管办法》以及其他法律、行政法规和规章的规定。

第一百三十五条 金融资产管理公司变更组织形式,由银保监会受理、审查并决定。银保监会自受理之日起3个月内作出批准或不批准的书面决定。

第二节 子公司变更

第一百三十六条 非银行金融机构子公司须经许可的变更事项包括:金融资产管理公司境外全资附属或控股金融机构变更名称、注册资本、股权或调整股权结构,分立或合并,重大投资事项(指投资额为1亿元人民币以上或等值的可自由兑换货币或者投资额占其注册资本5%以上的股权投资事项);金融租赁公司专业子公司变更名称、注册资本；金融租赁公司境内专业子公司变更股权或调整股权结构，修改公司章程；财务公司境外子公司变更名称、注册资本；以及银保监会规定的其他变更事项。

第一百三十七条 出资人及其关联方、一致行动人单独或合计拟首次持有非银行金融机构子公司资本总额或股份总额5%以上或不足5%但对非银行金融机构子公司经营管理有重大影响的，以及累计增持非银行金融机构子公司资本总额或股份总额5%以上或不足5%但引起实际控制人变更的，均应事先报银保监会或其派出机构核准。

出资人及其关联方、一致行动人单独或合计持有非银行金融机构子公司股权1%以上、5%以下的，应当在取得股权后10个工作日内向银保监会或所在地省级派出机构报告。

第一百三十八条 金融资产管理公司境外全资附属或控股金融机构变更股权或调整股权结构须经审批的，由金融资产管理公司向银保监会提交申请，由银保监会受理、审查并决定。银保监会自受理之日起3个月内作出批准或不批准的书面决定。

第一百三十九条 金融资产管理公司境外全资附属或控股金融机构变更名称、注册资本，分立或合并，或进行重大投资，由金融资产管理公司向银保监会提交申请，银保监会受理、审查并决定。银保监会自受理之日起3个月内作出批准或不批准的书面决定。

第一百四十条 金融租赁公司境内专业子公司变更股权或调整股权结构须经审批的，拟投资入股的出资人应符合第八十二条规定的条件。

金融租赁公司境内专业子公司变更股权或调整股权结构须经审批的，由境内专业子公司向地市级派出机构或所在地省级派出机构提出申请，地市级派出机构或省级派出机构受理、省级派出机构审查并决定。决定机关自受理之日起3个月内作出批准或不批准的书面决定，并抄报银保监会。

第一百四十一条 金融租赁公司境内专业子公司变更名称，由专业子公司向地市级派出机构或所在地省级派出机构提出申请，金融租赁公司境外专业子公司变更名称，由金融租赁公司向地市级派出机构或所在地省级派出机构提出申请，地市级派出机构或省级派出机构受理、审查并决定。地市级派出机构或省级派出机构应自受理之日起3个月内作出批准或不批准的书面决定，并抄报上级监管机关。

第一百四十二条 金融租赁公司专业子公司变更注册资本，应当具备以下条件：

（一）变更注册资本后仍然符合银保监会的相关监管要求；

（二）增加注册资本涉及出资人资格须经审批的，出资人应符合第八十二条规定的条件；

（三）银保监会规章规定的其他审慎性条件。

金融租赁公司专业子公司变更注册资本的许可程序适用第一百四十一条的规定，变更注册资本涉及出资人资格须经审批的，许可程序适用第一百四十条的规定。

第一百四十三条 金融租赁公司境内专业子公司修改公司章程应符合《中华人民共和国公司法》《金融租赁公司专业子公司管理暂行规定》的规定。

金融租赁公司境内专业子公司申请修改公司章程的许可程序适用第一百一十一条的规定。金融租赁公司境内专业子公司因为发生变更名称、股权或调整股权结构、注册资本等前置审批事项以及因股东名称、住所变更等原因而引起公司章程内容变更的，不需申请修改章程，应将修改后的章程向地市级派出机构或所在地省级派出机构报备。

第一百四十四条 财务公司境外子公司变更名称、注册资本，由财务公司向地市级派出机构或所在地省级派出机构提出申请，地市级派出机构或省级派出机构受理、审查并决定。地市级派出机构或省级派出机构应自受理之日起3个月内作出批准或不批准的书面决定，并抄报上级监管机关。

第三节 分公司和代表处变更

第一百四十五条 非银行金融机构分公司和代表处变更名称，由其法人机构向分公司或代表处所在地地市级派出机构或所在地省级派出机构提出申请，由地市级派出机构或所在地省级派出机构受理、审查并决定。地市级派出机构或省级派出机构应自受理之日起3个月内作出批准或不批准的书面决定，并抄报上级监管机关。

第一百四十六条 境外非银行金融机构驻华代表处申请变更名称，由其母公司向代表处所在地省级派出机构提交申请，由省级派出机构受理、审查并决定。省级派出机构应自受理之日起3个月内作出批准或不批准的决定，并抄报银保监会。

第四章 机构终止

第一节 法人机构终止

第一百四十七条 非银行金融机构法人机构满足以下情形之一的，可以申请解散：

（一）公司章程规定的营业期限届满或者规定的其他解散事由出现时；

（二）股东会议决定解散；

（三）因公司合并或者分立需要解散；

（四）其他法定事由。

组建财务公司的企业集团解散，财务公司应当申请解散。

第一百四十八条 金融资产管理公司解散，向银保监会提交申请，由银保监会受理、审查并决定。银保监会自受理之日起 3 个月内作出批准或不批准的书面决定。

其他非银行金融机构解散，向所在地省级派出机构提交申请，省级派出机构受理并初步审查、银保监会审查并决定。决定机关自受理之日起 3 个月内作出批准或不批准的书面决定。

第一百四十九条 非银行金融机构法人机构有以下情形之一的，向法院申请破产前，应当向银保监会申请并获得批准：

（一）不能清偿到期债务，并且资产不足以清偿全部债务或者明显缺乏清偿能力的，自愿或应其债权人要求申请破产的；

（二）已解散但未清算或者未清算完毕，依法负有清算责任的人发现该机构资产不足以清偿债务，应当申请破产的。

第一百五十条 金融资产管理公司拟破产，向银保监会提交申请，由银保监会受理、审查并决定。银保监会自受理之日起 3 个月内作出批准或不批准的书面决定。

其他非银行金融机构拟破产，向所在地省级派出机构提交申请，由省级派出机构受理并初步审查、银保监会审查并决定。决定机关自受理之日起 3 个月内作出批准或不批准的书面决定。

第二节　子公司终止

第一百五十一条 金融资产管理公司境外全资附属或控股金融机构、金融租赁公司专业子公司、财务公司境外子公司解散或破产的条件，参照第一百四十七条和第一百四十九条的规定执行。

第一百五十二条 金融资产管理公司境外全资附属或控股金融机构解散或拟破产，由金融资产管理公司向银保监会提交申请，银保监会受理、审查并决定。银保监会自受理之日起 3 个月内作出批准或不批准的书面决定。

金融租赁公司境内专业子公司解散或拟破产，由金融租赁公司向专业子公司所在地省级派出机构提出申请，省级派出机构受理并初步审查、银保监会审查并决定。决定机关自受理之日起 3 个月内作出批准或不批准的书面决定。

金融租赁公司境外专业子公司解散或拟破产，由金融租赁公司向其所在地省级派出机构提出申请，省级派出机构受理并初步审查、银保监会审查并决定。决定机关自受理之日起 3 个月内作出批准或不批准的书面决定。

财务公司境外子公司解散或拟破产，由财务公司向其所在地省级派出机构构提出申请,省级派出机构受理并初步审查、银保监会审查并决定。决定机关自受理之日起3个月内作出批准或不批准的书面决定。

第三节 分公司和代表处终止

第一百五十三条 非银行金融机构分公司、代表处,以及境外非银行金融机构驻华代表处终止营业或关闭(被依法撤销除外),应当提出终止营业或关闭申请。

第一百五十四条 非银行金融机构分公司、代表处申请终止营业或关闭,应当具备以下条件:

(一)公司章程规定的有权决定机构决定该分支机构终止营业或关闭;

(二)分支机构各项业务和人员已依法进行了适当的处置安排;

(三)银保监会规章规定的其他审慎性条件。

第一百五十五条 非银行金融机构分公司或代表处终止营业或关闭,由其法人机构向分公司或代表处地市级派出机构或所在地省级派出机构提交申请,由地市级派出机构或省级派出机构受理并初步审查、省级派出机构审查并决定。决定机关自受理之日起3个月内作出批准或不批准的书面决定,并抄报银保监会。

第一百五十六条 境外非银行金融机构驻华代表处申请关闭,由其母公司向代表处所在地省级派出机构提交申请,由省级派出机构受理并初步审查、银保监会审查并决定。决定机关自受理之日起3个月内作出批准或不批准的书面决定。

第五章 调整业务范围和增加业务品种

第一节 财务公司经批准发行债券等五项业务资格

第一百五十七条 财务公司申请经批准发行债券业务资格、承销成员单位的企业债券、有价证券投资、对金融机构的股权投资,以及成员单位产品的消费信贷、买方信贷和融资租赁业务,应具备以下条件:

(一)财务公司开业1年以上,且经营状况良好;

(二)注册资本不低于3亿元人民币或等值的可自由兑换货币;

(三)符合审慎监管指标要求;

(四)有比较完善的业务决策机制、风险控制制度、业务操作规程;

(五)具有与业务经营相适应的安全且合规的信息系统,具备保障业务持续运营的技术与措施;

(六)有相应的合格专业人员;

（七）监管评级良好；

（八）银保监会规章规定的其他审慎性条件。

第一百五十八条 财务公司申请开办有价证券投资业务，除符合第一百五十七条规定外，还应具备以下条件：

（一）申请固定收益类有价证券投资业务的，最近 1 年月均存放同业余额不低于 5 亿元；申请股票投资以外的有价证券投资业务的，最近 1 年资金集中度达到且持续保持在 30% 以上，且最近 1 年月均存放同业余额不低于 10 亿元；申请股票投资业务的，最近 1 年资金集中度达到且持续保持在 40% 以上，且最近 1 年月均存放同业余额不低于 30 亿元。

（二）负责投资业务的从业人员中三分之二以上具有相应的专业资格或一定年限的从业经验。

第一百五十九条 财务公司申请开办对金融机构的股权投资业务，除符合第一百五十七条规定外，还应具备以下条件之一：

（一）最近 1 年资金集中度达到且持续保持在 50% 以上，且最近 1 年月均存放同业余额不低于 50 亿元；

（二）最近 1 年资金集中度达到且持续保持在 30% 以上，且最近 1 年月均存放同业余额不低于 80 亿元。

第一百六十条 财务公司申请开办成员单位产品消费信贷、买方信贷及融资租赁业务，除符合第一百五十七条规定外，还应符合以下条件：

（一）注册资本不低于 5 亿元人民币或等值的可自由兑换货币；

（二）集团应有适合开办此类业务的产品；

（三）现有信贷业务风险管理情况良好。

第一百六十一条 财务公司申请以上五项业务资格，向地市级派出机构或所在地省级派出机构提交申请，由地市级派出机构或省级派出机构受理并初步审查、省级派出机构审查并决定。决定机关自受理之日起 3 个月内作出批准或不批准的书面决定，并抄报银保监会。

第二节　财务公司发行金融债券

第一百六十二条 财务公司申请发行金融债券，应具备以下条件：

（一）具有良好的公司治理结构、完善的内部控制体系；

（二）具有从事金融债券发行的合格专业人员；

（三）符合审慎监管指标要求；

（四）注册资本不低于 5 亿元人民币或等值的可自由兑换货币；

（五）最近 1 年不良资产率低于行业平均水平，贷款损失准备充足；

（六）无到期不能支付债务；

（七）最近 1 年净资产不低于行业平均水平；

（八）经营状况良好，最近3年连续盈利，3年平均可分配利润足以支付所发行金融债券1年的利息，申请前1年利润率不低于行业平均水平，且有稳定的盈利预期；

（九）已发行、尚未兑付的金融债券总额不得超过公司净资产总额的100%；

（十）最近3年无重大违法违规行为，或者已整改到位并经银保监会或其派出机构认可；

（十一）监管评级良好；

（十二）银保监会规章规定的其他审慎性条件。

财务公司发行金融债券应由集团母公司或其他有担保能力的成员单位提供担保。

第一百六十三条 财务公司申请发行金融债券的许可程序适用本办法第一百六十一条的规定。

第三节 财务公司开办外汇业务

第一百六十四条 财务公司申请开办外汇业务，应当具备以下条件：

（一）依法合规经营，内控制度健全有效，经营状况良好；

（二）有健全的外汇业务操作规程和风险管理制度；

（三）具有与外汇业务经营相适应的安全且合规的信息系统，具备保障业务持续运营的技术与措施；

（四）有与开办外汇业务相适应的合格外汇业务从业人员；

（五）监管评级良好；

（六）银保监会规章规定的其他审慎性条件。

第一百六十五条 财务公司申请开办外汇业务的许可程序适用本办法第一百六十一条的规定。

第四节 金融租赁公司在境内保税地区设立项目公司开展融资租赁业务

第一百六十六条 金融租赁公司在境内保税地区设立项目公司开展融资租赁业务，应具备以下条件：

（一）符合审慎监管指标要求；

（二）提足各项损失准备金后最近1个会计年度期末净资产不低于10亿元人民币或等值的可自由兑换货币；

（三）具备良好的公司治理和内部控制体系；

（四）具有与业务经营相适应的安全且合规的信息系统，具备保障业务持续运营的技术与措施；

（五）具备开办业务所需要的有相关经验的专业人员；

（六）制定了开办业务所需的业务操作流程、风险管理、内部控制和会计核算制度，并经董事会批准；

（七）最近3年内无重大违法违规行为，或者已整改到位并经银保监会或其派出机构认可；

（八）监管评级良好；

（九）银保监会规章规定的其他审慎性条件。

第一百六十七条 金融租赁公司在境内保税地区设立项目公司开展融资租赁业务的许可程序适用本办法第一百六十一条的规定。

第五节 金融资产管理公司、金融租赁公司及其境内专业子公司、消费金融公司、汽车金融公司募集发行债务、资本补充工具

第一百六十八条 金融资产管理公司募集发行优先股、二级资本债券、金融债及依法须经银保监会许可的其他债务、资本补充工具，应具备以下条件：

（一）具有良好的公司治理机制、完善的内部控制体系和健全的风险管理制度；

（二）风险监管指标符合审慎监管要求，但出于维护金融安全和稳定需要的情形除外；

（三）最近3个会计年度连续盈利；

（四）银保监会规章规定的其他审慎性条件。

第一百六十九条 金融租赁公司及其境内专业子公司、消费金融公司、汽车金融公司募集发行优先股、二级资本债券、金融债及依法须经银保监会许可的其他债务、资本补充工具，应具备以下条件：

（一）具有良好的公司治理机制、完善的内部控制体系和健全的风险管理制度；

（二）资本充足性监管指标不低于监管部门的最低要求；

（三）最近3个会计年度连续盈利；

（四）风险监管指标符合审慎监管要求；

（五）监管评级良好；

（六）银保监会规章规定的其他审慎性条件。

对于资质良好但成立未满3年的金融租赁公司及其境内专业子公司，可由具有担保能力的担保人提供担保。

第一百七十条 金融资产管理公司募集发行债务、资本补充工具，应由金融资产管理公司作为申请人向银保监会提交申请，由银保监会受理、审查并决

定。银保监会自受理之日起3个月内作出批准或不批准的书面决定。

金融租赁公司及其境内专业子公司、消费金融公司、汽车金融公司募集发行债务、资本补充工具,发行金融债券的许可程序适用本办法第一百六十一条的规定。

第六节　非银行金融机构资产证券化业务资格

第一百七十一条　非银行金融机构申请资产证券化业务资格,应当具备以下条件:

(一)具有良好的社会信誉和经营业绩,最近3年内无重大违法违规行为,或者已整改到位并经银保监会或其派出机构认可;

(二)具有良好的公司治理、风险管理体系和内部控制;

(三)对开办资产证券化业务具有合理的目标定位和明确的战略规划,并且符合其总体经营目标和发展战略;

(四)具有开办资产证券化业务所需要的专业人员、业务处理系统、会计核算系统、管理信息系统以及风险管理和内部控制制度;

(五)监管评级良好;

(六)银保监会规章规定的其他审慎性条件。

第一百七十二条　金融资产管理公司申请资产证券化业务资格,应由金融资产管理公司作为申请人向银保监会提交申请,由银保监会受理、审查并决定。银保监会自受理之日起3个月内作出批准或不批准的书面决定。

其他非银行金融机构申请资产证券化资格的许可程序适用本办法第一百六十一条的规定。

第七节　非银行金融机构衍生产品交易业务资格

第一百七十三条　非银行金融机构衍生产品交易业务资格分为基础类资格和普通类资格。

基础类资格只能从事套期保值类衍生产品交易;普通类资格除基础类资格可以从事的衍生产品交易之外,还可以从事非套期保值类衍生产品交易。

第一百七十四条　非银行金融机构申请基础类衍生产品交易业务资格,应当具备以下条件:

(一)有健全的衍生产品交易风险管理制度和内部控制制度;

(二)具有接受相关衍生产品交易技能专门培训半年以上、从事衍生产品或相关交易2年以上的交易人员至少2名,相关风险管理人员至少1名,风险模型研究或风险分析人员至少1名,熟悉套期会计操作程序和制度规范的人员至少1名,以上人员均需专岗专人,相互不得兼任,且无不良记录;

(三)有适当的交易场所和设备;

（四）有处理法律事务和负责内控合规检查的专业部门及相关专业人员；

（五）符合审慎监管指标要求；

（六）监管评级良好；

（七）银保监会规章规定的其他审慎性条件。

第一百七十五条 非银行金融机构申请普通类衍生产品交易业务资格，除符合第一百七十四条规定外，还应当具备以下条件：

（一）完善的衍生产品交易前中后台自动联接的业务处理系统和实时风险管理系统；

（二）衍生产品交易业务主管人员应当具备5年以上直接参与衍生产品交易活动或风险管理的资历，且无不良记录；

（三）严格的业务分离制度，确保套期保值类业务与非套期保值类业务的市场信息、风险管理、损益核算有效隔离；

（四）完善的市场风险、操作风险、信用风险等风险管理框架；

（五）银保监会规章规定的其他审慎性条件。

第一百七十六条 非银行金融机构申请衍生产品交易业务资格的许可程序适用本办法第一百七十二条的规定。

第八节 非银行金融机构开办其他新业务

第一百七十七条 非银行金融机构申请开办其他新业务，应当具备以下基本条件：

（一）有良好的公司治理和内部控制；

（二）经营状况良好，主要风险监管指标符合要求；

（三）具有能有效识别和控制新业务风险的管理制度和健全的新业务操作规程；

（四）具有与业务经营相适应的安全且合规的信息系统，具备保障业务持续运营的技术与措施；

（五）有开办新业务所需的合格管理人员和业务人员；

（六）最近3年内无重大违法违规行为，或者已整改到位并经银保监会或其派出机构认可；

（七）监管评级良好；

（八）银保监会规章规定的其他审慎性条件。

前款所称其他新业务，是指除本章第一节至第七节规定的业务以外的现行法律法规中已明确规定可以开办，但非银行金融机构尚未开办的业务。

第一百七十八条 非银行金融机构开办其他新业务的许可程序适用本办法第一百七十二条的规定。

第一百七十九条 非银行金融机构申请开办现行法规未明确规定的业

务，由银保监会另行规定。

第六章　董事和高级管理人员任职资格许可

第一节　任职资格条件

第一百八十条　非银行金融机构董事长、副董事长、独立董事和其他董事等董事会成员须经任职资格许可。

非银行金融机构的总经理（首席执行官、总裁）、副总经理（副总裁）、风险总监（首席风险官）、财务总监（首席财务官）、合规总监（首席合规官）、总会计师、总审计师（总稽核）、运营总监（首席运营官）、信息总监（首席信息官）、公司内部按照高级管理人员管理的总经理助理（总裁助理）和董事会秘书，金融资产管理公司财务部门、内审部门负责人，分公司总经理、副总经理、总经理助理、风险总监，财务公司、金融租赁公司、货币经纪公司分公司总经理（主任），境外非银行金融机构驻华代表处首席代表等高级管理人员，须经任职资格许可。

金融资产管理公司境外全资附属或控股金融机构从境内聘任的董事长、副董事长、总经理、副总经理、总经理助理，金融租赁公司境内专业子公司的董事长、副董事长、总经理、副总经理及境外专业子公司从境内聘任的董事长、副董事长、总经理、副总经理，财务公司境外子公司从境内聘任的董事长、副董事长、总经理、副总经理，须经任职资格许可。金融资产管理公司境外全资附属或控股金融机构从境外聘任的董事长、副董事长、总经理、副总经理、总经理助理，金融租赁公司境外专业子公司及财务公司境外子公司从境外聘任的董事长、副董事长、总经理、副总经理不需申请核准任职资格，应当在任职后 5 日内向监管机构报告。

未担任上述职务，但实际履行前三款所列董事和高级管理人员职责的人员，应按银保监会有关规定纳入任职资格管理。

第一百八十一条　申请非银行金融机构董事和高级管理人员任职资格，拟任人应当具备以下基本条件：

（一）具有完全民事行为能力；

（二）具有良好的守法合规记录；

（三）具有良好的品行、声誉；

（四）具有担任拟任职务所需的相关知识、经验及能力；

（五）具有良好的经济、金融从业记录；

（六）个人及家庭财务稳健；

（七）具有担任拟任职务所需的独立性；

（八）履行对金融机构的忠实与勤勉义务。

第一百八十二条 拟任人有以下情形之一的，视为不符合本办法第一百八十一条第（二）项、第（三）项、第（五）项规定的条件，不得担任非银行金融机构董事和高级管理人员：

（一）有故意或重大过失犯罪记录的；

（二）有违反社会公德的不良行为，造成恶劣影响的；

（三）对曾任职机构违法违规经营活动或重大损失负有个人责任或直接领导责任，情节严重的；

（四）担任或曾任被接管、撤销、宣告破产或吊销营业执照的机构的董事或高级管理人员的，但能够证明本人对曾任职机构被接管、撤销、宣告破产或吊销营业执照不负有个人责任的除外；

（五）因违反职业道德、操守或者工作严重失职，造成重大损失或恶劣影响的；

（六）指使、参与所任职机构不配合依法监管或案件查处的；

（七）被取消终身的董事和高级管理人员任职资格，或受到监管机构或其他金融管理部门处罚累计达到2次以上的；

（八）不具备本办法规定的任职资格条件，采取不正当手段以获得任职资格核准的。

第一百八十三条 拟任人有以下情形之一的，视为不符合本办法第一百八十一条第（六）项、第（七）项规定的条件，不得担任非银行金融机构董事和高级管理人员：

（一）截至申请任职资格时，本人或其配偶仍有数额较大的逾期债务未能偿还，包括但不限于在该金融机构的逾期贷款；

（二）本人及其近亲属合并持有该金融机构5%以上股份，且从该金融机构获得的授信总额明显超过其持有的该金融机构股权净值；

（三）本人及其所控股的股东单位合并持有该金融机构5%以上股份，且从该金融机构获得的授信总额明显超过其持有的该金融机构股权净值；

（四）本人或其配偶在持有该金融机构5%以上股份的股东单位任职，且该股东单位从该金融机构获得的授信总额明显超过其持有的该金融机构股权净值，但能够证明授信与本人及其配偶没有关系的除外；

（五）存在其他所任职务与其在该金融机构拟任、现任职务有明显利益冲突，或明显分散其在该金融机构履职时间和精力的情形。

前款第（四）项不适用于财务公司董事和高级管理人员。

第一百八十四条 申请非银行金融机构董事任职资格，拟任人除应符合第一百八十一条至第一百八十三条的规定外，还应当具备以下条件：

（一）具有5年以上的经济、金融、法律、财会或其他有利于履行董事职责的工作经历，其中拟担任独立董事的还应是经济、金融、法律、财会等方面的专家；

（二）能够运用非银行金融机构的财务报表和统计报表判断非银行金融机构的经营管理和风险状况；

（三）了解拟任职非银行金融机构的公司治理结构、公司章程以及董事会职责，并熟知董事的权利和义务。

第一百八十五条 拟任人有以下情形之一的，不得担任非银行金融机构独立董事：

（一）本人及其近亲属合并持有该非银行金融机构 1% 以上股份或股权；

（二）本人或其近亲属在持有该非银行金融机构 1% 以上股份或股权的股东单位任职；

（三）本人或其近亲属在该非银行金融机构、该非银行金融机构控股或者实际控制的机构任职；

（四）本人或其近亲属在不能按期偿还该非银行金融机构贷款的机构任职；

（五）本人或其近亲属任职的机构与本人拟任职非银行金融机构之间存在法律、会计、审计、管理咨询、担保合作等方面的业务联系或债权债务等方面的利益关系，以致于妨碍其履职独立性的情形；

（六）本人或其近亲属可能被拟任职非银行金融机构大股东、高管层控制或施加重大影响，以致于妨碍其履职独立性的其他情形。

（七）本人已在同类型非银行金融机构任职。

第一百八十六条 申请非银行金融机构董事长、副董事长任职资格，拟任人除应符合第一百八十一条至第一百八十四条的规定外，还应分别具备以下条件：

（一）担任金融资产管理公司董事长、副董事长，应具备本科以上学历，从事金融工作 8 年以上，或相关经济工作 12 年以上（其中从事金融工作 5 年以上）；

（二）担任财务公司董事长、副董事长，应具备本科以上学历，从事金融工作 5 年以上，或从事企业集团财务或资金管理工作 8 年以上，或从事企业集团核心主业及相关管理工作 10 年以上；

（三）担任金融租赁公司董事长、副董事长，应具备本科以上学历，从事金融工作或融资租赁工作 5 年以上，或从事相关经济工作 10 年以上；

（四）担任汽车金融公司董事长、副董事长，应具备本科以上学历，从事金融工作 5 年以上，或从事汽车生产销售管理工作 10 年以上；

（五）担任货币经纪公司董事长、副董事长，应具备本科以上学历，从事金融工作 5 年以上，或从事相关经济工作 10 年以上（其中从事金融工作 3 年以上)；

(六)担任消费金融公司董事长、副董事长,应具备本科以上学历,从事金融工作5年以上,或从事相关经济工作10年以上；

(七)担任金融资产管理公司境外全资附属或控股金融机构董事长、副董事长,应具备本科以上学历,从事金融工作6年以上,或从事相关经济工作10年以上(其中从事金融工作3年以上),且能较熟练地运用1门与所任职务相适应的外语；

(八)担任财务公司境外子公司董事长、副董事长,应具备本科以上学历,从事金融工作3年以上,或从事企业集团财务或资金管理工作6年以上,且能较熟练地运用1门与所任职务相适应的外语；

(九)担任金融租赁公司境内外专业子公司董事长、副董事长,应具备本科以上学历,从事金融工作或融资租赁工作3年以上,或从事相关经济工作8年以上(其中从事金融工作或融资租赁工作2年以上),担任境外子公司董事长、副董事长的,还应能较熟练地运用1门与所任职务相适应的外语。

第一百八十七条 申请非银行金融机构法人机构高级管理人员任职资格,拟任人除应符合第一百八十一条至第一百八十三条的规定外,还应分别具备以下条件：

(一)担任金融资产管理公司总裁、副总裁,应具备本科以上学历,从事金融工作8年以上或相关经济工作12年以上(其中从事金融工作4年以上)；

(二)担任财务公司总经理(首席执行官、总裁)、副总经理(副总裁),应具备本科以上学历,从事金融工作5年以上,或从事财务或资金管理工作10年以上(财务公司高级管理层中至少应有一人从事金融工作5年以上)；

(三)担任金融租赁公司总经理(首席执行官、总裁)、副总经理(副总裁),应具备本科以上学历,从事金融工作或从事融资租赁工作5年以上,或从事相关经济工作10年以上(其中从事金融工作或融资租赁工作3年以上)；

(四)担任汽车金融公司总经理(首席执行官、总裁)、副总经理(副总裁),应具备本科以上学历,从事金融工作5年以上,或从事汽车生产销售管理工作10年以上；

(五)担任货币经纪公司总经理(首席执行官、总裁)、副总经理(副总裁),应具备本科以上学历,从事金融工作5年以上,或从事相关经济工作10年以上(其中从事金融工作3年以上)；

(六)担任消费金融公司总经理(首席执行官、总裁)、副总经理(副总裁),应具备本科以上学历,从事金融工作5年以上,或从事与消费金融相关领域工作10年以上(消费金融公司高级管理层中至少应有一人从事金融工作5年以上)；

(七)担任各类非银行金融机构财务总监(首席财务官)、总会计师、总审

计师(总稽核),以及金融资产管理公司财务部门、内审部门负责人的,应具备本科以上学历,从事财务、会计或审计工作6年以上;

(八)担任各类非银行金融机构风险总监(首席风险官),应具备本科以上学历,从事金融机构风险管理工作3年以上,或从事其他金融工作6年以上;

(九)担任各类非银行金融机构合规总监(首席合规官),应具备本科以上学历,从事金融或法律工作6年以上;

(十)担任各类非银行金融机构信息总监(首席信息官),应具备本科以上学历,从事信息科技工作6年以上;

(十一)非银行金融机构运营总监(首席运营官)和公司内部按照高级管理人员管理的总经理助理(总裁助理)、董事会秘书以及实际履行高级管理人员职责的人员,任职资格条件比照同类机构副总经理(副总裁)的任职资格条件执行。

第一百八十八条 申请非银行金融机构子公司或分公司高级管理人员任职资格,拟任人除应符合第一百八十一条至第一百八十三条的规定外,还应分别具备以下条件:

(一)担任金融资产管理公司境外全资附属或控股金融机构总经理、副总经理、总经理助理或担任金融资产管理公司分公司总经理、副总经理、总经理助理、风险总监,应具备本科以上学历,从事金融工作6年以上或相关经济工作10年以上(其中从事金融工作3年以上),担任境外全资附属或控股金融机构总经理、副总经理、总经理助理的,还应能较熟练地运用1门与所任职务相适应的外语;

(二)担任财务公司境外子公司总经理、副总经理或担任财务公司分公司总经理(主任),应具备本科以上学历,从事金融工作5年以上,或从事财务或资金管理工作8年以上(其中从事金融工作2年以上),担任境外子公司总经理或副总经理的,还应能较熟练地运用1门与所任职务相适应的外语;

(三)担任金融租赁公司境内外专业子公司总经理、副总经理或担任金融租赁公司分公司总经理(主任),应具备本科以上学历,从事金融工作或融资租赁工作3年以上,或从事相关经济工作8年以上(其中从事金融工作或融资租赁工作2年以上),担任境外子公司总经理、副总经理的,还应能较熟练地运用1门与所任职务相适应的外语;

(四)担任货币经纪公司分公司总经理(主任),应具备本科以上学历,从事金融工作5年以上,或从事相关经济工作8年以上(其中从事金融工作2年以上);

(五)担任境外非银行金融机构驻华代表处首席代表,应具备本科以上学历,从事金融工作或相关经济工作3年以上。

第一百八十九条 拟任人未达到第一百八十六条至第一百八十八条规定

的学历要求，但具备以下条件之一的，视同达到规定的学历：

（一）取得国家教育行政主管部门认可院校授予的学士以上学位；

（二）取得注册会计师、注册审计师或与拟（现）任职务相关的高级专业技术职务资格，且相关从业年限超过相应规定4年以上。

第一百九十条 拟任董事长、总经理任职资格未获核准前，非银行金融机构应指定符合相应任职资格条件的人员代为履职，并自作出指定决定之日起3日内向监管机构报告。代为履职的人员不符合任职资格条件的，监管机构可以责令非银行金融机构限期调整。非银行金融机构应当在6个月内选聘具有任职资格的人员正式任职。

非银行金融机构分支机构确因特殊原因未能按期选聘正式人员任职的，应在代为履职届满前1个月向银保监会或任职机构所在地银保监会派出机构提交代为履职延期报告，分支机构代为履职延期不得超过一次，延长期限不得超过6个月。

第二节　任职资格许可程序

第一百九十一条 金融资产管理公司及其境外全资附属或控股金融机构申请核准董事和高级管理人员任职资格，由金融资产管理公司向银保监会提交申请，银保监会受理、审查并决定。银保监会自受理之日起30日内作出核准或不予核准的书面决定。

其他非银行金融机构法人机构申请核准董事和高级管理人员任职资格，向地市级派出机构或所在地省级派出机构提交申请，由地市级派出机构或省级派出机构受理并初步审查、省级派出机构审查并决定。决定机关自受理之日起30日内作出核准或不予核准的书面决定，并抄报银保监会。

财务公司境外子公司申请核准董事和高级管理人员任职资格，由财务公司向地市级派出机构或所在地省级派出机构提交申请，地市级派出机构或省级派出机构受理并初步审查、省级派出机构审查并决定。决定机关自受理之日起30日内作出核准或不予核准的书面决定，并抄报银保监会。

金融租赁公司境内专业子公司申请核准董事和高级管理人员任职资格，由专业子公司向地市级派出机构或所在地省级派出机构提交申请，金融租赁公司境外专业子公司申请核准董事和高级管理人员任职资格，由金融租赁公司向地市级派出机构或所在地省级派出机构提交申请，地市级派出机构或省级派出机构受理并初步审查、省级派出机构审查并决定。决定机关自受理之日起30日内作出核准或不予核准的书面决定，并抄报银保监会。

非银行金融机构分公司申请核准高级管理人员任职资格，由其法人机构向分公司地市级派出机构或所在地省级派出机构提交申请，地市级派出机构或省级派出机构受理并初步审查、省级派出机构审查并决定。决定机关自受理之日起30日内作出核准或不予核准的书面决定,并抄报银保监会,抄送法人机构所在地省级派出机构。

境外非银行金融机构驻华代表处首席代表的任职资格核准,向所在地省级派出机构提交申请,由省级派出机构受理、审查并决定。省级派出机构自受理之日起30日内作出核准或不予核准的书面决定,并抄报银保监会。

第一百九十二条 非银行金融机构或其境内分支机构设立时,董事和高级管理人员的任职资格申请,按照该机构开业的许可程序一并受理、审查并决定。

第一百九十三条 具有董事、高级管理人员任职资格且未连续中断任职1年以上的拟任人在同一法人机构内以及在同质同类机构间,同类性质平级调动职务(平级兼任)或改任(兼任)较低职务的,不需重新申请核准任职资格。拟任人应当在任职后5日内向银保监会或任职机构所在地银保监会派出机构报告。

第七章 附　　则

第一百九十四条 获准机构变更事项许可的,非银行金融机构及其分支机构应自许可决定之日起6个月内完成有关法定变更手续,并向决定机关和所在地银保监会派出机构报告。获准董事和高级管理人员任职资格许可的,拟任人应自许可决定之日起3个月内正式到任,并向决定机关和所在地银保监会派出机构报告。

未在前款规定期限内完成变更或到任的,行政许可决定文件失效,由决定机关注销行政许可。

第一百九十五条 非银行金融机构设立、终止事项,涉及工商、税务登记变更等法定程序的,应当在完成有关法定手续后1个月内向银保监会和所在地银保监会派出机构报告。

第一百九十六条 本办法所称境外含香港、澳门和台湾地区。

第一百九十七条 本办法中的"日"均为工作日,"以上"均含本数或本级。

第一百九十八条 除特别说明外,本办法中各项财务指标要求均为合并会计报表口径。

第一百九十九条 本办法中下列用语的含义:

(一)控股股东,是指根据《中华人民共和国公司法》第二百一十六条规定,其出资额占有限责任公司资本总额百分之五十以上或者其持有的股份占股份有限公司股本总额百分之五十以上的股东;出资额或者持有股份的比例虽然不足百分之五十,但依其出资额或者持有的股份所享有的表决权已足以对股东会、股东大会的决议产生重大影响的股东。

（二）主要股东，是指持有或控制非银行金融机构百分之五以上股份或表决权，或持有资本总额或股份总额不足百分之五但对非银行金融机构经营管理有重大影响的股东。

前款中的"重大影响"，包括但不限于向非银行金融机构派驻董事、监事或高级管理人员，通过协议或其他方式影响非银行金融机构的财务和经营管理决策以及银保监会或其派出机构认定的其他情形。

（三）实际控制人，是指根据《中华人民共和国公司法》第二百一十六条规定，虽不是公司的股东，但通过投资关系，协议或者其他安排，能够实际支配公司行为的人。

（四）关联方，是指根据《企业会计准则第36号关联方披露》规定，一方控制、共同控制另一方或对另一方施加重大影响，以及两方或两方以上同受一方控制、共同控制或重大影响的。但国家控制的企业之间不仅因为同受国家控股而具有关联关系。

（五）一致行动，是指投资者通过协议、其他安排，与其他投资者共同扩大其所能够支配的一个公司股份表决权数量的行为或者事实。达成一致行动的相关投资者，为一致行动人。

第二百条 其他非银行金融机构相关规则另行制定。

第二百零一条 银保监会根据法律法规和市场准入工作实际，有权对行政许可事项中受理、审查和决定等事权的划分进行动态调整。

第二百零二条 根据国务院或地方政府授权，履行国有金融资本出资人职责的各级财政部门及受财政部门委托管理国有金融资本的其他部门、机构，发起设立、投资入股本办法所列非银行金融机构的资质条件和监管要求等参照本办法有关规定执行，国家另有规定的从其规定。

第二百零三条 本办法由银保监会负责解释。本办法自公布之日起施行，《中国银监会非银行金融机构行政许可事项实施办法》（中国银监会令2015年第6号公布，根据2018年8月17日《中国银保监会关于废止和修改部分规章的决定》修正）同时废止。

中国气象局关于修改《气象信息服务管理办法》等四部部门规章的决定

（2020 年 3 月 24 日中国气象局令第 35 号公布　自 2020 年 5 月 1 日起施行　国司备字[2020001728]）

中国气象局决定：

一、对《气象信息服务管理办法》作出如下修改：

（一）删除第八条第一项。

（二）将第八条第二项修改为“法定代表人身份信息”。

二、对《气象专用技术装备使用许可管理办法》作出如下修改：

（一）删除第八条中的“的原件及复印件”。

（二）删除第八条的第二项和第三项。

（三）删除第八条第五项中的“证明”。

三、对《新建扩建改建建设工程避免危害气象探测环境行政许可管理办法》作出如下修改：

（一）删除第五条中的“书面”。

（二）将第五条第二项修改为“申请人身份信息”。

四、对《气象台站迁建行政许可管理办法》作出如下修改：

（一）第五条第四项修改为“土地符合建设用地要求，取得土地使用权，占地面积满足观测场地、探测设施、业务用房和辅助用房以及配套设施的布局要求，并预留与气象台站功能相适应的业务发展空间”。

（二）删除第六条的第三项、第四项、第五项、第六项。

（三）删除第六条第七项中的“代理人的事业单位法人证书或企业法人营业执照正、副本”。

原条文顺序相应作出调整。

本决定自 2020 年 5 月 1 日起施行。

《气象信息服务管理办法》《气象专用技术装备使用许可管理办法》《新建扩建改建建设工程避免危害气象探测环境行政许可管理办法》《气象台站迁建行政许可管理办法》根据本决定作相应修改，重新公布。

气象信息服务管理办法

（2015 年 3 月 12 日中国气象局令第 27 号公布　根据 2020 年 3 月 24 日《中国气象局关于修改〈气象信息服务管理办法〉等四部部门规章的决定》修订）

第一条　为了促进气象信息服务发展，培育气象信息服务市场，规范气象信息服务活动，满足经济社会发展和人民生活对气象信息服务的需求，根据《中华人民共和国气象法》和《气象灾害防御条例》等法律法规，制定本办法。

第二条　在中华人民共和国领域和中华人民共和国管辖的其他海域开展气象信息服务活动和进行监督管理，适用本办法。

公众气象预报、灾害性天气警报和气象灾害预警信号的发布按照国家有关规定执行。

第三条　本办法所称气象信息服务，是指气象信息服务单位利用气象资料和气象预报产品，开展面向用户需求的信息服务活动。

本办法所称气象信息服务单位是指依法设立并从事气象信息服务的法人和其他组织。

第四条　国务院气象主管机构负责全国气象信息服务活动的监督管理工作。

地方各级气象主管机构在上级气象主管机构和本级人民政府的领导下，负责本行政区域内气象信息服务活动的监督管理工作。

第五条　国家鼓励依法开展气象信息服务活动，支持与气象信息服务有关的科研开发和成果推广应用，引导和吸引社会资本支持气象信息产业发展。

第六条　气象信息服务应当遵循自愿公平、诚实信用原则，不得损害国家利益、公共利益和他人的合法权益。

第七条　国务院气象主管机构应当建立全国统一的气象信息服务单位备案统计与公示制度。

气象信息服务单位应当向其营业执照注册地的省、自治区、直辖市气象主管机构备案，并接受其监督管理。本办法实行前成立的，应当自实行之日起六个月内办理备案；本办法实行后成立的，应当自领取营业执照之日起三个月内办理备案。

第八条　气象信息服务单位备案应当提供以下材料：

（一）法定代表人身份信息；

（二）主要技术人员信息；

（三）信息服务提供方式和范围说明。

第九条 从事气象信息服务的单位应当遵守下列要求：

（一）使用合法渠道获得的气象资料和气象预报产品；

（二）建立业务规范和管理制度；

（三）遵守气象有关技术标准、规范和规程。

第十条 鼓励建立气象信息服务行业组织。气象信息服务行业组织应当对气象信息服务活动实行行业自律管理，并接受省、自治区、直辖市气象主管机构的业务指导和行业监管。

第十一条 气象信息服务行业组织应当制定气象信息服务行业自律制度和执业准则，促进气象信息服务行业健康发展。

第十二条 国务院气象主管机构或者省、自治区、直辖市气象主管机构应当按照国家有关规定组织或者委托第三方机构对气象信息服务单位开展的气象信息服务质量进行定期评价，并公示评价结果。

第十三条 国务院气象主管机构或者省、自治区、直辖市气象主管机构应当通过政府信息公开、气象信息服务单位主动申报、社会公众举报信息等多种渠道，广泛征集气象信息服务单位的信用信息，经核实后向社会发布。

第十四条 国务院气象主管机构应当建立气象资料汇交共享平台，并制定数据汇交制度。

国务院气象主管机构应当制定基本气象资料和产品清单并向社会公布。从事气象信息服务单位可无偿获取基本气象资料和产品。

第十五条 开展气象信息服务的单位应当充分利用气象主管机构所属的气象台提供的基本气象资料，避免重复建设气象探测站（点）。

确需建站获取资料的，建站单位应当将拟建气象探测站（点）的地理位置、经纬度坐标、探测气象要素类型、仪器设备、资料传输、存储方式、目的用途和探测时段等相关信息报探测站（点）所在地设区的市级以上气象主管机构备案，并按照国家有关规定汇交所获得的气象探测资料，气象主管机构应当出具汇交凭证。

第十六条 禁止气象信息服务单位从事下列活动：

（一）向社会发布公众气象预报、灾害性天气警报和气象灾害预警信号；

（二）损害国家安全、公共利益和他人合法权益的行为；

（三）擅自在国防及军事设施、军事敏感区域、尚未对外开放地区和其他涉及国家安全的区域设立气象探测站（点）；

（四）法律法规禁止的其他气象信息服务活动。

第十七条 外国组织和个人在华从事气象信息服务活动，应当按照气象法和有关外商投资的法律法规办理。

第十八条 违反本办法规定，有下列行为之一的，由县级以上气象主管机构责令限期改正,拒不改正的,给予警告,可以并处3万元以下罚款,处罚结果纳入气象信息服务单位信用信息统计系统并向社会公示:

(一)使用的气象资料不是气象主管机构所属的气象台提供,或者不能证明是其他合法渠道获得的;

(二)从事气象信息服务,逾期未向所在地的省、自治区、直辖市气象主管机构备案的或者提供虚假备案材料的;

(三)开展气象探测活动,未向设区的市级以上气象主管机构备案,或者未按照国家有关规定汇交所获得的气象探测资料的;

(四)冒用他人名义开展气象信息服务的、损害公共利益和他人合法权益的。

第十九条 外国组织和个人未经气象主管机构批准,擅自从事气象信息服务活动的,由有关气象主管机构责令改正,给予警告,并处3万元以下罚款。

气象信息服务活动中有危害国家安全和国家秘密行为,违反有关法律法规的,由国家安全、保密部门依法处理;构成犯罪的,依法追究刑事责任。

第二十条 违反本办法规定,向社会发布公众气象预报、灾害性天气警报和气象灾害预警信号的,按照《中华人民共和国气象法》和《气象灾害防御条例》等有关法律、法规的规定进行处罚。

第二十一条 本办法自2015年6月1日起施行。

气象专用技术装备使用许可管理办法

(2016年4月2日中国气象局令第28号公布 根据2020年3月24日《中国气象局关于修改〈气象信息服务管理办法〉等四部部门规章的决定》修订)

第一章 总 则

第一条 为了保证气象专用技术装备质量,满足气象业务和气象灾害防御的需要,规范气象专用技术装备使用许可行为,依据《中华人民共和国气象法》、《中华人民共和国行政许可法》和《人工影响天气管理条例》的规定,制定本办法。

第二条 在中华人民共和国领域和中华人民共和国管辖的其他海域内,气象专用技术装备使用许可的实施和监督管理,应当遵守本办法。

本办法所称气象专用技术装备,是指专门用于气象探测、预报、服务以及人工影响天气、空间天气等气象业务的气象设备、仪器、仪表、消耗器材及相应软件系统。

第三条 国务院气象主管机构负责气象专用技术装备使用许可的实施和监督管理。

地方各级气象主管机构负责本行政区域内气象专用技术装备使用的监督管理。

第四条 实施气象专用技术装备使用许可，应当遵循公开、公平、公正原则。

第五条 在气象业务、工程设计建设中，应当使用具备有效许可证的气象专用技术装备。

第六条 国务院气象主管机构应当定期公告气象专用技术装备目录和取得或者注销、撤销许可的名录。

第二章 申请与受理

第七条 气象专用技术装备使用许可应当由生产者提出申请，并具备下列条件：

（一）具有法人资格；

（二）通过质量管理体系认证；

（三）产品满足国家标准、气象行业标准或者国务院气象主管机构规定的技术要求；

（四）具备与所生产产品相适应的生产、检测、销售、服务等体系；

（五）符合国家其他有关规定。

申请人工影响天气作业用火箭发射装置、炮弹、火箭弹三类设备使用许可证的，应当符合国家武器装备、民用爆炸物品的相关规定和国家有关强制性技术标准。

第八条 申请人应当向国务院气象主管机构提供下列申请材料：

（一）气象专用技术装备使用许可证申请表；

（二）产品技术文件，应包括下列材料：产品技术指标和配置一览表、企业标准、成套技术图纸、工艺文件、标准化审查报告、经济分析报告、使用说明书、产品质量自测报告；

（三）第七条第三项到第五项的相关材料。

申请人应当对所提交的申请材料的真实性负责。

第九条 国务院气象主管机构应当在收到全部申请材料之日起五个工作日内，按照《中华人民共和国行政许可法》第三十二条和本办法规定的条件作出受理或者不予受理的书面决定。对不予受理的，应当书面说明理由。

第三章 审查与许可

第十条 国务院气象主管机构受理申请后，对申请材料进行审查并根据需要指派两名以上工作人员对申请材料的实质内容进行实地核查。

第十一条 对受理的申请，国务院气象主管机构应当委托符合下列基本条件的检测机构对产品进行检定、检测：

（一）具有国家法定授权的气象计量机构或者认证认可监督管理部门颁发资质的检测机构；

（二）具备技术标准要求的检验测试手段和基本环境条件；

（三）用于检测的标准、设备和仪器经过计量主管部门检定和校准；

（四）具有相应资格的测试技术人员；

（五）具有完善的运行和维护制度。

第十二条 检测机构应当按照国家有关标准或者国务院气象主管机构规定的技术要求，完成检定和检测后，提交书面检测报告。检测机构应当对检测数据和结论的真实性负责，并对相关技术文件保密。

人工影响天气作业用火箭发射装置、炮弹、火箭弹，还应由国家级人工影响天气业务单位出具业务性试用报告。

第十三条 国务院气象主管机构应当依据检测机构出具的报告对申请材料进行全面审查，在受理之日起二十个工作日内作出是否准予行政许可的决定。审查合格的，依法作出准予行政许可的决定；审查不合格的，依法作出不予行政许可的书面决定，出具《不予行政许可决定书》，同时说明理由并告知申请人享有依法申请行政复议或者提起行政诉讼的权利。

第十四条 国务院气象主管机构作出准予行政许可决定的，应当自作出决定之日起十个工作日内向申请人颁发《气象专用技术装备使用许可证》。

《气象专用技术装备使用许可证》分正本和副本，应当载明产品名称、规格型号、生产单位、法定代表人、单位地址、许可证编号、有效期限、发证日期、产品配置清单等内容，并加盖国务院气象主管机构的印章。《气象专用技术装备使用许可证》的有效期为四年。

第十五条 《气象专用技术装备使用许可证》有效期届满需要延期的，被许可人应当在有效期届满六十日前，向国务院气象主管机构提出延续申请。国务院气象主管机构应当在有效期届满前完成审查。符合条件的，予以延续；不符合条件的，不予以延续，并书面告知申请人。

第十六条 取得《气象专用技术装备使用许可证》的单位在其证书有效期内，单位名称、地址、法定代表人等发生变更的，应当在工商行政管理部门变更登记后三十日内，向国务院气象主管机构提出变更申请。

第十七条 国务院气象主管机构应当将申请人办理《气象专用技术装备使用许可证》的有关资料按照档案管理的有关规定及时归档，公众有权查阅。

第四章 监督管理

第十八条 国务院气象主管机构应当对取得许可的气象专用技术装备进行监督检查。

地方各级气象主管机构应当对气象业务使用的气象专用技术装备的购买和使用情况进行定期检查，并将检查情况逐级报告上级气象主管机构。

对监督检查中发现的问题，国务院气象主管机构责令被许可人或者购买、使用单位限期整改。

第十九条 任何组织和个人不得涂改、伪造、倒卖、出租、出借《气象专用技术装备使用许可证》。

第二十条 任何单位和个人对《气象专用技术装备使用许可证》发放和管理过程中的违法行为有权进行举报，国务院气象主管机构应当及时核实、处理。

第二十一条 产品出现重大质量问题、被许可人对存在的问题拒不整改或者整改达不到要求的，国务院气象主管机构应当根据利害关系人的申请或者依据职权作出撤销行政许可的决定。

第二十二条 有下列情形之一的，国务院气象主管机构应当依法办理有关行政许可的注销手续：

（一）许可有效期届满未申请延续的；

（二）法人依法终止的；

（三）许可依法被撤销的；

（四）法律、法规规定的应当注销许可的其他情形。

第五章 罚则

第二十三条 申请人隐瞒有关情况，提供虚假材料，申请气象专用技术装备使用许可的，国务院气象主管机构不予受理或者不予许可，并给予警告。申请人在一年内不得再次申请该项许可。

第二十四条 被许可人以欺骗、贿赂等不正当手段取得气象专用技术装备使用许可的，国务院气象主管机构给予警告，撤销其许可，申请人在三年内不得再次申请该项许可；给他人造成损失的，依法承担赔偿责任；构成犯罪的，依法追究刑事责任。

第二十五条 违反本办法规定，涂改、伪造、倒卖、出租、出借《气象专用技术装备使用许可证》的，国务院气象主管机构给予警告，撤销其许可；给他人造成损失的，依法承担赔偿责任；构成犯罪的，依法追究刑事责任。

第二十六条 违反本办法规定，使用未经许可或者被注销、撤销许可后生产的气象专用技术装备，并造成危害的，对直接负责的主管人员和其他直接责任人员依法给予行政处分；情节严重构成犯罪的，依法追究刑事责任。

第六章 附 则

第二十七条 本办法自2016年6月1日起施行。2006年11月22日中国气象局公布的《气象专用技术装备使用许可管理办法》（中国气象局令第14号）同时废止。

依据中国气象局令第14号已经取得的《气象专用技术装备使用许可证》在有效期内继续有效。

新建扩建改建建设工程避免危害气象探测环境行政许可管理办法

（2016年4月7日中国气象局令第29号公布 根据2020年3月24日《中国气象局关于修改〈气象信息服务管理办法〉等四部部门规章的决定》修订）

第一条 为规范新建、扩建、改建建设工程避免危害气象探测环境行政许可行为，保护公民、法人和其他组织的合法权益，保障和监督气象主管机构有效实施行政管理，根据《中华人民共和国气象法》、《中华人民共和国行政许可法》、《气象设施和气象探测环境保护条例》等有关法律法规，制定本办法。

第二条 在大气本底站、国家基准气候站、国家基本气象站、国家一般气象站、高空气象观测站、天气雷达站、气象卫星地面站气象探测环境保护范围内实施新建、扩建、改建建设工程避免危害气象探测环境的行政许可，适用本办法。

第三条 本办法规定的气象台站气象探测环境保护范围和建设工程类别应当按照相应的气象台站气象探测环境保护和建设工程的有关法律法规和国家标准执行。

省、自治区、直辖市气象主管机构应将本行政区域内各类气象台站的位置及其探测环境保护范围向社会公布。

第四条　国务院气象主管机构负责全国新建、扩建、改建建设工程避免危害气象探测环境行政许可的监督管理。

省、自治区、直辖市气象主管机构负责本行政区域内新建、扩建、改建建设工程避免危害气象探测环境行政许可的实施和管理工作。

设区的市气象主管机构或者省直管县(市)气象主管机构负责本行政区域内新建、扩建、改建建设工程避免危害气象探测环境行政许可的初审和管理工作。

第五条　申请人提交以下材料,并对申请材料的真实性负责:

(一)新建、扩建、改建建设工程避免危害气象探测环境行政许可申请表;

(二)申请人身份信息;

(三)新建、扩建、改建建设工程与气象探测设施或观测场的相对位置示意图;

(四)委托代理的,应出具委托协议。

申请人为法人或者其他组织的,还应当提交新建、扩建、改建建设工程概况和规划总平面图。

第六条　新建、扩建、改建建设工程避免危害气象探测环境行政许可的申请由设区的市气象主管机构或者省直管县(市)气象主管机构受理。

设区的市气象主管机构或者省直管县(市)气象主管机构应当在收到全部申请材料之日起五个工作日内,按照《中华人民共和国行政许可法》第三十二条和本办法第五条的规定作出受理或者不予受理的决定,并出具书面凭证。

第七条　受理机构负责对申请材料进行初审,并组织现场踏勘。现场踏勘应当通知申请人或者其代理人到场,申请人或者其代理人应当在现场踏勘记录表上签署明确意见。

受理机构应当自受理之日起二十个工作日内将全部申请材料和初审意见报省、自治区、直辖市气象主管机构审批。

第八条　省、自治区、直辖市气象主管机构应当对申请材料进行全面审查,必要时可组织现场复查和专家论证。经审查符合有关法律法规和标准要求的,应当在收到全部申请材料和初审意见之日起二十个工作日内作出准予许可的书面决定;不符合要求的,作出不予许可的书面决定,并说明理由。

二十个工作日内不能作出决定的,经本级气象主管机构负责人批准,可以延长十个工作日,并应当将延长期限的理由书面告知申请人。

行政许可决定作出后,应当在十个工作日内送达申请人。

第九条　省、自治区、直辖市气象主管机构、设区的市气象主管机构或者省直管县(市)气象主管机构在审批过程中需要按照《中华人民共和国行政许可法》第四十五条规定进行技术审查(含现场踏勘)的,所需时间不计入审批时间内。

技术审查(含现场踏勘)时间一般不超过一个月。省、自治区、直辖市气象主管机构、设区的市气象主管机构或者省直管县(市)气象主管机构应当将所需时间书面告知申请人。

第十条 省、自治区、直辖市气象主管机构在作出许可决定前,应当告知申请人、利害关系人享有要求听证的权利。申请人要求听证的,应当自接到告知听证通知之日起五个工作日内以书面形式提出。听证程序按照《中华人民共和国行政许可法》第四十八条要求进行。

省、自治区、直辖市对听证另有规定的,从其规定。

第十一条 取得行政许可后,如果建设规划或工程设计发生变化的,申请人应当重新申请。

第十二条 地方各级气象主管机构应当对气象探测环境保护范围内的新建、扩建、改建建设工程避免危害气象探测环境行政许可事项的活动进行监督检查,及时了解情况并向省、自治区、直辖市气象主管机构报告。

第十三条 公民、法人或者其他组织发现在气象探测环境保护范围内违法从事新建、扩建、改建建设工程避免危害气象探测环境行政许可事项的活动,有权向气象主管机构举报,气象主管机构接到举报后应当及时核实、处理。

第十四条 未取得新建、扩建、改建建设工程避免危害气象探测环境行政许可的,或者取得许可后不按规定进行建设,造成气象探测环境遭到破坏的,按照《气象法》第三十五条、《气象设施和气象探测环境保护条例》第二十五条予以处罚。

第十五条 省、自治区、直辖市气象主管机构可以根据本办法制定实施细则,并报国务院气象主管机构备案。

第十六条 本办法自2016年9月1日起施行。

气象台站迁建行政许可管理办法

(2016年4月7日中国气象局令第30号公布 根据2020年3月24日《中国气象局关于修改〈气象信息服务管理办法〉等四部部门规章的决定》修订)

第一条 为规范气象台站迁建行政许可行为,保护公民、法人和其他组织的合法权益,保障和监督气象主管机构有效实施行政管理,根据《中华人民共和国行政许可法》、《中华人民共和国气象法》、《气象设施和气象探测环境保护条例》等有关法律法规,制定本办法。

第二条 本办法适用于因国家重点工程建设或者城市(镇)总体规划变

化，确实无法避免影响气象探测环境，且无法采取补救措施，需要迁建气象台站的行政许可。

本办法所称迁建，是指将气象台站的观测场所、探测设施及配套的附属和基础设施等从现址迁移到新址的活动。

第三条 国务院气象主管机构负责大气本底站、国家基准气候站和国家基本气象站迁建行政许可的审批和管理，并对其他气象台站迁建行政许可行为进行监督管理。

省、自治区、直辖市气象主管机构负责本行政区域内其他气象台站迁建行政许可的审批和管理，并承担大气本底站、国家基准气候站和国家基本气象站迁建行政许可的初审和管理。

第四条 申请迁建气象台站的，应当由建设单位或者县级以上地方人民政府向本省、自治区、直辖市气象主管机构提出申请。

第五条 拟迁新址必须同时满足以下要求：

（一）能够代表现址所在区域的天气气候特征；

（二）符合全国气象观测站网布局；

（三）符合法律、法规、标准和国务院气象主管机构对气象探测环境的技术规范和管理规定；

（四）土地符合建设用地要求，取得土地使用权，占地面积满足观测场地、探测设施、业务用房和辅助用房以及配套设施的布局要求，并预留与气象台站功能相适应的业务发展空间；

（五）具备必要的供电、供水、交通、通信等基础条件；

（六）涉及无线电业务的，符合《中华人民共和国无线电管理条例》的相关规定。

第六条 申请人在提出申请时，应向受理机构提供以下材料：

（一）气象台站迁建申请表；

（二）气象台站选址报告书；

（三）委托代理的，应出具代理委托函；

（四）申请人对所提供材料真实性负责的承诺。

第七条 迁建气象台站的申请由省、自治区、直辖市气象主管机构受理。

省、自治区、直辖市气象主管机构应当在收到全部申请材料之日起五个工作日内，按照《中华人民共和国行政许可法》第三十二条的规定作出受理或者不予受理的书面决定，并出具书面凭证。对于不予受理的，应当书面说明理由。

第八条 申请迁建大气本底站、国家基准气候站和国家基本气象站的，省、自治区、直辖市气象主管机构应当自受理之日起二十个工作日内完成初审，并签署意见后报送国务院气象主管机构审批。国务院气象主管机构应当自收到申请材料后二十个工作日内作出决定。

申请迁建其他气象台站的，省、自治区、直辖市气象主管机构应当自受理之日起二十个工作日内作出决定。

二十个工作日内不能作出决定的，按照《中华人民共和国行政许可法》第四十二条规定执行。

第九条 国务院或省、自治区、直辖市气象主管机构在审批过程中需要按照《中华人民共和国行政许可法》第四十五条规定进行技术审查（含现场踏勘）的，所需时间不计入审批时间内。

技术审查（含现场踏勘）时间一般不超过三个月。国务院或省、自治区、直辖市气象主管机构应当将所需时间书面告知申请人。

第十条 申请人依法享有要求听证的权利，国务院或省、自治区、直辖市气象主管机构在作出直接涉及申请人与他人之间重大利益关系的许可决定前，应当告知申请人、利害关系人享有要求听证的权利；申请人、利害关系人在被告知听证权利之日起五个工作日内提出听证申请的，国务院或省、自治区、直辖市气象主管机构应当在二十个工作日内组织听证。听证程序按照《中华人民共和国行政许可法》第四十八条规定的程序进行。

省、自治区、直辖市对听证另有规定的，从其规定。

第十一条 国务院或省、自治区、直辖市气象主管机构作出行政许可决定，应当自作出决定之日起十个工作日内向申请人送达行政许可的书面决定。

第十二条 省、自治区、直辖市气象主管机构作出准予其他气象台站迁建的行政许可决定，应当自作出决定之日起十五个工作日内将行政许可审批材料报国务院气象主管机构备案。

第十三条 行政许可的有效期为三年。作出行政许可决定的气象主管机构，应当在行政许可决定中注明行政许可有效期的截止时间。申请人应当在行政许可有效期内按照基本建设程序和要求，完成气象台站建设工作，达到业务运行标准。

未在行政许可有效期内按照基本建设程序和要求，完成气象台站建设工作，达到业务运行标准的，申请人应当按照申请条件重新申请。

第十四条 申请人取得行政许可后，如果申请内容有变更，应当重新申请。

第十五条 地方各级气象主管机构应当对申请人从事气象台站迁建行政许可事项的活动进行监督检查。

第十六条 新址建设工程完成后，申请人应及时向省、自治区、直辖市气象主管机构提出验收的申请，由作出许可决定的气象主管机构按照国务院气象主管机构有关业务规定组织验收。

第十七条 迁建国家基准气候站、国家基本气象站和国家一般气象站的，应当按照国务院气象主管机构的规定，在新址与旧址之间进行至少一年的连续对比观测。

第十八条 新址正式启用应当符合国务院气象主管机构有关业务规定。

第十九条 新址启用和对比观测完成之前，应当按照《气象设施和气象探测环境保护条例》、国家有关标准和国务院气象主管机构有关要求严格保护旧址的气象探测环境。

第二十条 有下列情形之一的，作出行政许可决定的气象主管机构应当依法办理气象台站迁建行政许可的注销手续：

（一）未在行政许可有效期内完成气象台站迁建工作；

（二）申请人的法人资格依法被中止的；

（三）依照本办法被撤销行政许可的；

（四）因不可抗力导致行政许可事项无法实施的；

（五）法律、法规规定的应当注销行政许可的其他情形。

第二十一条 有下列情形之一的，作出行政许可决定的气象主管机构或者其上级气象主管机构，根据利害关系人的请求或者依据职权，可以撤销行政许可：

（一）气象主管机构工作人员滥用职权、玩忽职守作出准予行政许可决定的；

（二）超越法定职权作出准予行政许可决定的；

（三）违反法定程序作出准予行政许可决定的；

（四）对不具备申请资格或者不符合法定条件的申请人准予行政许可的；

（五）依法可以撤销行政许可的其他情形。

第二十二条 有下列情形之一的，作出行政许可决定的气象主管机构依据职权，应当撤销行政许可：

（一）被许可人以欺骗、贿赂等不正当手段取得行政许可的；

（二）取得许可后不按规定进行建设的或超越许可范围的；

（三）向负责监督检查的气象主管机构隐瞒有关情况、提供虚假材料或者拒绝提供反映其活动情况的真实材料的；

（四）法律、法规规定的其他违法行为。

第二十三条 省、自治区、直辖市气象主管机构可以根据本办法制定实施细则，并报国务院气象主管机构备案。

第二十四条 本办法自 2016 年 9 月 1 日起施行。

中国民用航空监察员管理规定

（2020年3月24日交通运输部令2020年第7号公布　自2020年5月1日起施行　国司备字[2020001746]）

第一章　总　则

第一条　为了加强对中国民用航空监察员的管理，提高依法行政能力，根据《中华人民共和国民用航空法》和有关法律、行政法规，制定本规定。

第二条　本规定所称中国民用航空监察员（以下简称监察员），是指按照本规定取得监察员资格的民航各级行政机关的执法岗位工作人员和受中国民用航空局（以下简称民航局）委托从事民航行政执法工作的具有管理公共事务职能的事业组织（以下简称受委托组织）编制内工作人员。

第三条　民航局统一颁发中国民用航空监察员证（以下简称监察员证），并依法对监察员实施监督管理。民航局有关部门根据职责分工，依法对监察员进行管理。

中国民用航空地区管理局（以下简称地区管理局）和受委托组织按照本规定对监察员实施监督管理，并接受民航局的指导和监督。

民航局法制职能部门和地区管理局法制职能部门以及受委托组织负责监察员管理工作的部门，统称监察员管理部门。

民航局有关部门具体办理委托执法工作，应当明确委托事项、权限和期限等，并在委托执法事由发生、变更或者终止后向民航局法制职能部门备案。

第四条　监察员证是监察员依法对公民、法人或者其他组织从事民用航空活动行使行政执法权的资格证明。

第五条　监察员实施行政检查、行政强制和行政处罚等行政执法工作时应当出示监察员证。未出示监察员证的，公民、法人或者其他组织可以拒绝配合。

未持有效监察员证的民航行政机关的执法岗位工作人员及受委托组织的工作人员，不得从事民航行政执法工作；但是可以在监察员的带领下，协助实施行政检查。

第六条　民航局对监察员实施分级分类管理。

第七条　监察员所在单位应当根据执法工作需要为监察员配备行政执法工作设施、设备。

第二章 职责权限

第八条 监察员的类别分为监管类和督导类。

第九条 监管类划分为航空安全、飞行标准、适航审定、机场、航空安保、空中交通管理、应急管理、网络和信息安全、公共航空运输、通用航空市场、统计价格、财务、综合等监管专业。督导类不划分专业。

因执行新颁布的法律、行政法规、部门规章等事由需要新增监管专业的，由民航局有关部门提出，经民航局法制职能部门审查通过后，报民航局批准。

第十条 监察员可以依法行使下列职权：

（一）监督检查民用航空活动符合民航法律、行政法规、部门规章、行政规范性文件等规定的情况，制止违法行为；

（二）按职责分工主持或者参与事故、征候、一般事件等事件的调查；

（三）约见或者询问有关单位负责人及其他有关人员；

（四）对违法行为进行检查、处理，依法调查取证，查阅、复制、调取有关文件和资料；

（五）依法实施行政强制，但是受委托组织中从事民航行政执法工作的监察员除外；

（六）向所在单位提出行政处罚建议；

（七）法律、行政法规、部门规章规定的其他职权。

监察员履行前款规定的职权，应当及时向所在部门或者单位报告情况。

第十一条 监察员应当严格依照职权执法，属于职权范围内的，不得推诿。

监察员发现行政执法事项超出职权范围的，应当及时向所在部门或者单位报告。

第十二条 监察员行使职权，与行政执法事项或者当事人有利害关系的，应当回避。

监察员的回避，由其所在单位决定。

第十三条 监察员应当坚持严格执法、规范执法、公正执法、文明执法，不得以权谋私。

监察员应当依法保守国家秘密，保障当事人的合法权益，不得侵害当事人的知识产权和个人隐私。

第三章 证件中请

第十四条 申请监管类监察员证应当具备下列条件：

（一）政治过硬，忠于职守，敬业奉献；

（二）遵纪守法，廉洁奉公，品行良好；

（三）为民航行政机关中拟从事行政执法工作的执法岗位工作人员、受委托组织中拟从事行政执法工作的编制内工作人员；

（四）熟悉相关法律、行政法规和部门规章，具备良好的法律素养；

（五）参加入门培训并且通过民航行政执法能力考评，或者获得民航局有关部门对其专业能力的认可；

（六）一年内不存在监察员培训考试作弊的情形；

（七）无相关严重失信行为记录。

申请督导类监察员证的，应当是符合前款除第五项、第六项之外其他条件的民航各级行政机关的相关负责人，或者是符合前款规定的民航局工作人员。

第十五条 申请人只能申请一个类别的监察员证。需要改变监察员证类别的，应当申请变更。

第十六条 申请督导类监察员证的，按照民航局规定的程序办理。

第十七条 申请人应当如实提供申请材料，并对其申请材料的真实性负责。

第十八条 民航局工作人员申请监管类监察员证的，按照下列程序办理：

（一）申请人向所在部门提交监察员证申请材料，申请人所在部门依据本规定第十四条进行审查；

（二）申请人将所在部门同意的申请材料，报民航局法制职能部门进行审查；

（三）民航局法制职能部门审查合格后，报民航局批准。

第十九条 地区管理局及其派出机构工作人员申请监管类监察员证的，按照下列程序办理：

（一）申请人向所在部门提交监察员证申请材料，申请人所在部门依据本规定第十四条进行审查；

（二）申请人属于地区管理局机关的，由其所在部门将申请材料报地区管理局法制职能部门审查，审查合格后报地区管理局负责人审核；申请人属于地区管理局派出机构的，由其所在部门将申请材料送本机构法制职能部门审查并经本机构负责人同意后，报地区管理局法制职能部门审查，审查合格后报地区管理局负责人审核；

（三）地区管理局依据本规定第十四条审查合格后，报民航局法制职能部门进行审查；

（四）民航局法制职能部门审查合格后，报民航局批准。

第二十条 受委托组织工作人员申请监管类监察员证的，其相应申请材料应当由受委托组织监察员管理部门审查、受委托组织相关负责人审核，合格后报民航局法制职能部门。民航局法制职能部门审查合格后,报民航局批准。

第二十一条　监管类监察员首次取得监察员证的,获得一个监管专业的执法资格。

监管类监察员可以通过申请变更专业或者申请签注的方式,取得新的监管专业的执法资格。

民航行政机关的监管类监察员通过两个及以上监管专业的行政执法能力考评或者其相应专业的知识水平经民航局有关部门认可的,可以由所在单位签注相应的监管专业后,同时获得所签注专业的执法资格。

受委托组织的监察员只能具有一个监管专业的执法资格,不得签注监管专业。

第二十二条　监察员证载明监察员姓名、证件号码、发证机关和发证日期等信息,附有持证人照片。

第二十三条　取得监管类监察员证后,应当在民航局规定的执法见习期内接受相应专业的在岗带训。执法见习期结束后经评价合格的,方可作为监察员独立从事民航行政执法活动。

第四章　证件管理

第二十四条　监察员证仅限本人使用,且不得涂改。

第二十五条　监察员应当妥善保管监察员证。监察员证遗失,或者因污损、破损影响正常使用的,监察员应当及时向所在单位的监察员管理部门书面报告并申请补发、换发。

申请补发、换发监察员证的申请材料,应当报民航局法制职能部门审查,经审查无误的报民航局批准。发放新的监察员证之前,监察员所在单位的监察员管理部门应当将污损、破损的监察员证收回。

第二十六条　监察员有下列情形之一的,由监察员所在单位的监察员管理部门收留其监察员证,并中止其执法权限:

(一)监管类监察员短期内离开执法岗位或者督导类监察员离开领导岗位的;

(二)因涉嫌违法违纪或者执法过错等原因处于被调查期间的。

具有前款规定情形的监察员,应当主动将监察员证上交所在单位监察员管理部门收留。监察员证被收留期间,监察员不得从事民航行政执法活动。地区管理局可以授权其派出机构开展监察员证收留工作。

具有本条第一款第一项规定情形的监察员,3 年内符合审验标准的,可以发还其监察员证;具有本条第一款第二项规定情形的监察员,调查结束后未被追究任何责任或者仅受到警告处分,并返回执法岗位或者领导岗位的,可以发还其监察员证。

第二十七条 监管类监察员的各监管专业的资格及督导类监察员资格需每两年审验一次。经审验合格的继续有效，未按要求参加审验或者经审验不合格的自行失效。

审验自监察员取得监察员资格或者上一次审验通过之日起满2年进行。审验期间，监察员证继续有效。

监察员证被收留期间不参加审验。收留超过1年的，自收留事由消失之日起重新计算审验期间。

第二十八条 监察员管理部门负责组织对本单位监察员资格进行审验。地区管理局可以授权其派出机构对本机构的监察员资格进行审验。

第二十九条 监管类监察员的各监管专业的资格按照下列标准进行审验：

（一）培训学时满足本规定第三十七条第三款的要求；

（二）监察员开展了相应专业的行政执法工作，并且执法工作经考核合格；

（三）民航局及地区管理局规定的其他标准。

督导类监察员的审验标准为持续满足职务要求。

第三十条 监察员有正当理由导致需要对部分或者全部监管专业的资格、督导类监察员资格延期审验的，应当向本单位监察员管理部门提交延期审验申请。经批准同意的，应当在导致延期的理由消失之日起1个月内进行审验。

经批准延期审验的监察员资格连续两次审验的时间间隔不得超过3年，超过3年的视为未按要求参加审验；但是监察员因挂职锻炼等单位安排超过3年未能参加审验的除外。

第三十一条 监察员因工作调动、辞职、退休、调离或者被辞退等原因，离开执法岗位或者领导岗位的，应当将监察员证交回所在单位监察员管理部门。交回监察员证后人事部门方可为其办理其他离职手续。人事部门办理相应手续后，应当于5个工作日内告知监察员管理部门。

监察员所在单位执法权限被终止的，其监察员管理部门应当将本单位人员的监察员证交回民航局法制职能部门。

交回的监察员证自行失效。

第三十二条 监察员有下列情形之一的，民航局有关部门、地区管理局或者受委托组织应当及时将有关信息报民航局法制职能部门；民航局法制职能部门审查后，报民航局批准，由民航局注销其监察员证：

（一）违反本规定第十七条，隐瞒有关情况或者提供虚假材料骗取监察员证的；

（二）违反本规定第二十四条，出借、涂改等违法使用监察员证的；

（三）因违法违纪或者执法过错等原因，被给予记过及以上处分的；

（四）监察员证被收留超过3年，仍不符合发还条件的，但是监察员因挂职锻炼等单位安排超过3年的除外；

（五）监察员拒绝将监察员证上交所在单位监察员管理部门收留或者在监察员证被收留期间从事民航行政执法活动的；

（六）违反本规定第三十一条，监察员或者其所在单位监察员管理部门拒绝将监察员证交回的；

（七）监察员证自行失效的。

对前款规定情形以外的其他不宜继续担任监察员的人员，民航局有关部门、地区管理局或者受委托组织可以向民航局法制职能部门提出注销其监察员证的建议；民航局法制职能部门审查后，报民航局，由民航局决定是否注销其监察员证。

监察员有本条第一款第一项至第三项所列情形的，两年内不得再次申请监察员证。

民航局依法公布被注销监察员证的有关信息。

第三十三条 监察员管理部门负责本单位监察员有关信息的管理，应当如实记录监察员证的核发、补发、换发、审验、收留、注销及持证人员培训、考试考核、执法责任追究等情况。

第三十四条 民航局定期组织开展监察员证的清理、销毁工作。

第五章 培训管理

第三十五条 监管类监察员的培训，分为入门培训和强化培训。

第三十六条 入门培训包括入门通识培训和入门业务培训。

民航局法制职能部门负责组织入门通识培训，民航局有关部门负责组织相应监管专业的入门业务培训。

第三十七条 强化培训包括强化通识培训和强化业务培训。

监察员管理部门负责组织本单位监察员的强化通识培训，民航局有关部门负责组织或者认可相应监管专业的强化业务培训。

强化通识培训和强化业务培训的学时每两年均不得少于40学时，学时的统计包含民航局有关部门认可的各种形式的知识和能力培训。

民航局有关部门应当于每年3月1日前公布本年度的监察员培训计划，并于培训结束后5个工作日内完成培训档案记录。

民航局有关部门需要对相应监管专业的强化业务培训进行认可的，应当于培训档案记录完成后5个工作日内进行认可。

第三十八条 民航局统一编制、公布培训大纲并适时修订。

第三十九条 本规定第三十六条和第三十七条规定的负责组织培训的部门可以根据教学设备设施、师资力量等情况选择培训机构开展相应培训工作。选择培训机构开展相应培训工作的,应当对培训机构的培训方案和培训档案记录提出要求。

提供监察员培训服务的培训机构应当按照组织培训的部门要求,编制培训方案,记录培训档案。培训记录应当包括培训机构、参训人员的基本信息、培训内容、培训学时、培训地点等。

第四十条 监察员所在单位应当保障监察员培训所需的必要经费。

第四十一条 督导类监察员的培训,按照民航局有关要求执行。

第六章 法律责任

第四十二条 因监察员违法执法导致行政赔偿的,民航行政机关依法承担行政赔偿义务后,应当责令有故意或者重大过失的监察员或者受委托组织承担部分或者全部赔偿责任。

第四十三条 受委托组织在执法过程中有下列情形之一的,由民航局有关部门责令改正,并可以依法追究负有责任的管理人员和直接责任人员的责任:

(一)违反法律、行政法规或者部门规章规定的;

(二)超越委托范围的;

(三)不以民航局名义执法的;

(四)再委托其他组织或者个人执法的。

第四十四条 监察员在执法过程中存在故意或者重大过失违法行为的,依法追究其法律责任;滥用职权、玩忽职守或者徇私舞弊构成犯罪的,依法追究刑事责任。

第四十五条 伪造监察员证构成犯罪的,依法追究刑事责任。

第七章 附则

第四十六条 地区管理局可以依据本规定制定实施细则。

第四十七条 本规定施行之前依法取得的监察员证继续有效。

第四十八条 本规定自 2020 年 5 月 1 日起施行。交通运输部于 2016 年 3 月 28 日以交通运输部令 2016 年第 26 号公布的《中国民用航空监察员管理规定》同时废止。

附件

监察员的职责内容

一、监管类

1. 航空安全监管专业:监督和指导民航事件的调查处理工作,按规定组织对事故和重大事件调查处理,综合协调航空安全管理。

2. 飞行标准监管专业:监督检查民用航空器运营人、航空人员训练机构及设备、民用航空器维修单位,监督机场飞行程序和运行最低标准、航空卫生政策及标准的执行。

3. 适航审定监管专业:监督检查民用航空产品和零部件的设计、生产、适航批准及证后监管相关事项。

4. 机场监管专业:负责民航机场建设和安全运行的监督管理。

5. 航空安保监管专业:监督检查航空安保工作。

6. 空中交通管理监管专业:负责民航空中交通管理的安全监管。

7. 应急管理监管专业:监督检查和指导民航企事业单位的应急工作。

8. 网络和信息安全监管专业:负责民航行业网络和信息安全监督管理工作。

9. 公共航空运输监管专业:负责公共航空运输监督管理。

10. 通用航空市场监管专业:负责通用航空市场监督管理。

11. 统计价格监管专业:监督检查民航企事业单位统计工作、民航行业价格、收费政策的实施。

12. 财务监管专业:监督检查民航企业财经信息管理和安全保障财务考核、航空运输电子客票行程单的管理和使用情况。

13. 综合监管专业:负责行政执法指导和监督,依职责对有关执法活动进行法律审核。依法监管企业及机场联合重组改制、国内民航业投资活动。

二、督导类

对本单位民用航空执法活动进行监督指导,检查监管类监察员履行职责情况,并根据工作职责对辖区内民用航空活动进行执法检查。

国家国际发展合作署行政处罚实施办法

（2020年3月30日国家国际发展合作署令2020年第2号公布
自2020年5月1日起施行　国司备字[2020001780]）

第一条　为规范国家国际发展合作署（以下简称国际发展合作署）行政处罚的实施，保障行政处罚的合法性和有效性，保护公民、法人和其他组织的合法权益，维护公共利益，根据《中华人民共和国行政处罚法》，制定本办法。

第二条　公民、法人或者其他组织违反行政管理秩序的行为，依据法律、行政法规或者部门规章规定，应当由国际发展合作署给予行政处罚的，适用本办法。

第三条　行政处罚由国际发展合作署在法定职权范围内实施，国际发展合作署内设机构不得以自身名义实施行政处罚。

没有法律、行政法规或者部门规章的规定，国际发展合作署不得委托其他组织实施行政处罚。

第四条　国际发展合作署实施行政处罚，依法实行回避制度。执法人员与当事人有直接利害关系，可能影响公正执法的，应当回避。

第五条　国际发展合作署对行政处罚实行案件调查与案件审理分离的制度。

第六条　国际发展合作署设立行政处罚委员会，作为国际发展合作署行政处罚案件的审理机构。

行政处罚委员会通过召开审理会的方式审理行政处罚案件。

第七条　国际发展合作署法制机构（以下简称法制机构）是国际发展合作署行政处罚委员会的办事机构，负责组织行政处罚委员会的审理会，听取当事人陈述、申辩，制作相关法律文书，承担行政处罚委员会的日常工作。

第八条　国际发展合作署行政处罚案件的调查机关是案件所涉及的业务部门。必要时，该业务部门可以会同其他相关部门共同调查案件。

第九条　国际发展合作署业务部门发现公民、法人或者其他组织有违反行政管理秩序的行为时，应当及时展开调查工作。

第十条　调查机关应当全面、客观、公正进行调查，收集有关证据。必要时，依照法律法规的规定，可以进行检查。

第十一条　行政处罚案件调查终结后，拟作出行政处罚的，调查机关应当制作《案件调查终结报告》及证据目录，连同证据材料一并移交行政处罚委员会。

《案件调查终结报告》应当写明案件的事实情况、调查过程、相关证据及违反的法律规定，并对案件处理及依据提出初步意见。

第十二条 《案件调查终结报告》及证据等材料移交行政处罚委员会后，由法制机构进行初步审查。

初次从事行政处罚审查的人员，应当通过国家统一法律职业资格考试取得法律职业资格。

第十三条 法制机构认为案件中事实不清的，可以要求调查机关作出解释、说明。必要时，法制机构可以直接向有关单位及人员调查、了解情况。

第十四条 法制机构经审查，认为案件事实不清、证据不足的可以退回调查机关补充调查。

第十五条 法制机构经审查，认为案件主要事实清楚、证据充分的，应当制作《案件审查报告》。

《案件审查报告》应当包括案件基本情况、违法事实、拟作出的行政处罚决定及依据。

第十六条 法制机构应当及时将《案件调查终结报告》《案件审查报告》等材料提交行政处罚委员会，由行政处罚委员会召开审理会对案件进行审理。

第十七条 行政处罚委员会对下列案件内容进行审理：

（一）违法事实是否清楚；

（二）证据是否确凿；

（三）是否符合法定程序；

（四）当事人陈述和申辩的理由是否成立；

（五）应当适用的法律规定；

（六）处罚种类和幅度。

第十八条 行政处罚委员会应当召开审理会，经集体讨论、充分协商，根据案件不同情况，分别提出如下处理意见：

（一）违法事实不成立的，不得给予行政处罚；

（二）违法行为轻微、依法可以不予处罚的，不予行政处罚；

（三）确有应受行政处罚的违法行为的，根据情节轻重及具体情况，确定拟作出的行政处罚种类及幅度；

（四）涉嫌构成犯罪的，依法移送司法机关。

第十九条 法制机构应当按照行政处罚委员会审理会的处理意见制作行政处罚告知书，告知当事人拟作出行政处罚决定的事实、理由及依据，保障当事人的陈述权、申辩权。

第二十条 当事人要求陈述、申辩的，应当在收到行政处罚告知书后七日内提出。法制机构经审查认为当事人的陈述、申辩意见可能影响行政处罚决定的，行政处罚委员会应当召开审理会对案件进行复审。

第二十一条 法制机构应当按照行政处罚委员会审理会的处理意见制作行政处罚决定书。行政处罚决定书的内容应当载明下列事项：

(一)当事人的姓名或者名称、地址；

(二)违反法律、法规或者部门规章的事实和证据；

(三)行政处罚的种类和依据；

(四)行政处罚的履行方式和期限；

(五)不服行政处罚决定，申请行政复议或者提起行政诉讼的途径和期限；

(六)机关名称和作出决定的日期。

第二十二条 行政处罚告知书和行政处罚决定书作出后，由法制机构在七日内依照民事诉讼法的有关规定送达当事人。

第二十三条 当事人应当在行政处罚决定书确定的期限内履行行政处罚决定。逾期不履行行政处罚决定的，国际发展合作署可采取《中华人民共和国行政处罚法》规定的下列措施，予以执行：

(一)到期不缴纳罚款的，每日按罚款数额的百分之三加处罚款；

(二)申请人民法院强制执行。

第二十四条 除涉及国家秘密、商业秘密和个人隐私的内容以及法律法规禁止公开的信息外，行政处罚决定书在国际发展合作署网站上公布，备公众查询。

第二十五条 本办法由国际发展合作署负责解释，自2020年5月1日起施行。

国家国际发展合作署行政复议实施办法

(2020年3月30日国家国际发展合作署令2020年第3号公布
自2020年5月1日起施行　国司备字[2020001781])

第一条 为防止、纠正违法或者不当的具体行政行为，保护公民、法人和其他组织的合法权益，根据《中华人民共和国行政复议法》及其实施条例，制定本办法。

第二条 公民、法人或者其他组织认为国家国际发展合作署(以下简称国际发展合作署)的具体行政行为侵犯其合法权益，向国际发展合作署提出行政复议申请，国际发展合作署受理行政复议申请、作出行政复议决定，适用本办法。

第三条 申请人对国际发展合作署的具体行政行为不服的，可以向国际发展合作署申请行政复议。

第四条 申请人申请行政复议,应当提交书面行政复议申请书正本一份,并按照被申请人数目提交副本。复议申请书应当载明下列事项:

(一)申请人的基本情况,包括:公民的姓名、性别、年龄、身份证号码、工作单位、住所、邮政编码、送达地址、联系方式;法人或者其他组织的名称、住所、邮政编码、统一社会信用代码和法定代表人或者主要负责人的姓名、职务;

(二)被申请人的名称、地址;

(三)行政复议具体要求、主要事实和理由(包括知道具体行政行为的时间);

(四)申请人的签名或者盖章;

(五)申请行政复议的日期。

申请人为自然人的,应当提交居民身份证或者其他有效证件复印件;申请人为法人或者其他组织的,应当提交营业执照或者其他有效证件复印件、法定代表人或者主要负责人居民身份证或者其他有效证件复印件。

申请人委托代理人代为申请的,还应当提交授权委托书和代理人的居民身份证或者其他有效证件复印件。

行政复议申请书应当附具必要的证据材料。

第五条 同申请行政复议的具体行政行为有利害关系的其他公民、法人或者其他组织要求作为第三人参加行政复议,应当以书面形式提出申请,经国际发展合作署审查同意,可以作为第三人参加行政复议。

行政复议期间,国际发展合作署法制机构(以下简称法制机构)认为申请人以外的公民、法人或者其他组织与被审查的具体行政行为有利害关系的,可以通知其作为第三人参加行政复议。

第六条 申请人向国际发展合作署申请行政复议的,向法制机构办理申请手续。法制机构应当在申请书上注明收到日期,并由递交人签字确认。

第七条 法制机构收到行政复议申请后,应当在五日内进行审查,并依法作出是否受理的决定。

行政复议申请符合《中华人民共和国行政复议法》及其实施条例规定,但不属于国际发展合作署受理范围的,告知申请人向有关行政复议机关提出。

第八条 行政复议申请有下列情形之一的,不予受理:

(一)申请复议的事项不属于《中华人民共和国行政复议法》第六条规定的复议范围的;

(二)申请人不具备复议申请主体资格的;

(三)申请人错列被申请人且拒绝变更的;

(四)申请复议超过了法定的申请期限且无正当理由的;

(五)申请人提起行政诉讼,法院已经受理或者尚未决定是否受理,又申请行政复议的;

（六）申请人向其他有管辖权的行政机关申请复议，该复议机关已经依法受理的；

（七）申请人撤回复议申请，无正当理由再行申请复议的；

（八）行政复议申请不具备其他法定要件的。

法制机构应当制作不予受理行政复议申请决定书，以书面形式告知申请人。

第九条 除依法决定不予受理或者告知申请人应当向其他复议机关申请复议的外，行政复议申请自法制机构收到之日起即为受理。

法制机构应当自行政复议申请受理之日起七日内，将行政复议申请书副本发送署内承办具体行政行为的业务部门。

第十条 业务部门应当自收到申请书副本之日起十日内提出书面答复，并提交当初作出具体行政行为的证据、依据和其他有关材料。书面答复应当载明以下内容：

（一）作出具体行政行为的事实依据和有关证据材料；

（二）作出具体行政行为所依据的法律、法规、规章和规范性文件的具体条款及其内容；

（三）作出答复的时间、联系人。

在行政复议过程中，业务部门不得自行向申请人和其他有关组织或者个人收集证据。

第十一条 行政复议原则上采取书面审查的办法，如案情复杂、书面审查无法查明案情，也可以采取听取当事人意见、实地调查，或邀请专门机构进行检验、鉴定等方式。

法制机构在办理行政复议事项过程中可以向业务部门调取、查阅、复制相关证据材料，业务部门应予配合。

第十二条 对重大、复杂的案件，法制机构可以组织法律顾问、专家进行研究论证；申请人提出要求或者法制机构认为必要时，可以采取听证方式审理。

第十三条 申请人在申请行政复议时，依法一并提出审查作出具体行政行为所依据的规范性文件，法制机构一并受理。有权处理的，应当在三十日内依法处理；无权处理的，应当在七日内按照法定程序转送有权处理的国家机关依法处理。处理期间，中止对具体行政行为的审查。

第十四条 法制机构对具体行政行为进行审查，提出意见，经国际发展合作署署务会议审定后，作出以下行政复议决定：

（一）具体行政行为认定事实清楚、证据确凿、适用依据正确、程序合法、内容适当的，决定维持；

（二）申请人要求被申请人履行未履行的法定职责的，决定被申请人在一定期限内履行；

（三）具体行政行为有下列情形之一的，决定撤销、变更具体行政行为或者确认具体行政行为违法：

1. 主要事实不清、证据不足的；

2. 适用依据错误的；

3. 违反法定程序的；

4. 超越或者滥用职权的；

5. 具体行政行为明显不当的。

第十五条 申请人在申请行政复议时一并提出行政赔偿请求的，应当按照《中华人民共和国国家赔偿法》第十二条规定写明具体的赔偿请求、事实根据和理由。国际发展合作署对依法应当给予赔偿的，在决定撤销、变更具体行政行为或者确认具体行政行为违法时，应当同时决定依法给予赔偿。

第十六条 本办法由国际发展合作署负责解释，自2020年5月1日起施行。

建设工程消防设计审查验收管理暂行规定

（2020年4月1日住房和城乡建设部令第51号公布　自2020年6月1日起施行　国司备字[2020001761]）

第一章　总　　则

第一条 为了加强建设工程消防设计审查验收管理，保证建设工程消防设计、施工质量，根据《中华人民共和国建筑法》《中华人民共和国消防法》《建设工程质量管理条例》等法律、行政法规，制定本规定。

第二条 特殊建设工程的消防设计审查、消防验收，以及其他建设工程的消防验收备案（以下简称备案）、抽查，适用本规定。

本规定所称特殊建设工程，是指本规定第十四条所列的建设工程。

本规定所称其他建设工程，是指特殊建设工程以外的其他按照国家工程建设消防技术标准需要进行消防设计的建设工程。

第三条 国务院住房和城乡建设主管部门负责指导监督全国建设工程消防设计审查验收工作。

县级以上地方人民政府住房和城乡建设主管部门（以下简称消防设计审查验收主管部门）依职责承担本行政区域内建设工程的消防设计审查、消防验收、备案和抽查工作。

跨行政区域建设工程的消防设计审查、消防验收、备案和抽查工作，由该建设工程所在行政区域消防设计审查验收主管部门共同的上一级主管部门指定负责。

第四条 消防设计审查验收主管部门应当运用互联网技术等信息化手段开展消防设计审查、消防验收、备案和抽查工作，建立健全有关单位和从业人员的信用管理制度，不断提升政务服务水平。

第五条 消防设计审查验收主管部门实施消防设计审查、消防验收、备案和抽查工作所需经费，按照《中华人民共和国行政许可法》等有关法律法规的规定执行。

第六条 消防设计审查验收主管部门应当及时将消防验收、备案和抽查情况告知消防救援机构，并与消防救援机构共享建筑平面图、消防设施平面布置图、消防设施系统图等资料。

第七条 从事建设工程消防设计审查验收的工作人员，以及建设、设计、施工、工程监理、技术服务等单位的从业人员，应当具备相应的专业技术能力，定期参加职业培训。

第二章 有关单位的消防设计、施工质量责任与义务

第八条 建设单位依法对建设工程消防设计、施工质量负首要责任。设计、施工、工程监理、技术服务等单位依法对建设工程消防设计、施工质量负主体责任。建设、设计、施工、工程监理、技术服务等单位的从业人员依法对建设工程消防设计、施工质量承担相应的个人责任。

第九条 建设单位应当履行下列消防设计、施工质量责任和义务：

（一）不得明示或者暗示设计、施工、工程监理、技术服务等单位及其从业人员违反建设工程法律法规和国家工程建设消防技术标准，降低建设工程消防设计、施工质量；

（二）依法申请建设工程消防设计审查、消防验收，办理备案并接受抽查；

（三）实行工程监理的建设工程，依法将消防施工质量委托监理；

（四）委托具有相应资质的设计、施工、工程监理单位；

（五）按照工程消防设计要求和合同约定，选用合格的消防产品和满足防火性能要求的建筑材料、建筑构配件和设备；

（六）组织有关单位进行建设工程竣工验收时，对建设工程是否符合消防要求进行查验；

（七）依法及时向档案管理机构移交建设工程消防有关档案。

第十条 设计单位应当履行下列消防设计、施工质量责任和义务：

（一）按照建设工程法律法规和国家工程建设消防技术标准进行设计，编

制符合要求的消防设计文件,不得违反国家工程建设消防技术标准强制性条文;

(二)在设计文件中选用的消防产品和具有防火性能要求的建筑材料、建筑构配件和设备,应当注明规格、性能等技术指标,符合国家规定的标准;

(三)参加建设单位组织的建设工程竣工验收,对建设工程消防设计实施情况签章确认,并对建设工程消防设计质量负责。

第十一条 施工单位应当履行下列消防设计、施工质量责任和义务:

(一)按照建设工程法律法规、国家工程建设消防技术标准,以及经消防设计审查合格或者满足工程需要的消防设计文件组织施工,不得擅自改变消防设计进行施工,降低消防施工质量;

(二)按照消防设计要求、施工技术标准和合同约定检验消防产品和具有防火性能要求的建筑材料、建筑构配件和设备的质量,使用合格产品,保证消防施工质量;

(三)参加建设单位组织的建设工程竣工验收,对建设工程消防施工质量签章确认,并对建设工程消防施工质量负责。

第十二条 工程监理单位应当履行下列消防设计、施工质量责任和义务:

(一)按照建设工程法律法规、国家工程建设消防技术标准,以及经消防设计审查合格或者满足工程需要的消防设计文件实施工程监理;

(二)在消防产品和具有防火性能要求的建筑材料、建筑构配件和设备使用、安装前,核查产品质量证明文件,不得同意使用或者安装不合格的消防产品和防火性能不符合要求的建筑材料、建筑构配件和设备;

(三)参加建设单位组织的建设工程竣工验收,对建设工程消防施工质量签章确认,并对建设工程消防施工质量承担监理责任。

第十三条 提供建设工程消防设计图纸技术审查、消防设施检测或者建设工程消防验收现场评定等服务的技术服务机构,应当按照建设工程法律法规、国家工程建设消防技术标准和国家有关规定提供服务,并对出具的意见或者报告负责。

第三章　特殊建设工程的消防设计审查

第十四条 具有下列情形之一的建设工程是特殊建设工程:

(一)总建筑面积大于二万平方米的体育场馆、会堂,公共展览馆、博物馆的展示厅;

(二)总建筑面积大于一万五千平方米的民用机场航站楼、客运车站候车室、客运码头候船厅;

(三)总建筑面积大于一万平方米的宾馆、饭店、商场、市场;

（四）总建筑面积大于二千五百平方米的影剧院，公共图书馆的阅览室，营业性室内健身、休闲场馆，医院的门诊楼，大学的教学楼、图书馆、食堂，劳动密集型企业的生产加工车间，寺庙、教堂；

（五）总建筑面积大于一千平方米的托儿所、幼儿园的儿童用房，儿童游乐厅等室内儿童活动场所，养老院、福利院，医院、疗养院的病房楼，中小学校的教学楼、图书馆、食堂，学校的集体宿舍，劳动密集型企业的员工集体宿舍；

（六）总建筑面积大于五百平方米的歌舞厅、录像厅、放映厅、卡拉 OK 厅、夜总会、游艺厅、桑拿浴室、网吧、酒吧，具有娱乐功能的餐馆、茶馆、咖啡厅；

（七）国家工程建设消防技术标准规定的一类高层住宅建筑；

（八）城市轨道交通、隧道工程，大型发电、变配电工程；

（九）生产、储存、装卸易燃易爆危险物品的工厂、仓库和专用车站、码头，易燃易爆气体和液体的充装站、供应站、调压站；

（十）国家机关办公楼、电力调度楼、电信楼、邮政楼、防灾指挥调度楼、广播电视楼、档案楼；

（十一）设有本条第一项至第六项所列情形的建设工程；

（十二）本条第十项、第十一项规定以外的单体建筑面积大于四万平方米或者建筑高度超过五十米的公共建筑。

第十五条　对特殊建设工程实行消防设计审查制度。

特殊建设工程的建设单位应当向消防设计审查验收主管部门申请消防设计审查，消防设计审查验收主管部门依法对审查的结果负责。

特殊建设工程未经消防设计审查或者审查不合格的，建设单位、施工单位不得施工。

第十六条　建设单位申请消防设计审查，应当提交下列材料：

（一）消防设计审查申请表；

（二）消防设计文件；

（三）依法需要办理建设工程规划许可的，应当提交建设工程规划许可文件；

（四）依法需要批准的临时性建筑，应当提交批准文件。

第十七条　特殊建设工程具有下列情形之一的，建设单位除提交本规定第十六条所列材料外，还应当同时提交特殊消防设计技术资料：

（一）国家工程建设消防技术标准没有规定，必须采用国际标准或者境外工程建设消防技术标准的；

（二）消防设计文件拟采用的新技术、新工艺、新材料不符合国家工程建设消防技术标准规定的。

前款所称特殊消防设计技术资料，应当包括特殊消防设计文件，设计采用的国际标准、境外工程建设消防技术标准的中文文本，以及有关的应用实例、产品说明等资料。

第十八条 消防设计审查验收主管部门收到建设单位提交的消防设计审查申请后，对申请材料齐全的，应当出具受理凭证；申请材料不齐全的，应当一次性告知需要补正的全部内容。

第十九条 对具有本规定第十七条情形之一的建设工程，消防设计审查验收主管部门应当自受理消防设计审查申请之日起五个工作日内，将申请材料报送省、自治区、直辖市人民政府住房和城乡建设主管部门组织专家评审。

第二十条 省、自治区、直辖市人民政府住房和城乡建设主管部门应当建立由具有工程消防、建筑等专业高级技术职称人员组成的专家库，制定专家库管理制度。

第二十一条 省、自治区、直辖市人民政府住房和城乡建设主管部门应当在收到申请材料之日起十个工作日内组织召开专家评审会，对建设单位提交的特殊消防设计技术资料进行评审。

评审专家从专家库随机抽取，对于技术复杂、专业性强或者国家有特殊要求的项目，可以直接邀请相应专业的中国科学院院士、中国工程院院士、全国工程勘察设计大师以及境外具有相应资历的专家参加评审；与特殊建设工程设计单位有利害关系的专家不得参加评审。

评审专家应当符合相关专业要求，总数不得少于七人，且独立出具评审意见。特殊消防设计技术资料经四分之三以上评审专家同意即为评审通过，评审专家有不同意见的，应当注明。省、自治区、直辖市人民政府住房和城乡建设主管部门应当将专家评审意见，书面通知报请评审的消防设计审查验收主管部门，同时报国务院住房和城乡建设主管部门备案。

第二十二条 消防设计审查验收主管部门应当自受理消防设计审查申请之日起十五个工作日内出具书面审查意见。依照本规定需要组织专家评审的，专家评审时间不超过二十个工作日。

第二十三条 对符合下列条件的，消防设计审查验收主管部门应当出具消防设计审查合格意见：

（一）申请材料齐全、符合法定形式；

（二）设计单位具有相应资质；

（三）消防设计文件符合国家工程建设消防技术标准（具有本规定第十七条情形之一的特殊建设工程，特殊消防设计技术资料通过专家评审）。

对不符合前款规定条件的，消防设计审查验收主管部门应当出具消防设计审查不合格意见，并说明理由。

第二十四条 实行施工图设计文件联合审查的，应当将建设工程消防设计的技术审查并入联合审查。

第二十五条 建设、设计、施工单位不得擅自修改经审查合格的消防设计文件。确需修改的,建设单位应当依照本规定重新申请消防设计审查。

第四章 特殊建设工程的消防验收

第二十六条 对特殊建设工程实行消防验收制度。

特殊建设工程竣工验收后,建设单位应当向消防设计审查验收主管部门申请消防验收;未经消防验收或者消防验收不合格的,禁止投入使用。

第二十七条 建设单位组织竣工验收时,应当对建设工程是否符合下列要求进行查验:

(一)完成工程消防设计和合同约定的消防各项内容;

(二)有完整的工程消防技术档案和施工管理资料(含涉及消防的建筑材料、建筑构配件和设备的进场试验报告);

(三)建设单位对工程涉及消防的各分部分项工程验收合格;施工、设计、工程监理、技术服务等单位确认工程消防质量符合有关标准;

(四)消防设施性能、系统功能联调联试等内容检测合格。

经查验不符合前款规定的建设工程,建设单位不得编制工程竣工验收报告。

第二十八条 建设单位申请消防验收,应当提交下列材料:

(一)消防验收申请表;

(二)工程竣工验收报告;

(三)涉及消防的建设工程竣工图纸。

消防设计审查验收主管部门收到建设单位提交的消防验收申请后,对申请材料齐全的,应当出具受理凭证;申请材料不齐全的,应当一次性告知需要补正的全部内容。

第二十九条 消防设计审查验收主管部门受理消防验收申请后,应当按照国家有关规定,对特殊建设工程进行现场评定。现场评定包括对建筑物防(灭)火设施的外观进行现场抽样查看;通过专业仪器设备对涉及距离、高度、宽度、长度、面积、厚度等可测量的指标进行现场抽样测量;对消防设施的功能进行抽样测试、联调联试消防设施的系统功能等内容。

第三十条 消防设计审查验收主管部门应当自受理消防验收申请之日起十五日内出具消防验收意见。对符合下列条件的,应当出具消防验收合格意见:

(一)申请材料齐全、符合法定形式;

(二)工程竣工验收报告内容完备;

(三)涉及消防的建设工程竣工图纸与经审查合格的消防设计文件相符;

(四)现场评定结论合格。

对不符合前款规定条件的，消防设计审查验收主管部门应当出具消防验收不合格意见，并说明理由。

第三十一条 实行规划、土地、消防、人防、档案等事项联合验收的建设工程，消防验收意见由地方人民政府指定的部门统一出具。

第五章 其他建设工程的消防设计、备案与抽查

第三十二条 其他建设工程，建设单位申请施工许可或者申请批准开工报告时，应当提供满足施工需要的消防设计图纸及技术资料。

未提供满足施工需要的消防设计图纸及技术资料的，有关部门不得发放施工许可证或者批准开工报告。

第三十三条 对其他建设工程实行备案抽查制度。

其他建设工程经依法抽查不合格的，应当停止使用。

第三十四条 其他建设工程竣工验收合格之日起五个工作日内，建设单位应当报消防设计审查验收主管部门备案。

建设单位办理备案，应当提交下列材料：

（一）消防验收备案表；

（二）工程竣工验收报告；

（三）涉及消防的建设工程竣工图纸。

本规定第二十七条有关建设单位竣工验收消防查验的规定，适用于其他建设工程。

第三十五条 消防设计审查验收主管部门收到建设单位备案材料后，对备案材料齐全的，应当出具备案凭证；备案材料不齐全的，应当一次性告知需要补正的全部内容。

第三十六条 消防设计审查验收主管部门应当对备案的其他建设工程进行抽查。抽查工作推行"双随机、一公开"制度，随机抽取检查对象，随机选派检查人员。抽取比例由省、自治区、直辖市人民政府住房和城乡建设主管部门，结合辖区内消防设计、施工质量情况确定，并向社会公示。

消防设计审查验收主管部门应当自其他建设工程被确定为检查对象之日起十五个工作日内，按照建设工程消防验收有关规定完成检查，制作检查记录。检查结果应当通知建设单位，并向社会公示。

第三十七条 建设单位收到检查不合格整改通知后，应当停止使用建设工程，并组织整改，整改完成后，向消防设计审查验收主管部门申请复查。

消防设计审查验收主管部门应当自收到书面申请之日起七个工作日内进行复查，并出具复查意见。复查合格后方可使用建设工程。

第六章　附　　则

第三十八条　违反本规定的行为，依照《中华人民共和国建筑法》《中华人民共和国消防法》《建设工程质量管理条例》等法律法规给予处罚；构成犯罪的，依法追究刑事责任。

建设、设计、施工、工程监理、技术服务等单位及其从业人员违反有关建设工程法律法规和国家工程建设消防技术标准，除依法给予处罚或者追究刑事责任外，还应当依法承担相应的民事责任。

第三十九条　建设工程消防设计审查验收规则和执行本规定所需要的文书式样，由国务院住房和城乡建设主管部门制定。

第四十条　新颁布的国家工程建设消防技术标准实施之前，建设工程的消防设计已经依法审查合格的，按原审查意见的标准执行。

第四十一条　住宅室内装饰装修、村民自建住宅、救灾和非人员密集场所的临时性建筑的建设活动，不适用本规定。

第四十二条　省、自治区、直辖市人民政府住房和城乡建设主管部门可以根据有关法律法规和本规定，结合本地实际情况，制定实施细则。

第四十三条　本规定自 2020 年 6 月 1 日起施行。

广播电视行业统计管理规定

（2020 年 4 月 3 日国家广播电视总局令第 6 号公布　自 2020 年 5 月 5 日起施行　国司备字［2020001778］）

第一章　总　　则

第一条　为加强对广播电视行业统计工作的管理，充分发挥广播电视统计的信息咨询与监督作用，提升广播电视统计服务水平，根据《中华人民共和国统计法》《中华人民共和国统计法实施条例》和国家有关规定，制定本规定。

第二条　本规定适用于广播电视主管部门依法调查、搜集、整理、研究和提供广播电视、网络视听节目服务统计资料（包括大数据统计资料）的广播电视行业统计活动。

第三条　本规定所称广播电视行业各单位，是指从事广播电视、网络视听节目服务相关业务活动的各类法人单位。

第四条　广播电视行业统计工作要坚持和加强党的全面领导，增强“四个意识”，坚定“四个自信”，做到“两个维护”，切实发挥统计工作在广播电视高质量创新性发展中的重要基础性作用。

广播电视行业统计工作要依法统计，建立健全与行业发展要求相适应的统计指标体系、统计标准和统计调查制度，保障统计资料的真实性、准确性、完整性和及时性。

第五条 国务院广播电视主管部门主管全国范围内的广播电视行业统计监督和管理工作，并接受国务院统计主管部门的业务指导。

县级以上地方人民政府广播电视主管部门主管本行政区域内的广播电视行业统计监督和管理工作，同时接受本级人民政府统计机构的业务指导。

第六条 广播电视行业各单位负责本单位的综合统计工作。

广播电视行业各单位的年度预算中应当列有必要的统计工作经费。

第七条 广播电视行业各单位应当加快推广和应用现代信息技术，建立健全统计信息系统，拓展数据采集方式和服务渠道，推进统计信息公开和数据共享利用，提高广播电视统计工作效率和服务质量。

第二章 统计机构与统计人员

第八条 广播电视行业统计工作实行统一领导、分级负责。

第九条 国务院广播电视主管部门设立综合统计机构，履行下列职责：

（一）按照国家有关规定，制定广播电视行业统计工作管理办法、统计标准、统计调查制度、调查任务和调查方案，监督统计法律、行政法规、规章以及统计标准、统计调查制度的实施情况；

（二）搜集、整理全国广播电视行业统计资料，组织推进全国广播电视统计调查任务，对广播电视行业的发展情况进行统计分析、预测和监督；

（三）组织建立、管理全国广播电视统计信息系统（含大数据统计信息系统），建立完善全国广播电视统计信息数据库；

（四）审定、管理、公布、出版、提供广播电视行业统计资料，定期发布全国广播电视行业发展统计公报；

（五）组织培训中央和国家机关、省级部门所属广播电视单位的统计人员。

第十条 县级以上地方人民政府广播电视主管部门履行下列职责：

（一）组织、协调、指导、监督本地区的广播电视统计工作，监督统计法律、法规、规章在本地区广播电视单位的实施情况；

（二）搜集、整理本地区的广播电视统计资料，完成国家广播电视统计调查制度确定的调查任务和地方统计调查任务。按规定向上级广播电视主管部门报送本地区的统计报表、统计分析报告和其他统计资料，对本地区的广播电视发展情况进行统计分析、预测和监督；

（三）管理本地区的广播电视统计信息系统，完成统计数据采集、处理、传递、存储等工作，配合上级部门建立、管理地区性的广播电视统计信息数据库；

（四）审定、管理、公布、出版、提供本地区的广播电视统计资料；

（五）组织培训本地区广播电视单位的统计人员。

第十一条 广播电视行业各单位履行下列职责：

（一）组织、协调本单位和所属机构的统计工作，完成广播电视统计任务，按时报送本单位统计报表、统计分析报告和其他统计资料；

（二）对本单位的业务和管理情况进行统计分析，开展统计咨询和统计监督；

（三）加强统计基础工作，建立健全原始记录和统计台账，严格统计工作责任制，加强统计人员培训；

（四）管理本单位的统计调查表、统计资料和数据库。

第十二条 广播电视主管部门应当统筹各项行政管理职能和流程，加强内部联动、协同配合，共同推进广播电视统计工作。

第十三条 广播电视主管部门应当依托大数据统计信息系统，统筹收视收听率（点击率）统计工作，对数据的采集、发布进行监督。

任何机构和个人不得干扰、破坏广播电视主管部门依法开展的收视收听率（点击率）统计工作，不得制造虚假的收视收听率（点击率）。

第十四条 广播电视行业各单位应当依法加强统计力量，配备专职或者指定兼职统计人员，保持统计人员的相对稳定。统计人员应当具备完成统计任务的专业知识。

第十五条 统计机构、统计人员依法独立行使统计调查权、统计报告权、统计监督权及其他法定权利。

第三章　统计调查制度

第十六条 国务院广播电视主管部门负责制定、调整、修改全国广播电视统计调查制度，报国务院统计主管部门批准后实施。

县级以上地方人民政府广播电视主管部门负责制定补充性的地方广播电视统计调查制度，报上一级广播电视主管部门和本级人民政府统计机构备案后实施。

地方广播电视主管部门自行开展的广播电视统计调查的主要内容不得与全国性广播电视统计调查内容重复。

第十七条 根据广播电视行业管理工作需要可以开展广播电视专项统计调查。

广播电视专项部门统计调查项目（含大数据统计调查项目），由国务院广播电视主管部门制定并报国务院统计主管部门批准或者备案后实施。

地方性广播电视专项地方统计调查项目，由本级人民政府广播电视主管部门制定并报本级人民政府统计机构批准后实施。

专项调查能够满足需要的不做全面统计调查，一次性调查能够满足需要的不做经常性调查，专项调查的内容原则上不与全面统计调查的内容重复。

第十八条 广播电视行业各单位应当认真组织本单位有关机构、人员完成国家广播电视统计调查任务和其他专项统计调查任务，并配合统计机构和统计人员开展统计检查工作。

第十九条 广播电视行业各单位应当建立健全统计工作责任制，并按照"集体领导与个人分工相结合"、"谁主管、谁负责，谁经办、谁负责"的原则，完善落实防范和惩治统计造假、弄虚作假责任体系。

出现统计造假、弄虚作假行为的，所在单位的主要负责人承担第一责任，分管负责人承担主要责任，统计人员承担直接责任。

第二十条 广播电视行业各单位应当建立统计数据质量控制责任制，对原始记录和原始台账进行归纳和整理，对所填报统计报表的完整性、真实性和有效性进行审查、复核，并由单位负责人审核签署盖章，在规定时限内报送广播电视主管部门。报表报送后发现有误的，应当在规定期限内予以更正。

第二十一条 广播电视行业各单位负责人不得擅自修改统计人员依法搜集、整理的统计资料，不得以任何方式要求统计人员伪造、篡改统计资料，不得对依法履行职责或者拒绝、抵制统计违法行为的统计人员打击报复。

第四章 统计资料的管理和公布

第二十二条 广播电视行业各单位应当建立健全广播电视统计资料审核制度，保障统计资料的准确性和及时性。统计资料由相关职能机构分工负责，综合统计机构统一管理。

统计调查中取得的原始资料应当至少保存2年。汇总性统计资料应当至少保存10年，重要的统计资料应当永久保存。

第二十三条 全国性广播电视行业统计资料由国务院广播电视主管部门审核后，向社会公布。

全国性广播电视行业统计数据以国务院广播电视主管部门公布的数据为准。

地方性广播电视行业统计资料由本级人民政府广播电视主管部门审核后，向社会公布。

第二十四条 广播电视行业各单位应当依法加强对统计资料的保密管理。

任何单位和个人对在统计调查中获得的能够识别和推断单个统计调查对象身份的资料,依法负有保密责任。

统计机构和统计人员对在统计工作中知悉的国家秘密、商业秘密和个人信息,应当依法予以保密。

第二十五条 广播电视行业各单位应当建立统计档案制度。统计数据文件的保管、调用、移交,应当遵守国家有关规定。

第二十六条 广播电视行业各单位应当做好统计信息咨询工作,为社会公众提供服务。

第五章 统计监督与奖励处罚

第二十七条 广播电视主管部门应当对广播电视行业统计工作情况进行监督,主要内容包括:

(一)统计法律、法规、规章和有关制度的执行情况;

(二)统计机构和统计人员的配置情况;

(三)统计原始记录与台账建立管理情况;

(四)统计资料的真实、准确、完整程度等;

(五)统计资料的使用与公布情况;

(六)其他与统计工作有关的情况。

广播电视主管部门应当支持配合国务院统计主管部门的统计督察工作,并提供必要的条件保障。

第二十八条 广播电视主管部门应当定期对广播电视行业统计工作情况进行考核评定,并依据有关规定对统计机构和统计人员给予奖惩。

广播电视行业各单位应当依据本规定,建立统计工作奖惩制度。

第二十九条 违反本规定的,依照《中华人民共和国统计法》《中华人民共和国统计法实施条例》等有关法律、法规进行处罚、处理。

第六章 附　　则

第三十条 境外组织、个人需要在中华人民共和国境内进行广播电视统计调查活动的,应当按照国家有关规定,委托境内具有涉外统计调查资格的机构进行。

第三十一条 本规定自2020年5月5日起施行,2005年1月27日原国家广播电影电视总局发布、2016年5月4日原国家新闻出版广电总局修订的《广播电影电视行业统计管理办法》(国家广播电影电视总局令第47号)同时废止。

司法解释

最高人民法院　中国人民银行　中国银行保险监督管理委员会印发《关于全面推进金融纠纷多元化解机制建设的意见》的通知

（2019年11月19日　法发〔2019〕27号）

各省、自治区、直辖市高级人民法院，新疆维吾尔自治区高级人民法院生产建设兵团分院；中国人民银行上海总部，各分行、营业管理部，各省会（首府）城市中心支行，各副省级城市中心支行；各银保监局；国家开发银行，各政策性银行、国有商业银行、股份制银行，中国邮政储蓄银行，外资银行，各非银行支付机构，各金融纠纷调解组织：

现将《最高人民法院中国人民银行中国银行保险监督管理委员会关于全面推进金融纠纷多元化解机制建设的意见》印发给你们，请认真贯彻执行。

最高人民法院　中国人民银行　中国银行保险监督管理委员会关于全面推进金融纠纷多元化解机制建设的意见

推进金融纠纷多元化解机制建设，是畅通金融消费者权利救济渠道、满足人民群众日益增长的司法和金融需求、防范化解金融风险、充分发挥人民法院和金融管理部门在国家治理体系和治理能力现代化中的职能作用的重要举措。为贯彻落实《中共中央办公厅国务院办公厅关于完善矛盾纠纷多元化解机制的意见》《国务院办公厅关于加强金融消费者权益保护工作的指导意见》《最高人民法院关于人民法院进一步深化多元化纠纷解决机制改革的意见》，现就全面深化金融纠纷多元化解机制建设工作提出以下意见：

一、工作目标

1. 以习近平新时代中国特色社会主义思想为指导，全面贯彻党的十九大和十九届二中、三中、四中全会精神，坚持党对司法工作和金融工作的绝对领导，坚持把非诉讼纠纷解决机制挺在前面，建立、健全专业高效、有机衔接、便捷利民的金融纠纷多元化解机制，合理配置纠纷解决资源，保护金融消费者合法权益，促进金融业持续健康发展，全方位提升人民群众的获得感、幸福感、安全感。

二、工作原则

2. 依法公正原则。金融纠纷多元化解工作不得违反法律的基本原则，不得损害国家利益、集体利益和第三人合法权益。

调解自愿原则。充分尊重各方当事人意愿，保障当事人依法行使自己的民事权利和诉讼权利。

高效便民原则。根据金融纠纷实际，灵活确定解纷方式，强化信息技术深度应用，提升解纷效率，降低当事人解纷成本。

三、工作内容

（一）加强分工协作

3. 各级人民法院要充分发挥司法职能，在大力推进多元纠纷解决机制和现代化诉讼服务体系建设、实现一站式纠纷解决和一站式诉讼服务的工作大局中，扎实推进金融纠纷多元化解工作。中国人民银行及其分支机构会同中国银行保险监督管理委员会及其派出机构等，制定金融纠纷调解组织发展总体规划及地方规划，推动金融纠纷非诉第三方解决机制建设。各级人民法院和中国人民银行及其分支机构、中国银行保险监督管理委员会及其派出机构（以下简称金融管理部门）要主动融入党委和政府领导的诉源治理机制建设，加强与有关部门沟通协调，解决金融纠纷多元化解机制建设中的困难。

（二）加强金融纠纷调解组织建设

4. 建立完善金融纠纷调解组织。金融管理部门作为业务指导单位，推动建立健全覆盖面广、适应性强、高效便民的金融纠纷调解组织体系。鼓励金融管理部门、金融机构为金融纠纷调解组织提供必要的办公场地、人员支持。金融纠纷调解组织要注重优化治理结构和建章立制，提升服务效能。

5. 强化调解员队伍建设和经费保障。金融纠纷调解组织要建立和完善调解员的遴选、认证、考核、奖惩、退出机制，以中立、公正、专业为标准遴选调解员，建立专职、兼职相结合的调解员队伍，组建调解专家库。加强调解员政治素养、职业道德、调解技能、法律金融知识培训。调解员要严格遵守调解保密要求，对于在履行职责过程中获取的案件信息，不得违法向第三人透露。建立经费保障机制，调解员办案补贴应当弥补调解误工、误餐、交通等方面的费用。

6. 探索建立小额纠纷快速解决机制。鼓励金融纠纷调解组织通过与金融机构签订备忘录或者协议的方式，推出小额纠纷快速解决机制。对赔付金额在一定数额内的金融纠纷，调解员可以根据法律、行政法规、司法解释、行业惯例，依照公平公正的原则，提出纠纷解决意见。如果金融消费者接受该意见的，则争议各方当事人均应当接受并承诺履行该调解意见。如果金融消费者不接受该意见的，则调解意见对各方当事人均无约束力，作为专家意见供当事人参考。金融纠纷调解组织要评估小额纠纷快速解决机制的效果，及时调整适用的金额范围和业务领域。

7. 建立中立评估机制。对于争议较大、具有典型性的金融纠纷，金融纠纷调解组织可聘请无利害关系的独立专家，基于对各方陈述及所提交证据材料的综合考量，作出建议性评估报告，供当事人参考。金融机构处理疑难、复杂投诉，可申请调解机构指派独立专家出具金融消费纠纷中立评估意见，以中立评估意见为参考，与投诉人协商处理方案。

8. 推动建立"一站式"金融纠纷解决机构。推动金融纠纷调解组织提供"投诉 + 调解 + 裁决"一站式纠纷解决服务。在现有金融纠纷调解组织的基础上，探索建立独立于金融管理部门的专业性金融纠纷解决机构，提升金融投诉渠道的可得性、便利性。专业性金融纠纷解决机构承担投诉受理、转办、调解、裁决等职能，推动纠纷高效解决，切实减轻当事人负担。

（三）规范工作流程

9. 完善诉调平台和特邀调解组织、特邀调解员名册制度。各级人民法院要切实发挥多元解纷机制作用，将多元解纷机制建设与诉讼服务中心建设结合起来。把金融纠纷调解组织及调解员引入诉讼服务中心，有条件的地区要积极设立金融纠纷调解室，供金融纠纷特邀调解组织、特邀调解员开展工作；要建立并动态管理特邀调解组织名册、特邀调解员名册，向金融纠纷当事人提供完整、准确的调解组织和调解员信息；探索邀请金融纠纷调解组织调解员担任人民陪审员，提升审判专业化水平。人民法院和金融纠纷调解组织可互设工作站，强化双向衔接，提升调解服务的便民、利民水平。

10. 明确案件范围。平等民商事主体之间因金融业务产生的合同和侵权责任纠纷，可以向金融纠纷调解组织申请调解。

11. 落实委派、委托调解。人民法院在受理和审理金融纠纷案件过程中，应当落实"调解优先、调判结合"方针，对于具备调解基础的案件，按照自愿、合法原则，采取立案前委派、立案后委托、诉中邀请等方式，引导当事人通过金融纠纷调解组织解决纠纷。

人民法院委派、委托调解时，应当向金融纠纷调解组织发送委派、委托调解函，并将案件相关材料移送金融纠纷调解组织。鼓励当事人通过人民法院调解平台（以下简称法院调解平台）提交调解申请，人民法院通过法院调解平台向金融纠纷调解组织委派、委托调解案件，金融纠纷调解组织登陆“中国金融消费纠纷调解网”（www. fcosc. org）等在线网络调解平台接受委派、委托，开展调解工作。

12. 组织调解。金融纠纷调解组织及调解员组织调解，各方当事人达成一致意见的，金融纠纷调解组织应当制作调解协议书，由调解员和各方当事人签字确认。对于人民法院委派、委托调解的案件，金融纠纷调解组织应当将调解结果及相关文件及时书面或者通过各方认可的工作平台报送委派、委托法院。

调解不成的，金融纠纷调解组织应当告知各方当事人可通过仲裁、诉讼等途径解决纠纷。对于人民法院委派、委托调解的，金融纠纷调解组织应当及时函复人民法院，人民法院根据相关规定及时登记立案或者恢复审理。

13. 严格调解时限。人民法院委派调解的金融纠纷案件，调解期限为30日；各方当事人同意延长调解期限的，不受此限。

人民法院委托调解的金融纠纷案件，适用普通程序的调解期限为15日，适用简易程序的调解期限为7日；各方当事人同意延长调解期限的，不受此限；延长的调解期限不计入审理期限。

委派调解和委托调解的期限自金融纠纷调解组织签收法院移交材料之日起计算。

14. 申请司法确认。经金融纠纷调解组织调解员主持调解达成的调解协议，具有民事合同性质。经调解员和金融纠纷调解组织签字盖章后，当事人可以向有管辖权的人民法院申请确认其效力。经人民法院委派调解并达成调解协议、当事人申请司法确认的，由委派调解的人民法院依法受理。人民法院可以通过法院调解平台对调解协议进行在线司法确认。

经人民法院确认有效的具有明确给付主体和给付内容的调解协议，一方拒绝履行的，对方当事人可以申请人民法院强制执行。

15. 充分运用在线纠纷解决方式开展工作。不断丰富完善“中国金融消费纠纷调解网”（www. fcosc. org）等在线网络调解平台功能，推动通过平台与法院调解平台数据交换、互联互通的方式，建立“总对总”金融纠纷在线诉调对接机制。积极探索通过信息化手段提高委派、委托调解，送达，案件材料交换，调解协议司法确认等具体工作的效率，便利当事人参与金融纠纷多元化解工作。金融纠纷调解组织应当充分运用技术手段，构建涵盖在线调解、现场调解、电话调解等多途径的调解体系,高效及时化解纠纷。制定完善在线纠纷解决规则,总结推广远程调解等实践经验。金融纠纷调解组织强化硬件设施配置,对调解过程实行录音录像,实现调解全程留痕;人民法院进行司法确认过程中需要调取相关录音录像资料的,金融纠纷调解组织应积极配合。

(四)完善保障机制

16. 提升金融解纷信息化水平。建立完善金融纠纷典型案例库、金融投诉数据库,深化司法、金融信息共享,充分发挥智慧法院、智慧金融建设对金融纠纷多元化解的积极作用。

17. 加大对多元解纷机制的支持力度。金融机构应指定具体部门推动金融纠纷多元化解工作,将金融纠纷多元化解工作纳入本单位金融消费者权益保护工作绩效考评内容。金融消费者申请采用调解方式解决纠纷的,金融机构应当积极参与调解,配合人民法院、金融纠纷调解组织查明事实。金融管理部门将金融纠纷调解结案率纳入金融机构消费者权益保护考核评价体系,引导金融机构强化"能调尽调"意识。对于金融机构无正当理由拒不履行已达成的调解协议的,金融管理部门、金融纠纷调解组织可通过投诉形势分析报告、金融纠纷调解运行报告等形式予以公示。

四、工作要求

18. 建立工作小组。地方各级人民法院、中国人民银行各级分支机构、中国银行保险监督管理委员会各级派出机构和当地金融纠纷调解组织共同成立金融纠纷多元化解机制建设工作小组,定期召开联席会议,沟通工作情况,加强信息共享,协调重大典型金融纠纷案件调解工作;对金融纠纷多元化解工作情况进行评估、总结,不断优化金融纠纷多元化解机制;注重共同构建金融风险提示预警机制,防止因个案引发系统性金融风险。

19. 加强宣传引导。各级人民法院、金融管理部门、金融纠纷调解组织要通过示范案例引导、加大宣传力度、加强金融消费者教育等多种方式,共同提升金融纠纷当事人及社会公众对金融纠纷多元化解机制的知晓度和信任度,积极引导当事人通过调解方式解决金融纠纷,依法理性维权。中国人民银行各级分支机构、中国银行保险监督管理委员会各级派出机构接收金融消费投诉后,应当及时转被投诉金融机构处理,或者转金融纠纷调解组织提供调解服务。

20. 强化金融机构对金融纠纷多元化解机制建设的参与度和认可度。鼓励金融机构建立调解权限动态授予、异地授予、及时应调、快速审批等机制,保障基层金融机构能够通过调解方式高效解决金融纠纷。金融机构应当提升对调解协议的认可度,在授权范围内达成的调解协议作为金融机构会计核销的依据之一。各级人民法院、金融管理部门和金融纠纷调解组织可以对金融纠纷多元化解工作中表现突出的集体和个人予以表彰和宣传。

21. 压实金融机构作为金融纠纷处理第一责任人的主体责任，通过提升合规经营水平、优化金融产品服务、依法强化信息披露等方式，从源头减少金融纠纷，强化矛盾纠纷的“诉源治理”水平。金融机构应当在营业柜台、官方网站等醒目位置，公示金融消费纠纷内、外部纠纷处理渠道及当地金融纠纷调解组织联系方式。金融机构与消费者订立合同时，可与对方约定采用调解方式解决纠纷。

22. 加强监督、指导、协调和管理。最高人民法院、中国人民银行和中国银行保险监督管理委员会建立金融纠纷多元化解机制联席会议制度，负责金融纠纷多元化解机制建设规划、协调推进工作。最高人民法院民事审判第二庭、立案庭与中国人民银行金融消费权益保护局、中国银行保险监督管理委员会消费者权益保护局成立金融纠纷多元化解机制工作小组，具体负责金融纠纷多元化解机制建设的指导和协调工作。各高级人民法院要指导、督促、检查辖区内人民法院落实好金融纠纷多元化解机制各项工作要求。中国人民银行各级分支机构、中国银行保险监督管理委员会各级派出机构加强对金融纠纷多元化解工作支持力度，指导并支持各金融纠纷调解组织开展工作。地方各级人民法院、中国人民银行各级分支机构及中国银行保险监督管理委员会各级派出机构应当将工作情况和遇到的问题，及时层报最高人民法院、中国人民银行和中国银行保险监督管理委员会。

最高人民法院关于全面加强知识产权司法保护的意见

（2020 年 4 月 15 日　法发〔2020〕11 号）

加强知识产权保护，是完善产权保护制度最重要的内容，也是提高我国经济竞争力最大的激励。知识产权司法保护是知识产权保护体系的重要力量，发挥着不可替代的关键作用。全面加强知识产权司法保护，不仅是我国遵守国际规则、履行国际承诺的客观需要，更是我国推动经济高质量发展、建设更高水平开放型经济新体制的内在要求。要充分认识全面加强知识产权司法保护的重大意义，准确把握知识产权司法保护服务大局的出发点和目标定位，为创新型国家建设、社会主义现代化强国建设、国家治理体系和治理能力现代化提供有力的司法服务和保障。现就人民法院知识产权司法保护工作，提出如下意见。

一、总体要求

1. 坚持以习近平新时代中国特色社会主义思想为指导，深入贯彻落实中共中央办公厅、国务院办公厅《关于加强知识产权审判领域改革创新若干问题的意见》《关于强化知识产权保护的意见》，紧紧围绕“努力让人民群众在每一个司法案件中感受到公平正义”目标，坚持服务大局、司法为民、公正司法，充分运用司法救济和制裁措施，完善知识产权诉讼程序，健全知识产权审判体制机制，有效遏制知识产权违法犯罪行为，全面提升知识产权司法保护水平，加快推进知识产权审判体系和审判能力现代化，为实施创新驱动发展战略、培育稳定公平透明可预期的营商环境提供有力司法服务和保障。

二、立足各类案件特点，切实维护权利人合法权益

2. 加强科技创新成果保护。制定专利授权确权行政案件司法解释，规范专利审查行为，促进专利授权质量提升；加强专利、植物新品种、集成电路布图设计、计算机软件等知识产权案件审判工作，实现知识产权保护范围、强度与其技术贡献程度相适应，推动科技进步和创新，充分发挥科技在引领经济社会发展过程中的支撑和驱动作用。加强药品专利司法保护研究，激发药品研发创新动力，促进医药产业健康发展。

3. 加强商业标志权益保护。综合考虑商标标志的近似程度、商品的类似程度、请求保护商标的显著性和知名度等因素，依法裁判侵害商标权案件和商标授权确权案件，增强商标标志的识别度和区分度。充分运用法律规则，在法律赋予的裁量空间内作出有效规制恶意申请注册商标行为的解释，促进商标申请注册秩序正常化和规范化。加强驰名商标保护，结合众所周知的驰名事实，依法减轻商标权人对于商标驰名的举证负担。加强地理标志保护，依法妥善处理地理标志与普通商标的权利冲突。

4. 加强著作权和相关权利保护。根据不同作品的特点，妥善把握作品独创性判断标准。妥善处理信息网络技术发展与著作权、相关权利保护的关系，统筹兼顾创作者、传播者、商业经营者和社会公众的利益，协调好激励创作、促进产业发展、保障基本文化权益之间的关系，促进文化创新和业态发展。依法妥善审理体育赛事、电子竞技传播纠纷等新类型案件，促进新兴业态规范发展。加强著作权诉讼维权模式问题研究，依法平衡各方利益，防止不正当牟利行为。

5. 加强商业秘密保护。正确把握侵害商业秘密民事纠纷和刑事犯罪的界限。合理适用民事诉讼举证责任规则，依法减轻权利人的维权负担。完善侵犯商业秘密犯罪行为认定标准,规范重大损失计算范围和方法,为减轻商业损害或者重新保障安全所产生的合理补救成本,可以作为认定刑事案件中"造成重大损失"或者"造成特别严重后果"的依据。加强保密商务信息等商业秘密保护,保障企业公平竞争、人才合理流动,促进科技创新。

6. 完善电商平台侵权认定规则。加强打击和整治网络侵犯知识产权行为,有效回应权利人在电子商务平台上的维权诉求。完善"通知 - 删除"等在内的电商平台治理规则,畅通权利人网络维权渠道。妥善审理网络侵犯知识产权纠纷和恶意投诉不正当竞争纠纷,既要依法免除错误下架通知善意提交者的责任,督促和引导电子商务平台积极履行法定义务,促进电子商务的健康发展,又要追究滥用权利、恶意投诉等行为人的法律责任,合理平衡各方利益。

7. 积极促进智力成果流转应用。依法妥善审理知识产权智力成果流转、转化、应用过程中的纠纷,秉持尊重当事人意思自治、降低交易成本的精神,合理界定智力成果从创造到应用各环节的法律关系、利益分配和责任承担,依法准确界定职务发明与非职务发明,有效保护职务发明人的产权权利,保障研发人员获得奖金和专利实施报酬的合法权益。

8. 依法惩治知识产权犯罪行为。严厉打击侵害知识产权的犯罪行为,进一步推进以审判为中心的刑事诉讼制度改革,切实落实庭审实质化要求,完善鉴定程序,规范鉴定人出庭作证制度和认罪认罚从宽制度。准确把握知识产权刑事法律关系与民事法律关系的界限,强化罚金刑的适用,对以盗窃、威胁、利诱等非法手段获取商业秘密以及其他社会危害性大的犯罪行为,依法从严从重处罚,有效发挥刑罚惩治和震慑知识产权犯罪的功能。

9. 平等保护中外主体合法权利。依法妥善审理因国际贸易、外商投资等引发的涉外知识产权纠纷,坚持依法平等保护,依法简化公证认证程序,进一步健全公正高效权威的纠纷解决机制,增强知识产权司法的国际影响力和公信力。

三、着力解决突出问题,增强司法保护实际效果

10. 切实降低知识产权维权成本。制定知识产权民事诉讼证据司法解释,完善举证责任分配规则、举证妨碍排除制度和证人出庭作证制度,拓宽电子数据证据的收集途径,准确把握电子数据规则的适用,依法支持当事人的证据保全、调查取证申请,减轻当事人的举证负担。

11. 大力缩短知识产权诉讼周期。积极开展繁简分流试点工作,推进案件繁简分流、轻重分离、快慢分道。深化知识产权裁判方式改革,实现专利商标民事、行政程序的无缝对接,防止循环诉讼。严格依法掌握委托鉴定、中止诉讼、发回重审等审查标准,减少不必要的时间消耗。依法支持知识产权行为保全申请，为裁判的及时执行创造条件。

12. 有效提高侵权赔偿数额。充分运用工商税务部门、第三方商业平台、侵权人网站或上市文件显示的相关数据以及行业平均利润率等，依法确定侵权获利情况。综合考虑知识产权市场价值、侵权人主观过错以及侵权行为的持续时间、影响范围、后果严重程度等因素，合理确定法定赔偿数额。对于情节严重的侵害知识产权行为，依法从高确定赔偿数额，依法没收、销毁假冒或盗版商品以及主要用于侵权的材料和工具，有效阻遏侵害知识产权行为的再次发生。

13. 依法制止不诚信诉讼行为。妥善审理因恶意提起知识产权诉讼损害责任纠纷，依法支持包括律师费等合理支出在内的损害赔偿请求。强化知识产权管辖纠纷的规则指引，规制人为制造管辖连接点、滥用管辖权异议等恶意拖延诉讼的行为。研究将违反法院令状、伪造证据、恶意诉讼等不诚信的诉讼行为人纳入全国征信系统。

14. 有效执行知识产权司法裁判。结合知识产权案件特点，全面优化知识产权案件执行管辖规则。研究完善行为保全和行为执行工作机制。制定知识产权裁判执行实施计划和工作指南，充分运用信息化网络查控、失信联合信用惩戒等手段加大裁判的执行力度，确保知识产权裁判得以有效执行。

四、加强体制机制建设，提高司法保护整体效能

15. 健全知识产权专门化审判体系。根据知识产权审判的现状、规律和趋势，研究完善专门法院设置，优化知识产权案件管辖法院布局，完善知识产权案件上诉机制，统一审判标准，实现知识产权案件审理专门化、管辖集中化、程序集约化和人员专业化。

16. 深入推行"三合一"审判机制。建立和完善与知识产权民事、行政、刑事诉讼"三合一"审判机制相适应的案件管辖制度和协调机制，提高知识产权司法保护整体效能。把握不同诉讼程序证明标准的差异，依法对待在先关联案件裁判的既判力，妥善处理知识产权刑事、行政、民事交叉案件。

17. 不断完善技术事实查明机制。适当扩大技术调查人员的来源，充实全国法院技术调查人才库，建立健全技术调查人才共享机制。构建技术调查官、技术咨询专家、技术鉴定人员、专家辅助人参与诉讼活动的技术事实查明机制，提高技术事实查明的中立性、客观性、科学性。

18. 加强知识产权案例指导工作。建立最高人民法院指导案例、公报案例、典型案例多位一体的知识产权案例指导体系，充分发挥典型案例在司法裁判中的指引作用，促进裁判规则统一。

19. 依托四大平台落实审判公开。充分利用审判流程公开、庭审活动公开、裁判文书公开、执行信息公开四大平台，最大限度地保障当事人和社会公众的知情权、参与权和监督权。丰富“4·26”世界知识产权日宣传内容，扩大对外宣传效果，增进社会各界对知识产权司法保护的了解、认同、尊重和信任。

20. 加强知识产权国际交流合作。积极参与知识产权保护多边体系建设，共同推动相关国际新规则创制。加强与国外司法、研究、实务机构以及知识产权国际组织的交流合作，积极开展具有国际影响力的知识产权研讨交流活动，加大中国知识产权裁判文书的翻译推介工作，扩大中国知识产权司法的国际影响力。

五、加强沟通协调工作，形成知识产权保护整体合力

21. 健全完善多元化纠纷解决机制。支持知识产权纠纷的多渠道化解，开展知识产权纠纷调解协议司法确认试点，充分发挥司法在多元化纠纷解决机制建设中的引领、推动作用，提升解决纠纷的整体效能。

22. 优化知识产权保护协作机制。加强与公安、检察机关在知识产权司法程序中的沟通协调，加强与知识产权、市场监管、版权、海关、农业等行政主管部门在知识产权行政执法程序上的衔接，推动形成知识产权保护的整体合力。

23. 建立信息沟通协调共享机制。建立健全与知识产权行政主管机关的数据交换机制，实现知识产权大数据分析工具运用常态化，提高综合研判和决策水平。

六、加强审判基础建设，有力支撑知识产权司法保护工作

24. 加强知识产权审判队伍建设。完善员额法官借调交流机制，积极推动选派优秀法官助理到下级法院挂职，遴选优秀法官到上级法院任职，实现知识产权人才的交流共享。加强知识产权司法人员业务培训。加强司法辅助人员配备，打造“审、助、书”配置齐全、技术调查官有效补充的专业审判队伍。

25. 加强专门法院法庭基础建设。加强最高人民法院知识产权法庭和各地知识产权法院、法庭建设，加强专业审判机构在机构设置、人员编制、办公场所、活动经费等方面的保障，为知识产权司法保护提供坚实的人力和物质基础。

26. 加强知识产权审判信息化建设。加强知识产权司法装备现代化、智能化建设，积极推进跨区域的知识产权远程诉讼平台建设。大力推进网上立案、网上证据交换、电子送达、在线开庭、智能语音识别、电子归档、移动微法院等信息化技术的普及应用，支持全流程审判业务网上办理，提高司法解决知识产权纠纷的便捷性、高效性和透明度。加强对电子卷宗、裁判文书、审判信息等的深度应用，充分利用司法大数据提供智能服务和精准决策。

最高人民法院印发《关于推进破产案件依法高效审理的意见》的通知

（2020年4月15日　法发〔2020〕14号）

各省、自治区、直辖市高级人民法院，解放军军事法院，新疆维吾尔自治区高级人民法院生产建设兵团分院：

现将《最高人民法院关于推进破产案件依法高效审理的意见》（下称《意见》）印发给你们，请遵照执行。

各级人民法院要认真学习和正确理解《意见》精神，努力提高破产审判效率，降低破产程序成本。要根据案件具体情况和经济社会发展形势，特别是在当前统筹推进新冠肺炎疫情防控和经济社会发展工作的形势下，充分发挥重整、和解、破产清算等不同程序的制度功能，加强执行程序与破产程序的衔接，将推进破产案件依法高效审理贯穿于促进市场主体积极拯救和及时退出等过程中，以更好地服务和保障国家经济高质量发展，助推营造国际一流营商环境。

特此通知。

最高人民法院关于推进破产案件依法高效审理的意见

为推进破产案件依法高效审理，进一步提高破产审判效率，降低破产程序成本，保障债权人和债务人等主体合法权益，充分发挥破产审判工作在完善市场主体拯救和退出机制等方面的积极作用，更好地服务和保障国家经济高质量发展，助推营造国际一流营商环境，结合人民法院工作实际，制定本意见。

一、优化案件公告和受理等程序流程

1. 对于企业破产法及相关司法解释规定需要公告的事项，人民法院、管理人应当在全国企业破产重整案件信息网发布，同时还可以通过在破产案件受理法院公告栏张贴、法院官网发布、报纸刊登或者在债务人住所地张贴等方式进行公告。

对于需要通知或者告知的事项，人民法院、管理人可以采用电话、短信、传真、电子邮件、即时通信、通讯群组等能够确认其收悉的简便方式通知或者告知债权人、债务人及其他利害关系人。

2. 债权人提出破产申请，人民法院经采用本意见第 1 条第 2 款规定的简便方式和邮寄等方式无法通知债务人的，应当到其住所地进行通知。仍无法通知的，人民法院应当按照本意见第 1 条第 1 款规定的公告方式进行通知。自公告发布之日起七日内债务人未向人民法院提出异议的，视为债务人经通知对破产申请无异议。

3. 管理人在接管债务人财产、接受债权申报等执行职务过程中，应当要求债务人、债权人及其他利害关系人书面确认送达地址、电子送达方式及法律后果。有关送达规则，参照适用《最高人民法院关于进一步加强民事送达工作的若干意见》的规定。

人民法院作出的裁定书不适用电子送达，但纳入《最高人民法院民事诉讼程序繁简分流改革试点实施办法》的试点法院依照相关规定办理的除外。

4. 根据《全国法院破产审判工作会议纪要》第 38 条的规定，需要由一家人民法院集中管辖多个关联企业非实质合并破产案件，相关人民法院之间就管辖发生争议的，应当协商解决。协商不成的，由双方逐级报请上级人民法院协调处理，必要时报请共同的上级人民法院。请求上级人民法院协调处理的，应当提交已经进行协商的有关说明及材料。经过协商、协调，发生争议的人民法院达成一致意见的，应当形成书面纪要，双方遵照执行。其中有关事项依法需报请共同的上级人民法院作出裁定或者批准的，按照有关规定办理。

二、完善债务人财产接管和调查方式

5. 人民法院根据案件具体情况，可以在破产申请受理审查阶段同步开展指定管理人的准备工作。管理人对于提高破产案件效率、降低破产程序成本作出实际贡献的，人民法院应当作为确定或者调整管理人报酬方案的考虑因素。

6. 管理人应当及时全面调查债务人涉及的诉讼和执行案件情况。破产案件受理法院可以根据管理人的申请或者依职权，及时向管理人提供通过该院案件管理系统查询到的有关债务人诉讼和执行案件的基本信息。债务人存在未结诉讼或者未执行完毕案件的，管理人应当及时将债务人进入破产程序的情况报告相关人民法院。

7. 管理人应当及时全面调查债务人财产状况。破产案件受理法院可以根据管理人的申请或者依职权，及时向管理人提供通过该院网络执行查控系统查询到的债务人财产信息。

8. 管理人应当及时接管债务人的财产、印章和账簿、文书等资料。债务人拒不移交的，人民法院可以根据管理人的申请或者依职权对直接责任人员处以罚款，并可以就债务人应当移交的内容和期限作出裁定。债务人不履行裁定确定的义务的，人民法院可以依照民事诉讼法执行程序的有关规定采取搜查、强制交付等必要措施予以强制执行。

接管过程中，对于债务人占有的不属于债务人的财产，权利人可以依据企业破产法第三十八条的规定向管理人主张取回。管理人不予认可的，权利人可以向破产案件受理法院提起诉讼请求行使取回权。诉讼期间不停止管理人的接管。

9. 管理人需要委托中介机构对债务人财产进行评估、鉴定、审计的，应当与有关中介机构签订委托协议。委托协议应当包括完成相应工作的时限以及违约责任。违约责任可以包括中介机构无正当理由未按期完成的，管理人有权另行委托，原中介机构已收取的费用予以退还或者未收取的费用不再收取等内容。

三、提升债权人会议召开和表决效率

10. 第一次债权人会议可以采用现场方式或者网络在线视频方式召开。人民法院应当根据企业破产法第十四条的规定，在通知和公告中注明第一次债权人会议的召开方式。经第一次债权人会议决议通过，以后的债权人会议还可以采用非在线视频通讯群组等其他非现场方式召开。债权人会议以非现场方式召开的，管理人应当核实参会人员身份，记录并保存会议过程。

11. 债权人会议除现场表决外，可以采用书面、传真、短信、电子邮件、即时通信、通讯群组等非现场方式进行表决。管理人应当通过打印、拍照等方式及时提取记载表决内容的电子数据，并盖章或者签字确认。管理人为中介机构或者清算组的，应当由管理人的两名工作人员签字确认。管理人应当在债权人会议召开后或者表决期届满后三日内，将表决结果告知参与表决的债权人。

12. 债权人请求撤销债权人会议决议，符合《最高人民法院关于适用〈中华人民共和国企业破产法〉若干问题的规定（三）》第十二条规定的，人民法院应予支持，但会议召开或者表决程序仅有轻微瑕疵，且对决议未产生实质影响的，人民法院不予支持。

四、构建简单案件快速审理机制

13. 对于债权债务关系明确、债务人财产状况清楚、案情简单的破产清算、和解案件，人民法院可以适用快速审理方式。

破产案件具有下列情形之一的，不适用快速审理方式：

（1）债务人存在未结诉讼、仲裁等情形，债权债务关系复杂的；

(2)管理、变价、分配债务人财产可能期限较长或者存在较大困难等情形,债务人财产状况复杂的;

(3)债务人系上市公司、金融机构,或者存在关联企业合并破产、跨境破产等情形的;

(4)其他不宜适用快速审理方式的。

14. 人民法院在受理破产申请的同时决定适用快速审理方式的,应当在指定管理人决定书中予以告知,并与企业破产法第十四条规定的事项一并予以公告。

15. 对于适用快速审理方式的破产案件,受理破产申请的人民法院应当在裁定受理之日起六个月内审结。

16. 管理人应当根据企业破产法第六十三条的规定,提前十五日通知已知债权人参加债权人会议,并将需审议、表决事项的具体内容提前三日告知已知债权人。但全体已知债权人同意缩短上述时间的除外。

17. 在第一次债权人会议上,管理人可以将债务人财产变价方案、分配方案以及破产程序终结后可能追加分配的方案一并提交债权人会议表决。

债务人财产实际变价后,管理人可以根据债权人会议决议通过的分配规则计算具体分配数额,向债权人告知后进行分配,无需再行表决。

18. 适用快速审理方式的破产案件,下列事项按照如下期限办理:

(1)人民法院应当自裁定受理破产申请之日起十五日内自行或者由管理人协助通知已知债权人;

(2)管理人一般应当自接受指定之日起三十日内完成对债务人财产状况的调查,并向人民法院提交财产状况报告;

(3)破产人有财产可供分配的,管理人一般应当在破产财产最后分配完结后十日内向人民法院提交破产财产分配报告,并提请裁定终结破产程序;

(4)案件符合终结破产程序条件的,人民法院应当自收到管理人相关申请之日起十日内作出裁定。

19. 破产案件在审理过程中发生不宜适用快速审理方式的情形,或者案件无法在本意见第15条规定的期限内审结的,应当转换为普通方式审理,原已进行的破产程序继续有效。破产案件受理法院应当将转换审理方式决定书送达管理人,并予以公告。管理人应当将上述事项通知已知债权人、债务人。

五、强化强制措施和打击逃废债力度

20. 债务人的有关人员或者其他人员有故意作虚假陈述,或者伪造、销毁债务人的账簿等重要证据材料,或者对管理人进行侮辱、诽谤、诬陷、殴打、打击报复等违法行为的,人民法院除依法适用企业破产法规定的强制措施外,可以依照民事诉讼法第一百一十一条等规定予以处理。

21. 债务人财产去向不明,或者债权人、出资人等利害关系人提供了债务人相关财产可能存在被非法侵占、挪用、隐匿等情形初步证据或者明确线索的,管理人应当及时对有关财产的去向情况进行调查。有证据证明债务人及其有关人员存在企业破产法第三十一条、第三十二条、第三十三条、第三十六条等规定的行为的,管理人应当依法追回相关财产。

22. 人民法院要准确把握违法行为入刑标准,严厉打击恶意逃废债行为。因企业经营不规范导致债务人财产被不当转移或者处置的,管理人应当通过行使撤销权、依法追回财产、主张损害赔偿等途径维护债权人合法权益,追究相关人员的民事责任。企业法定代表人、出资人、实际控制人等有恶意侵占、挪用、隐匿企业财产,或者隐匿、故意销毁依法应当保存的会计凭证、会计账簿、财务会计报告等违法行为,涉嫌犯罪的,人民法院应当根据管理人的提请或者依职权及时移送有关机关依法处理。

最高人民法院关于印发《民事诉讼程序繁简分流改革试点问答口径(一)》的通知

(2020年4月15日　法〔2020〕105号)

北京、上海、江苏、浙江、安徽、福建、山东、河南、湖北、广东、四川、贵州、云南、陕西、宁夏等省(区、市)高级人民法院:

民事诉讼程序繁简分流改革试点工作启动以来,各试点地区高级人民法院高度重视、统筹谋划、建章立制,各试点法院主动作为、扎实推进、探索创新,有效确保了试点工作平稳有序推进。为进一步加强试点工作指导,统一政策口径,最高人民法院针对试点工作现阶段出现的共性问题,研究编写了《民事诉讼程序繁简分流改革试点问答口径(一)》,现印发给你们,供各试点法院参照执行。

各试点地区高级人民法院要高度重视试点工作的组织实施、政策解读和宣传引导,切实履行好试点工作的主体责任。一是健全组织实施机制。完善试点工作组织管理机制,尽快建立由相关部门共同参加的试点工作联席会议制度,落实试点工作月报制度,形成上下贯通、有序衔接、统筹推进、分类指导的组织实施机制。二是做好配套系统集成。积极争取所在地党委政府政策支持,主动向省级人大常委会报告试点工作,推动将试点工作深度融入诉源治理体系，完善配套举措，确保试点工作协同高效。三是强化对下政策指导。结合地方实际，制定完善实施细则、工作标准和操作指引，建立问题建议常态化收集反馈机制，鼓励基层创新，强化跟踪督导，适时开展评估。四是完善培训宣传机制。充分利用视频会议等信息化手段组织开展专题培训，编印试点工作解读材料，帮助审判人员树立正确理念、领会试点精神、提升办案能力。持续做好试点工作宣传引导，把握以人民为中心的宣传导向，积极展示试点成效，推动凝聚改革共识。

今后，最高人民法院将根据试点工作安排和审判实践需要，不定期印发问答口径。各试点地区高级人民法院应当收集研判所辖试点法院参照执行问答口径中遇到的问题，并及时通过试点工作月报或专报形式报告最高人民法院司法改革领导小组办公室。

民事诉讼程序繁简分流改革试点问答口径（一）

一、除全国人大常委会授权调整适用的法律条文外，哪些司法解释条文可以一并调整适用？

答：根据《全国人民代表大会常务委员会关于授权最高人民法院在部分地区开展民事诉讼程序繁简分流改革试点工作的决定》（以下简称《授权决定》），试点法院可以调整适用的《中华人民共和国民事诉讼法》（以下简称《民事诉讼法》）条文共六条，与之相关联的司法解释条文一并调整适用，具体包括：《最高人民法院关于适用〈中华人民共和国民事诉讼法〉的解释》（以下简称《民事诉讼法司法解释》）第一百三十六条、第一百四十条、第二百五十七条、第二百五十八条第一款、第二百五十九条、第二百六十一条、第二百七十一条、第二百七十二条、第二百七十四条、第二百七十五条、第二百七十七条、第二百八十条、第二百八十二条；《最高人民法院关于人民法院特邀调解的规定》第十九条；《最高人民法院关于人民法院通过互联网公开审判流程信息的规定》第十四条；《最高人民法院关于严格规范民商事案件延长审限和延期开庭问题的规定》第四条第四款。

二、《最高人民法院关于民事诉讼程序繁简分流改革试点实施办法》（以下简称《实施办法》）条文能否作为裁判依据引用？

答：不能。《最高人民法院关于裁判文书引用法律、法规等规范性法律文件的规定》第四条规定，民事裁判文书应当引用法律、法律解释或者司法解释。

《实施办法》不是司法解释，不能作为裁判依据引用。对于试点工作已调整适用的《民事诉讼法》及其司法解释相关规定，需要在庭审或裁判文书中明确法律条文依据的，可以引用《授权决定》，例如："依据《全国人民代表大会常务委员会关于授权最高人民法院在部分地区开展民事诉讼程序繁简分流改革试点工作的决定》，本案适用普通程序，由审判员独任审理。"

三、如何配合试点工作，健全完善诉讼分流和衔接机制？

答：试点法院应当根据《实施办法》及《最高人民法院关于深化"分调裁审"机制改革的意见》，结合本院实际，健全完善诉讼分流和衔接机制，重点做好以下三个阶段的分流：

第一，完善"诉非分流"机制。加强诉讼与非诉讼解纷方式分流，做好与党委政府牵头建立的线上线下矛盾纠纷多元调处化解平台工作对接，前移解纷端口，加强法律指引，示范典型案例，积极引导当事人通过调解、仲裁、行政复议、行政裁决等方式解决纠纷。

第二，完善"调裁分流"机制。对起诉到人民法院的民事纠纷，除根据案件性质不适宜调解，或者已经调解但无法达成调解协议的情形外，先行在诉讼服务中心进行"调裁分流"。在征得当事人同意后，可以在诉前开展委派调解。达成调解协议的，鼓励引导当事人自动履行。当事人不同意诉前调解的，依法登记立案。委派调解不成登记立案的，调解材料经充分告知、当事人同意及法院审查合法后，可以作为诉讼材料继续使用。

第三，完善"繁简分流"机制。试点法院可以设置程序分流员，综合考虑案件性质、案由、标的额、当事人数量、疑难复杂程度、社会关注程度等因素，判断案件繁简难易程度，初步确定应当适用的审理程序和审判组织类型，并在审判系统中标记。案件分配至审判组织后，应当先由其审查确认案件审理程序。审判组织认为程序分流不当的，应当与程序分流员沟通，一致认为应当调整的，收回重新分流；不能达成一致意见的，及时报院庭长审批。向当事人告知相关事项后，发现符合审判组织或审理程序转换情形的，应当依法转换，不得再退回重新分流。涉及审判组织转换的，除非存在回避和投诉违法事宜，原独任法官一般继续参加案件审理。

四、人民法院能否委派特邀调解名册以外的调解组织或调解员调解？当事人对特邀调解名册以外的调解组织或调解员调解达成的调解协议，能否向人民法院申请司法确认？

答：不能。在现阶段，确保特邀调解和司法确认紧密衔接，是防范化解风险、发挥调解优势的重要保障，不能绕开名册搞"体外循环"。人民法院委派调解的对象，除人民调解组织外，应当是特邀调解名册之内的调解组织和调解员。实践中，当事人可以基于自愿，自主选择由名册之外的调解组织、调解员调解解决纠纷，达成调解协议后应当自动履行；这类情况申请司法确认的，人民法院不予受理。

五、人民法院受理司法确认案件是否以对纠纷具有诉讼管辖权为前提？

答：司法确认作为特别程序，不是对调解协议所涉纠纷事实的认定，而是对调解协议本身自愿性、合法性、可执行性的审查。根据《授权决定》，司法确认案件应当按照《实施办法》第四条确定管辖法院，不以对纠纷具有诉讼管辖权为前提，这样更有利于人民法院及时核实情况，提升调解协议审查的专业化、集约化水平。

六、当事人自行约定由特邀调解员调解，申请司法确认的，如何认定“调解协议签订地”？

答：当事人自行约定由特邀调解员调解的，可以分三种情形处理：第一，调解协议实际签订地与管理特邀调解名册的基层人民法院辖区一致的，由调解协议实际签订地的基层人民法院管辖；第二，调解协议实际签订地与管理特邀调解名册的基层人民法院辖区不一致的，以管理特邀调解名册的基层人民法院辖区为调解协议签订地；第三，因调解协议在线签订等情况，难以确定实际签订地的，由管理特邀调解名册的基层人民法院管辖。

七、人民法院审查司法确认案件能否适用合议制？

答：可以。《民事诉讼法》第一百七十八条规定了特别程序案件的审判组织，明确选民资格案件或者重大、疑难的案件，由审判员组成合议庭审查，其他案件由审判员一人独任审查。实践中，对于司法确认案件，总体上以适用独任制为原则，以合议制为例外。同时，试点法院应当加强对民间借贷等案件司法确认审查甄别工作，切实防范恶意串通调解、虚假诉讼等行为。对于待确认调解协议的标的额特别巨大，并存在虚假调解可能的，由合议庭审查更显慎重。按照级别管辖标准，一些司法确认案件虽然应当由中级人民法院、专门人民法院受理，但标的额不大，法律关系较为简单，也可以由审判员一人独任审查。

八、如何理解《实施办法》第五条第一款规定的应当适用小额诉讼程序的“金钱给付类案件”？标的额如何确定？

答：《实施办法》第五条第一款规定的“金钱给付类案件”，一般是指当事人仅在金钱给付的数额、时间、方式上存在争议的案件。对于当事人除给付金钱外，还提出其他诉讼请求的案件，原则上不适用小额诉讼程序。

金钱给付类案件的“标的额”，是指当事人起诉时确定的诉讼请求数额，对于持续发生的违约金、利息等或者存在特定计算方法的，应当以当事人起诉之日确定的金额总额作为标的额。

九、第二审法院能否以第一审法院应当适用小额诉讼程序而没有适用为由发回重审?

答:不能。按照《民事诉讼法》第四十条第二款、《实施办法》第十七条第六项之规定,发回重审的案件应当组成合议庭按普通程序审理。如果第二审法院以第一审法院应当适用小额诉讼程序而没有适用为由将案件发回重审,案件将重新按照普通程序审理,这样既违背小额诉讼程序快捷解决纠纷、降低诉讼成本的制度定位,也增加了当事人讼累。实践中,这类情况应当通过健全完善以"该用即用"为导向的考评机制予以解决。

十、当事人双方约定适用小额诉讼程序,之后又反悔的如何处理?

答:《实施办法》第五条第二款规定,"标的额超出前款规定,但在人民币五万元以上、十万元以下的简单金钱给付类案件,当事人双方约定适用小额诉讼程序的,可以适用小额诉讼程序审理"。这里"当事人双方约定",可以是原被告诉前约定适用,也可以是立案后原被告达成一致意见适用。案件开庭审理前,经充分告知原被告小额诉讼程序一审终审等相关事项,可以征询当事人双方意见,一致同意适用小额诉讼程序的,可以按小额诉讼程序审理,并将有关情况记录在案。当事人双方一经约定适用小额诉讼程序,原则上不得反悔。对适用小额诉讼程序提出异议的,应当说明正当理由并提供相应证据,经审查案件符合《实施办法》第十一条有关程序转换情形的,应当准许转换程序;不符合的,应当予以驳回。

十一、能否适用小额诉讼程序审理简单知识产权案件?

答:简单知识产权案件,例如图片类、音乐作品类著作权侵权案件等,只要事实清楚、权利义务关系明确、争议不大,且在规定标的额以下的,可以适用小额诉讼程序审理。

十二、小额诉讼程序的答辩期间如何确定?

答:根据《实施办法》第七条第二款,在征得当事人同意的基础上,可以合理确定不超过七天的答辩期间;人民法院没有征询当事人意见或者当事人未明确放弃答辩期间,也未就答辩期间作出明确意思表示的,根据《民事诉讼法》第一百二十五条之规定,答辩期间为十五日;人民法院可以通过电话、电子邮件、传真、手机短信等简便方式征询当事人意见。

十三、小额诉讼程序的举证期限可否延期?如何确定?

答:根据《实施办法》第七条第三款,举证期限一般不得超过七日。当事人确有正当理由申请延长的,可以根据实际情况予以准许,但是举证期限一共不得超过十五日,当事人已放弃举证期限又提出延期举证申请的,一般不予准许。当事人明确表示不放弃答辩期间和举证期限的,答辩期间和举证期限原则上分开计算,但当事人同意合并的除外。

十四、如何处理因当事人增加或者变更诉讼请求,致小额诉讼程序转换为简易程序或者普通程序的情形?

答:根据《实施办法》第十一条第一款第二、三项的规定,当事人变更诉讼请求,导致案件总标的额超过《实施办法》第五条规定的数额上限,或者增加诉讼请求导致案件主要争议超出金钱给付类范围的,如果符合简易程序适用条件,应当裁定转为简易程序审理,否则应当裁定转为普通程序审理;当事人根据《民事诉讼法》第一百五十七条第二款约定适用简易程序的,也可以裁定转为简易程序。

十五、如何理解《实施办法》第十一条第二款规定的"确有必要"情形?

答:《实施办法》第十一条第二款规定,"由小额诉讼程序转为简易程序审理的案件,一般不得再转为普通程序审理,但确有必要的除外。"这里的"确有必要",是指审理过程中,出现《实施办法》第十七条第一至五项或者第九项规定的"需要依法组成合议庭,适用普通程序审理的"情形。

十六、小额诉讼程序应当以什么形式转换为简易程序或者普通程序?程序转换前已经开庭审理的,是否需要再次开庭?

答:小额诉讼案件转换为简易程序或者普通程序审理的,应当以裁定方式作出,可以视情采用口头或者书面形式。采用口头形式的,应当以笔录或者录音录像的方式记录。对于转换为普通程序且需组成合议庭审理的,裁定应以合议庭名义作出,合议庭组成人员及相关事项应当书面通知双方当事人。适用小额诉讼程序审理的案件,转换为简易程序或普通程序前,双方当事人已经确认的事实,可以不再举证、质证;开庭后转换为简易程序或普通程序的,应当再次开庭审理,但双方当事人同意不再开庭的除外;转换为普通程序且需组成合议庭进行审理的,应当再次开庭审理。

十七、普通程序或者简易程序能否转换为小额诉讼程序?

答:对于正在适用普通程序审理的案件,一般不符合"简单民事案件"标准,不能转换为小额诉讼程序。简易程序可以转换为小额诉讼程序,但应当从严把握。适用简易程序审理的简单民事案件,经充分告知当事人小额诉讼程序有关事项,符合下列情形之一的,可以转换为小额诉讼程序审理:第一,符合《实施办法》第五条第二款规定的标的额条件,或者因为当事人减少或者变更诉讼请求,致使案件符合前述标的额条件,双方当事人同意适用小额诉讼程序的;第二,因为当事人减少或者变更诉讼请求,致使案件符合《实施办法》第五条第一款规定的适用条件,且当事人对适用小额诉讼程序无异议或者异议不成立的。

十八、《实施办法》第十三条明确简易程序案件“庭审可以直接围绕诉讼请求或者案件要素进行”，实践中应当如何操作？

答：试点法院适用简易程序审理法律关系明确、案情相对固定的类型化案件，可以不受一般庭审程序关于当事人诉辩称、法庭调查、法庭辩论等阶段限制，而根据案件的固定要素，围绕主要争点展开庭审。开展“要素式庭审”一般应当完成以下三个步骤：第一，概括案件要素。应当针对买卖合同、民间借贷、金融借款、物业服务、机动车交通事故责任等类型化纠纷，概括提炼案件事实要素，确定案件审理要点，制作“案件要素表”。第二，确定案件争点。应当在庭审前指导各方当事人填写“案件要素表”，充分履行释明告知义务，引导当事人确认本案的核心要素事实和主要争点。第三，开展要素式审理。开庭时，应当再次归纳和确认本案审理的要素事实和争议焦点，对各方无争议的事实结合相关证据直接确认，对有争议的要素事实逐一进行陈述辩论、举证质证、调查询问，不受法庭调查、法庭辩论等程序限制。

十九、简易程序案件可以报请延长审限的“特殊情况”具体指哪些情形？

答：根据《实施办法》第十五条，适用简易程序审理的案件，有特殊情况的，经本院院长批准，审限可以延长1个月。“特殊情况”一般包括：发生不可抗力或意外事件；需等待法院依职权调取关键性证据；需与关联案件统筹协调等。简易程序案件延长审限后又转为普通程序审理的，审理期限自人民法院立案之日计算，已延长的一个月审理期限应当计算在内。

二十、哪些期间可以不计入简易程序案件审理期限？

答：根据《民事诉讼法》及其司法解释、《最高人民法院关于严格执行案件审理期限制度的若干规定》，案件中止期间、公告期间、鉴定期间、双方当事人和解期间、审理当事人提出的管辖异议以及处理人民法院之间的管辖争议期间，不计入审限，但对扣除审限的期间和次数应当从严把握。

二十一、小额诉讼案件和简易程序案件裁判文书如何简化？

答：裁判文书一般应当重点简化当事人诉辩称、认定事实和裁判理由的内容。对于当事人诉辩称主要记载诉讼请求、答辩意见及简要理由；对于事实认定，主要记载法院对当事人产生争议的事实和证据认定情况；对于裁判理由，主要针对事实和法律争点进行简要释法说理，明确适用的法条依据。

满足下列条件的，小额诉讼案件裁判文书可以不载明裁判理由，具体条件为：一是案件事实清楚、权利义务关系明确，法律适用清晰；二是人民法院对案件作出当庭裁判，并已口头说明裁判理由；三是裁判过程及裁判理由，已在庭审录音录像或者庭审笔录作完整记录。

简化的裁判文书可以采取要素式、表格式、令状式等文书格式。对于案件争点较多、证据较繁杂、需加强裁判说理的案件,裁判文书不宜一律简化。最高人民法院下一步将对简式裁判文书的具体样式作出统一规范。

二十二、《实施办法》第十六条关于独任制普通程序案件"事实不易查明,但法律适用明确"的适用标准,应当如何理解?

答:根据《实施办法》第十六条第二款,独任制普通程序案件的适用标准为"事实不易查明,但法律适用明确",在案件类型和案由上不作具体限制。对"事实不易查明,但法律适用明确"标准的把握,应当整体考虑,不宜孤立理解。所谓"法律适用明确",是指事实查明之后,无论结果是正或反,都能形成清晰、明了的法律关系,有明确的法律规范与之对应,在解释和适用上基本不存在空白与争议。所谓"事实不易查明",主要是指查明事实需要经过评估、鉴定、审计、调查取证等耗时较长的程序,但一旦查明,法官一人即可认定事实与法律关系,并作出裁判。

二十三、简易程序转换为普通程序后,能否采取独任制审理?

答:案件由简易程序转换为普通程序审理后,符合"事实不易查明,但法律适用明确"的标准,并且不属于《实施办法》第十七条规定的应当组成合议庭审理情形的,可以采取独任制审理。由简易程序转换为普通程序审理的,须按《民事诉讼法》第一百六十三条的规定作出裁定,并通知当事人。试点法院应当将简易程序转换为独任制普通程序审理的案件情况纳入院庭长审判监督事项。

二十四、符合哪些情形,独任制应当转换为合议制审理?

答:独任制转换为合议制不受审理程序限制,独任制适用小额诉讼程序、简易程序、普通程序、第二审程序审理的案件,符合《实施办法》第十七条第一至五项或者第九项所列情形之一的,均应当转换为合议制审理。实践中,应当综合考虑《中华人民共和国人民陪审员法》第十五条、第十六条规定的需要人民陪审员参审的案件类型,以及《最高人民法院关于完善人民法院司法责任制的若干意见》第二十四条、《最高人民法院关于完善人民法院审判权力和责任清单的指导意见》第八条规定的应当纳入院庭长个案监督范围的"四类案件"类型。属于"四类案件"的,原则上都应当适用合议制审理。

二十五、独任制转换为合议制的裁定是否必须采用书面形式?之后能否再转回独任制?

答:独任制转换为合议制应当以裁定方式作出,可以采用书面或者口头形式,作出裁定后应当将合议庭组成人员及相关事项以书面形式通知双方当事人。对于之前适用小额诉讼程序或简易程序审理的,裁定中应当一并明确审理程序的转换。独任制转换为合议制后,即使审理过程中原有的审判组织转换情形消失，也应当继续由合议庭审理。

二十六、独任制转换为合议制的裁定应当由谁作出？

答：案件审理过程中出现需要转换审判组织的情形，转换可以由独任法官自行提出，也可以由院庭长依个案监督职权提出。经审查需要转换的，由合议庭作出转换裁定。试点法院可以结合案件情况和工作流程，自行确定审判组织转换的报批程序。

二十七、如何把握第二审案件适用独任制的条件？

答：第二审案件适用独任制，应当从以下两个方面把握：第一，关于适用案件范围。适用独任制审理的第二审案件仅限于"第一审适用简易程序审理结案的上诉案件"和"民事裁定类上诉案件"，实践中不得扩大。对一审独任法官适用普通程序审结的上诉案件、采取合议制审结的上诉案件、报请解决管辖权争议的案件等，均不得适用独任制。第二，关于适用标准。对于上述两类案件，并非一律适用独任制，还应当满足"事实清楚、法律适用明确"的标准，对事实待查明、法律适用难度大的案件不宜适用独任制。在独任审理过程中发现上述情形的，一般应当转换为合议制审理。独任法官认为原判事实错误或法律适用错误拟作出改判，以及因认定基本事实不清拟发回重审的，一般应当提交专业法官会议讨论。

二十八、电子诉讼方式是否可以适用于所有案件？实践中应当考虑哪些因素？

答：推进电子诉讼应当审慎控制节奏，严格适用条件，尊重司法规律，注重从以下几个方面把握：第一，确保于法有据。现行法律规范有明确规定的，在未获得法律授权的情况下不得任意突破；法律没有明确规定，但通过目的解释、扩张解释符合立法原意的，可以拓展适用；对于确属电子诉讼模式下的新机制新要求，可以探索完善相关规则，但不得有悖程序公正。第二，尊重当事人选择。开展电子诉讼必须以当事人同意为前提，并充分告知权利义务和法律后果。当事人已选择电子诉讼模式的，原则上不得反悔，但确有正当理由的，例如证明自身确不具备电子诉讼能力或已作出相应线下诉讼行为，人民法院可以调整审理方式。第三，符合案件实际。电子诉讼适用应当充分考虑案件的性质、特点、证据类型等方面因素，对于诉讼参与人多、案件重大、案情复杂、证据繁杂、审理耗时长的案件，一般不宜在线开庭，但案件调解、文书送达等环节可以在线完成。第四，具备技术条件。推进电子诉讼必须拥有相应的技术条件，各试点法院应积极运用中国移动微法院、诉讼服务网等信息化诉讼平台在线开展诉讼活动。

二十九、当事人提交的电子化材料有何效力？

答：根据《实施办法》第二十二条，经过人民法院审核通过的电子化材料，具有“视同原件”的效力，可以直接在诉讼中使用，但该效力仅针对电子化材料形式真实性，对证据的实质真实性、关联性和合法性必须通过举证质证程序审查。

三十、法官应当如何审核电子化材料？

答：法官审核电子化材料的形式真实性，应当注意以下几个方面：第一，对于审核难度相对较小的诉讼材料，可以通过打通相关部门公民个人身份信息和企业工商登记信息系统进行在线核实，对授权委托书等材料采取电话核实。第二，对于双方都占有的证据材料，主要视对方当事人提出异议情况而定，无异议的可以直接认定，有异议且理由正当的应要求提供原件核对。第三，对于仅单方占有的证据材料，首先考虑是否系制式化、标准化或第三方出具，如发票、交费收据等，这类证据若对方当事人不持异议，可以直接认定；对于单方提供的非制式化并对案件审理具有关键性作用的证据，人民法院认为无法核实真实性时，应当要求提供原件核对。

三十一、在线庭审适用于哪些案件？

答：在线庭审适用范围原则上没有案件类型限制，但实践中法官应根据案件性质、当事人数量、复杂程度等因素做出综合评估，确定案件是否适宜在线庭审。案件存在双方当事人不同意在线庭审、不具备在线庭审技术条件、需现场查明身份、核对原件、查验实物等情形的，不适用在线庭审。

三十二、当事人不同意适用在线庭审应当如何处理？

答：在线庭审总体上应以当事人同意为前提，若一方当事人不同意全案在线庭审，要求各方当事人均线下开庭的，应当要求其说明理由，并判断理由是否正当。正当理由的情形一般包括：案件疑难复杂、需证人到庭现场作证、需与对方当事人现场对质等。实践中，对正当理由的把握标准不宜过于严格，除属于明显故意拖延诉讼、增加对方当事人诉讼成本、扰乱正常诉讼秩序外，一般应予以认可。

三十三、在线庭审应当通过何种方式进行？

答：在线庭审应严格遵循司法亲历性原则，必须采取在线视频庭审方式，并且一般应当在人民法院统一规范的诉讼平台上进行，不能通过法官个人的微信、QQ 等即时通讯工具开庭。

三十四、在线庭审如何维护庭审纪律和规范庭审礼仪？

答：在线庭审应当确保庭审庄重严肃。各试点法院应当根据在线庭审特点，细化完善庭审规范，重点就庭审场所、环境、着装、行为、旁听案件等方面作出具体规定。严禁违规录制在线庭审过程或者截取、传播相关视频、图片等行为;对不按时参加在线庭审或庭审中擅自退出的,可以视为“拒不到庭”或“中途退庭”;对违反庭审纪律和礼仪的,应当作出训诫等强制措施。

三十五、开展电子送达,如何认定“受送达人同意”?

答:电子送达以受送达人同意为前提条件,符合以下情形的,人民法院可以确认受送达人同意:第一,明确表示同意,即主动提出适用电子送达或者填写送达地址确认书。第二,作出事前约定,即纠纷发生前已对在诉讼中适用电子送达作出约定,但此时需考察送达条款是否属于格式条款,若提供制式合同一方未尽到提示说明义务的,对方当事人可以要求确认该条款无效。第三,作出事中行为表示,即在起诉状、答辩状中提供了相关电子地址,但未明确是否用于接受电子送达。此时一般应向当事人作进一步确认,明确该地址用途和功能是用于联系还是接受送达。当事人仅登录使用电子诉讼平台,不宜直接认定为同意电子送达。第四,作出事后的认可,即受送达人通过回复收悉、参加诉讼等方式接受已经完成的电子送达。受送达人接受送达后,又表示不同意电子送达的,应当认定已完成的送达有效,但此后不宜再适用电子送达。

三十六、电子送达可以采取哪些具体方式?

答:电子送达可以通过中国审判流程信息公开网、全国统一送达平台、即时通讯工具等多种方式进行,但应当在统一规范的平台上进行。采取即时通讯工具送达的,应当通过人民法院的官方微信、微博等账号发出,并在审判系统中留痕确认,生成电子送达凭证。实践中要注意避免分散和多头送达,同一文书原则上只采取一种电子送达方式,如果送达后无法确认该种方式送达效力的,可以继续采取其他电子送达方式。

三十七、如何确定电子送达生效时间?

答:根据《实施办法》第二十六条规定,电子送达在不同情形下分别适用“到达生效”和“收悉生效”两种标准,对应生效时间有所不同。第一,对当事人主动提供或确认的电子地址,送达信息到达受送达人特定电子地址的时间为送达生效时间。第二,对向能够获取的受送达人电子地址进行送达的以“确认收悉”的时间点作为送达生效时间,具体包括:回复收悉时间、系统反馈已阅知时间等。上述时间点均存在时,应当以最先发生的时间作为送达生效时间。

最高人民法院印发《关于依法妥善审理涉新冠肺炎疫情民事案件若干问题的指导意见（一）》的通知

（2020年4月16日　法发〔2020〕12号）

各省、自治区、直辖市高级人民法院，解放军军事法院，新疆维吾尔自治区高级人民法院生产建设兵团分院：

现将《最高人民法院关于依法妥善审理涉新冠肺炎疫情民事案件若干问题的指导意见（一）》印发给你们，请认真贯彻执行。

最高人民法院关于依法妥善审理涉新冠肺炎疫情民事案件若干问题的指导意见（一）

为贯彻落实党中央关于统筹推进新冠肺炎疫情防控和经济社会发展工作部署会议精神，依法妥善审理涉新冠肺炎疫情民事案件，维护人民群众合法权益，维护社会和经济秩序，维护社会公平正义，依照法律、司法解释相关规定，结合审判实践经验，提出如下指导意见。

一、充分发挥司法服务保障作用。各级人民法院要充分认识此次疫情对经济社会产生的重大影响，立足统筹推进疫情防控和经济社会发展工作大局，充分发挥司法调节社会关系的作用，积极参与诉源治理，坚持把非诉讼纠纷解决机制挺在前面，坚持调解优先，积极引导当事人协商和解、共担风险、共渡难关，切实把矛盾解决在萌芽状态、化解在基层。在涉疫情民事案件审理过程中，根据案件实际情况，准确适用法律，平衡各方利益，保护当事人合法权益，服务经济社会发展，实现法律效果与社会效果的统一。

二、依法准确适用不可抗力规则。人民法院审理涉疫情民事案件，要准确适用不可抗力的具体规定，严格把握适用条件。对于受疫情或者疫情防控措施直接影响而产生的民事纠纷，符合不可抗力法定要件的，适用《中华人民共和国民法总则》第一百八十条、《中华人民共和国合同法》第一百一十七条和第一百一十八条等规定妥善处理;其他法律、行政法规另有规定的,依照其规定。当事人主张适用不可抗力部分或者全部免责的,应当就不可抗力直接导致民事义务部分或者全部不能履行的事实承担举证责任。

三、依法妥善审理合同纠纷案件。受疫情或者疫情防控措施直接影响而产生的合同纠纷案件,除当事人另有约定外,在适用法律时,应当综合考量疫情对不同地区、不同行业、不同案件的影响,准确把握疫情或者疫情防控措施与合同不能履行之间的因果关系和原因力大小,按照以下规则处理:

(一)疫情或者疫情防控措施直接导致合同不能履行的,依法适用不可抗力的规定,根据疫情或者疫情防控措施的影响程度部分或者全部免除责任。当事人对于合同不能履行或者损失扩大有可归责事由的,应当依法承担相应责任。因疫情或者疫情防控措施不能履行合同义务,当事人主张其尽到及时通知义务的,应当承担相应举证责任。

(二)疫情或者疫情防控措施仅导致合同履行困难的,当事人可以重新协商;能够继续履行的,人民法院应当切实加强调解工作,积极引导当事人继续履行。当事人以合同履行困难为由请求解除合同的,人民法院不予支持。继续履行合同对于一方当事人明显不公平,其请求变更合同履行期限、履行方式、价款数额等的,人民法院应当结合案件实际情况决定是否予以支持。合同依法变更后,当事人仍然主张部分或者全部免除责任的,人民法院不予支持。因疫情或者疫情防控措施导致合同目的不能实现,当事人请求解除合同的,人民法院应予支持。

(三)当事人存在因疫情或者疫情防控措施得到政府部门补贴资助、税费减免或者他人资助、债务减免等情形的,人民法院可以作为认定合同能否继续履行等案件事实的参考因素。

四、依法处理劳动争议案件。加强与政府及有关部门的协调,支持用人单位在疫情防控期间依法依规采用灵活工作方式。审理涉疫情劳动争议案件时,要准确适用《中华人民共和国劳动法》第二十六条、《中华人民共和国劳动合同法》第四十条等规定。用人单位仅以劳动者是新冠肺炎确诊患者、疑似新冠肺炎患者、无症状感染者、被依法隔离人员或者劳动者来自疫情相对严重的地区为由主张解除劳动关系的,人民法院不予支持。就相关劳动争议案件的处理,应当正确理解和参照适用国务院有关行政主管部门以及省级人民政府等制定的在疫情防控期间妥善处理劳动关系的政策文件。

五、依法适用惩罚性赔偿。经营者在经营口罩、护目镜、防护服、消毒液等防疫物品以及食品、药品时,存在《中华人民共和国消费者权益保护法》第五十五条、《中华人民共和国食品安全法》第一百四十八条第二款、《中华人民共和国药品管理法》第一百四十四条第三款、《最高人民法院关于审理食品药品纠纷案件适用法律若干问题的规定》第十五条规定情形，消费者主张依法适用惩罚性赔偿的，人民法院应予支持。

六、依法中止诉讼时效。在诉讼时效期间的最后六个月内，因疫情或者疫情防控措施不能行使请求权，权利人依据《中华人民共和国民法总则》第一百九十四条第一款第一项规定主张诉讼时效中止的，人民法院应予支持。

七、依法顺延诉讼期间。因疫情或者疫情防控措施耽误法律规定或者人民法院指定的诉讼期限，当事人根据《中华人民共和国民事诉讼法》第八十三条规定申请顺延期限的，人民法院应当根据疫情形势以及当事人提供的证据情况综合考虑是否准许，依法保护当事人诉讼权利。当事人系新冠肺炎确诊患者、疑似新冠肺炎患者、无症状感染者以及相关密切接触者，在被依法隔离期间诉讼期限届满，根据该条规定申请顺延期限的，人民法院应予准许。

八、加大司法救助力度。对于受疫情影响经济上确有困难的当事人申请免交、减交或者缓交诉讼费用的，人民法院应当依法审查并及时作出相应决定。对于确实需要进行司法救助的诉讼参加人，要依据其申请，及时采取救助措施。

九、灵活采取保全措施。对于受疫情影响陷入困境的企业特别是中小微企业、个体工商户，可以采取灵活的诉讼财产保全措施或者财产保全担保方式，切实减轻企业负担，助力企业复工复产。

十、切实保障法律适用统一。各级人民法院要加强涉疫情民事案件审判工作的指导和监督，充分发挥专业法官会议、审判委员会的作用，涉及重大、疑难、复杂案件的法律适用问题，应当及时提交审判委员会讨论决定。上级人民法院应当通过发布典型案例等方式加强对下级人民法院的指导，确保裁判标准统一。

附：

2020年4月份报国务院备案并予以登记的地方性法规、自治条例、单行条例和地方政府规章目录

地方性法规

法规名称	公布日期	备案登记编号
巢湖流域水污染防治条例	2019年12月23日	国司备字［2020001730］
安徽省工会劳动法律监督条例	2019年12月23日	国司备字［2020001735］
安徽省宗教事务条例	2019年12月23日	国司备字［2020001737］
合肥市城市轨道交通条例	2019年12月30日	国司备字［2020001731］
淮南市养犬管理条例	2020年1月8日	国司备字［2020001732］
蚌埠市城市生活垃圾管理条例	2020年1月2日	国司备字［2020001733］
滁州市文明行为促进条例	2020年1月3日	国司备字［2020001734］
马鞍山市养犬管理条例	2019年12月25日	国司备字［2020001729］

自治旗的单行条例

条例名称	公布日期	备案登记编号
鄂伦春自治旗旅游条例	2019 年 6 月 1 日	国司备字［2020001785］

地方政府规章

规章名称	公布日期	备案登记编号
山西省国有企业重大决策终身责任追究办法	2020 年 3 月 10 日	国司备字［2020001725］
山西省煤层气勘查开采管理办法	2020 年 3 月 30 日	国司备字［2020001749］
山西省行政规范性文件制定与监督管理办法	2020 年 3 月 31 日	国司备字［2020001786］
太原市公共自行车管理办法	2020 年 3 月 20 日	国司备字［2020001724］
佳木斯市人民政府关于修改《佳木斯市防止船舶污染水域环境治理规定》的决定	2019 年 12 月 20 日	国司备字［2020001774］
江苏省地图管理办法	2020 年 3 月 15 日	国司备字［2020001764］
南京市人民政府关于废止《南京市管线规划管理办法》等 3 件政府规章的决定	2020 年 4 月 7 日	国司备字［2020001739］
苏州市反走私综合治理办法	2020 年 3 月 31 日	国司备字［2020001773］
扬州市道路交通安全管理办法	2020 年 2 月 22 日	国司备字［2020001723］
宁波市人民政府关于废止《宁波市农村宅基地管理办法》等 3 件政府规章的决定	2019 年 11 月 15 日	国司备字［2020001775］

续表

规章名称	公布日期	备案登记编号
宁波市气象灾害预警信号发布与传播管理办法	2019 年 11 月 15 日	国司备字［2020001776］
温州市建筑施工噪声污染防治管理办法	2020 年 3 月 21 日	国司备字［2020001752］
合肥市城市排水管理办法	2020 年 3 月 30 日	国司备字［2020001757］
宣城市生活垃圾分类管理办法	2020 年 3 月 30 日	国司备字［2020001758］
厦门市互联网租赁自行车管理办法	2020 年 4 月 3 日	国司备字［2020001762］
漳州市人民政府关于修改《漳州市人民政府法规草案和政府规章制定程序规定》的决定	2019 年 8 月 30 日	国司备字［2020001784］
三明市餐厨垃圾管理办法	2020 年 2 月 21 日	国司备字［2020001717］
龙岩市人民政府拟定地方性法规草案和制定政府规章程序规定	2020 年 3 月 20 日	国司备字［2020001722］
江西省禁止非法交易和食用野生动物办法	2020 年 3 月 26 日	国司备字［2020001738］
江西省人民政府关于废止 3 件和修改 11 件省政府规章的决定	2019 年 11 月 27 日	国司备字［2020001756］
抚州市人民政府关于修改《抚州市人民政府拟订地方性法规草案和制定规章程序规定》涉及机构表述条款的决定	2020 年 4 月 11 日	国司备字［2020001771］
济南市人民政府关于废止和修改部分政府规章的决定	2020 年 3 月 18 日	国司备字［2020001726］
烟台市城镇居民二次供水管理办法	2020 年 3 月 12 日	国司备字［2020001711］
威海市物业管理办法	2020 年 3 月 26 日	国司备字［2020001759］
聊城市烈士纪念设施保护管理办法	2020 年 4 月 11 日	国司备字［2020001763］

续表

规章名称	公布日期	备案登记编号
河南省残疾预防和残疾人康复管理办法	2020年3月28日	国司备字［2020001753］
河南省人民政府关于修改部分省政府规章的决定	2020年3月17日	国司备字［2020001754］
河南省城市供水管理办法	2020年4月1日	国司备字［2020001783］
开封市人民政府关于修改《开封市集中供热管理办法》的决定	2020年1月8日	国司备字［2020001755］
常德市城市绿化管理办法	2020年3月10日	国司备字［2020001718］
广东省科技计划项目监督规定	2020年3月20日	国司备字［2020001760］
广州市无障碍环境建设管理规定	2020年3月6日	国司备字［2020001713］
深圳市人民政府关于修改部分规章的决定	2020年3月7日	国司备字［2020001720］
汕头市人民政府关于废止和宣布失效《汕头市科学技术奖励办法》等20件规章和规范性文件的决定	2019年3月23日	国司备字［2020001742］
中山市人民政府关于修改《中山市扬尘污染防治管理办法》的决定	2020年3月31日	国司备字［2020001779］
海口市行政规范性文件制定与备案管理办法	2020年4月2日	国司备字［2020001766］
重庆市政务服务管理办法	2020年4月15日	国司备字［2020001768］
四川省人民政府关于废止《四川省政府投资工程建设项目比选办法》的决定	2019年11月22日	国司备字［2020001710］
四川省人民政府关于废止《四川省外商投资企业批准证书管理若干规定》的决定	2020年4月7日	国司备字［2020001782］
成都市建筑节能管理规定	2020年2月12日	国司备字［2020001719］

续表

规章名称	公布日期	备案登记编号
自贡市中小学校幼儿园规划建设办法	2020 年 3 月 11 日	国司备字［2020001716］
广安市城市道路交通安全管理办法	2020 年 4 月 10 日	国司备字［2020001787］
贵州省人民政府关于修改《贵州省电动自行车管理办法》的决定	2020 年 3 月 19 日	国司备字［2020001714］
黔南布依族苗族自治州剑江河流域保护条例实施细则	2020 年 1 月 31 日	国司备字［2020001715］
中国(云南)自由贸易试验区管理办法	2020 年 3 月 5 日	国司备字［2020001727］
云南省电梯安全管理规定	2020 年 4 月 1 日	国司备字［2020001767］
西藏自治区电动自行车管理办法	2019 年 10 月 18 日	国司备字［2020001770］
西安市人民政府关于修改和废止部分政府规章的决定	2020 年 4 月 10 日	国司备字［2020001750］
兰州市城市照明管理办法	2020 年 3 月 23 日	国司备字［2020001751］
《玉树藏族自治州民族团结进步条例》实施细则	2019 年 1 月 18 日	国司备字［2020001740］
宁夏回族自治区学校安全事故处理办法	2020 年 3 月 18 日	国司备字［2020001777］
银川市人民政府关于修改部分规章的决定	2020 年 3 月 13 日	国司备字［2020001769］

图书在版编目（CIP）数据

中华人民共和国新法规汇编.2020年.第5辑：总第279辑/司法部编.—北京：中国法制出版社，2020.6

ISBN 978-7-5216-1142-7

Ⅰ.①中… Ⅱ.①司… Ⅲ.①法规-汇编-中国-2020 Ⅳ.①D920.9

中国版本图书馆CIP数据核字（2020）第097967号

中华人民共和国新法规汇编

ZHONGHUA RENMIN GONGHEGUO XIN FAGUI HUIBIAN

（2020年第5辑）

编者/司法部

经销/新华书店

印刷/三河市紫恒印装有限公司

开本/850毫米×1168毫米 32开 印张/12.375 字数/365千

版次/2020年6月第1版 2020年6月第1次印刷

中国法制出版社出版

书号 ISBN 978-7-5216-1142-7 定价：18.00元

北京西单横二条2号

邮政编码 100031 传真：010-66031119

网址：http://www.zgfzs.com **编辑部电话：010-66066621**

市场营销部电话：010-66033393 **邮购部电话：010-66033288**

（如有印装质量问题，请与本社印务部联系调换。电话：010-66032926）